本书为贵州省高校乡村振兴研究中心成果，受到贵州乡村振兴2011协同创新中心、贵州省高校人文社会科学重点研究基地、贵州省哲学社会科学2021年度十大创新团队、贵州省人文社科示范基地等相关项目经费资助。

晚清至民国贵州安顺吉昌屯堡契约文书研究

杜成材 著

光明日报出版社

图书在版编目（CIP）数据

晚清至民国贵州安顺吉昌屯堡契约文书研究 / 杜成材著. --北京：光明日报出版社，2023.10
ISBN 978-7-5194-7574-1

Ⅰ.①晚… Ⅱ.①杜… Ⅲ.①契约—文书—研究—安顺—清后期—民国 Ⅳ.①D927.733.364

中国国家版本馆 CIP 数据核字（2023）第 205510 号

晚清至民国贵州安顺吉昌屯堡契约文书研究
WANQING ZHI MINGUO GUIZHOU ANSHUN JICHANGTUNPU QIYUE WENSHU YANJIU

著　　者：杜成材	
责任编辑：郭玫君	责任校对：房　蓉　董小花
封面设计：中联华文	责任印制：曹　净

出版发行：光明日报出版社
地　　址：北京市西城区永安路 106 号，100050
电　　话：010-63169890（咨询），010-63131930（邮购）
传　　真：010-63131930
网　　址：http://book.gmw.cn
E - mail：gmrbcbs@gmw.cn
法律顾问：北京市兰台律师事务所龚柳方律师
印　　刷：三河市华东印刷有限公司
装　　订：三河市华东印刷有限公司
本书如有破损、缺页、装订错误，请与本社联系调换，电话：010-63131930

开　　本：170mm×240mm	
字　　数：404 千字	印　　张：22.5
版　　次：2024 年 6 月第 1 版	印　　次：2024 年 6 月第 1 次印刷
书　　号：ISBN 978-7-5194-7574-1	
定　　价：99.00 元	

版权所有　　翻印必究

贵州省高校乡村振兴研究成果系列丛书
编委会

总　编：陈云坤

编　委：（以姓氏笔画为序）

　　　　王　海　韦　璞　韦云波

　　　　从春蕾　吕善长　刘金新

　　　　杜成材　李晓华　陈　斌

　　　　邵晓贵

总 序

乡村振兴战略是党中央针对我国农业农村发展面临的新形势、新问题，着眼于实现全体人民共同富裕、全面建成小康社会做出的重大战略决策。实施乡村振兴战略是解决新时代我国社会主要矛盾、实现"两个一百年"奋斗目标和中华民族伟大复兴的中国梦的必然要求，具有重大现实意义和深远历史意义。

推出本套"乡村振兴"丛书，旨在主动承担助力当代乡村发展的高校责任。面对世界百年未有之大变局，休戚与共的人类命运共同体需要中国方案，中国需要高校担当。通过本套丛书，我们将深入探讨乡村振兴的内涵、外延和实施路径，梳理国内外乡村振兴的典型案例和实践经验，分析乡村振兴中面临的困难和挑战，提出针对性的政策建议和发展路径。

研究乡村产业，比较小国农业与大国农业、内陆国家与海洋国家、传统发达国家与发展中国家农业产业发展路径差异，研究城乡产业发展趋势与再布局、城乡一体化与县域综合发展、乡村旅游与康养产业，开展乡村产业发展调查，探索推广生态种养殖创新模式，从全产业链视角研究乡村产业发展的路径，助力农业良性发展、农民产业增收与农村产业升级，夯实乡村振兴基础。

研究乡村生态，面向国家乡村振兴战略实施过程中的乡村生态环境保护等重大战略需求，开展乡村生态、环境与健康、乡村环境治理等方面的理论研究、技术研发、系统集成和工程示范。研究喀斯特地貌生态与石漠化治理，研究土壤污染防治，研究西南高原山地生态修复，践行"绿水青山就是金山银山"的发展理念，将生态建设置于优先位置，使生态保护成为乡村振兴的共同价值与行为准则。

研究乡风文明，关注乡村精神面貌与文化生活、民风民俗传承、新"乡贤"与优良家风家训家教，我们必须抓住中国城市特有的乡村根脉——乡愁。"无乡愁，不中国。"鉴于当代中国城市的乡村根脉，传统国人的"彼处"羁绊与家国皈依，我们希望建立一种"在城有家""在乡有族"的城乡联系，在优秀传统文化融入现代文明的过程中实现城市"狂想曲"与乡村"田园诗"的二重奏。

研究乡村治理，聚焦乡村自治、乡村法治、乡村德治，通过研究基层党建与基层政权建设、传统乡村自治的地方经验、当代乡村聚落的现实困境、"城市病"语境下的农村问题、乡村生态治理与污染防治、农村"空心化"与"留守"现象等，丰富新时代乡村治理理论，服务乡村善治理想的实现。

中国现代化脱胎于传统农业社会，当代中国及世界城市化发展之路为我们反思现代性，反省城乡关系，重新认知乡村价值，推动城乡和谐发展提供了契机。实现中国协调发展，必须厚植乡村发展根基，在城乡关系中重塑中国人的生活秩序与精神状态。要实现中国式现代化，必须正视中国自身的历史与国情，厚植乡村发展根基，重塑城乡关系，建构新时代城乡共同发展秩序、价值与伦理，将现代性反思与传统中国的人文根脉相结合并融入国民日常的生活秩序与精神状态。

总之，本丛书将围绕乡村产业、乡村生态、乡村文化与乡村治理等诸方面展开深入研究和探讨。不仅注重理论探讨，还将结合实践案例，将理论与实践紧密结合。我们希望通过本丛书，能够为广大读者提供一种新的视角和思路，推动乡村振兴战略的实施和发展。

陈寒帅

2023 年 9 月 15 日

序

杜成材作为我的学生，前后已有10年。这部《晚清至民国贵州安顺吉昌屯堡契约文书研究》，既是他的博士学位论文，又是他多年刻苦学习的总结。近闻这部专著得到贵州省高校乡村振兴研究计划、贵州省高校人文社会科学重点研究基地和光明日报出版社的关注，即将出版问世，我作为他的导师，怎能不为之欣慰！我向杜成材致以衷心的祝贺。成材写作这部学位论文的艰辛过程，我感受较深切，随笔写几点感想，算作序言吧。

我对黔东南、黔西北各地几十年来陆续发现的大量明清、民国间历史文献（主要是契约）一直比较关注，虽然限于学识和精力，没有做过专题的研究，但对这些地契、分家协议、寺庙记录、收支账簿等文献在社会史研究中的重要作用是高度认同的。因此，当杜成材拟以屯堡契约为博士论文选题时，我的第一反应就是支持。地理研究中心几位同人曾经提醒我："自己没有亲身做过的题目，怎么能指导博士学位论文？"我之所以敢冒这个险，一是相信供职于安顺学院的杜成材本人的研究能力和得天独厚的人脉资源，二是想借此弥补自己的学术短板，同时也颇想借杜成材之手揭开屯堡的神秘面纱，满足一些好奇心，看看里面究竟藏了什么"宝贝"，以至于很多人一提及屯堡就眉飞色舞、兴高采烈。于是，我就在2015年至2016年间，兴致勃勃地以微信、短信、邮件、书简的形式，参与到杜成材的选题、审题、草稿、初稿、全稿、预答辩、修改、盲审，直至答辩通过的全过程中，其间写了不少审稿意见、信息沟通、作业修改、草稿批语；工作量之大，投入时间之长，在我指导的几十位研究生中，差不多是最用心和最用力的。我后来对杜成材说："看着积累下的这些纸本纸片，我自己都感动了。等我老了，写不动文章、走不上讲台、开不了讲座时，就把这些宝贵的东西送给你，你可以收藏，也可以出售。"虽是开玩笑，却也是真话。今天写下这些，并不是倚老卖老，更不是作秀显摆。我所做的一切自然是尽了一个教师的本分，令己且令人感慨的，可能是我和杜成材的师生缘分。缘分的建立固然靠了体制，但缘分的维系和延续，却因为我们形成了学术共同体。成材以优异的成绩获得了学位，我也由此了解了屯堡的以往和契约的魅力。真是合作共赢、相得益彰了。

相较博论的青涩与拘谨，成材这部专著的学术分量和成熟度有了大幅提升，已从解读民间历史文献的初级阶段（或称内史解读）进入了中级阶段（或称外史解读）和高级阶段（或称综合解读）。初级阶段要从读懂契约的文字术语、文本表达、叙述顺序以及当事人、参与人的类型分布和出现频率入手，完整了解事件的起因和结果，知晓涉案者的家庭成员和家族结构，这一点，博论已经做到了；中级阶段的任务是要展现契约所在地的空间位置，契约形成的时代背景和制度背景，案件背后的公权层次、法定程序和民间习惯；高级阶段则是在内外史结合的基础上，运用历史学的文献研究法和人类学的共时分析法，在契约保留的"特殊"事例引导下，寻找回答一些具有普遍性质的问题的线索，进入对有关"一般"问题进行综合研判的阶段，如作者在结语中所说的"契约产生于屯堡民间社会现实需要……契约构建起屯堡基层社会的人际关系网络……人地关系呈现出边界特征"等。近年来，颇受学界关注的文化人类学视野下的历史人类学方法，其实大致就体现了这样一些特点。在杜成材咬紧牙关撰写博论时，我不会按中级和高级阶段的标准要求他，因为那已经是对学问的完善，而不是对学位的申请。但毕业以后，尤其是要出版专著时，情况就不同了，不力求达到或最大限度地接近上述标准，显然是不够格了。成材通过认真修改和打磨，使自己的作品明显超越了博论，展现出了新的追求和新的面貌，我当然感到非常高兴和满意。

如果要提一些希望的话，我还是愿意重复审读成材的博论时表达过的意见。第一，中国历史经历了几个世纪的激烈动荡，使民间文献普遍缺乏妥善保存的客观条件，不可能有系统的问世，因此也就很难作为一种可供详细验证某一地区（如屯堡）社会关系和文化模式形成过程的完整而有效的基础材料。受此限制，对间歇及偶然发现的某地、某时、某类民间契约类文献的评价要恰当、贴切，高度重视是应该的，但寄予过高期望则既不现实，也无必要。欲追寻、复原和研究中国社会的发展轨迹，必须依赖包括官方、半官方和民间文献在内的各类文献，如文件、档案、正史、方志、碑刻、谱牒，契约只是其中的一种。第二，对某地区、某民族、某时段民间文献中的一些重要范畴，应当在中华文化（尤其是汉族文化）广阔而动态的背景下寻找其传播、衍化、更新的路径和逻辑，如成材的专著中提及近百次的"房族"，西南大学王彦芸、重庆大学孙旭、中山大学黄瑜等历史人类学家已有相当深入的讨论，认为其是一个非常重要的亲属范畴，但成材却对其文献渊源、范畴渊源、族性渊源有所忽略，没有加以必要的关注。第三，仅凭某类契约，并不能完成对某地区宗族、亲族、姻族形态的专题研究，那是需要通过系统了解亲属间全部关系后才能成立的。凡在某些特殊场合才出现的亲属，与日常生活中一直存在的亲属，具有不同的理论意义和实践意义，交易性、分关性契约并不足以支撑这类研究目标。

按专业标准来衡量，契约类文献研究是一个相当有难度的课题，掌握或基本掌握它不仅需要具备扎实的通史基础和史学基本功，还需要有经济学、民族学、民俗学、伦理学等领域的知识。杜成材博士写成这部专著，表明了他已经能将上述诸种学科的有益成果进行综合把握，并提出自己独立的见解。我坚信，本书一定会为屯堡的历史资源整理和区域文化建设做出积极的贡献。特以此评价表达由衷的期待。

是为序。

钱 杭
2023年4月

前　言

　　贵州屯堡聚落出现于明清卫所制度开设之后，因其地理环境的特殊性，至今仍保留着屯军的文化特色。《吉昌契约文书汇编》的整理出版，作为历史研究中可靠的文献材料，为从吉昌屯管窥贵州屯堡社会的发展、演变过程提供了机遇。屯堡土地契约文书是土地制度的反映，历史上的吉昌屯是我国明清时期西南地区屯田制度的缩影。本书在对吉昌屯堡的土地契约文书的分析中，探讨贵州屯堡社会中的人地关系，了解屯堡地方乡土社会的人际关系网络，认识晚清民国时段内安顺屯堡的社会经济关系和民间习惯。

　　屯堡契约文书，记载的是屯堡聚落内部同一家族中和不同家族之间的土地房产流动情况，呈现出浓郁的区域色彩。首先，本研究考察了安顺屯堡的自然和人文生态环境，对中央王朝在滇黔驿道沿线设立卫所屯军的情况进行了梳理。卫所的建立，为中央王朝有效管理西南边地奠定了行政基础。根据家谱和地方志记载，明洪武朝以来参与朝廷屯军和移民实边行动的湖广、安徽、江西等地区的汉人，成为屯堡人祖先的主要来源。他们聚集在驿道沿线区域，战时征战，非战时期从事农业生产，逐渐建立村寨繁衍生息，形成较为稳定的屯堡聚落，随之形成大姓、著姓、僻姓共存的局面。汉移民进入安顺后，在应对自然和社会环境的过程中，既保留了内地的优秀文化传统，又适应了边地的文化因子。边界地区汉人社会中传统的道德观念和屯军形成的忠义思想，从市场体系进入契约关系中，使抽象的契约关系与具体的熟人社会关系网络相伴生。其次，本研究对屯堡契约的类型进行了考察，阐述屯堡契约文书的书写样式、流传情况、主要类型及历史节点分布。对不同类型的契约按照年代分布情况进行了归纳，分析了影响契约签订的社会和自然因素。对屯堡契约文书中涉及晚清民国时段的契约，从书写体例、契约的要素、契约相关人的情况等进行了分析，并与其他地区同时代的契约进行了比较。重大的社会动荡和严重的自然灾害，会切实影响到契约的签订，呈现出某些年份契约集中分布的情形。再次，本研究结合具体的契约实例，分析了买卖契约的各个要件，典当契约的回赎情况以及常见的典当行为，分关文书的程序、订立原因和分家方式。村落内部的买卖契约显示出村落人际关系网络，契约运行机制的维护，依靠了文化和宗族的力量。土地和房产在宗族内部和宗族之间的流动，呈现出阶层性。大宗族之间、同一宗族内部的财产流动频繁，跨阶层流动并不多见。最后，本研究分析了妇女参与订立的契约文书。女性订立契约和充当契约中人，显示出晚清民国时期，妇女并非男权社会的附庸，享有一定程度的婚姻自主权，她们在经济活动中的地位逐步得到提高，部分地享有与男子一样参与社会事务的权利。

安顺吉昌屯堡契约文书，是晚清民国时期屯堡地方社会中经济、政治和文化情况的真实反映。契约文书记载的财产流动情况，体现了王朝体制在西南边地执行过程中具有的地方特色，也是汉文化在西南边地存在的表现。

目 录
CONTENTS

绪论 ……………………………………………………………… 1
  第一节　选题目的及缘起 ………………………………………… 1
    一、研究目的、意义 …………………………………………… 1
    二、研究涉及的主要问题 ……………………………………… 4
  第二节　相关学术史回顾 ………………………………………… 4
    一、契约的区域整理与研究 …………………………………… 5
    二、契约的内涵和形态研究 …………………………………… 19
  第三节　资料来源和研究方法 …………………………………… 29
    一、资料来源 …………………………………………………… 29
    二、研究方法 …………………………………………………… 30

第一章　明清以来的安顺屯堡聚落 …………………………… 32
  第一节　安顺屯堡聚落的历史来源及变迁 ……………………… 34
    一、历史来源——卫所开设 …………………………………… 34
    二、历史变迁——卫所裁革 …………………………………… 37
  第二节　安顺地理环境与屯堡聚落分布 ………………………… 39
    一、屯堡聚落的地理特征与区位 ……………………………… 40
    二、安顺屯堡人口与聚落形态分布 …………………………… 42
  第三节　晚清民国时期屯堡人的生计方式 ……………………… 50
  小结 ………………………………………………………………… 53

第二章　吉昌屯堡契约的形态特征及其所属年代统计 ……… 55
  第一节　吉昌屯堡契约文书的样式和流传 ……………………… 56

第二节　吉昌屯堡契约的时段特点 …… 64
　一、年代分布 …… 64
　二、历史节点分布 …… 75
　三、频率分析 …… 83
小结 …… 88

第三章　吉昌屯堡契约的类型与内涵 …… 90
第一节　买卖契约 …… 90
　一、立契人 …… 91
　二、订立契约的因由 …… 94
　三、申明财产所有权 …… 95
　四、交易对象基本情况 …… 97
　五、买受人 …… 99
　六、产权交割 …… 103
　七、权利瑕疵保证 …… 104
　八、契末签署 …… 105
　九、买卖契约的内涵分析 …… 109

第二节　典当契约 …… 112
　一、回赎期统计 …… 127
　二、几种典当行为 …… 129

第三节　分关契约 …… 135
　一、分关契约程序 …… 140
　二、分家原因 …… 145
　三、分家时机 …… 151
　四、分家涉及的财产 …… 157
　五、分家方式 …… 159
小结 …… 163

第四章　吉昌屯堡契约文书中的家庭妇女 …… 165
第一节　一定程度的婚姻自主权 …… 166
第二节　在经济活动中的地位 …… 168
　一、参与家庭与社会分工 …… 168
　二、成为签约者 …… 173

三、担当中人 ………………………………………………… 181
　小结 ……………………………………………………………… 184

结语 ……………………………………………………………… **185**
　一、契约产生于屯堡民间社会现实需要 ………………………… 186
　二、契约构建起屯堡基层社会的人际关系网络 ………………… 186
　三、人地关系呈现出边界特征 …………………………………… 187

主要参考文献 …………………………………………………… **190**

附录 ……………………………………………………………… **205**
　附录一　田野调查搜集的契约文书 ……………………………… 205
　附录二　屯堡契约文书语词研究 ………………………………… 266
　附录三　祭祀汪公祝辞 …………………………………………… 327

后记 ……………………………………………………………… **338**

绪　　论

第一节　选题目的及缘起

一、研究目的、意义

近五十年来，学界对敦煌文书、徽州文书、福建契约文书、浙江契约文书、上海道契等已有全面深入的研究，主要涉及了经济史、法律史、社会生活史、城市史、生态环境史等方面。其研究成果多集中在东南地区，呈现出东南多西南少的局面。近年来，西南地区的贵州省、云南省、四川省、广西壮族自治区，整理出版了一批契约文书。

2009年，贵州省安顺市发现了一批契约文书，学者将其整理汇编成书。自《吉昌契约文书汇编》一书出版以来[1]，已有研究主要集中在语言文字、文书的历史价值两个方面，以该书为核心材料研究地方社会的成果尚不多见。在众多研究成果中，卢百可的博士论文《屯堡人：起源、记忆、生存在中国的边疆》[2]值得关注。卢百可曾以吉昌屯为主要研究基地和核心研究对象，范围扩展至周围二十多个村寨。他认为"屯堡人"是贵州省中西部安顺附近村落中的具有独有文化特征、有别于周围其他汉族和少数民族的特定地方群体。万明认为，安顺屯堡是特殊的地域名称。大致以安顺为中心，东起平坝县城西及长顺县西北，西至镇宁县城，北迄普定县城，南抵紫云县界，面积约1340平方千米，人口20余万，村庄数百个，多以明朝屯军后裔自居，外人称这些汉族居民为"屯堡人"。这片区域既有大家较为熟知的明初屯军后裔，也有同期入黔及以后陆续入

---

[1]　孙兆霞，等. 吉昌契约文书汇编[M]. 北京：社会科学文献出版社，2010.
[2]　卢百可. 屯堡人：起源、记忆、生存在中国的边疆[D]. 北京：中央民族大学，2010.

黔居住在屯堡村落或以外的汉族移民后裔,他们在风俗、服饰、宗教信仰、建筑、心理状况等方面有很多相似的地方。[①] 屯堡区域除了明清以来的汉移民之外,还有苗族、仡佬族、彝族、布依族等少数民族。以屯、堡、旗、哨等为名的屯堡人居住地,穿插分布于少数民族地区。在特定的历史发展过程与社会背景下,屯堡群体在控制自然资源和财富、机会、特权等资源的竞争中,使用某些文化特征作为边界标记。

本研究选择晚清至民国时期安顺吉昌屯堡契约文书为对象,探寻吉昌契约文书存在的社会基础、彰显的社会关系,反映基层社会生活逻辑。雍正初年,贵州开始了改土归流和改卫归流,吉昌契约文书中时间最早的一份是《雍正十一年汪尔重立卖房地基文契》,发生在改卫归流期间。卫所改流对安顺社会的影响一定程度上可以在契约文书中反映出来,这为进一步分析提供了可能。

本研究中提到的"吉昌",首先是一个名叫"吉昌屯"的自然村,行政隶属于今贵州省安顺市西秀区大西桥镇吉昌村。该村位于大西桥镇东部,与平坝区天龙镇接壤。西距安顺市城区25千米,东距安顺市平坝区[②]约15千米。吉昌村由吉昌屯、马家院、罗家寨等自然村落组成,全村耕地面积2140亩,有1061户4338人,汉族占人口绝大多数,亦有极少数的仡佬族、苗族、布依族居民。主要有田、冯、汪、胡、许、陈、罗、石、马、邹、范等18个姓氏,田、冯、汪三姓人口众多。吉昌屯原名军粮屯,为仡佬族人的世居之地。明洪武朝征南时,仡佬族人移住他处,此地变为军屯要地拱卫滇黔驿道。后来朱元璋调北填南,大批江淮移民迁入今安顺一带。吉昌因土地肥沃,成为军粮生产要地,"军粮屯"一名由此而来。人口增多后,以寨子为依托形成市场,以十二生肖为序轮流安排场期。吉昌屯至迟在民国年间已得名"鸡场屯",《民国三十四年吴云波出卖秧田文契》[③] 中此屯被称为"鸡场屯"。后来为图吉祥昌盛之意,取其谐音为吉昌屯,寓意着村寨兴旺发达,《1961年张仲昌立卖房屋地基文契》[④] 中已

---

① 万明. 明代徽州汪公入黔考:兼论贵州屯堡移民社会的建构 [J]. 中国史研究, 2005 (01): 135-148.
② 明洪武二十三年(1390),置平坝卫。清康熙二十六年(1687),裁平坝卫设安平县,隶于贵西道安顺府。民国三年(1914),安平县改名为平坝县,隶属贵州都督府安顺府黔西道。1949年,平坝县隶属贵州省安顺专区,建制未变。2015年撤销平坝县,成立安顺市平坝区。
③ "……亲请凭中上门出卖与鸡场屯石锦昌名下为业"。参见:孙兆霞,等. 吉昌契约文书汇编 [M]. 北京:社会科学文献出版社, 2010:123.
④ 参见:"……坐落地名吉昌屯陈家巷。"孙兆霞,等. 吉昌契约文书汇编 [M]. 北京:社会科学文献出版社, 2010:260.

称其为"吉昌屯"。吉昌屯至迟在雍正年间（1723—1735）已形成稳定的聚落，在雍正年间已有一定数量的人口居住。① 每年正月十八日会举行"抬汪公"活动，相比周边的狗场屯、鲍屯、东屯及西屯、张官屯、九溪等村的抬舆活动，吉昌屯"抬汪公"活动是屯堡村寨中参与人数最多、影响最为广泛的民俗活动，也最具代表性和象征性。2008年，在广州番禺举行的第七届中国民间艺术节上，吉昌屯的"屯堡抬汪公"展演队代表贵州参赛，荣获了大赛最高奖——山花奖金奖。1994年，台湾学者王秋桂、安顺学者沈福馨编著的《贵州安顺地戏调查报告集》，对大西桥镇吉昌村正月十八抬汪公的仪式进行了记录。② 2014年7月，吉昌屯"抬汪公"入选第四批国家级非物质文化遗产代表性项目名录推荐名单。

在吉昌村周边，还分布着中所、天龙屯、雷屯、鲍屯、九溪等大大小小的多个屯堡村落。这些村落山同脉、水同流，均有契约遗存。其他村落的契约，或零星收录于家谱，或数份至数十份不等为乡民所收藏，就目前所发现的而言，唯独吉昌屯契约多达400余件③。这些契约文书，书写样式、体例、表达习惯等内在要素，以及文书材料、形制、字形、画押、印署等物质形态，均呈现出一致性。根据研究需要，本研究也会引用雷屯、鲍屯等处的契约，但主要分析的是吉昌屯契约文书，因而以"吉昌屯堡契约文书"统称吉昌屯及其周边屯堡村落的契约文书。

本研究尝试对一些特殊群体处置财产的行为进行关注。女性主持订立的契约，涉及卖契、当契、分关的契约有54件，这尚且不包括女性承担中人角色的契约。显示出屯堡妇女在财产处置活动中享有和男子一样的地位，其对财产的处置得到家族和社会的认同。汪王会（汪公会）作为一个民间组织屡次出现在契约中，参与对财产的处理。契约中出现"汪王会"与"汪公会会首、会众"

---

① 《雍正十一年（1733）汪尔重立卖房地基文契》记载："情愿将祖遗自置房屋地基贰间、天井牛桊（圈）壹个、东厮壹间，墙围在内，东至本家房地、南至本家地、西至街、北至路，四至分明。"（孙兆霞，等．吉昌契约文书汇编［M］．北京：社会科学文献出版社，2010：228．）村中和尚庵遗址残存的和尚寿塔碑镌刻有"乾隆九年孟春月习安贡士胡文元题"字样。据此可知，吉昌屯在18世纪30年代已经形成乡村聚落。
② 王秋桂，沈福馨．贵州安顺地戏调查报告集［M］．台北：财团法人施合郑民俗文化基金会，1994：208-243．
③ 2015年7月，贵州省屯堡文化研究中心吕燕平等学者在安顺经济技术开发区大屯村（今沪昆高铁安顺西站所在地）一带发现一批契约文书。这批属于"西门屯堡"地域范围内的契约文书有近700件，涉及土地、房产、山林、分家、休妻等类型，最早一份订立于乾隆三年（1738）。参见：吕燕平．大屯契约文书汇编［M］．贵阳：孔学堂书局，2020．

的次数分别是3次和4次。僧侣团体也参与了地方民众的财产交易。"和尚庵"作为地名在契约中出现19次，僧人出卖土地的契约有2件。显示出僧侣集团参与地方社会的日常运行，村落庙宇体系对地方社会具有一定的影响力。

在290件买卖契约、63件典当契约中，分析交易对象的社会关系后发现，土地、房产类财产，交易发生在宗族中自己辈与父辈、祖辈之间的有24件；交易双方属于同辈的有40件；交易发生在自己辈与下一辈之间的有7件。这说明交易双方关系多为三代以内宗亲，屯堡财产呈现平辈之间流动和向上流动的主要趋势，向下流动较少。从交易土地的合法来源看，土地来源于同姓的有52件，来源于祖父遗留的有243件，来源于自己所置的有26件。土地、房产虽然可以流动，但趋向于在族内进行代与代之间流动，土地经营并没有走上规模化的道路。

二、研究涉及的主要问题

（1）吉昌屯堡契约是一批什么样的契约？类型特征如何？作为生活在少数民族文化圈中的汉族移民后裔，为什么要订立契约？什么情形下订立契约？吉昌屯堡契约的样式与贵州其他地区、与东南中国的契约有哪些不同？中央王朝将西南区域的贵州纳入王朝统治体系之后，对于地方在治理过程中发生的军事性移民屯边行动和改卫归流政策，在契约文书中是否有所反映？

（2）契约如何规范晚清至民国期间吉昌屯堡的生活秩序与文化秩序？吉昌屯堡人在父子、兄弟、妯娌之间，用契约来维系日常经济事务，据此探讨契约文书在西南边疆基层乡村中的社会价值和文化意义。还可观察乡土社会中乡民们对文字的尊崇，文字在乡间的权威，以及晚清至民国屯堡人诚信机制建立和维护的过程。

第二节　相关学术史回顾

自20世纪80年代以来，契约文书的整理与研究在学界引起持续关注。国内遗存的契约原件主要有汉代居延契约，敦煌文书契约，宋、元、明、清徽州契约等。阿风在统计中国古代契约汇编成果的基础上指出，明清时代的契约，特别是清代、民国契约遗存遍及中国各个地区。[①] 截至2000年，首都博物馆收

---

① 阿风. 中国历史上的"契约"[J]. 安徽史学，2015（04）：5-12.

藏的2万余件契约文书资料中,民国时期最多,清代次之,其中又以光绪朝的数量最多。① 下面拟从两方面对明清以来契约的整理与研究状况做出梳理。

一、契约的区域整理与研究

我国古代契约文书分布的地域性特征比较明显。阿风指出,除了安徽、福建、台湾等传统的契约大省外,贵州因为清水江文书、浙江因为石仓契约的发现而成为契约遗存大省。内蒙古、云南、湖北、四川等地也发现了大量的契约。② 冯学伟结合契约文书的地域性研究,将国内契约分为敦煌吐鲁番文书、徽州文书、闽台文书、江浙文书、锦屏文书、山西文书、太行山文书等文书群,认为地域上的多样性会使分析各种基本概念的地域性差异成为可能。③ 张传玺精选了各省、区、市、高校图书馆、博物馆及个人收藏的契约原件、契簿、摩崖、碑刻、族谱、一般文献中的契约录文及买地券等资料辑录成书,对契约发生年代的社会经济状况、财政状况、阶级关系、家庭婚姻关系等有较为翔实的反映。④

契约文书是中国社会经济史的区域研究⑤的重要文献之一。王振忠将契约文书纳入民间文献的范畴,认为契约文书是源于田野乡间的,有别于正史、文集等传世典籍的文献。⑥ 明清时期官方和民间都重视用契约文书来处理现实的财产关系,这一时期的契约文书种类多,使用最为普及。杨国桢在《明清土地契约文书研究》一书中⑦,利用清代江浙、闽台、两广等地的土地契约文书,研究了乡村社会经济史和土地所有权,推动了契约研究的系统化和专门化,是运用契约学研究中国社会经济史的新尝试。⑧ 以下仅就中东部、南部地区的部分契约文书区域整理与研究情况做出简要回顾。

---

① 乔红. 馆藏契约文书概述 [M] //首都博物馆. 首都博物馆丛刊:第16卷. 北京:北京燕山出版社,2002:163-170.
② 阿风. 中国历史上的"契约" [J]. 安徽史学,2015 (04):5-12.
③ 冯学伟. 明清契约的结构、功能及意义 [M]. 北京:法律出版社,2015:22.
④ 张传玺. 中国历代契约会编考释(上、下)[M]. 北京:北京大学出版社,1996. 该书收录清代契约文书1402件. 张传玺. 中国历代契约粹编(上、中、下)[M]. 北京:北京大学出版社,2014. 该书收录契约2500余件.
⑤ 叶显恩,陈春声. 论社会经济史的区域性研究 [J]. 中国经济史研究,1988 (01):155-160.
⑥ 王振忠. 民间文献与历史地理研究 [J]. 江汉论坛,2005 (01):97-99.
⑦ 杨国桢. 明清土地契约文书研究 [M]. 修订版. 北京:中国人民大学出版社,2009.
⑧ 张维训. 运用契约学研究中国社会经济史的新尝试 [J]. 中国社会科学,1989 (03):218-220.

(一) 东南地区的契约

20世纪50年代以来，徽州文书被大量发现。随后在东南地区的福建、广东、浙江、台湾等地也发现了大量的明清契约文书。目前，我国东南部契约文书的整理与研究，主要包括以下五个方面。

1. 徽州契约文书

1988年以来，中国社会科学出版社先后出版了《明清徽州社会经济资料丛编》第一辑、第二辑，分别收录文书950件、697件。20世纪90年代初，中国社会科学院历史研究所将其图书馆收藏的徽州文书整理成《徽州千年契约文书》，其中宋元明编20卷，清代和民国编20卷。[①] 1995年，张传玺主编《中国历代契约文书汇编考释》由北京大学出版社出版，其中收录了大量徽州契约。安徽大学先后编辑出版了三辑共30卷的《徽州文书》[②]，主要收录了安徽省清代和民国时期的租佃契约、田土契约、合同文书、卖身契、典当契约、税契凭证、赋税票据等契约文书。此外，还有一些其他重要的徽州文献汇编出版。[③]

研究徽州清代契约文书的成果，集中在社会经济与社会生活、宗族等方面。傅衣凌从庄仆制层面考察了明清时期徽州农村经济形态。[④] 叶显恩强调在具体的时空下，将当地的民间文献与田野调查相结合，开创了综合利用方志、族谱、契约文书、账册探讨区域社会史的路径。[⑤] 章有义对徽州土地关系、租佃关系进行了系统研究，为利用私家账册从事经济史研究树立了典范。[⑥] 周绍泉从土地转让方面分析了徽州民间契约经济的发展及其维系，探讨了徽州民间社会契约经济发展模式的原因。[⑦] 周绍泉还指出，明代徽州的土地买卖呈现出频率增加和节

[①] 王钰欣，周绍泉.徽州千年契约文书［M］.石家庄：花山文艺出版社，1993.

[②] 刘伯山.徽州文书：第一辑［M］.桂林：广西师范大学出版社，2005.刘伯山.徽州文书：第二辑［M］.桂林：广西师范大学出版社，2006.刘伯山.徽州文书：第三辑［M］.桂林：广西师范大学出版社，2009.

[③] 例如：严桂夫.徽州历史档案总目提要［M］.合肥：黄山书社，1996.黄山学院.中国徽州文书（全10卷）［M］.北京：清华大学出版社，2010.黄志繁，邵鸿，彭志军.清至民国婺源县村落契约文书辑录（全18册）［M］.北京：商务印书馆，2014.

[④] 傅衣凌.明清农村社会经济：明清社会经济变迁论［M］.北京：中华书局，2007：3-59.傅衣凌.傅衣凌治史五十年文编［M］.北京：中华书局，2007：241-255.

[⑤] 叶显恩.明清徽州农村社会与佃仆制［M］.合肥：安徽人民出版社，1983.

[⑥] 章有义.明清徽州土地关系研究［M］.北京：中国社会科学出版社，1984.

[⑦] 周绍泉.徽州文书与徽学［J］.历史研究，2000（01）：51-60.周绍泉.徽州文书所见明末清初的粮长、里长和老人［J］.中国史研究，1998（01）：131-146.

奏加快的趋势。① 唐力行利用族谱、契约文书等民间资料，从徽州宗族、商人、文化、社会、人物五方面对徽州地域社会进行了剖析。②

在社会生活和宗族方面，王振忠等学者做了深度研究。王振忠通过田野调查收集到的徽州村落文书等珍稀文献，对徽商和徽州村落社会民众日常生活进行了细致深入的剖析。③ 林济研究徽州的宗族后认为，徽州宗族的礼俗生活传统，决定了共业的产生与发展；血缘宗法权利与宗族公产管理一定程度上的分离，是徽州宗族产生的内在动力和制度特点。④ 阿风利用土地买卖契约分析了明清时代徽州妇女在土地交易过程中的角色、地位与权利。他还利用诉讼文书研究明清徽州诉讼程序、诉讼书证观念、诉讼费用，对明清及近代中国诉讼制度与地方社会变迁进行长时段、多角度的观照。⑤ 赵华富结合契约文书，对徽州农村宗族制度进行了比较细致的研究，剖析了徽州宗族的组织结构，对宗族的来源、形成、繁荣、裂变做出了分析。⑥ 这些研究，都注意到了契约产生的时空特征。

毋庸置疑的是，作为一种最原始资料，徽州契约文书的发现是徽学成立的重要因素之一。用徽州文书研究明清农村社会经济史、宗族制度和中国法制史等，都已取得了较为显著的成就。⑦ 目前，徽州社会史研究呈现出由注重传统社会生活史等领域向日常生活史领域转变的新趋势和新动向。⑧

2. 闽台契约文书

1939年夏，傅衣凌在福建省永安县黄历乡发现一箱民间契约文书，"约有百

---

① 周绍泉. 试论明代徽州土地买卖的发展趋势：兼论徽商与徽州土地买卖的关系 [J]. 中国经济史研究, 1990 (04): 97-106.
② 唐力行. 明清以来徽州区域社会经济研究 [M]. 合肥：安徽大学出版社, 1999.
③ 王振忠. 徽州社会文化史探微：新发现的16—20世纪民间档案文书研究 [M]. 上海：上海社会科学院出版社, 2002. 王振忠. 明清徽商与淮扬社会变迁 [M]. 修订版. 北京：生活·读书·新知三联书店, 2014.
④ 林济. 长江流域的宗族与宗族生活 [M]. 武汉：湖北教育出版社, 2004：232-330.
⑤ 阿风. 明清时期徽州妇女在土地买卖中的权利与地位 [J]. 历史研究, 2000 (01): 73-86. 阿风. 明清时代妇女的地位与权利：以明清契约文书、诉讼档案为中心 [M]. 北京：社会科学文献出版社, 2009. 阿风. 明清徽州诉讼文书研究 [M]. 上海：上海古籍出版社, 2016.
⑥ 赵华富. 徽州宗族研究 [M]. 合肥：安徽大学出版社, 2004.
⑦ 卞利. 20世纪徽学研究回顾 [M] // 安徽大学徽学研究中心. 徽学：第2卷. 合肥：安徽大学出版社, 2002：411-446.
⑧ 卞利. 从社会生活到日常生活：徽州社会史研究的新转向（主持语）[J]. 安徽大学学报（哲学社会科学版）, 2016, 40 (03): 92-93.

余纸之多"①，都是永安当地明清时期农村经济契约文书，以土地买卖、典当契约为主。由此，开启了福建地区契约文书的收集、整理和研究之门。厦门大学、福建师范大学注重契约文书的收集，历经多年，收藏数量在万件以上。到20世纪80年代初期，福建师范大学收集的契约文书已有4750余件，② 厦门大学搜集的民间契约文书也有3000余件。这些契约文书以清代、民国时期为主，其中也包括一部分明代契约文书。傅衣凌运用契约文书、族谱进行经济史研究。③ 1982年，杨国桢将闽北自1963年以来收集的4000余件乡村契约文书资料汇编，抽出清代闽北地区若干典型的土地买卖和租佃文书，按朝代和年月顺序辑录。④ 1990年杨国桢又将厦门大学收藏的历代契约文书整理为《闽南契约文书综录》予以刊载，⑤ 该文收录有闽南地区宋、元、明、清至20世纪50年代的民间契约文书41类906件。2014年起，暨南大学和宁德市各县博物馆合作，收集了闽东各类民间文书10万多件。唐文基对福建师范大学历史系收藏的土地契约文书进行研究后指出，明清时期土地典卖中找价情况较为普遍，而福建尤其突出，他剖析了找价的特点及其社会经济原因。⑥ 2016年开始，厦门大学郑振满团队陆续在永泰县收录契约文书5万件，以及一大批族谱、阄书、账簿、科仪书、日记等资料⑦，呈现了永泰家族组织和山林开发的关系，深化了对传统山区社会的理解。

  台湾地区契约文书的出版物不少，但分散且每册契约数量不大。已经整理出版的主要有陈炎正整理的《台湾中部契约文书汇辑》。⑧ 对台湾地区契约的研

---

① 赵彦昌，丁红玉. 中国古代契约文书编纂沿革考［J］. 档案学研究，2016（06）：120-128.
② 福建师范大学历史系. 明清福建经济契约文书选辑［M］. 北京：人民出版社，1997. 研究者从福建省中部、东部、南部和北部地区4750件明清契约中选取1795件汇编成书，涉及典卖、租佃、借贷、赋役、家族财产与婚姻等内容。参见：栾成显.《明清福建经济契约文书选辑》介评［J］. 中国史研究动态，1999（03）：29-30. 陈支平. 福建民间文书［M］. 桂林：广西师范大学出版社，2007.
③ 傅衣凌. 明清社会经济史论文集［M］. 北京：中华书局，2008.
④ 杨国桢. 清代闽北土地文书选编（一）［J］. 中国社会经济史研究，1982（01）：111-112. 杨国桢. 清代闽北土地文书选编（二）［J］. 中国社会经济史研究，1982（02）：102-114，116. 杨国桢. 清代闽北土地文书选辑（三）［J］. 中国社会经济史研究，1982（03）：99-106.
⑤ 杨国桢. 闽南契约文书综录［J］. 中国社会经济史研究，1990年增刊.
⑥ 唐文基. 关于明清时期福建土地典卖中的找价问题［J］. 史学月刊，1992（03）：28-34.
⑦ 郑振满. 庄寨密码：永泰文书与山区开发史研究［M］. 福州：福建人民出版社，2020.
⑧ 《民间遗存台湾文献选编》一书由陈云林主编，于2011年由九州出版社出版。此处引用了《民间遗存台湾文献选编》第一编的第2、3、4册。

究，较早是从近代法的角度开始的。① 郑振满依据清代台湾的契约文书及日据初期的调查资料，考察了乡族共有经济的所有权形态和经营方式，以及清代台湾合股经营的社会性质和作用。② 此外，陈支平利用台北地区日据时期的民间契约文书，对该区域的土地赋役关系进行了个案分析。③ 陈支平对清代以来福建与台湾的民间关系做了细致的分析，将清代工商业发展状况与国外资本主义工商业发展进行了比较，还将近代工商业的发展纳入鸦片战争以前的社会经济大背景之下展开研究。④

3. 浙江契约文书

浙江省的博物馆比较注重收集全省各地契约文书，利用契约文书资料，各地陆续整理出版了一批专书，⑤ 一些学者也撰文介绍了相关文书资料。⑥ 其中，利用宁波市档案馆馆藏契约文书整理出版的《清代宁波契约文书辑校》一书，将契约中的错字、别字、脱漏字、异体字、生僻字、数字大写、自造字做出校正。《清代浙东契约文书辑选》一书，作者将其收藏的清代契约文书进行整理，特别注意了契约上的印章和契约税问题。田涛《田藏契约文书粹编》一书收录950件自明永乐六年（1408）年至1969年各个时期的契约文书，提供了研究明清以来浙江的民事活动和当时的民事法律规范的直观材料。⑦ 2010年，上海交通大学与浙江大学历史系研究团队在浙江省松阳县石仓村一带发现民间契约文书8000余件。曹树基、阙龙兴等人编纂《石仓契约》共5辑40册，收录石仓

---

① 阿风. 中国历史上的"契约"[J]. 安徽史学，2015（04）：5-12.
② 郑振满. 清代台湾乡族组织的共有经济[J]. 台湾研究集刊，1988（02）：10-19. 郑振满. 清代台湾的合股经营[J]. 台湾研究集刊，1987（03）：62-73.
③ 陈支平. 从契约文书看日据时期台北芦洲的土地赋税关系[J]. 台湾研究集刊，2002（02）：47-53.
④ 陈支平. 民间文书与台湾社会经济史[M]. 长沙：岳麓书社，2004：205-222. 陈支平. 近五百年来福建的家族社会与文化[M]. 北京：中国人民大学出版社，2011：230.
⑤ 主要有：绍兴县档案馆. 绍兴县馆藏契约档案选集[M]. 北京：中华书局，2007. 孙伟良，王万盈. 清代宁波契约文书辑校[M]. 天津：天津古籍出版社，2008. 张介人. 清代浙东契约文书辑选[M]. 杭州：浙江大学出版社，2008. 温州市图书馆《温州历史文献集刊》编辑部. 温州历史文献集刊：清代民国温州地区契约文书辑选[M]. 南京：南京大学出版社，2015. 包伟民. 龙泉司法档案选编[M]. 北京：中华书局，2019. 跨湖桥遗址博物馆. 纸上民生：银帝博物馆藏元明清民国契约文书精粹[M]. 北京：中国文化出版社，2012.
⑥ 例如：沈炳尧. 清代山阴、会稽、诸暨县房地产契约文书辑存[J]. 中国经济史研究，1998（03）：153-159. 江长愚，吴冬. 长兴民间契约浅谈[J]. 浙江档案，2009（01）：58-59. 倪毅. 浙江省博物馆藏遂安古文书[J]. 收藏家，2013（06）：72-78.
⑦ 田涛. 田藏契约文书粹编[M]. 北京：中华书局，2001.

契约文书8000余件。① 这些契约订立时间主要集中在清雍正元年（1723）至民国三十八年（1949）的226年里，契约涉及种类有卖契、找契、当契、租契、拨契、分契、借契、抵契、托管、执照等，以及法律文书、分家书、账簿和相关票据。契约内容涉及了土地交易、房屋买卖、婚丧嫁娶、过继续弦、文科武举、祭祀斋醮、商业往来、日常收支等众多事项。契约文书所反映的土地制度和社会文化，完整呈现了浙江省松阳县石仓古村落200多年来村民的日常生活。

4. 上海契约文书

上海市档案馆汇编的《清代上海房地契档案汇编》一书，保存了自清乾隆四十三年（1778）到清末民初130余年269份房地产交易契约。②《上海道契》收集了清道光二十七年（1847）至宣统三年（1911）间由上海官员签发给在沪租地的外侨的土地契证，辑集了英、美、法、德、日、意、比、荷、葡等20个册籍及部分华册道契，并收录相关附件，反映了将近70年间上海城市的变迁发展，是研究中国土地关系史、城市史、经济史、租界史、社会史、法制史、房地产史及上海史等不可多得的资料。③ 陈琍系统地整理了英册前300号道契，将道契分地逐一定位，揭示了开埠初期至咸丰十一年（1861）上海城市景观从沿外滩一线逐步向西扩张的历史进程。④

5. 广东契约文书

梁方仲在20世纪50年代就开始收集和研究广东的土地契约文书，确定了对契约文书研究的社会经济史取向。谭棣华等人整理出版了《广东土地契约文书（含海南）》，其中收集的土地契约，只有少部分是明代的，大部分是清代官

---

① 曹树基，潘星辉，阙龙兴. 石仓契约：第1辑[M]. 杭州：浙江大学出版社，2011. 曹树基，潘星辉，阙龙兴. 石仓契约：第2辑[M]. 杭州：浙江大学出版社，2012. 曹树基，潘星辉，阙龙兴. 石仓契约：第3辑[M]. 杭州：浙江大学出版社，2013. 曹树基，赵思渊，阙龙兴. 石仓契约：第4辑[M]. 杭州：浙江大学出版社，2015. 曹树基，蒋勤，阙龙兴. 石仓契约：第5辑[M]. 杭州：浙江大学出版社，2018.

② 上海市档案馆. 清代上海房地契档案汇编[M]. 上海：上海古籍出版社，1999.

③ 蔡育天. 上海道契[M]. 上海：上海古籍出版社，2005. 关于上海道契资料的研究，主要有：陈正书. 道契与道契档案之考察[J]. 近代史研究，1997（03）：124-138. 陈正书. 简评上海道契档案的史料价值[J]. 史林，1998（01）：89-96. 马学强. "民间执业 全以契券为凭"：从契约层面考察清代江南土地产权状况[J]. 史林，2001（01）：69-78. 马学强. 从传统到近代：江南城镇土地产权制度研究[M]. 上海：上海社会科学院出版社，2002. 夏扬. 上海道契：法制变迁的另一种表现[M]. 北京：北京大学出版社，2007.

④ 陈琍. 上海道契所保存的历史记忆：以《上海道契》英册1-300号道契为例[J]. 史林，2007（02）：137-149. 陈琍. 近代上海城乡景观变迁（1843-1863年）[D]. 上海：复旦大学，2010.

府发的土地执照、粮米收据，私人的土地买卖白契、借据和分产契证等。20世纪80年代以来，科大卫、谭棣华、许舒等学者从不同角度探讨了广东契约文书的内容和特点。①

(二) 中部省份的契约

近年来，在中部省份陆续发现一些契约文书。长江中游的湖北天门、江西鄱阳湖等地，陆续有契约被发现并被整理。② 中部内陆省份的山西太行山文书被发现后，也迅速进入山西、河北研究者的视野。③ 下面主要谈谈长江流域中部省份的契约文书的整理与研究情况。

1. 湖北契约文书

张建民等学者在长江支流汉水流域内的湖北天门发现了大批契约，整理成《湖北天门熊氏契约文书》一书。该书收录了清代天门县岳口镇的熊维贤直系后代的各种经济生活文书，时间跨度自清康熙十年 (1671) 至民国二十九年 (1940)，内容涉及土地买卖、房产基地买卖、土地租佃、土地典当、商贸经营、

---

① 科大卫，陆鸿基. 向东村杜氏地契简介 [J]. 香港中文大学中国文化研究所学报，1980，11. 谭棣华，赵令扬. 从广州爱育堂契约文书看清代珠江三角洲的土地关系 [J]. 中国社会经济史研究，1987 (04)：11-19. 许舒. 广东宗族契据汇录 [M] //东洋学文献丛刊：第49辑. 蔡志祥. 许舒博士所藏商业及土地契约文书：乾泰隆文书 (一). 潮汕地区土地契约文书 [M] //东洋学文献丛刊：第65辑. 东京：东京大学东洋文化研究所，1995. 谭棣华，冼剑民. 广东土地契约文书 (含海南) [M]. 广州：暨南大学出版社，2000. 冼剑民. 从契约文书看明清广东的土地问题 [J]. 历史档案，2005 (03)：62-67. 罗志欢，李龙潜. 清代广东土地契约文书汇编 [M]. 济南：齐鲁书社，2014.
② 张建民. 湖北天门熊氏契约文书 [M]. 武汉：湖北人民出版社，2014. 曹树基. 鄱阳湖区文书 [M]. 上海：上海交通大学出版社，2016. 刘诗古. 鄱阳湖区文书的发现、收集与整理 [J] //田野与文献：华南研究资料中心通讯，2014 (76).
③ 太行山文书以太行山为中心，地域分布晋冀豫三省，时间上从明中叶延续到20世纪70年代，总数约有10万件，内容包括个体文献、宗族文书、村落档案、教育文献、日用类书五个类别。研究论文主要有：雷宏谦. 太行文书、太行文化与太行学：乔福锦教授访谈录 [J]. 河北师范大学学报 (哲学社会科学版)，2014，37 (04)：57-64. 鲁书月. 太行山文书入藏邯郸学院学术座谈会综述 [J]. 中国史研究动态，2014 (04)：76-78. 孙继民. 古文书学视野下太行山文书的定位、特点和价值 [J]. 河北学刊，2014，34 (06)：166-173. 杨德春. 关于太行文书研究和保护的几个问题 [J]. 晋中学院学报，2015，32 (01)：33-37. 乔福锦. 昔阳县长岭村村级档案叙录：太行山文书专题资料整理 [J]. 邯郸学院学报，2014，24 (04)：67-79. 乔福锦. 邢台县北尚汪村级档案叙录 (上)：太行山文书专题资料整理 [J]. 邯郸学院学报，2015，25 (01)：91-101. 乔福锦. 邢台县北尚汪村级档案叙录 (下)：太行山文书专题资料整理 [J]. 邯郸学院学报，2015，25 (02)：108-118，129. 乔福锦. 涉县占洼村社文书叙录：太行山文书专题资料整理 [J]. 邯郸学院学报，2016，26 (03)：43-53. 冯小红. 太行山文书所见抗战时期文献及其价值 [J]. 宁夏社会科学，2016 (06)：203-206.

借贷等诸多方面，这些文书均出自同一个家庭，总数多达1835件。契约文书中出现了方志等地方文献未载的不少堤垸名称，以及大小堤垸的分合，堤垸数量的消长，堤垸与河湖相对位置的变化，水田白田的转换。这些信息非常有助于堤垸农业史、水利史、环境史研究的深化，对于长江中游社会经济史的研究与开发有重要的史料与参考价值。

2. 江西契约文书①

2009年以来，刘诗古、曹树基等学者在江西鄱阳湖区的渔村陆续发掘出1800余件契约文书，整理成书。鄱阳湖区文书的书写时间从明代中期延续至中华人民共和国成立初期，内容包括湖港、草洲的买卖契约和规范捕捞秩序的合约、议约字，渔课册和纳税执照，诉讼文书，等等，是研究湖区渔民生活、渔业经济和社会演进的珍贵史料。这些湖区渔民家族文书，可以与其他土地类文书形成比较研究，对于认识传统中国内陆的水上社会具有较大的参考价值。一些学者利用鄱阳湖区渔村发现的文书，讨论了渔业、圩田、草洲等资源产权争夺问题。②

此外，卞利、黄志繁、朱忠飞等学者在赣江上游中游县区搜集山田房产契约、会书、官司文书等，以及民间收藏的串票、军功或执照等物件。其中大部分是土地买卖契约，反映了清代前期该地区土地买卖的一般情况，展现出清代至民国时期特殊地域下的人群流动、经济社会发展变迁史。③

（三）西南地区的契约

西南地区人口较少民族分布较为集中，纳入中央王朝直接管控的时间并不长。明清以来的文书近些年被逐步发掘并陆续得到整理。这里主要讨论中原进入西南边疆地区大通道沿线的贵州、四川和云南等省的契约整理情况。

---

① 这里仅讨论鄱阳湖区域及赣江上游中游区域的契约文书，原徽州府婺源县的契约文书，纳入徽州契约中讨论。
② 梁洪生. 捕捞权的争夺："私业""官河"与"习惯"：对鄱阳湖区渔民历史文书的解读[J]. 清华大学学报（哲学社会科学版），2008, 23（05）：48-60. 刘诗古. "习惯"与"业权"：明中叶以降鄱阳湖区的圩田开发与草洲使用纠纷[J]. 西华师范大学学报（哲学社会科学版），2016（06）：1-12. 李敏. 权势格局与业权归属：清代以来鄱阳湖草洲纠纷个案研究[J]. 地方文化研究，2013（03）：49-58. 刘诗古. 资源、产权与秩序 明清鄱阳湖区的渔课制度与水域社会[M]. 北京：社会科学文献出版社，2018.
③ 卞利. 清代江西安远县土地买卖契约文书的发现与研究[J]. 农业考古，2004（03）：92-99, 103. 黄志繁，等. 石城文书[M]. 南昌：江西高校出版社，2021. 朱忠飞，温春香. 赣南民间文书 第1辑[M]. 桂林：广西师范大学出版社，2022.

1. 贵州契约文书

(1) 清水江文书整理研究①

清水江文书是贵州省黔东南苗族侗族自治州清水江流域的苗族、侗族林农，为经营混林农业和木材贸易形成的民间契约和交易记录，时间跨度从明末清初一直到20世纪50年代，主要分布和保存在锦屏、黎平、天柱、三穗、剑河、台江、岑巩等县的苗族、侗族农户家中，专家估计这类契约文书约有三十万件。自1964年以来，在清水江流域不断发现以山林契约为主的文书，包括土地契约、族谱、诉讼词稿、山场清册、账簿、官府文告、书信、宗教科仪书、唱本、誊抄碑文等。近十余年来，对清水江文书的研究，形成了民族习惯法、社会经济史、人工林业史、宗族、村落史、生态环境等专门的领域。

张应强在对清水江多年田野调查的基础上，进行了区域社会经济变迁以及村落的研究。② 他运用历史人类学的方法解读了契约文书、族谱、碑刻等民间历史文献，将清代清水江下游区域社会置于王朝国家政治经济社会发展的历史脉络中加以把握。通过对以木材采运活动为中心的区域社会历史基本过程的梳理和描述，探讨了区域市场网络的发展传统中国家力量与相应区域的地方社会的互动，对区域社会变迁的因素，进行地域化的理解和历史性的解释。张应强利用文斗苗寨契约文书，对文斗寨的家族与村落社会生活进行了钩沉，认为区域

---

① 影印、整理的清水江文书主要有：唐立，杨有赓. 贵州苗族林业契约文书汇编（1736—1950）[M]. 东京：东京外国语大学出版社，2001年、2002年、2003年分别出版一、二、三卷. 罗洪洋. 贵州锦屏林契精选 [M] //谢晖，陈金钊. 民间法：第3卷. 济南：山东人民出版社，2004：509-573. 陈金全，杜万华. 贵州文斗寨苗族契约法律文书汇编：姜元泽家藏契约文书 [M]. 北京：人民出版社，2008. 张应强，王宗勋. 清水江文书 [M]. 桂林：广西师范大学出版社，2007年、2009年、2011年陆续出版3辑共33册. 张新民. 天柱文书：第一辑 [M]. 南京：江苏人民出版社，2014. 高聪，谭洪沛. 贵州清水江流域明清土司契约文书：九南篇 [M]. 北京：民族出版社，2013. 高聪，谭洪沛. 贵州清水江流域明清土司契约文书：亮寨篇 [M]. 北京：民族出版社，2014. 研究成果主要有：梁聪. 清代清水江下游村寨社会的契约规范与秩序：以文斗苗寨契约文书为中心的研究 [M]. 北京：人民出版社，2008. 潘志成. 土地关系及其他事务文书 [M]. 贵阳：贵州民族出版社，2011.

② 成果主要有：张应强. 木材之流动：清代清水江下游地区的市场、权力与社会 [M]. 北京：生活·读书·新知三联书店，2006. 张应强. 从卦治《奕世永遵》石刻看清代中后期的清水江木材贸易 [J]. 中国社会经济史研究，2002（03）：53-59. 张应强. 清代中后期清水江流域的村落与族群：以锦屏县文斗寨的考察为中心 [M] //周大鸣. 21世纪人类学. 北京：民族出版社，2003：162-172. 张应强. 清代西南商业发展与乡村社会：以清水江下游三门塘寨的研究为中心 [J]. 中国社会经济史研究，2004（01）：46-53. 张应强. 清代契约文书中的家族及村落社会生活：贵州省锦屏县文斗寨个案初探 [J]. 广西民族学院学报（哲学社会科学版），2005（05）：59-64.

社会以木材的种植与伐运为中心的经济生活中,王朝国家推行的土地制度及相关政策,塑造了地方社会的地权观念以及以地权关系为中心的社会关系。杨伟兵利用清水江文书对黔东南的山林经济区中的土地生态进行了分析。① 罗康隆、吴声军指出,林业契约是清水江流域各族人民高效利用林地资源和精心维护生态系统的完美结合。② 徐晓光利用清水江文书对习惯法和少数民族法制史进行了研究,成果瞩目。③

(2) 吉昌契约文书整理研究

2009年,孙兆霞等人在安顺市西秀区大西桥镇吉昌村发现了452件契约文书,时间跨度从清雍正十一年(1733)到1961年,涵盖了200多年的历史,契约文书在格式上与其他地区发现的清代中期以来的文书大致相同。④ 交易种类涉及土地、房屋、宅基地、阴地、林地等多种类型,包含了买卖、分关、租佃等多种形式的契约关系。孙兆霞及其研究团队对文书的价值和意义进行了分析。⑤ 对于贵州西部驿道沿线的吉昌契约文书,有人将其归为贵州东部清水江流域的清水江文书系列。⑥ 虽然同属于贵州地区发现的契约,但黔东清水江流域与黔中安顺两地的地理环境、历史形成过程和文化传统乃至地域方言、民族习俗却有着相当大的不同。而在档案学研究著作中,吉昌契约文书又被纳入内地契约文书之列。⑦

此外,2015年7月,贵州省屯堡文化研究中心在安顺市西秀区幺铺镇大屯村发掘出各类契约文书近700件。涵括清代乾隆、嘉庆、道光、咸丰、同治、光绪、宣统及至民国时期,内容上反映了明清以来屯田制度的变迁。

---

① 杨伟兵. 云贵高原的土地利用与生态变迁(1659—1912)[M]. 上海:上海人民出版社,2008.
② 吴声军. 锦屏契约所体现林业综合经营实证及其文化解析[J]. 原生态民族文化学刊,2009(04):36-41. 吴声军. 清水江林业契约之文化剖析[J]. 原生态民族文化学刊,2010,2(03):69-74. 罗康隆. 从清水江林地契约看林地利用与生态维护的关系[J]. 林业经济,2011(02):12-17.
③ 徐晓光. 苗族习惯法的遗留承传及其现代转型研究[M]. 贵阳:贵州人民出版社,2005. 徐晓光. 清水江流域林业经济法制的历史回溯[M]. 贵阳:贵州人民出版社,2006. 徐晓光. 原生的法:黔东南苗族侗族地区的法人类学调查[M]. 北京:中国政法大学出版社,2010.
④ 孙兆霞,等. 吉昌契约文书汇编[M]. 北京:社会科学文献出版社,2010.
⑤ 孙兆霞,张建. 地方社会与国家历史的长时段型塑:《吉昌契约文书汇编》价值初识[J]. 西南民族大学学报(人文社科版),2010,31(05):41-46.
⑥ 丁红玉. 中国古代契约文书汇编研究[D]. 沈阳:辽宁大学,2016:37.
⑦ 赵彦昌. 中国档案史研究史[M]. 上海:上海世界图书出版公司,2012:354.

此外，还有2012年发现的遵义市道真县契约文书。《道真契约文书汇编》①一书收录契约文书374件，时间跨度从清乾隆二十三年（1758）到1957年，内容反映了道真县玉溪镇五八村仲家沟几个家族两百年来的土地置换、经济交往和人际关系。

2. 成渝地区契约文书

近三十年来，四川各地陆续发现较多的清代至民国年间的契约文书，有土地房产的买卖和租佃契约、商铺买卖契约、家庭分关文书等。② 与安徽、江浙、闽台、广东等地的契约文书整理与研究成果相比，四川契约文书的整理和研究稍显薄弱。下面主要阐述自贡、龙泉驿、川西、巴县等处的契约。

（1）自贡盐业契约文书

主要有《自贡盐业契约档案选辑》，收录了自贡地区各类契约850件，反映了清雍正十年（1732）至民国三十八年（1949）间自贡井盐全行业的生产经营各方面的关系。③ 依据这些材料，彭久松陆续发表了10篇论文对盐业契约进行考释。④ 张学君、冉光荣对清代富荣盐场经营契约进行了比较深入的研究。⑤ 此外，林建宇在20世纪90年代初，也陆续整理出一些盐业史契约。⑥ 进入21世纪，吴斌等学者对盐业契约进行了系统研究，内容涉及盐业凿井、合伙、借贷、租佃、买卖、析产契约，以及与盐业契约相关的盐业习惯法及其与成文法的互

---

① 汪文学. 道真契约文书汇编［M］. 北京：中央编译出版社，2015.
② 四川省档案馆，四川大学历史系. 清代乾嘉道巴县档案选编：上［M］. 成都：四川大学出版社，1989. 四川省档案馆，四川大学历史系. 清代乾嘉道巴县档案选编：下［M］. 成都：四川大学出版社，1996. 现存的《巴县档案》和《南部档案》中亦收录了大量契约文书。
③ 自贡市档案馆. 自贡盐业契约档案选辑（1732—1949）［M］. 北京：中国社会科学出版社，1985.
④ 彭久松. 自贡盐业契约考释［J］. 盐业史研究. "连载一"刊载于1986年卷，"连载二、三、四、五"，分别刊于1988年第1、2、3、4期，"连载六、七、八、九"分别刊载于1989年第1、2、3、4期，"连载十"刊载于1990年第1期。
⑤ 张学君，冉光荣. 清代富荣盐场经营契约辑录［J］. 中国历史博物馆馆刊，1982（04）：74. 张学君，冉光荣. 清代富荣盐场经营契约辑录（续）［J］. 中国历史博物馆馆刊，1983（05）：127-136.
⑥ 林建宇. 自贡盐业契约档案选辑（一）［J］. 盐业史研究，1991（01）：65-77，7. 林建宇. 自贡盐业契约档案选辑（二）：天源—富润—大有［J］. 盐业史研究，1992（01）：79-80. 林建宇. 自贡盐业契约档案选辑（三）：天源—富润—大有［J］. 盐业史研究1992（02）：76-80. 自贡盐业契约档案选辑（四）［J］. 盐业史研究，1992（04）：39.

动关系等，发掘出盐业契约的法学价值和对当今市场经济法秩序建构的借鉴作用。① 其他一些学者也利用盐业契约进行了相关研究，② 反映出盐业契约在民间生活中的重要性。

（2）成都龙泉驿契约

成都市龙泉驿区档案馆精选293件从清朝乾隆十九年（1754）至民国三十八年（1949）的各类契约文书编辑成书。③ 这些文书分买卖送讨契约、租赁借贷契约、分关继承契约等几部分，书后附图和索引。2013年8月，围绕该书召开了学术研讨会，就契约文书中蕴含的社会学、人类学、历史学、经济学内涵及其与客家文化深度融汇后形成的风土人情，探究了龙泉驿从清代到民国时期的区域经济和社会文化活动。④ 以该书中契约为研究材料，一些论文相继问世。⑤ 李映发从地权角度分析认为，四川农村土地占有在"湖广填四川"初期，通过垦殖无主荒地方式获得一定数量的土地所有权。人口增加、荒地尽辟之后，主要通过买卖方式来实现转让或获取土地所有权。农村土地买卖实现着土地占有权在不同经济实力层次的社会群体中的变迁，促使这种变迁的条件在不同时期呈现出不同特点。⑥ 郭广辉结合数据统计与个案分析，研究了田房产业交易的构成及规模、产业来源、出卖原因、买卖双方关系等因素，认为清代以来成都

---

① 吴斌，支果，曾凡英．中国盐业契约论：以四川近现代盐业契约为中心［M］．成都：西南交通大学出版社，2007．
② 清代盐业契约及其研究主要有：李三谋．清代四川盐井土地买卖契约简论［J］．盐业史研究，2001（01）：3-6．张东一．四川近现代井盐契约中土地资本化现象探究：以自贡井盐契约为视角［J］．四川理工学院学报（社会科学版），2012，27（06）：6-11．
③ 胡开全，苏东来．成都龙泉驿百年契约文书（1754—1949）［M］．成都：巴蜀书社，2012．
④ 晓强．披沙拣金 钩深致远：成都龙泉驿"百年契约文化"学术交流会综述［J］．文史杂志，2013（06）：56-59．胡开全．成都龙泉驿"百年契约文化"学术研讨会综述［J］．四川师范大学学报（社会科学版），2013，40（06）：170-172．
⑤ 主要有：胡开全．小议《成都龙泉驿百年契约文书》中的地名、人物、赋税、计量问题［J］．文史杂志，2013（04）：9-12．谢桃坊．成都东山土地租佃关系析：以《成都龙泉驿百年契约文书》为例［J］．文史杂志，2013（04）：13-16．屈小强．《百年契约文书》"分关"价值之我见［J］．文史杂志，2013（04）：17-20．王定璋．简论《成都龙泉驿百年契约文书》［J］．2013（04）：21-22．李映发．清代川西农村土地占有变迁考察：《成都龙泉驿百年契约文书》中土地买卖研究［J］．四川师范大学学报（社会科学版），2014，41（01）：30-36．胡开全．清代成都东山苏氏家族经济考察［J］．文史杂志，2014（05）：77-84．张晓霞．契约文书中的女性：以龙泉驿百年契约文书和清代巴县婚姻档案为中心［J］．兰州学刊，2014（08）：70-78．
⑥ 李映发．清代川西农村土地占有变迁考察：《成都龙泉驿百年契约文书》中土地买卖研究［J］．四川师范大学学报（社会科学版），2014，41（01）：30-36．

乡村土地产权的变动趋势趋于散杂状态，进而影响到成都平原的村庄形态和地方社会。①

（3）川西契约

数年前，研究者在川西理县薛城附近的半坡寨收集到112件契约文书，整理后出版。②半坡寨地处岷江上游支流杂谷脑河流域，是王朝戍边重地。这批契约文书时间跨度从明崇祯十七年（1644）到清嘉庆五年（1800），内容包括土地房产买卖文契、典当文契、租借文契、把凭文契、收帖文契、其他文书，反映了汉番山地交易的情况和族群边缘区域市场体系的发育状况。这部分契约除了收集者做了初步研究之外，③尚未见到有其他系统的研究。

（4）巴县档案

四川省档案馆保存着清代巴县官府、民国时期巴县公署及东川道积累移存的地方政权档案。上至清乾隆十七年（1752），下迄民国三十年（1941），约11.6万卷。其中，自乾隆至宣统朝的"契税"类档案就有589卷。这些档案较全面地反映了清朝至抗战中期重庆地区的内政、外交、财政、经济、军事、文化、司法、民风民俗等各方面的情况。在清代地方经济、政治、文化、社会研究领域具有重要价值，是我国现存时间最长、保存最完整的清代地方历史档案。自20世纪50年代以来，世人对巴县档案进行大量的整理和编研工作，为学术界推送出了大批珍贵的史料和学术资源。学者对巴县档案的研究主题，主要有巴县档案的概述、司法、工商业、官绅与社会治安、民事生活、民风民俗等。张晓霞认为，巴县婚姻档案是研究清代四川婚姻家庭关系和整个社会的经济、法律、社会关系的最宝贵的第一手史料。④四川省档案馆、四川大学历史系编辑出版《清代乾嘉道巴县档案选编（上、下册）》⑤，上册收录道光朝以前的土地租佃契约54件、土地买卖契约84件；下册收录铺房买卖契约20件、铺房租佃

---

① 郭广辉．清代民国年间成都乡村的田房产业交易：以《成都龙泉驿百年契约文书：1754—1949》为例 [J]．西华师范大学学报（哲学社会科学版），2015（03）：46-56.
② 王田，杨正文．岷江上游半坡寨文书汇编 [M]．北京：民族出版社，2015.
③ 王田．清代前期杂谷脑河流域的汉番山地交易：以半坡寨文书为中心 [J]．兰州学刊，2014（05）：70-77. 该文修正后收录于《岷江上游半坡寨文书汇编》一书，参见该书第236-255页。
④ 张晓霞．清代巴县婚姻档案研究 [D]．成都：四川大学，2012：1.
⑤ 四川省档案馆，四川大学历史系．清代乾嘉道巴县档案选编：上 [M]．成都：四川大学出版社，1989. 四川省档案馆，四川大学历史系．清代乾嘉道巴县档案选编：下 [M]．成都：四川大学出版社，1996.

契约25件。学者利用这些档案材料，产生出一批研究成果①。总体上看，研究成果比较分散，尚未形成系统的研究体系。

3. 云南契约文书

2007年以来，楚雄彝族自治州人民政府组织人员收集、翻译、整理、出版彝族文字典籍《彝族毕摩经典译注》，陆续出版106卷，6200多万字，是研究彝族历史和毕摩文化的总结性成果。其中，第101卷是《彝文账簿文书》，② 收集、翻译并注释了云南武定、禄劝地区的彝文账簿、契约、文书等，真实地记录了清代武定、禄劝彝区的经济、政治、土地占有及其处置、买卖方式，全面反映了这些地区的赋税政策和生产力水平、生活状况等，对于了解、研究清代彝族的社会、历史、习俗具有重要的史料价值。

2013年，云南省博物馆利用馆藏近现代契约文书整理出版了《云南博物馆馆藏契约文书整理与汇编》。③ 收录明嘉靖二十七年（1548）至1952年的契约文书共计1128件（内含若干附属文书），涉及买卖契约、租佃契约、典当契约、赋役收据、账簿、统计册、分家书、家谱、投师文约等种种资料。反映了日常生活中所发生的经济关系、社会关系等，真实记录了下至地方社会、上至国家财税制度变迁等方面的重要线索。契约文书的内容涉及云南的农工商贸、社会交往、风俗习惯、民族经济与习俗、宗教信仰、历史文化等诸多方面。

最后，值得关注的是，将不同地区的契约文书进行比较研究，显现出国家社会经济制度在各地运行之间的差异，展现了不同地方的传统习惯和民族风俗。栾成显将清水江文书与徽州文书进行了比较研究，认为清水江文书与徽州文书在整体上大致相同，而在契约内容事项的表述之中，又清楚地显露出地方特色和民族习俗。④ 日本学者岸本美绪对贵州苗族山林契约文书与徽州山林契约文书

---

① 李清瑞. 乾隆年间四川拐卖妇人案件的社会分析：以巴县档案为中心的研究（1752—1795）[M]. 太原：山西教育出版社，2011. 周琳. 征厘与垄断：《巴县档案》中的晚清重庆官立牙行[J]. 四川大学学报（哲学社会科学版），2015（05）：59-73. 巫仁恕, 王大纲. 乾隆朝地方物品消费与收藏的初步研究：以四川省巴县为例[J]. 中央研究院近代史研究所集刊，2015（89）：1-41. 常建华. 清代乾嘉时期的四川赶场：以刑科题本、巴县档案为基本资料[J]. 四川大学学报（哲学社会科学版），2016（05）：62-75. 周琳. 产何以存？：清代《巴县档案》中的行帮公产纠纷[J]. 文史哲，2016（06）：116-135，164-165.

② 楚雄彝族自治州人民政府. 彝文账簿文书[M]. 昆明：云南民族出版社，2012.

③ 林文勋, 吴晓亮, 徐政芸. 云南省博物馆馆藏契约文书整理与汇编[M]. 北京：人民出版社，2013.

④ 栾成显. 清水江土地文书考述：与徽州文书之比较[J]. 中国史研究，2015（03）：169-186.

进行比较研究，[①]认为在林木的栽种、砍伐、出售过程中，两地林业经营的相关文书在特征上大体相同，但在经营模式上存在区域性差异，体现在影响林业经济发展的社会背景、官府和宗族对林木所有权的影响因素上。王振忠比较了清水江文书和徽州文书中与社会生活有关的关于风水先生的活动后发现，两地风水先生社会地位上的差别，折射出两地人文传统与商品经济的发展水平不一致。[②]马学强比较了上海道契和江南契约，认为道契良好的信用、契约意识和习惯，对上海及周边地区产生了较大影响。[③]

二、契约的内涵和形态研究

正如寺田浩明所归纳的，就以往的研究动向而言，由中国学者进行的研究是着眼于契约文书中出现的田地价格及租额，即侧重于研讨该区域社会经济状态，是一种经济史性质的研究。与此相对，日本学者的研究是侧重于进行法律的分析。[④]下面从内涵和形态两个方面论述明清以来契约的研究成果。

（一）契约的内涵研究

寺田浩明指出，土地契约文书是当时的人用自己的观念处理自己财产的准确记录。[⑤]寺田浩明从契约研究中还发现，通过"合同约"建立某种持续性关系的尝试并不只限于经济活动，而且也涉及生活中一般的互助关系，俗称"会"，如清明会等。契约则展示了在日常生活中，农民们根据需要，通过"合同约"及由此而结成的"会"，来展开各种各样的互助关系与活动。

从明清时期的民间契约文书可以看到，当时的一般民众在日常生活中，是如何大量地书写和交换称为"契"或"约"的书面材料的，大部分日常生活或日常的社会关系又是如何依靠这些相关性契约来支撑的。刘楠楠通过对河南孟州刘村刘姓家族所藏的契约文书及口述史的分析，展示了同一个历史时期，不

---

① 岸本美绪，张微. 贵州山林契约文书与徽州山林契约文书比较研究 [J]. 原生态民族文化学刊, 2014 (02): 71-79.
② 王振忠. 清水江文书所见清、民国时期的风水先生：兼与徽州文书的比较 [J]. 贵州大学学报（社会科学版），2013, 31 (06): 55-68.
③ 马学强. 近代上海道契与明清江南土地契约文书之比较 [J]. 史林, 2002 (01): 55-65.
④ 寺田浩明. 日本对清代土地契约文书的整理与研究 [M] //法律史研究编委会. 中国法律史国际学术讨论会论文集. 西安：陕西人民出版社, 1990: 359-374.
⑤ 寺田浩明. 日本对清代土地契约文书的整理与研究 [M] //法律史研究编委会. 中国法律史国际学术讨论会论文集. 西安：陕西人民出版社, 1990: 359-374.

同地域下的社会生活。①

由契约所反映的社会结构并不是到明清时期才出现,也没有随着明清时期的终结而消失。② 阿风研究认为,明清时期徽州土地买卖文书的一个显著特点是,契约中并无"取问亲邻"字样,甚至宋元时代的契约文书也是如此。他发现,徽州的土地买卖很大一部分是在亲族之间进行的。这种情况,反映出徽州地区存在着聚族而居的传统,也反映出土地买卖中亲族优先购买权的实际作用。③ 下面从三个方面来分析。

1. 契约与公法的比较研究

契约习语有言"民有私约如律令",作为民间文书,契约被视为公法的一种补充,即所谓"官有公法,民有私约",因此一些学者把契约与公法进行比较。他们发现,"庶民相互之间所立契约尽管在官员审案时可能大体上得到尊重,从当时关于法的一般观念来看,民间的契约关系本身却是不会作为法的问题而正面提出来的"。而且事实上"产生了官和民、垂直性的社会整合和水平性的社会结合、'国家'和'社会'之间在逻辑上出现越来越深的鸿沟"④。

李增增考察了四川清代地方档案——《南部档案》中的1826件契约文书后指出,为了建立与维护民间管业秩序,防止买卖各阶段可能存在的纠纷,四川南部县民间社会经常通过订立契约文书来制定各种规范,在土地买卖中注重买卖立契的程序性。但这仍不可能使土地买卖纠纷消失于无形,事实上很多契约本身就是纠纷的产物。百姓明显对契约缺乏信心,时刻做着"执约禀官"的准备。然而知县并不会依据一张纸来判断是非,追究对方的违约责任,而是根据现实的情况,给弱者以足够的同情。李增增此认为:"土地买卖契约原件,背后不只是清代民事书证制度的问题,同时也是民间诉讼观念的问题。"⑤

2. 中人和担保制度研究

寺田浩明指出,契约的中人是通过提示某种行为基准而试图把一定范围内的人们"约"到规范共有状态中去的主体。"人心不一"的社会现实不断地要求有这样的主体出现,他们拥有把人们"约"到一起去的能力,实际上获得众

---

① 刘楠楠. 民间契约文书与日常生活 [D]. 沈阳:辽宁大学,2013.
② 寺田浩明. 明清时期法秩序中"约"的性质 [M]//寺田浩明. 权利与冤抑:寺田浩明中国法史论集. 王亚新,等译. 北京:清华大学出版社,2012:137.
③ 阿风. 徽州文书所见明清时代妇女的地位与权利 [D]. 北京:中国社会科学院研究生院,2002.
④ 寺田浩明. 权利与冤抑:寺田浩明中国法史论集 [M]. 王亚新,等译. 北京:清华大学出版社,2012:139.
⑤ 李增增.《南部档案》中的契约文书研究 [D]. 南充:西华师范大学,2015.

人唱和的首倡能力，或者说也就拥有了一种社会性的"权力"。在当时的社会里，不考虑"约"的能力大小的话，几乎任何人都能充当中人，这种"权力"的细胞是日常性地普遍存在于社会之中的。既然这种形式的"权力"是这样分散，现实中的地域性秩序于是不得不通过各种各样主体围绕"约"的行动而呈现出一种对抗与整合的动态。① 目前，对契约的中人研究主要涉及身份、地位、酬金、作用和担保制度等方面。

对中人的身份研究，在内容上仅作为契约、法律或社会研究的附属物出现，集中在法制史领域，尚缺乏区域性契约的中人比较研究。叶显恩认为，土地买卖必须有中人、证人，中人大多数都是卖主的族人、姻亲、近邻或地保等。② 杜赞奇认为，在华北农村经济生活中，中人分为三种类型：第一种是地位很高或很有"面子"的保护人；第二种往往与交易一方有亲友同族关系，同时又为交易另一方所熟识者；第三种可能是城居地主的代理人、村中强人或职业经纪人。中人也承担着介绍、见证、保人三种作用。③ 王雪梅通过对自贡盐业契约中人现象的分析，认为在契约行为中，中人起着中介、监督、见证、调解作用，具有职业化、人格化的特点，其身份多是德高望重的族人或地方上有相当社会地位的人。④ 王日根、卢增夫从交易当中的中见人、知见人与交易一方或是双方的关系角度来研究，探讨宗族在交易过程中的一些影响。⑤ 吴欣分析中人的身份和作用后认为，中人所具有的公开性、权威性、人为性的特性，使其本身很容易成为民间社会习惯法的人格化的法律象征和法律保障，进一步加强或削弱了契约本身合意的内容，凸显了身份契约所具有的"人治"特色。⑥

在酬金方面，张传玺认为，自唐宋以后，契约中一般不写对中保人致酬事，但致酬事一直是存在的，采取宴请或送银钱的形式。⑦ 送给中人的叫"中礼

---

① 寺田浩明. 明清时期法秩序中"约"的性质 [M]//寺田浩明. 权利与冤抑：寺田浩明中国法史论集. 王亚新，等译. 北京：清华大学出版社，2012：178-181.
② 叶显恩. 明清徽州农村社会与佃仆制 [M]. 合肥：安徽人民出版社，1983：64.
③ 杜赞奇. 文化、权利与国家：1900—1942年的华北农村 [M]. 王福明，译. 南京：江苏人民出版社，2008：148-149.
④ 王雪梅. 自贡盐业契约中的中人现象初探 [J]. 西南民族大学学报（人文社科版），2009，30（02）：262-266.
⑤ 王日根，卢增夫. 清代晋江店铺买卖契约文书的分析 [J]. 福建师范大学学报（哲学社会科学版），2005（01）：125-131.
⑥ 吴欣. 明清时期的"中人"及其法律作用与意义：以明清徽州地方契约为例 [J]. 南京大学法律评论，2004（01）：166-180.
⑦ 张传玺. 契约史买地券研究 [M]. 北京：中华书局，2008：79-80.

银",送给代书的叫"笔资银"①。李祝环认为,从广义上讲,非职业性的见证人参加契约的成立,其目的并不完全是得到酬礼,在习惯中,可能更看重的是对自我身份及信誉的肯定。②酬金是根据契约中间人在签约中所负的不同职责而给予的一定回报,给契约中间人支付酬金的行为,在契约行为中是一直存在的。贵州地区已公开出版的契约,笔者检阅所及,对酬金记载有所不同。在屯堡契约、道真契约中,没有直接写明中人的酬金事宜;在清水江区域和黔西滇东北接壤地带彝族地区,契约明确记录了酬金事宜。清水江苗族契约中,"银若干"一般直接写明,在买卖交易中,支付笔银是常态。③以彝族文字书写的契约中,中人的酬金会写在契约上,主要类型包括银钱、宴请和礼节性的物品,如食盐、酒、羊毛、土布、稗子等,④酬金与具体的土地交易数额有一定关联度。

在中人的作用方面,梁治平认为,中人在交易双方的经济社会关系中起到媒介作用,当双方达成合意时,中人参与确定交易细节并监督交易过程的完成,且负有一定的保证责任。⑤周进对中人的角色保全规则、中人在契约中的作用、同姓中人在契约中的法律角色等进行了分析,认为中人的出现是清代私法制度在国家层面允许人们社会关系博弈中利于交换发生的规则之一。中人在土地绝卖交易中承担着居间功能,中人制度弥补了法律的不足之处。周进还论述了同姓中人在土地绝卖契约中的地位。⑥陈胜强从契约参与人观念、契约形式、契约内容以及契约的实现等几个方面,分析了中人对清代土地绝卖契约的影响。⑦刘高勇、屈奇论证了在清代田宅交易中第三方人数的多少决定了交易可行性的强

---

① 张传玺. 中国古代契文程序的完善过程 [M] //张传玺. 秦汉问题研究. 北京:北京大学出版社,1985:204. 张传玺. 契约史买地券研究 [M]. 北京:中华书局,2008:61-81.
② 李祝环. 中国传统民事契约中的中人现象 [J]. 法学研究,1997 (06):136-141.
③ 瞿见. 清代村寨代笔中的"笔银":基于黔东南文斗寨的研究 [J]. 原生态民族文化学刊,2019,11 (01):39-46.
④ 楚雄彝族自治州人民政府. 彝文账簿文书 [M]. 昆明:云南民族出版社,2012.
⑤ 梁治平. 清代习惯法:社会与国家 [M]. 北京:中国政法大学出版社,1996:121-122,168.
⑥ 周进. 清代土地买卖契约中人现象研究 [J]. 遵义师范学院学报,2007 (04):18-20,32. 周进,李桃. 同姓中人在清代土地绝卖契约中的法律角色研究:从与卖方的关系探讨 [J]. 贵州社会科学,2009 (11):132-136. 周进. 清代土地绝卖契约中人的双向性居间功能 [J]. 长江大学学报 (社科版),2013,36 (05):28-31.
⑦ 陈胜强. 中人对清代土地绝卖契约的影响及其借鉴意义 [J]. 法学评论,2010,28 (03):155-160.

弱。① 李桃等学者从制度土壤、现实基础和文化基因三个层面分析了中人在清代私契中发挥功能的因素。② 王帅一从形成中人的中介、担保、调解功能之内在机制与文化因素角度，将中人问题还原到中国文化视角下的传统社会中去，通过中人以及缔约相对方构成的人际关系网络，发现抽象的契约关系在中国传统社会中实际上是具体的人际关系。在交易中借助中人将交易双方联系起来，使中国传统社会所强调的道德观念可以用来维护契约关系，使契约相对方抽象的契约关系在人际关系网络中变得具体化，使交易各方在契约关系中获得安全可靠的确信。③

担保制度在某种意义上而言，是中人承担连带责任的一部分。高学强分析古代出土文献和契约后认为，在古代契约担保制度中，对人的担保和对物的担保并存，完整的契约担保体系对保证契约制度的正常运行具有重要作用。④ 杨淑红研究黑水城出土的民间借贷契约的契式后发现，元代的保人担保按照所担保的事项可分为留住保证和履行保证两类，按照保人代偿责任的范围，可分为一般保证和连带责任保证。⑤ 梁凤荣依据古文献资料和出土文物资料，归纳出我国古代买卖契约中四种常见的担保方式：瑕疵担保、追夺担保、恩赦担保和信用担保。⑥

3. 契约与明清妇女地位研究

妇女出现在契约中的情形，主要是以担任买卖方、继承人、中人等身份角色。阿风统计与分析徽州文书后发现，"ムムム氏"这种"夫姓+父姓+氏"的称谓方式，在清咸丰以后成为契约文书中已婚女性的最主要的称谓方式⑦。阿风依靠大量土地买卖文书分析明清时代徽州妇女在土地交易过程中的角色与地位，认为妇女出卖土地等财产在明清时代的徽州已经是一种被国家、宗族公开认可

---

① 刘高勇，屈奇. 论清代田宅契约订立中的第三方群体：功能及其意义 [J]. 西部法学评论，2011（03）：16-20.
② 李桃，陈胜强. 中人在清代私契中功能之基因分析 [J]. 河南社会科学，2008（05）：61-63.
③ 王帅一. 明清时代的"中人"与契约秩序 [J]. 政法论坛，2016，34（02）：170-182.
④ 高学强. 试论中国古代契约中的担保制度 [J]. 大连理工大学学报（社会科学版），2009，30（04）：70-75.
⑤ 杨淑红. 元代的保人担保：以黑水城所出民间借贷契约文书为中心 [J]. 宁夏社会科学，2013（01）：81-89.
⑥ 梁凤荣. 论中国古代买卖契约中担保的形式与特色 [J]. 河南大学学报（社会科学版），2015（04）：110-114.
⑦ 阿风. 明清时代妇女的地位与权利：以明清契约文书、诉讼档案为中心 [M]. 北京：社会科学文献出版社，2009：259.

的行为，其契约格式和法律效力与普通契约并无二致。在明清时代地权变动日益频繁的大背景下，妇女也已经参与到土地买卖中来，妇女对财产的处置是其家庭财产权利得到尊重的表现。① 但是徽州土地买卖文书中一个重要特点是女性买主十分少见。

刘正刚等研究发现，在清代珠三角民间社会的土地房产买卖契约文书中，作为家中长辈的女性或以主立契人，或以见证人、接银人等身份出现。契约中多次出现的"子母商议""母子商议"以及"与祖母及母亲商议"等词语，显示出女性长辈在家庭财产处分中具有重要的权利，也体现了孝文化在民间社会得到了贯彻实践，表明妇女的参与是契约文书生效的重要保障。② 张启龙等研究了清中后期广州房地产交易契约中的女性参与买卖过程的契约，分析发现，以寡母（寡妻）为主的一些妇女能够以"买方""卖方"和"中人"等多元的身份在家庭大宗交易中发挥重要作用，具有较高的社会地位，虽然是在特定情况下的被动行为，但一定程度上体现了传统社会男性家长制度下女性的经济能动性。③

陈瑛珣对闽台地区女性在契约中的财产权处分进行分析后，发现清代闽台女性与一般印象中的传统女性形象略有出入。在男性长年从事商业活动或者旅居侨居地之余，所有的家庭事务都由女性来负责，使她们必须参与到商业及社会经济活动中，甚至抛头露面为家族争取经济利益。闽南地区的妇女在家庭所从事的业务范围由农业扩展至商业活动，对财产权的运用，比以务农为本的社会妇女有着更多的独立性和自主性。据此认为，地理上的边陲地带或者是移民社会给予民间妇女的财产权限弹性大于内地传统社会。④ 陈支平在研究了清代台湾土地买卖契约后也指出，在清代台湾民番的土地物产交易中，由"番妇"等女性出头签订契约文书的比例，大大超过福建等内地女性出头签订契约文书的比例。⑤

张晓霞比较了清代成都龙泉驿契约文书和巴县婚姻档案，发现妇女作为契

---

① 阿风. 明清时代妇女的地位与权利：以明清契约文书、诉讼档案为中心 [M]. 北京：社会科学文献出版社，2009：125-133.
② 刘正刚，杜云南. 清代珠三角契约文书反映的妇女地位研究 [J]. 中国社会经济史研究，2013（04）：49-59.
③ 张启龙，徐哲. 被动的主动：清末广州高第街妇女权利与地位研究：以契约文书为例 [J]. 妇女研究论丛，2015（02）：96-105.
④ 陈瑛珣. 从清代台湾托孤契约文书探讨闽台女性财产权的变与不变 [J]. 闽都文化研究，2004（02）：1145-1198.
⑤ 陈支平. 契约文书所反映清代台湾民番土地交易的四个特点 [J]. 中国经济史研究，2015（01）：6-15.

约的订立者或见证人，独立立契，或与子女、丈夫、其他人共同立契。她认为，在清代女性地位较低的情况下，已有部分女性参与到家庭重大事务的决策之中。① 邢铁研究继承契约发现，妇女在娘家无继承之名却有继承之实，在婆家的继管方式虽不是严格意义上的继承，但终身适用，与继承并无实质性的区别。他据此认为，我国古代的诸子平均析产方式，只是限制而非排除妇女的继承权，妇女也享有一定程度上的财产继承权。②

在研究清代买卖妇女问题上，卢增荣通过对有关女性交易的契约文书及相关资料的分析，揭示了清代以来福建民间女性交易与当时的社会经济发展水平及与此相联系的伦理观念有关。③ 郭松义等通过对清代民间婚姻契约的研究，提供了清代婚姻史研究的新思路和新方法。④ 吴佩林分析了《南部档案》中与嫁卖生妻有关的诉讼档案与契约文书，从契约的时空差异性方面归纳了卖妻的原因、动机以及民间与官府的态度。⑤

（二）契约的形态研究

1. 契约书写形式研究

中国传统契约的形制变化，经历了从券书到契纸的过程，伴随着契约的物质载体从竹木到纸质的根本性转变过程，契约书写形式亦发生明显变化。⑥ 张传玺指出，北宋至民国时期，契约使用官版契纸，是当时政府用来作为契税征收的保证和取财之道。⑦ 王旭通过考察传统契约的概念也得出，中国的传统契约概念本身经过了一个长期的分化演变过程。明清之季，契约发生着强烈的格式化倾向，使契约概念发生了与特定契约行为相固化的发展趋势，围绕着不动产而

---

① 张晓霞. 契约文书中的女性：以龙泉驿百年契约文书和清代巴县婚姻档案为中心 [J]. 兰州学刊，2014（08）：70-78.
② 邢铁. 家产继承史论 [M]. 修订本. 昆明：云南大学出版社，2012：58-93.
③ 卢增荣. 清代福建契约文书中的女性交易 [J]. 东南学术，2000（03）：105-110.
④ 郭松义，定宜庄. 清代民间婚书研究 [M]. 北京：人民出版社，2005. 吴佩林对该书做了评价，参见：吴佩林. 从实物出发：婚姻史研究的新路径与新取向：评《清代民间婚书研究》[J]. 妇女研究论丛，2008（02）：87-89.
⑤ 吴佩林. 《南部档案》所见清代民间社会的"嫁卖生妻" [J]. 清史研究，2010，79（03）：21-33.
⑥ 王旭. 从券书到契纸：中国传统契约的物质载体与形式演变初探 [J]. 湖北大学学报（哲学社会科学版），2014，41（06）：86-91，153.
⑦ 张传玺. 中国古代契约发展的四个阶段 [M]//张传玺. 秦汉问题研究. 北京：北京大学出版社，1985：140-166. 张传玺. 契约史买地券研究 [M]. 北京：中华书局，2008：9-38.

展开的交易文书有着统称为"契"的倾向。①

契尾研究。契约文书有买卖双方签订的私契（白契）和官契（赤契），契约经官府认可，办理过户交割手续，并需缴纳一定的契税，这种契税单称为契尾。简言之，契尾即买卖田宅时，官府征收契税后的收税凭证。② 张传玺指出，明清时期契尾文字之繁远超元代，篇幅之大超过正契；民国时期废除了冗长的契尾，改用"印单"，作为契税的收据。契约上"私约""私契"等字样日益少见，而"闻官纳完""过割税契""印税管业"等字样逐渐增多。现存的契约也以赤契为多，白契的比例逐渐减少。③ 裴燕生也认为，清代国家为了保证契税的征收，在官版契纸外还增加了契尾的办法，通过研究契约的格式和典型契约的内容，强调了清代国家对契尾的重视，使契尾获得与正契相同的法律地位。④ 卞利研究了江西地区的契约格式后认为，契尾价格的变化反映出清代江西土地交易事件的增多，土地所有权和使用权转换频繁的事实⑤。

文字和词汇研究。阿风指出，明代妇女典卖土地文书在述及产权来源时提及"丈夫"的文书所占比例较大，达到60%，而清代只占23%；但清代文书中写作"祖受"财产的文书占到54%，而明代文书写作"祖受"财产的文书只占28%。他进而认为，明清两代契约语言中对于产权来源表达的变化，在某种程度上反映了清代土地买卖者心目中更加关注家庭财产的祖先传承，也反映出清代家族在社会经济关系中所处的位置日益上升。⑥ 有学者针对四川《南部档案》中的俗字进行了探讨，⑦ 涉及俗字的价值，"旨""效""派""匹""兹"等常见俗字的考释，"據"字俗体的演变以及俗字的类型等，对于了解清末语言文字

---

① 王旭. 中国传统契约文书的概念考察 [J]. 上海政法学院学报，2006（04）：22.
② 陈学文. 明清契尾考释 [J]. 史学月刊，2007（06）：130-132.
③ 张传玺. 中国古代契约发展的四个阶段 [M] //张传玺. 秦汉问题研究. 北京：北京大学出版社，1985：140-166.
④ 裴燕生. 清代的契约文书 [J]. 档案学通讯，2001（02）：79-80.
⑤ 卞利. 清代江西的契尾初探 [J]. 江西师范大学学报，1988（01）：28-31.
⑥ 阿风. 徽州文书所见明清时代妇女的地位与权利 [D]. 北京：中国社会科学院研究生院，2002.
⑦ 杨小平.《南部档案》俗字研讨价值 [J]. 孙芳芳，杨小平.《南部档案》俗字考释六则 [J]. 刘丰年，杨小平. "據"字俗体演变考 [J]. 董兆娜，杨小平. 浅谈《南部档案》俗字 [J]. 晏昌容，杨小平. 清代顺治康熙时期《南部档案》俗字考释 [J]. 这五篇文章参见：吴佩林，蔡东洲. 地方档案与文献研究：第1辑 [M]. 北京：社会科学文献出版社，2014：418-451. 杨小平. 俗字与南部档案文书解读 [J]. 郭雪敏. 浅论清代南部县衙档案俗字的类型 [J]. 周君. 清代南部县衙档案俗字俗语考论 [J]. 这三篇文章参见：吴佩林. 地方档案与文献研究：第2辑 [M]. 北京：社会科学文献出版社，2016：430-450.

有一定帮助。

唐智燕认为，近年来出版的近代民间契约文书整理汇编著作普遍存在误释、漏释俗字现象，并从文字释读规范角度分析了贵州清水江文书、石仓契约、吉昌契约文书中误释、漏释的俗字及生僻字，阐述了俗字研究对于民间文献整理的重要性。她还从地域上对近代民间财产处分文书的语言特点进行了分析。① 在吉昌屯堡契约中，唐智燕指出吉昌契文中存在大量通假字、异体字及俗字等用字现象，并对《吉昌契约文书汇编》中误释、漏释的俗字做了补释，还对较为生僻的俗字进行了详细考证。② 唐智燕指出，近代民间析产分关契约文书中，吉昌契约篇幅较长，语言较为朴实，惯用的四字语口语色彩浓厚；东南地区和广东地区用语较为典雅。相比之下，就其违约处罚用语而言，北方及东南地区惯用"准不孝论"之语，反映出孝道的威慑力；西南贵州一带则惯用"祖宗不佑""神灵不佑""神灵洞鉴""神天鉴察""天理不容"之类简洁四字语，此类违约处罚语折射出当地人们对祖宗、神灵和天理的敬畏。③

冯学伟分析了"吉祥语"在明清契约中具有独特的意义和功能，认为"吉祥语"是一个完整契约的有机组成部分，是中国吉祥文化在契约中的体现，反映了人们向往幸福、追求理想的思想境界。④ 此外，据已有研究发现，契约中出现了一类专有名词，古代契约文书的中保人称谓词发生着历时演变⑤，一些自称

---

① 唐智燕. 论近代民间不动产买卖契约文书的语言风格［J］. 当代修辞学, 2012（02）: 70-74. 唐智燕.《石仓契约》俗字释读疏漏补正［J］. 宁波大学学报（人文科学版）, 2013, 26（06）: 53-57. 唐智燕. 论民间契约文书用字的和谐美: 基于《石仓契约》类化字的考察［J］. 湘南学院学报, 2013, 34（04）: 42-45. 唐智燕.《石仓契约》俗字校读十五则［J］. 宁波大学学报（人文科学版）, 2015, 28（02）: 12-18. 唐智燕.《贵州苗族林业契约文书汇编》误释俗字补正: 兼论俗字研究对于民间写本文契开发利用的重要性［J］. 原生态民族文化学刊, 2013, 5（04）: 36-40. 唐智燕. 清水江文书疑难俗字例释（一）［J］. 原生态民族文化学刊, 2014, 6（03）: 25-30. 唐智燕. 清水江文书疑难俗字例释（二）［J］. 原生态民族文化学刊, 2014, 6（04）: 46-52. 唐智燕. 清水江文书疑难俗字例释（三）: 兼论民间文书标题的构拟问题［J］. 原生态民族文化学刊, 2015（01）: 68-74.
② 唐智燕. 俗字研究与民间文献整理: 以《吉昌契约文书汇编》为例［M］//四川大学中国俗文化研究所, 四川大学汉语史研究所. 汉语史研究集刊: 第15辑. 成都: 巴蜀书社, 2012: 382-399.
③ 唐智燕. 论近代民间析产分关契约文书的语言特点［J］. 毕节学院学报, 2014, 32（09）: 6-10.
④ 冯学伟. 明清契约的结构、功能及意义［M］. 北京: 法律出版社, 2015: 33.
⑤ 康彩云. 古代契约文书的中保人称谓词语演变研究［D］. 西安: 陕西师范大学, 2013.

词的用法只出现在契约文书中。①

人名、地名的考释。储小旵研究了徽州文书的立契人和契名等因素，对契约文书在立契人姓名、立契时间、契约内容等方面存在一些讹误和不足之处，并进行逐一考校。② 杨华等人对湖北天门契约文书中所见的人名、地名、物类，与当地方志、家谱等地方文献进行印证，并曾多次赴天门相关乡镇实地踏勘与这批契约文书相关的自然环境、社会经济生活习俗，取得了一些有价值的文字及口传资料。③ 地名记录和反映了某一地区的自然、经济、政治、民族等方面的历史史实，民族地区和内陆边缘地区的地名，对于了解汉文化在这一地区的传播具有重要价值。

2. 契约类型研究

契约在档案学研究中又被称为契约文书，是文书的类别之一。按照不同的标准，可将契约文书分为不同类别（见表1）。

表1　契约文书的类型

划分标准	类别	内容
内容	经济类	记录人们在社会经济活动中的物权和债权行为，蕴藏大量经济活动的信息，包括民间土地、山林、房产、农业生产资料和生活资料的买卖、典当、租佃等，反映了乡民与自然、社区、宗族、官府的经济关系
	法律类	反映了基层社会的组织结构和运作方式，体现了法律方面的诸多内容，是许多民间诉讼争端、民事案件的调解依据
	社会生活类	多反映民间生活百态和各地文化风俗，包括宗族祭祀及立嗣、乡规民约、嫁娶丧葬、耕读传家、礼乐教化等

---

① 王跃. 古代契约文书中"自称"类词语历时演变研究 [D]. 西安：陕西师范大学，2015.
② 储小旵.《徽州千年契约文书》契名考校 [J]. 安徽史学，2009（03）：75-79.
③ 杨华，陈新立.《湖北天门熊氏契约文书》评介 [J]. 中国史研究动态，2015（02）：95-96.

续表

划分标准	类别	内容
生产经营性质	林业契约	山林土地使用权流转、佃山造林、股份合作造林、青山买卖、山林管理和分银合同等林业发展过程中产生的契约文书
	盐业契约	包括盐业凿井、合伙、借贷、租佃、买卖、析产契约，与盐业发展相关的盐业习惯法及其与成文法的互动关系
	土地契约	以田契为中心，也包括旱地、水田、园地、阴地、宅基地等买卖契约
契约建立的权利义务关系类型		包括买卖契约、租佃契约、典当契约、雇佣契约、借贷契约、身份契约

就吉昌屯堡契约而言，它属于土地契约。从交易形式上看，主要有买卖契约、典当契约、借贷契约、分关契约等。在内容上既有经济类契约，也有部分社会生活类契约。

第三节 资料来源和研究方法

一、资料来源

本文的核心资料包括两部分：（1）孙兆霞主编的《吉昌契约文书汇编》[①]。该书收录清晰可辨的438件契约，时间跨度从雍正十一年（1733）到1961年，内容涉及土地、房屋、宅基地、坟地、荒地、林地等多种类型的交易，包含了买卖、分关、继承、租借、赠与等契约关系，真实地反映了屯堡人家庭生活、屯堡地方经济和社会发展状况。（2）笔者在屯堡区域进行田野调查中收集到的契约，主要有吉昌屯汪氏家藏契约、胡氏家藏契约，在吉昌屯邻近的雷屯收集的雷氏家藏契约及其他村寨收集到的零散契约。此外，研究中会用到家谱资料。由于明清战乱的影响，乾隆以前的家谱传世极为罕见。吉昌屯田姓、汪姓、胡姓家谱、祭祀文书等资料，也是本书的资料来源。这些屯堡契约文书都是在特定的历史环境中产生的，服务于屯堡区域的百姓，为研究屯堡历史地理学提供

[①] 孙兆霞，等.吉昌契约文书汇编[M].北京：社会科学文献出版社，2010.

了史料依据。

二、研究方法

（一）基于人地关系基础上的历史地理学研究

对人地关系的研究，是历史人文地理学的基本特征。包含两个方面：（1）空间标识。本研究将通过吉昌屯堡在贵州省的位置、屯堡契约在吉昌地区的位置，从中观和微观角度展现契约的空间位置。（2）人类活动标志（包括人口数量、村落居民点分布、契约涉及区域的历史人文特征，对契约所载区域进行必要的考证）。本研究将运用GIS信息系统表现宗族的迁移、土地、房产交易的发生情况。还将进入契约持有人家中，访谈其家族历史及契约保存经历，探寻契约持有者与契约中出现的人名的历史关系，进一步再尝试将契约中的人名与族谱中的人名对接，将契约中的地名与地名志、现有地名对照。

（二）文献学研究

对吉昌屯堡契约进行全面细致的文献学研究，有助于了解屯堡契约形成的社会和经济因素，以及和其他地区契约的区别。通过大量契约文书资料的收集、鉴别、整理、分析等，对屯堡契约进行全面的确认、分类和统计，了解契约所规范的生活秩序与文化秩序。

（三）田野调查，实地踏勘、访谈

作为一种研究方法，田野调查已经被众多学科广泛采用。陈支平强调了田野调查对契约文书研究的重要意义，认为应当把契约文书放在产生它的社会背景中进行研究。[1] 借助田野调查，可以深入契约产生的村落中去，了解当时的经济状况、家庭结构、民间信仰以及风俗习惯等社会、文化、经济方面的背景，分析村落中土地资源、村落社会秩序、家庭结构、信仰、社会经济关系和民间习惯等。实地踏勘契约中出现的地名，分析村落空间生态环境、村落自然资源。

（四）一定区域间的比较研究

作为贵州建省以来尤其是清代以来形成的契约文书，不同区域的文书有共性也有不同之处，在整理和研究这些契约文书时，有针对性地做一些比较研究，可以相对全面地把握贵州建省以来历史现象的共性和特殊性。吉昌屯堡契约文书被一些家庭世代收藏传承至今，呈现出很强的归户特征。这种归户性便于发现各文书间的相互联系，尽量减少无形信息的流失。相对于单独的一张普通白契而言，文书中契约关系的发生地、契约中人物之间的关系、卖价的确定与是

---

[1] 陈支平.努力开拓民间文书研究的新局面[J].史学月刊,2005(12):6-8.

否合理、文书中隐含的民间习惯等相关信息,并不会清晰地呈现出来。因为传统的民间契约文书记载的都是本乡本土的契约关系,不会写出县名、乡名,甚至绝大多数连村名都没有,更多的屯堡文书首句就写明"立卖明陆地文契人某某"字样。但是这张白契并不是孤立的,而是一批归户契约文书中的一件。归户契约文书从形制上看,赤契、白契都有,从内容上看,买卖契约、租佃契约、典当契约、分关文书间杂,但是它们的共有信息可以通用:通过契约立契人来确定其所属的家户,借助契约文书中出现的姓名,大致可确定其中的人物关系,通过比较各契的成交价格,可以分析出某次交易价格的合理与否,进而有可能分析出交易双方经济地位、社会力量的强弱等。

第一章

明清以来的安顺屯堡聚落

在今贵州省安顺市西秀区、平坝区、普定县、镇宁县、紫云县以及黔南布依族苗族自治州长顺县的部分地区，居住着一批汉人，他们自称是六百多年前明王朝"调北征南"和"调北填南"的移民后裔。所居地统称为屯堡，人群称为屯堡人。地方志中记载了屯堡人的由来：

> 平坝人类有"屯堡人"名目。屯堡者，屯军住居之地之名也。以意推测，大约屯军在明代占有二三百年之特殊地位，旁人之心理的习惯上务欲加一种特殊名号别之。迨屯制既废，不复能再以"军"字呼此种人，唯其住居地名未改，于是遂以其住居名而名之为"屯堡人"；实则真正之屯堡人，即明代屯军之裔嗣也，绝非苗夷之类也。①

> 郡民皆客籍，惟寄籍有先后。其可考据者，屯军堡子，皆奉洪武敕调北征南。当时之官，如汪可、黄寿、陈彬、郑琪作四正，领十二操屯军；安插之类，散处屯堡各乡，家口随之至黔。妇人以银索绾发髻分三绺，长簪大环，皆凤阳汉装也，故多江南大族，至今科名尤众。②

现今的贵州安顺一带，元置安顺、习安二州，属普定路。洪武十六年（1383）并习安州入安顺州，属普定府。万历三十年（1602）升安顺州为安顺军民府，令镇宁、永宁、普安三州属府，以西堡、宁谷二长官司直属于府。明代在安顺沿驿路主干线自东向西设置威清卫、平坝卫、普定卫、安庄卫、安南卫、普安卫，卫所林立，屯军人数在总人口中占有极高的比例。康熙二十六年（1687），改安顺军民府为安顺府，裁平坝卫，改设安平县。雍正九年（1731），安顺府领普定、安平、清镇三县，镇宁、永宁二州，归化、郎岱二厅。其地理

---

① 江钟岷，陈廷荼，陈楷．民国平坝县志：民生志［M］//黄家服，段志洪．中国地方志集成：贵州府县志辑：第45册．成都：巴蜀书社，2006：66.
② 常恩，邹汉勋，吴寅邦．咸丰安顺府志（一）［M］//黄家服，段志洪．中国地方志集成：贵州府县志辑：第41册［M］．成都：巴蜀书社，2006：198.

位置如图 1-1 所示。

安顺军民府设置前,安顺、镇宁、永宁三州一直由普定卫代为管辖,普定卫因而升格为军民指挥使司,屯军驻堡,耕战结合,屯、堡非常密集。屯堡人居住的范围,以安顺城为中心,东起平坝城区,东南与长顺县接壤,南与紫云县交界,西抵镇宁县城,北达普定县城,现今屯堡人口有 30 万人左右。至今仍保留着具有典型屯堡特征的村寨,相对集中在安顺市西秀区与平坝区接壤一带。屯堡人的语言、服饰与风俗习惯,不仅与周边少数民族不同,也与其他地区的汉族迥异。

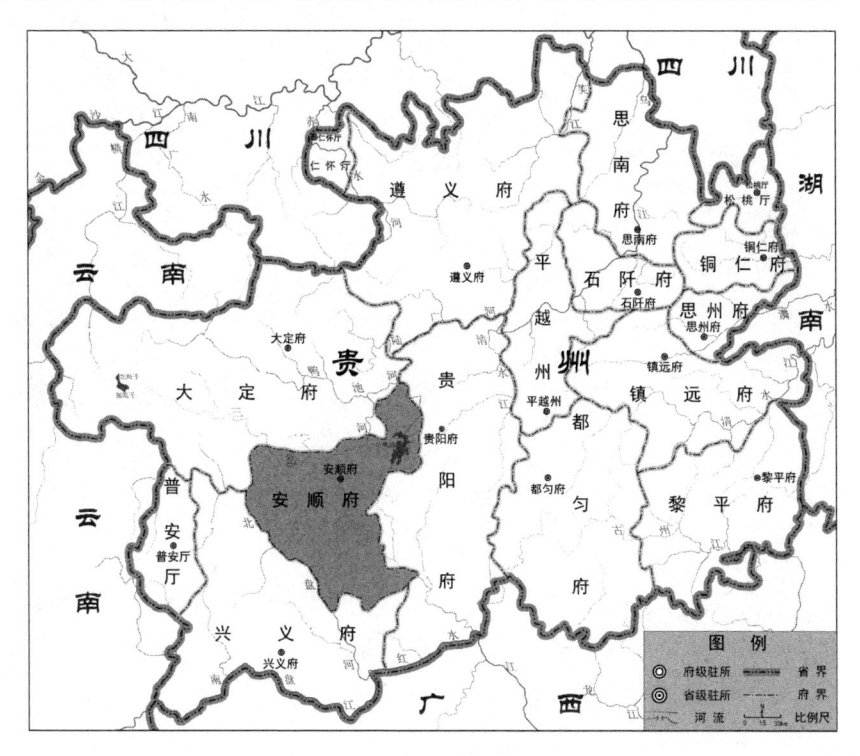

图 1-1 清代安顺地理位置图

资料来源:谭其骧主编:《中国历史地图集》第 8 册《清时期》"贵州",北京:地图出版社,1982 年,第 50-51 页。

注:上图参照《中国历史地图集》"清代贵州"图改绘,反映的是嘉庆二十五年(1820)政区情况。

屯堡乡村聚落形态有着自然和人文的双重要素,这在聚落名称上有着鲜明的体现。屯堡区域的乡村聚落有 631 个[①],大多以"某屯""某官屯""某家屯"

---

① 安顺地区民族事务委员会.安顺地区民族志[M].贵阳:贵州民族出版社,1996:202.

"某旗屯""某某堡""某家堡""某旗堡"等命名（见图1-2），既反映了黔中区域自然生态对人类生活方式的影响，又反映出明清移民合族而居所带来的人文地理景观，被历史赋予更多的社会经济文化内涵。

图1-2 明代安顺屯堡分布示意图

资料来源：底图采用范增如绘、吕燕平制《明代安顺屯堡分布示意图》，有改动。

这些村落，基本上沿着昔日的黔滇驿道，即如今的贵阳至昆明铁路、高速公路两侧呈带状分布。贵阳至安顺一带的卫所设置和裁废，卫所与驿道沿线的人口、自然与社会文化环境，将是本章讨论的对象。

第一节 安顺屯堡聚落的历史来源及变迁

一、历史来源——卫所开设

贵州东接湖南五溪地区，南通两粤，西通滇服，北通川南，是中原进入云南除四川之外的必经之地，有着极其重要的战略地位。要掌控云南边疆，就必须控制贵州。清顾祖禹《读史方舆纪要》对这一形势分析得非常清楚：贵州"一旦有警，则滇南隔绝便成异域。故议者每以贵阳为滇南门户，欲得滇南，未有不先从事贵阳者。自滇南而东出，贵阳其必争之地也，盖应援要途，控临重地矣"①，设置卫所成为控制边疆的关键环节。卫所的设置，对于贵州政区发展、经济开发曾发挥了重要作用。

在明代贵州的干线驿道中，湖广入黔滇驿道的位置最为重要，由湘黔驿道和黔滇驿道组成。②为确保湖广至云南驿道的畅通和平安，需要在沿线设卫驻军，以钳制各地方势力，稳定局势。洪武年间，贵州共设置二十四卫、二直隶千户所，其中贵州都指挥使司统辖有十八卫、二直隶千户所。③这十八卫中，贵阳以西的"上六卫"，控制着黔滇驿道西段；贵阳以东的"下六卫"，都匀卫驻守黔桂驿道，其余五卫驻守黔滇驿道东段；黔西北的"西四卫"，控制着川黔滇驿道贵州段；黔东的"边六卫"，当时隶属于湖广都指挥使司统辖，除铜鼓、五开两卫驻守湘黔边境的锦屏、黎平外，偏桥卫、镇远卫、清浪卫、平溪卫自西向东依次排布，扼守湖广入黔孔道。④如图1-3所示。

贵州卫所的基本性质与全国各地卫所相同，均属于一种亦兵亦民的军事建制。卫所所辖的军人平时进行屯田戍守，战时奉调参战，履行着最基本的防守职责，但贵州卫所仍存在一定的特殊性。

首先，分布不均匀。卫所分布不均与贵州的自然环境和民族文化环境相关，是建立区域政治秩序的需要。贵州生态环境与其他地区卫所所处的环境有较大的差别，民族构成远比其他地区的卫所要复杂，贵州卫所的设置形成了环卫皆土司或"生界"的局面。明王士性《广志绎》载：

> 贵州开设初，只有卫所，后虽渐渐改流，置立郡邑，皆建于卫所之中，卫所为主，郡邑为客，缙绅拜表祝圣皆在卫所。卫所治军，郡邑治民。军即尺籍来役戍者，故卫所所治皆中国人。民即苗也。土无他民，止苗夷，

---

① 顾祖禹. 读史方舆纪要：第11册 [M]. 贺次君，施和金，校. 北京：中华书局，2005：5246-5247.
② 湖广由黔入滇驿道从平溪（今玉屏）入黔，一线西行经过镇远、偏桥（今施秉）、兴隆（今黄平）、清平（今凯里炉山）、新添（今贵定）、龙里、贵阳、威清（今清镇）、平安（今平坝）、普定（今安顺）、安庄（今镇宁）、安南（今晴隆），从亦资孔（今盘州市境内）进入云南。参见马国君，李红香. 明清时期贵州卫所置废动因管窥 [J]. 贵州大学学报（社会科学版），2011（02）：88-93.
③ 十八卫二千户所分别是：贵州卫、贵州前卫、威清卫、平坝卫、普定卫、安庄卫、安南卫、普安卫、龙里卫、新添卫、平越卫、清平卫、兴隆卫、黄平千户所（原为黄平卫）、都匀卫、乌撒卫、毕节卫、赤水卫，普市千户所、关索岭守御千户所。
④ 上六卫：威清卫、平坝卫、普定卫、安庄卫、安南卫、普安卫；下六卫：龙里卫、新添卫、平越卫、清平卫、兴隆卫、都匀卫；西四卫：乌撒卫、毕节卫、赤水卫、永宁卫；边六卫：偏桥卫、镇远卫、清浪卫、平溪卫、铜鼓卫、五开卫。

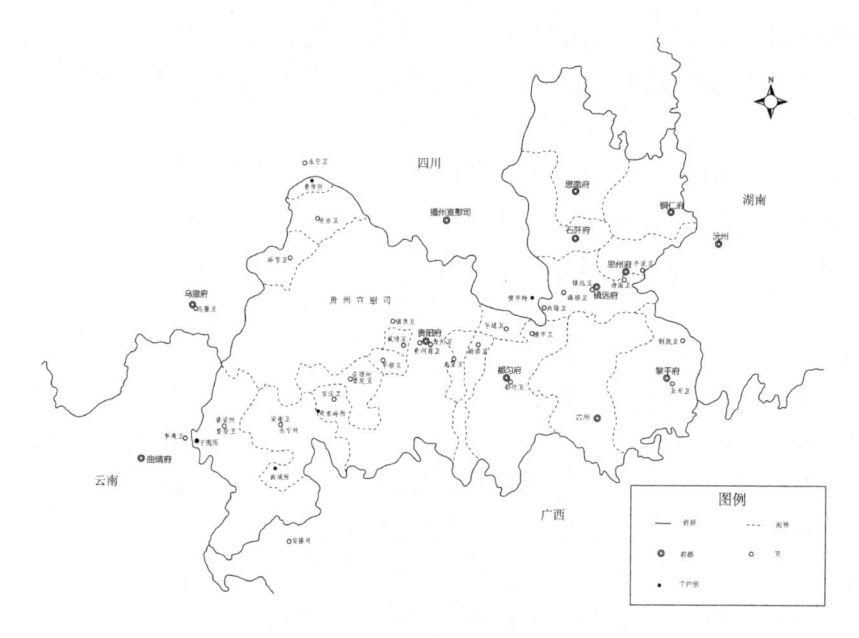

图1-3 贵州卫所分布图

资料来源：谭其骧主编：《中国历史地图集》第8册《清时期》"贵州"，北京：地图出版社，1982年，第50-51页。

注：参照《中国历史地图集》"清代贵州"图改绘。

然非一种，亦各异俗。……椎髻短衣，不冠不履，刀耕火种，樵猎为生，杀斗为业。郡邑中但征赋税，不讼斗争。所治之民，即此而已矣。①

在黔中喀斯特地貌条件下，是否有可供屯耕的土地资源，是否利于军事攻防，都是设置卫所必须纳入考量的。卫所军士以儒家为主导的汉文化，能否与土司及"苗夷"的地域传统文化相兼容，也是卫所能否长久存续的因素之一。设置卫所，可以组织屯田，最大限度解决滇黔驻防军队粮饷供给困难问题。还可以规范土司制度，维持中央与地方的正常统治秩序。从地域控制背景下王朝国家与土司关系来审视，卫所依托于军事力量，扫除王朝国家依据其主流地方行政制度与意识形态标准统治西南地区的障碍和威胁，建立区域政治秩序并得以维持。

其次，卫所是汉族移民进入贵州腹地的中转站。②卫所建立后，为了使军人能够长期戍守，朝廷允许军人携带家眷，以实行屯田自给，继而实施移民实边。

---

① 王士性. 广志绎 [M]. 北京：中华书局，1981：133.
② 杜成材. 论明初卫所设置对贵州建省的影响 [J]. 理论与当代，2011 (07)：33-35.

从某种程度上来说，贵州卫所的设置是一种有计划的大规模军事移民。按明朝卫所的常规编制，每卫额定兵员5600名，千户所额定1120人。正统六年（1441）王骥报告，贵州二十卫所屯田面积有95万余亩。成化六年（1470），明政权在贵州地区曾设置过二十卫，约有军士14.54万人，以每军户4口人计算，驻守贵州的军人及其家属合计有60余万人[①]。在军屯的带动下，民屯与商屯也迅速发展，外来人口的增加，推动了贵州经济的发展。

卫所的人口有军士、家属及后裔，形成汉族居住相对集中的局面，成为当地有效的管辖机构。明代中后期，内地人地关系渐次紧张，流寓贵州的汉民也越来越多，他们依托卫所，资其庇护，佃种、购置或开垦土地渐次安居。在不少地区，经过相当长的时间，依托卫所的庇护和中转，逐渐积累起较多的汉族民户，渐次改变了贵州的政治形势和"夷多汉少"的社会局面。

相比于其他地区的卫所，贵州卫所职能更加丰富。卫所作为一种军事、行政合一的地方管辖单位，其设置使贵州的政治形势发生极大的变化。设立卫所时，贵州尚未建立行省，通过卫所驻地逐渐发展起来的城镇，成为后来府州县管理机构设立的基础。明政府在卫所治地附近的统治力量较强，卫所旗军及其家庭长期屯驻、生息，以至渐为土著，地方控制趋于成熟，使设置府、州、县成为可能。同时，卫所插进土司领地，窥视动静，熟悉情势，置土司于严格的监督之下，为以后流官统治的顺利开展准备了条件。

二、历史变迁——卫所裁革

清朝入主中原初期，并未彻底改变西南地区统治薄弱的格局。贵州一旦有警，就会扰乱整个西南的政局，危及中原的稳定。清廷接管贵州后，立即着手裁撤卫所，将其辖地就近并入州县，将从明廷接管下来的军户改为民户，从而清除南明残余势力东山再起的社会根基。

明代卫所管军户，府州县管民户，实行军民分治的状态，卫所屯军与民户在户籍上有着严格的区分。军籍特许转为民籍的情形，一是立下赫赫战功，二是在科举考试中胜出。因而明代的卫所屯军，均为世袭军人。由于贵州地理条件下生活存在诸多困难，迨至明后期，屯军制度日坏，卫所军官对军户的赋役越发深重，军户逃亡事件屡有发生，各卫所的编制长期存在较大缺额，卫所军制也随之衰微。如贵州都司当时所辖的18卫、2000户所，原额共有军户72273户，261869人口。万历二十五年（1597）查存，仅有59340户，184601人口，

[①] 方铁. 西南通史[M]. 郑州：中州古籍出版社，2003：624.

减少12933户，77268丁口。① 而按照明朝刑律，逃归原籍的军士被抓获后，会被发配到更加边远的卫所或以直系家属顶罪。此情之下，逃往各土司的领地或逃入"苗夷"区域，便成为大部分逃军的现实选择，以便在土司和少数民族的庇护下避开当局的追捕。但是，贵州的卫所都建立在土司领地和"苗夷"生活区域内，插花现象非常突出。军户一旦离开所在的屯防区域，自然环境基础上的生计方式差异和文化模式下的价值差异，是其生存的障碍。这个时候，接受少数民族的同化，并成为其中的一分子，成为逃军最直接的选择。尽管卫所建制在籍的军户日益减少，但卫所的建制并未被撼动。另一方面值得注意的是，卫所屯军由于驻扎日久，周边又是容易到手的廉价土地，无论是购买还是巧取豪夺，各卫所军户都可以在屯防区之外购置私产。卫所军人后裔并未有逃离卫所的实质，他们以各种途径摆脱军籍，非法转化为民户。与卫所士兵相牵连的规模庞大的汉移民群体，在明清之交的社会动乱中，既与南明政权有着千丝万缕的联系，又与驻防地各少数民族结成唇齿相依的关系。当清廷接管贵州时，这些卫所军人及其所包庇的民户，成为清廷控制贵州局势的潜在隐患和厉行裁革卫所决策的动因。

　　清初裁革卫所，必然会遇到军户和民户的阻力。这种阻力，既表现为经济方面的压力，又呈现出社会情感上的接受过程。② 以康熙二十二年（1683）为界限，可以将贵州的裁卫置县工作分为两个阶段。第一阶段是小规模局部试点，依托已经设立的州县，针对实力小的卫所缓和地进行裁撤。康熙年间普定卫的治所已经变为安顺府治，云贵总督在安顺驻扎长达半年，裁掉普定卫，并不会造成局势动荡。龙里驻军人数最少，裁革比较容易。清平、平越两卫距离湖广严密控制的偏桥卫近在咫尺，当地设置府县为时已久，清平卫与清平县同城，平越卫与平越军民府同城，裁撤不至于引发震荡。都匀卫和安庄卫两地府州政权建立已久，裁撤时局面容易管控。这些被裁撤的卫所共同特征都是实力弱小，已经设立了州县统治机构，裁撤后不会新设行政机构，只是并入了事先已有的

---

① 黄家服，段志洪. 中国地方志集成：贵州府县志辑：第50册［M］. 成都：巴蜀书社，1966.
② 经济方面的压力主要表现在两个方面：第一，明洪武以来的卫所屯军，享受着明廷的军籍待遇，裁卫后这一待遇造成了军户经济上的损失。第二，伴随裁卫并入州县而来的清查户口、丈量土地、立定税额等财政举措，对于大量隐匿着田产和民户的明代残留卫所而言，会遭受巨大的经济压力。社会情感突出的表现是，明代的军户和民户，不可避免要与当地的少数民族居民、残存土司结下千丝万缕的联系，不再是纯粹的军户和民户。在裁革卫所的过程中，这些逃亡军户和民户隐匿自己的真实身份，混入土司统治区域，谎称为少数民族，都有可能成为他们逃避赋税、避免剃发易服的措施。

州县行政机构。上述卫所裁革后的一段时间里，由于吴三桂叛乱，卫所裁革进程有所中断，卫所裁撤较少。第二阶段是大范围暴风骤雨式的更替。康熙二十六年（1687），进行了大规模的裁卫并县，府、州、县三级行政建制已基本配套。安顺府新增了清镇、安平、普定三县。这一次裁撤卫所并入州县后，贵州各级行政机构所拥有的纳税户口和税赋数额得到较大增长，增加了财力。

通过清廷的裁撤卫所并入州县行动，结束了明代卫所军民分治的状态，使政区渐趋统一，形成了今天贵州省行政区划的基础。但受自然环境和民族文化差异的影响，社会经济发展并不平衡。至清末，这些卫所绝大部分已成空壳，但对相关地区行政建制的后续影响，在清朝灭亡后仍继续延伸。

第二节　安顺地理环境与屯堡聚落分布

在明代的通滇驿道中，安顺显示出重要的战略位置。安顺地处贵州高原东部斜坡上，苗岭山脉中段。地势北高南低，一般海拔1350~1450米，为长江水系（乌江）和珠江水系（北盘江）的分水岭。安顺除南部有山地外，多喀斯特峰丛洼地，陡峭的山峰多数相连成排，山峰间的洼地连接成片，俗称坝子。安顺城区和平坝城区一带是较大的坝子，地形平坦。从自然地理结构看，驿道贯穿安顺的地带，基本上沿乌江水系与北盘江水系分水岭的南坡，沿线没有高山深谷的阻隔，地势起伏不大，建设和维护驿路的成本比其他地区低，也利于防卫。驿道的最佳走向，与安顺屯堡的地理、人口分布有关联。《读史方舆纪要》云："（安顺）府右临粤西，左控滇服，形势雄远，屹为襟要。"[①] 属于军事建置的卫所和属于民事建置的府、州、县，沿驿道一线分布，形成"一线路"格局，在地名中打下了军屯和驿传的印迹。《平坝县志·民生志》所列《平坝县户口数目表》中，记载寨名多达819个，其中屯、堡、铺、哨、站、官等与屯军历史有关的地名超过50个，大多数集中在贵阳西去安顺的驿道沿线。现今安顺一带驿道沿线仍集中分布带有"屯""堡""旗"等字样的地名，如五里屯、汤官屯、夏官屯、杨官屯、刘官屯、汪官屯、蔡官屯、中所屯、鲍家屯、郑家屯、时家屯、水桥屯、左蒋屯、曹屯、雷屯、吴屯、宋旗屯、丁旗屯、张官堡、梅旗堡、颜旗堡、郭旗堡等。一些屯堡更是直接以驻军长官姓氏命名，如上述寨

---

① 顾祖禹. 读史方舆纪要：第11册［M］. 贺次君，施和金，校. 北京：中华书局，2005：5263.

名。随着时间的不断流逝，驻军长官子孙后代不断繁衍，形成宗族势力特征较为明显的单姓或多姓村落。

一、屯堡聚落的地理特征与区位

现今的安顺市辖境，在春秋时属牂牁国辖地，在战国为夜郎地，在汉初为夜郎国，夜郎邑。建元六年（前135）置夜郎郡，元朔三年（前126）置夜郎县，新莽时称同亭县，东汉复名夜郎。三国、两晋时隶牂牁郡，南朝隶属夜郎郡谈指县。唐武德元年（618），属彝族之播勒部，即普里部所属之罗甸国，罗甸国实为较小的羁縻州。唐贞观四年（630）牂牁谢氏内附，以三谈（谈指、谈乐、广谈）故地置琰州，并置望江县属辖。天宝三年（744）降琰州为羁縻，宋属普里部。元宪宗七年（1257）罗氏普里、普东两部归附元朝，元朝置其地为普定府，治所在今吉昌村南部的杨武乡，隶属云南曲靖宣慰司。此后的三十余年间，政区在四川行省和湖广行省间变动。至元二十九年（1292）撤罗甸安抚司，复设普定府，隶属云南省曲靖宣慰司。大德七年（1303）改普定府为普定路，仍隶属曲靖宣慰司。至正十一年（1351）设贵州宣慰司普定土府安顺州，州治在今西秀区旧州镇，隶属普定路。①

整个明代都高度重视安顺一带的行政建制和军事控制。明洪武五年（1372）普定路女总管适尔归附明朝，置其地为普定土知府，六年设流官。洪武十四年（1381）命安陆侯吴复择地于阿达卜寨（今安顺城区）建城，翌年建成，设普定卫，属四川都司。普定土知府属云南布政司，安顺州隶属普定土知府。洪武十六年（1383）升普定土知府为普定军民府，改隶四川布政司。洪武十八年（1385）撤普定军民府，普定县并入安顺州，直隶云南布政司。洪武十九年（1386）置宁谷长官司。洪武二十五年（1392）安顺州改隶普定卫。明正统三年（1438）普定卫改隶贵州都司。明成化年间（1465—1487）安顺州治迁普定卫，州卫同城。万历三十年（1602）九月，升安顺州为安顺军民府。设立卫所之后，安顺一带设立有普定卫、平坝卫、威清卫、安庄卫、镇西卫。安顺府所辖的土司，见诸记载者为七：西堡长官司、宁谷长官司、十二营长官司、顶营长官司、康佐长官司、慕役长官司、普安安抚司。这些土司虽职级较低，但辖境极为辽阔，如康佐长官司辖境遍及现今的整个紫云苗族布依族自治县；西堡长官司的辖境，几乎遍及现今普定县、平坝区、镇宁自治县和安顺市西秀区。

---

① 贵州省地名委员会办公室. 贵州省地名志：第1集 [M]. 贵阳：贵州人民出版社，1984：121.

清顺治十七年（1660）置云贵总督，半年驻安顺，半年驻曲靖。清康熙十年（1671）改普定卫为普定县，为府附廓城，县与府同城而治。清康熙二十六年（1687）改安顺军民府为安顺府，其建置一直延续到清末。安顺府下辖郎岱厅、归化厅、普定县、镇宁州、永宁州、清镇县、安平县。清康熙二十六年（1687）安顺府行政区划共分5起、13枝、606寨，鸡场屯（今吉昌屯）属莫安里上；中所屯、鲍家屯、水桥屯（今大西桥镇镇区）、狗场屯、梁简屯（今小屯）属江靖里下①。民国三年（1914），改安顺府为安顺县，民国六年（1917）安顺县分为9个区，鸡场屯（吉昌屯）属第一区所管辖。民国二十一年（1932）贵州省政府调整区划，安顺县设十个区，吉昌屯属于第十区。

安顺山地多、平地少、坡度大，人均占有土地面积较少，难利用土地比重大，缺乏后备耕地资源。吉昌村西部和中所村交界地带的狮子山，海拔1409.5米，山上建有一寺院。吉昌村是邢江河重要源头之一，属于长江水系。吉昌河源自村庄东边屯军山麓岩底下龙潭流出的小溪，自东向西流经村庄后，汇入中所村的中所河。中所河东北源起于小箐龙潭，经中所村、马场村流入大龙潭，汇集于大龙潭流入一段地下河后，在石坝村前的苦李塘冒出成明河流，向东南经九溪村，汇入邢江河，最后汇入乌江。

吉昌村所在区域，属于浅丘槽谷地貌区，周边为石山、半石山，山间地带为浅丘、坡地和谷地，土层相对深厚。②因明代"调北征南"以来，传入江淮一带先进的农垦技术，境内平坦区域水源充足的地块得以开发利用，种养业大为发展。谷地大部分田块肥沃，耕作土壤主要是水稻土和旱作土。耕地包括灌溉水田、望天田、旱地、菜地，园地包括茶园、桑园，林地包括用材林地、灌木林地、疏林地，此外还有小片草地，河流、坑塘在村中均有分布。现今，村中尚存在较多的龙潭、水井，如下坝桥小龙潭、小龙潭、田家坟小龙潭、土地龙潭、胡家龙潭、八龙潭、坟底下龙潭、岩底下龙潭。位于吉昌屯寨子内的仡佬井、下街水井、中街水井、上街水井，为生产和生活提供用水便利。村寨外的野鸭井、四眼井、双眼井、马槽井、鲍家树林龙洞井，这些水井与村中的老豹河一起，成为下游屯堡村落的水源之一。吉昌屯村落资源分布可见图1-4。

乾隆早期，贵州巡抚爱必达在《黔南识略》一书中记载了安顺的物产状况：

---

① 大西桥镇志编委会. 安顺市西秀区大西桥镇志[M]. 贵阳：贵州人民出版社，2006：27.
② 大西桥镇志编委会. 安顺市西秀区大西桥镇志[M]. 贵阳：贵州人民出版社，2006：37.

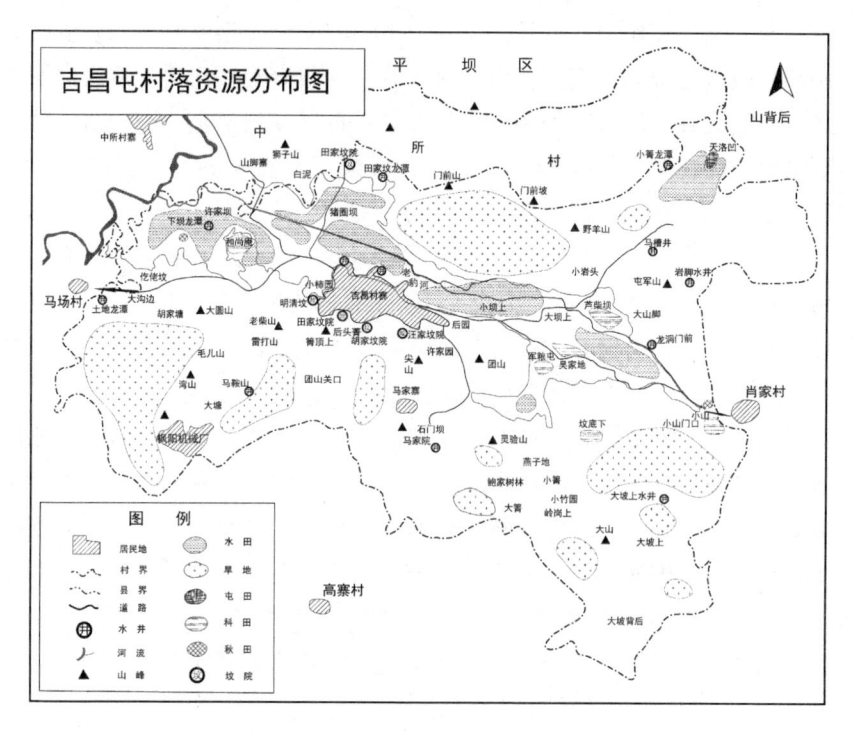

图 1-4　吉昌屯村落资源分布图
资料来源:《吉昌契约文书汇编》插页 1。
注：底图采用《吉昌屯科田秋田分布示意图》，实地踏勘后修正。

"树多枫、杉、刺楸、白杨、桃、李、梨、杏之属。近产红花。土多砂石，不宜他木，无铜铅矿厂。唯有树曰白蜡虫树，四乡俱有，风雨调和之年，其虫更盛，一树可收虫二三升。"[①] 植被状况可见一斑。吉昌村及其周边一带，尤其适合茶树生长，早在明代中期大西桥就设有茶市专售清明茶。

二、安顺屯堡人口与聚落形态分布

吉昌村所在的大西桥镇，处于西秀区与平坝区交界地带。东与平坝区天龙镇接壤，南与旧州镇浪塘村接壤，西与七眼桥镇的雷屯村、竹林寨村接壤，北与平坝区的二官村接壤。

安顺除汉族外，还有苗族、布依族、仡佬族、回族等人口相对较少民族。由于自然环境和生态系统的地段性差异，导致安顺民族分布呈现出如下特征：

---

① 爱必达，罗绕典. 黔南识略；黔南职方纪略 [M]. 杜文铎，等点校. 贵阳：贵州人民出版社，1992：55.

一是空间形态上各民族交错杂居。苗族、布依族、仡佬族、彝族毗邻分布，很少由单一民族形成连片聚居区。如大西桥镇吉昌村，汉族与仡佬族毗邻而居，周边杂居着布依族、苗族村寨。二是社会组织难以形成规模。除彝族外，其他民族的社会组织规模相当有限，跨民族的社会联合体的规模和数量都很少，跨地区、跨流域的大型社会组织在这一地区历史上很少出现。苗族和仡佬族社会组织规模更小，一个寨长所辖之地，不过百户人家，且具有很大的流动性。

有明一代，安顺军民府所辖民族有彝族、苗族、布依族、仡佬族，还有为数不少的早期汉族移民。因为整个明代，府、州、县所辖编户极为有限，这些民族的人口数量没有留下相关记载。在明代典籍中，对少数民族的称呼并不十分明确，主要有"罗猓""革僚""苗"等，有时也用"龙家"来笼统称呼苗族、布依族、彝族、仡佬族和汉族等民族。明代，设置在安顺的六个长官司和一个安抚司，分别管辖着不同的民族。①

咸丰元年（1851）安顺府署纂修的《安顺府志·地理志·风俗》载：

> 郡民皆客籍……散处屯堡各乡，家口随之至黔。妇人以银索绾发髻分三绺，长簪大环，皆凤阳汉装也，故多江南大族，至今科名尤众。余皆勤耕务本，男女操作，风俗皆同……或父老口传，亦皆外省迁来，而本末别无考证者，列之于后……里民子，相传皆外省籍，其流寓本末无考。衣尚青，妇人不缠足，耕田……土人，相传自明初来，无考。②

这段史料，记载了"屯堡人"的祖先是在明代初期来到贵州的史实，他们为了"征南"，以"屯军"身份从江南移民到今黔中安顺一带，居住在今天被称为"屯"或"堡"的聚落中，形成汉人社群。之后因征战和生存的因素，其中一部分人从最初落脚地移居到其他地方，甚至有一些人已融入少数民族中。与明初以"征南"身份入黔形成的聚居地被称为军屯不同的是，后来以"填

---

① 大致而言，普安安抚司，即后继的普安州，主要统辖彝族居民，并兼管部分苗族、布依族和白族居民。顶营长官司的长官家族是彝族，统领的居民以彝族为主，苗族次之，也有少数布依族。慕役长官司的长官家族为彝族，辖境内的主体居民是布依族。十二营长官司的长官家族也是彝族，统辖居民以布依族为主，其次为苗族和仡佬族。康佐长官司家族是布依族，统领的主体居民是布依族，还承担有招抚生界内苗族的责任。西堡长官司的长官家族出自彝族，统领的居民主要为苗族和仡佬族，这些居民在明代典籍中有时也称为"龙家"。宁谷长官司的长官家族也出身彝族，统领的主体居民是布依族，并负有招抚生界苗族之责。

② 黄家服，段志洪. 中国地方志集成：贵州府县志辑：第41册［M］. 成都：巴蜀书社，2006：198.

南"身份入黔的聚居地被称为民屯。尽管"征南"和"填南"都代表了国家意志，但入黔身份有所不同。"填南"而来的汉族移民群体，将因"征南"先来的移民视为少数民族。1902年，日本学者鸟居龙藏对平坝和安顺之间地带这一装束特别的族群进行了人类学调查，记载了生活在今平坝、安顺一带被称为"凤头鸡"的特殊汉人部落民。① 由此可见，自明代以来贵州安顺屯堡人这一社群的聚落分布发生了诸多变迁。《续修安顺府志》所显示的洪武朝"调北征南"以来屯军后裔中的各姓氏的人口和聚落分布情况②（见表1-1），表现为四种类别：一类为来黔最早的称为老姓；一类为人才众多的称为著姓；一类为人口繁衍的称为大姓；一类为僻而又著、著而又僻者称为僻姓。

表1-1 安顺屯堡姓氏情况

类别	特点		数量	姓氏
老姓	来黔最早	第一批	34	金、鲍、张、褚、顾、陈、黄、王、吴、胡、易、杨、孙、李、郑、韩、梅、赵、董、柳、方、颜、伍、皮、谭、肖、魏、霍、齐、谢、符、于、薛、韦
		第二批	11	龙、罗、朱、项、刘、沈、叶、郭、廖、徐、曹
著姓	人才众多	安邦彦之乱前	最著名 7	潘、胡、伍、张、陈、汪、娄
			次著名 12	李、黄、梅、薛、赵、孙、吴、王、刘、杨、朱、马
		安邦彦之乱后	12	黄、张、梅、陈、刘、何、王、杨、李、夏、周、谭

---

① 黄才贵.影印在老照片上的文化：鸟居龙藏博士的贵州人类学研究［M］.贵阳：贵州民族出版社，2000：322-327.
② 黄家服，段志洪.中国地方志集成：贵州府县志辑：第42册［M］.成都：巴蜀书社，2006：260-263.

续表

类别	特点			数量	姓氏
大姓	人口繁衍	数量	千户以上	10	张、黄、王、陈、金、鲍、董、韩、韦、杨
			五百户以上	6	齐、沈、皮、赵、肖、顾
		分布区域	分布最广	29	张、吴、胡、谢、陈、王、李、郭、丁、罗、朱、黄、刘、周、彭、叶、郑、曾、汪、赵、肖、孙、徐、石、何、易、宋、梁、唐
			分布次广	47	潘、金、姜、高、江、夏、韩、袁、方、熊、蒲、曹、龚、蔡、任、余、戴、邹、杜、陶、田、邵、邓、卢、牟、范、冯、薛、蒋、马、伍、谭、吕、苏、贺、聂、严、龙、黎、饶、钱、倪、傅、钟、舒、陆、林
僻姓	人口较少			25	祀、扈、召、线、丰、东、强、粟、源、哈、佟、祁、尤、荣、麻、屠、耒、司、时、郁、景、薄、阎、奚、计
		僻而又著、著而又僻		4	景、薄、郁、阎

资料来源：民国《续修安顺府志》第四卷《氏族志》。

这些姓氏都是洪武朝从江南一带"调北征南"而来，落籍地集中在安顺卫所驿道沿线的村寨中。在这些屯堡村寨中，比较典型的村落都有几大姓氏[①]。如吉昌村的田、冯、汪、许、胡、罗、陈、马等姓；中所村的张、李、尚、吴、卢、罗、黄、陈等姓；鲍屯村的鲍、汪、江、吕、许等姓；狗场屯村的汪、程、谢、黄等姓；大西桥村的张、桂、何、黄、陈、闵、赵、吴、孙、李等姓；三铺村的田、李、徐、吴、舒、苟等姓；白泥村的潘姓；西陇村的谢、吕、刘等

---

① 大西桥镇志编委会. 安顺市西秀区大西桥镇志［M］. 贵阳：贵州人民出版社，2006：388.

姓，家谱中记载他们都是"调北征南"时，即第一批屯军屯田的姓氏将士后裔。这些典型村落之外的各村，也属于屯堡人。其来源有二：一是"调北填南"时的移民和商人以及有所专长的工匠的后裔；二是从别的屯堡村寨分散出来立寨的屯军屯田将士的后裔。

其中，老姓的来源与朝廷的军事性移民息息相关。明代后期面对军户大量逃亡的现实，明政府通过不断征调民户以充军户的形式，来弥补大量卫所废弛、屯田荒芜所造成的赋税锐减。《娄氏宗谱》记载了两批次的入黔形式。① 一是调北填南入黔。明永乐十一年（1413），贵州思南和思州两土司为争夺土地导致战争，朝廷派顾成带兵讨伐，平定后，朝廷将思南、思州两土司辖地分成八府四州，极大地削弱了土司势力。后来在建立贵州布政使司后，由于人烟稀少，朝廷调湖广、江西平民填之，这些入黔的汉民，其后代称"调北填南"入黔。二是调北平南入黔，泛指国家政权建立，全国平定统一以后，西南贵州发生叛乱事件，影响较大，朝廷由中原调集将士前往镇压，平定叛乱事平后留居贵州的将士。"吾入黔始祖世俊、德华、德山公诸公乃调北平南入黔。正统十四年（1449），都督同知陈友帅师讨湖广、贵州叛苗……丙午，苗围平越卫，调云南、四川兵会王骥讨之。"特别是雍正七年（1729）中央在苗疆改土归流以后，颁令许照民田一体买卖，土地隶属的变化带来人员流动的进一步加强。这些军士的后裔，成为屯堡村寨姓氏的主要来源。

老姓在安顺一带的分布，主要以滇黔驿道为轴，呈线状分布，与其开发驿道及其周边地区有关。屯堡村寨"调北征南"而来的一般是戍边的军户后裔，主要有顾、王、陈、李、易等二十姓；"调北填南"的主要有孙、褚、杨、方、谭、肖、魏等姓，多属于来自江南等地汉族移民中民屯的后裔。安顺一些著姓的家谱记载了先祖进入安顺的经历。《王氏家谱》记载："有明中叶吾入黔始祖开设省会，建筑城池，当其时尚未有文物，并未有文教。由是调北省之人以填南土。来者滔滔，山之东西，湖之南北，江之左右背，河之上下流。不胜其数。惟吾祖来自江西。郡出太原，越关山而远来黔土。逾省会而直至习安，历世历年，至于今不知其数矣。"② 周家寨《周氏族谱》记载："我们周家寨这房人是在洪武祖调北填南时迁到贵州安顺平坝县白瓦寨的。祖籍原居江西省吉安府卢陵县小桥头猪市坝，祖人先迁四川平源县，后迁贵州安顺平坝白瓦寨。在白瓦寨立有祠堂。约年余，由登禄祖人领迁关岭县关索区新场乡木厂野猪坪、田冲

---

① 贵州安顺娄氏宗谱［Z］．内部资料，2003：39．
② 安顺市水沟上王氏家谱［Z］．内部资料，1997：10．

两地。在此居住不到两年又由野猪、田冲迁到龙井湾（周家寨），在此居住至今（重建谱时是14代）。"①《金氏族谱》"睦宗族"记载，屯堡人历来认为，"我之祖先即彼之祖先"，"九族既睦，然后平章百姓"，才能休养生息。《梁太君传》记载，金氏和梁氏"自江南同时来黔，亦世世姻"，"数百年来两姓婚姻相继，尊卑不紊，有相好而无相尤"②。民国《续修安顺府志》卷四《氏族·各氏族之由来》中所记载的25个姓氏中，对原籍有明确记载的有22个姓氏，另外3个姓氏郡望不详。在安顺城乡有广为流传的谚语云："李杜蒋许葛范张，南北左右西五王，丁殷庄娄与黄马，十八指挥定黔阳。"③ 十八是泛指，认为明洪武"调北征南"入黔并卜居安顺城乡的带兵官后裔世代繁衍不息，并以入黔始祖系指挥为荣光。调北征南入黔的将士，在政治上是作为明廷将贵州纳入中央王朝统治范围的象征，是代表国家意志的军事征服者，对贵州的人地资源进行重新配置。在国家制度的保障下，屯军享有特殊的身份和权利。通过分析十八家指挥的入黔情况，可以看出老姓、著姓、大姓的情况（见表1-2）。

表1-2　十八指挥中的老姓、著姓和大姓

姓氏	入黔始祖	落籍地	类别	姓氏	入黔始祖	落籍地	类别
易	易福德		大姓	王	王大禄	石板房	著姓
鲍	鲍福宝	鲍家屯	大姓		王嘉臣	交椅	著姓
谢	谢秀夫		大姓		王铨	西王山	著姓
董	董成	安顺	大姓		王应泰	水沟上	著姓
金	金壹枝	曹家街	大姓	李	李少安	中所屯	著姓
叶	叶信颖	詹家屯	大姓	陈	陈再兴	幺铺	著姓
齐	齐浚智	小屯	大姓	吴	吴大亨	五官屯	著姓
张	张义（翼）	夏官屯	著姓		吴德润	杨家塘	著姓
	张程	仁冈屯	著姓	赵	赵兴旺	安顺	著姓
				朱	朱元正	九溪	著姓

资料来源：民国《续修安顺府志》第四卷《氏族志》；范增如：《明代普定卫戍屯官兵原籍考——兼谈"十八指挥定黔阳"》。

屯堡家谱资料显示，著姓入黔的时间、原因和身份并不同，有的家谱记载

---

① 周家寨周氏族谱：第2卷 [Z]. 内部资料，1998：3. 族谱中"平源县"应为平原县。
② 金氏族谱 [Z]. 内部资料，1991：35.
③ 范增如. 明代普定卫戍屯官兵原籍考：兼谈"十八指挥定黔阳" [M] // 李建军. 学术视野下的屯堡文化研究. 贵阳：贵州科技出版社，2009：88.

随建文帝逃难入黔，更多的自称洪武、永乐年间因"调北征南""调北填南"被征调入黔，还有的则是后期陆续迁居的。屯堡人凭借入黔始祖身份中隐喻的"国家"符号，凝聚和固化着族群认同，在血缘与地缘的结合中，认同得到集体强化（见表1-3）。

表1-3 屯堡老姓、著姓、大姓一览表

姓氏	入黔时间	数量特征	分布特点
谭	来黔最早	安邦彦之乱其后继起者	次之，其分布区域亦甚宽广。
黄	来黔最早	明末以前次之	户口极为繁衍，各族均在千户以上。
王	来黔最早	明末以前次之	户口极为繁衍，各族均在千户以上。
吴	来黔最早	明末以前次之	各族分布区域之大为最，其烟户几遍及全境。
杨	来黔最早	明末以前次之	户口极为繁衍，各族均在千户以上。
孙	来黔最早	明末以前次之	各族分布区域之大为最，其烟户几遍及全境。
李	来黔最早	明末以前次之	各族分布区域之大为最，其烟户几遍及全境。
赵	来黔最早	明末以前次之	次之，各族亦均在五百户以上。
薛	来黔最早	明末以前次之	次之，其分布区域亦甚宽广。
朱	次之	明末以前次之	各族分布区域之大为最，其烟户几遍及全境。
刘	次之	明末以前次之	各族分布区域之大为最，其烟户几遍及全境。
张	来黔最早	明末以前最著名	户口极为繁衍，各族均在千户以上。
陈	来黔最早	明末以前最著名	户口极为繁衍，各族均在千户以上。
胡	来黔最早	明末以前最著名	各族分布区域之大为最，其烟户几遍及全境。
伍	来黔最早	明末以前最著名	次之，其分布区域亦甚宽广。

资料来源：民国《续修安顺府志》第四卷《氏族志》。

诚如《续修安顺府志》所言，"安顺氏族者，鲜知有明以前之汉人"[1]，名

---

[1] 黄家服，段志洪.中国地方志集成：贵州府县志辑：第42册[M].成都：巴蜀书社，2006：260.

<<< 第一章 明清以来的安顺屯堡聚落

义上各个时期陆续有汉人以为官、经商等原因进入安顺，逐渐形成散杂居的状态。形成这种散杂居状态的因素有以下几种：

第一，与其家族入黔之后为获得更好的生存资源而移居别处有关。如云山屯金氏家族，是因为驿道功能转变之后发生的散居行为。据《金氏家谱》记载，金氏家族先辈于明洪武初年自金陵（今南京）入黔，一支入平坝卫（今平坝区），一支入普定府曹家街（今安顺市城区），一支入云山屯。① 金氏屯兵云山屯，家族兴旺。民国初年，云山屯已发展为手工业活跃、商贸繁盛的集镇，成为殷实之户的聚居之地，经济、文化曾一度发达。后因交通干道北移，逐渐衰落。云山屯现有196户村民，786人，皆汉族，以农耕为主。

第二，与其家族始祖迁黔之前原籍以及迁黔时间的先后有关。在时间分布上，在明洪武以后入黔者，有的繁衍成为某姓某派的始祖，从而与洪武时期因调北填南或调北征南来黔的氏族宗派相异。在空间分布上，主要表现为入黔始祖原籍相异，迁入安顺后落籍地不同。如黄氏有平原黄氏和旧州黄氏之分。家谱记载显示，平原黄氏原籍湖广江夏，入黔之前先后从江夏迁至江西抚州府，继迁湖南长沙府浏阳县，明正德年间始祖黄占魁从浏阳迁入贵州。旧州黄氏原籍江西，后迁入四川，系从重庆观音滩黄家坝避乱来黔。虽然同为黄姓，但二者并不同宗。又如，陈姓有三支，欢喜岭陈氏的始祖陈滚在明弘治时由湖广荆州府石首县石灰巷统兵入黔；幺铺陈氏原籍江南应天府石灰巷，洪武十年（1377）奉调入黔；和绍寨陈氏原籍及入黔时间不详，但入黔始祖以烧石灰为业，自洪武十三年（1380）安顺建城时就已居于安顺，专供筑城所用石灰，陈氏三支互不同宗。②

第三，与社会动荡中的战乱有关，各族或死于兵燹，或避乱远徙他乡。其中影响最大的是明天启年间安邦彦之乱，重创了安顺的氏族和人口。如《梅氏宗谱》所载的梅氏一族，明洪武时领军辟黔，遂定居于安顺，繁衍至天启年间，科甲累世，人丁数百，称为望族。③ 但是安邦彦之乱中遭受屠戮，全族仅存八人。又如，张、霍、葛、谭等姓，在安邦彦攻城时死难者极多。再如伍、汪、娄、薛、卫、许、洪、蒋、支九姓，安邦彦之乱前科举功名皆极为兴盛，安邦彦之乱后一蹶不振。

咸同变乱对安顺的影响也非常大。是时，国内刀兵四起，战乱频出；外部

---

① 金氏家谱［Z］.内部资料，1991：25.
② 黄家服，段志洪.中国地方志集成：贵州府县志辑：第42册［M］.成都：巴蜀书社，2006：261.
③ 梅氏宗谱：第2卷［Z］.内部资料，1927：7.

列强入侵，清政府被迫与列强签订一系列丧权辱国的不平等条约，战乱波及全国。咸同变乱在安顺持续时间长，波及范围广，给各姓氏带来灾难性影响。如钟士村徐姓一族，道咸间颇称兴盛，人口亦颇发达，当时连钟士村、戴家庄两处，合计达百余户之多，苗变后迁移者仅有秀才五六人、壮丁六七人而已。昔之房屋、祠宇、谱牒、书籍等概被焚毁无存。

长时间的战争使大姓望族夷为寒族，狗场屯、长山寨的胡姓，潘家庄的潘姓、杨姓，金家大山的金姓，曾经是望姓大族，几百户上千人的寨子经多次战乱，仅存十几人或几人，人口大量减员带来族姓分布的分散性。光绪初年战火平息，社会安稳时，二三十户的寨子便是大寨子，许多村寨仅存七八户或三五户。光绪中期，人口才有所恢复，接近战乱前的一半。总之，战乱改变了清末安顺的聚落和人口分布状态。

此外，在安顺的老姓、著姓、大姓及僻姓中，外来汉人和本地土著交错杂居状态下，长期交往形成互通婚姻的局面。久而久之，有汉族人受到土著民族的影响融入少数民族中，也有少数民族受到汉文化浸润，由夷而汉化者。

第三节　晚清民国时期屯堡人的生计方式

各民族的生计方式直接影响着与卫所屯军的关系。生活在安顺一带的布依族，与卫所及朝廷并无大的冲突，主要有以下几方面：第一，布依族长期基本上属于南方定居民族，从事稻作生产，主要产出物是稻米。从江南一带来的军士，也以稻米作为主要的食物来源，二者在生计方式上存在一定的影响，与屯所卫军很容易兼容，且容易从中获利。第二，安顺的布依族聚居点大多偏离驿道主干线，与卫所也保持较远的距离，卫所屯田用地的划拨对布依族土地资源的占用冲击很小。第三，由于布依族的聚居点高度分散互不连片，其间又隔着苗族和仡佬族的分布地，布依族无法形成大规模的政治集合，难以与卫所屯军相抗衡。因而，布依族与卫所屯军容易平安相处。苗族和仡佬族处于山地，主要利用斯威顿耕作的经济方式，靠刀耕火种式的游耕为生。加上居住地规模小、流动性强，对土地资源的占有并不稳定。在社会组织方面，集合规模更小。明廷各卫所征拨屯田用地时，不容易与苗族和仡佬族发生正面冲突。明代苗族、仡佬族爆发的事端，矛头并不是指向朝廷，而是指向代管他们的长官司。苗族和仡佬族的分布虽然很广，但却大部分偏离驿道，特别是安顺南部的"化外生苗"区域，距离驿道主干线最近处都要超过80千米，以至于仅有长官司存在，就足以隔断生界的苗族、仡佬族对驿道安全的骚扰。

安顺区域成为明朝军屯的首选,与其地理环境有很大的关系。《安顺府志》对此概括为"安郡地势平衍,夏鲜酷暑,冬鲜严寒。多细雨连日,大风扬尘"①。安顺属北亚热带季风湿润气候,冬无严寒,夏无酷暑,雨量充沛,多阴雨,寡日照,空气湿度较大,水热同期。有气象记录以来的最高气温为35.1℃,最低气为-7.2℃。近30年来,1月平均气温为4.1℃,7月平均气温为21.9℃,年平均气温为14℃,年降水量为1359.5毫米,全年无霜期270天左右。

地理位置影响着屯堡人的社会生活。安顺"郡以东,地势渐平,原田每每,流泉灌注"②。便利的交通、肥沃的土壤、丰富的水源,促进了农业生产的发展和商品经济的繁荣。明廷经营西南边地以来,借助滇黔驿道的干线地位和境内土厚水深的优势,使安顺一带的商业贸易量远超其他各府。晚清民国时期,安顺屯堡的农业经济依然蓬勃发展。在耕作方式上,延续明末清初移民带来的生产工具和江南精耕细作生产技术,也依赖于水利事业的兴修所带来的灌溉事业的发达。

屯堡居民多为解甲定居的士兵或军卫后裔,不仅传承了从域外带来的先进的农业、手工业生产技术,而且因袭了较强的商品意识。屯堡田坝区有着宽阔平坦的坝子,土壤肥沃,纵横交错的溪流提供了很好的自流灌溉条件,是贵州重点产粮区之一,精耕细作的种植农业传统得到较好的延续。劳动者吸取了域外耕作技术,结合黔中地区土壤、气候条件,积累了大量的生产经验。如拦河筑坝、开渠引水、修堰塘、架水车,引种产量较高的作物品种,栽种蔬菜、油料作物,依据作物品种与土壤条件施肥,结合地形及土质选择生产工具,等等,促进了农业生产的发展。

在农业、手工业及工矿业发展的基础上,商品流通在社会生活中的重要性更加凸显。驿道沿线村寨农民在经营农业之余,兼营商业,将田坝区出产的粮食作物、经济作物在整个屯堡区进行流通,并将区域外部的生产及生活用品输入进来。在传统家户中,妇女主要从事种植业和家务,男子则外出赶场从事商品贸易。

一些交通便利的屯堡村寨便开设市场,举行乡村集市贸易活动,按照十二生肖定场期。一般一处乡场五或七天交易一次,13天内交易两次。农民在乡场

---

① 黄家服,段志洪. 中国地方志集成:贵州府县志辑:第41册[M]. 成都:巴蜀书社,2006:183.

② 爱必达,罗绕典. 黔南识略;黔南职方纪略[M]. 杜文铎,等点校. 贵阳:贵州人民出版社,1992:282.

上出售农产品和土特产品，百货多行商、摊商经营。除用货币交易外，也有以物易物的。乡场上的货物，主要有棉布、大米、蔬菜、茶叶、猪肉、生猪、农具等生产和生活物资。农产品手工业品的流通，形成了一些专业性的村寨。如时家屯相传在明代专门为屯军打马掌，后来专事铁器生产；鲍家屯男女均从事丝头系腰的加工；九溪生产的大米一直是屯堡区域的畅销货；狗场屯广泛种植茶叶；中所屯经营榨油业；吉昌屯多从事竹编和贩鸡行当。民国年间，男子往返于各市场之间，收购农副产品，销售手工业品，甚至"洋货"或"广货"，以赚取差价补贴家用。

道光《安平县志》中记载了吉昌村东部的平坝在晚清时的市场情况[①]：城内是以申、卯日为场期的平坝场，乡下有以寅、酉日为场期的小鸡场，以辰、戌日为场期的有羊昌河场、乐平场，以巳、亥日为场期的铺陇场、齐伯房场；距县城较远的乡村也有市场，以丑、午日为期的西堡沙家马场，以丑、未日为期的革利场，以子、午日为期的大弄场，等等。吉昌村周边的肖家场、二铺场、马场、鲊陇场、杨官屯场、九溪场、大西桥场，都有着相应的场期。逢赶场天，周围村寨的农户到市场进行交易。表1-4为民国《续修安顺府志》所列市场地点。其中共有市场72个，而竟有64个开设于屯堡村落，黔中集市的形成与屯堡村寨的建立具有密切关系。

表1-4　民国时期安顺城乡市场及场期

场期	市场
子（鼠）日	旧州、吊屯场、黄腊、幺铺
丑（牛）日	县牛场、杨武、林陇、小牛场、云山屯、鲊陇、刘官屯
寅（虎）日	县花街、二铺、羊虎场、猫场、小屯、大平地、中所、双堡
卯（兔）日	县米街、大小鸡场、回龙场、交椅、章家庄、尖山、两所屯
辰（龙）日	蒙浪场、常山狗场、木山堡狗场、七眼桥、夏官屯、水桥屯、江西坪、补堆场
巳（蛇）日	旧州、林哨、吊屯场、黄腊、幺铺
午（马）日	城关西马场、马场、山京场、刘官屯
未（羊）日	县花街、羊武、林陇、小牛场、云山屯
申（猴）日	羊虎场、猫场、小屯、大平地、二铺、中所、双堡

---

① 黄家服，段志洪. 中国地方志集成：贵州府县志辑：第44册[M]. 成都：巴蜀书社，2006：99.

续表

场期	市场
酉（鸡）日	县米街、大小鸡场、回龙场、章家庄、尖山、两所屯
戌（狗）日	蒙浪场、补堆场、常山狗场、木山堡狗场、七眼桥、夏官屯、小屯、江西坪
亥（猪）日	山京场、林哨、幺铺、马场、水桥屯

资料来源：根据《续修安顺府志辑稿》《安顺市志》整理。

市场的设立，为农民交易剩余的农产品提供了较为稳定的场所。稳定的区域性市场体系，进一步巩固了熟人社会的关系网络。在市场交易中形成的契约关系，随着交易的结束进入乡民社会，进而影响到社会生活的各方面。

小　　结

明洪武年间汉人随征南将军傅友德的队伍进入贵州驻守安顺一带，是现今屯堡家谱所记载的入黔始祖进入安顺的最早的历史记忆。永乐十一年（1413）贵州建省之后，加强了对贵州的经营，军事移民护卫着湖南经贵州直达云南一线驿道的安全，"一线路"成为整个贵州防务的重心所在。驿道以外的大片土地仍归土司所有。雍正年间改土归流，缓和了经营西南尤其是贵州的财政压力。乾嘉时期为进一步摆脱财政困境，朝廷鼓励江南汉族移民贵州，随后移入贵州的汉族人数逐年攀升。由于在籍的少数民族并不负担赋税和劳役，汉移民迅速增加，带来了赋税、劳役人口数的扩大。到道光末期，"贵州的中心城市和交通沿线汉族人口首次超过少数民族人数，并因而得以完成贵州历史上的第一次人口编定和土地丈量"[①]。陆续进入贵州安顺一带的汉人，一代代繁衍生息，形成今天屯堡人的稳定来源。

屯堡文化的形成，和屯堡区域卫所设立及驿道建设存在一定的关联性，与安顺区域的民族构成也有关系。一方面，卫所屯军开发、利用和改造驿道沿线的自然资源，与周边的少数民族发生文化互动，影响着地区政局；另一方面，屯堡区域的地理环境在屯军将士及其后裔的不断开发下，对经济社会发展也产

---

① 罗康隆.明清两代贵州汉族移民特点的对比研究[J].贵州社会科学，1993（03）：104-108.

生了强烈的影响。不同区域的地理环境以各自不同的特点，影响着区域社会生产力发展的水平和速度，使不同区域、不同民族的社会发展产生不平衡性。随着军屯制度的解体，屯田到清代已经呈现出私有化特征，逐渐产生商品交易。在买卖的过程中，建立契约关系及信用体系。屯堡文化中重视忠厚仁义的理念，在长期的潜移默化过程中，社会的信用体系逐步建立。屯堡人所形成的熟人社会，使传统社会注重的道德观念和忠义思想进入契约关系中，从而使契约关系与熟人社会关系网络相伴生，"空口无凭，立据为证"，逐渐形成了纸质的土地契约文书。

第二章

吉昌屯堡契约的形态特征及其所属年代统计

明清社会的日常运行中，契约文书与社会经济和人们生活有着比较密切的关系。契约文书反映了契约发生时代的经济制度及基层社会运行状态，各地的契约文书，既有其共同之处，又具有各自的特点。契约内容，体现了国家的土地财产制度、基层社会习惯法、地方风俗、家庭财产收入支出状况和婚丧嫁娶等方面。吉昌屯堡契约文书，在内容要件方面，继承和吸收了清朝以来中原王朝汉文契约文书的基本要素，体现出国家社会经济制度在西南边地运行的状况，以及儒家文化对西南边疆民族文化区域内的影响。

目前收集整理出版的吉昌屯堡契约文书，主要有孙兆霞主编的《吉昌契约文书汇编》。该书收录了清雍正、乾隆、嘉庆、道光、咸丰、同治、光绪、宣统、民国年间乃至1961年和1965年的各种契约文书，内容涵括买卖、典当、租借、分关及汪公会账本，共计438件。笔者于2016年在屯堡村落调查时，又收集到一部分纸张完整、文字清晰的契约文书，内容主要涉及土地买卖、租借、分关，这些契约仅是安顺屯堡契约文书的一部分。① 本研究的资料即来源于这些已经发现并公之于众的契约文书以及田野调查的材料。

这批契约所使用的纸张，大部分是以当地的构树皮为原料生产的构皮纸，也有一部分民国晚期契约使用宣纸书写。从文书样式来看，土地、房产买卖契约，开头写明立契人姓名，出卖田地或房屋、菜地等原因，然后写清所卖田地等的名称、坐落位置、四至、议定时价等。末尾均注明"恐（空）口无凭，特

---

① 笔者在吉昌屯收集到《吉昌契约文书汇编》未收录的83件契约，在雷屯收集到58件契约文书和70多件粮食册串（当地人称为"串票"，是征收田赋的联单）。吉昌屯所获契约的绝大部分，是一户村民十多年前在翻修老房子时从墙壁中发现的，共有两匣，另一匣当时混在拆迁物中散佚。2008年，孙兆霞教授在吉昌屯征集契约时，户主并没有提供自己家中所藏契约。吉昌屯寨老告知，仍有几户村民家中保存有少量契约，由于种种原因并不示人，具体件数不得而知。雷屯契约文书出自一户，系户主母亲保存并传世。感谢户主允许笔者在研究中使用这些契约文书。

立卖契为据""今恐后人心不古，立卖契永远存照"等字样，以为取信凭证。末尾有代字人姓名、签约时间、立契人姓名、画押等。契约从回赎期看，有杜卖契，也有活卖契；从是否缴纳赋税来分，白契为多，也有一部分是印有"普定县印""安顺县印"等官印的赤契。这些契约记录了屯堡社会的土地关系，反映了屯堡人部分生活实态。

第一节　吉昌屯堡契约文书的样式和流传

契约文书是在公私交往中产生的规范性、约束性文本。中国古代契约产生的历史很早，经过长期的发展，至明清时代已十分成熟。随着社会经济的发展和交往的频繁，各地都有大量契约文书产生。贵州安顺一次性发现的大宗契约，除吉昌契约之外，还有后来发现的大屯契约，在雷屯等村寨也零星有一些发现，这些契约自东向西分布在滇黔驿道上。其书写样式、遣词造句高度趋向一致。在本书中，统称这些契约为吉昌屯堡契约。屯堡契约文书，从内容来看，主要是村落内部家族之间和家族内部土地、房产流动的情况记载，并不像贵州清水江文书一样，呈现出浓厚的与区域外发生林业经济往来的商业气息。

在安顺屯堡汉民族移民群体中，契约文书的使用比较普遍。在周边布依族、苗族、仡佬族等人口较少民族林立的黔中地区，这种汉文化特征明显的契约书写形式及表达方式引人注目。在现存屯堡契约中，最早的一份签订时间标明为雍正十一年（1733）[1]，内容如下：

> 立卖明房地基文契人汪尔重，为因缺用，无处出办，情愿将祖遗自置房屋地基贰间、天井牛桊（圈）壹个、东厮壹个，墙围在内，东至本家房地，南至本家地，西至街，北至路。四至分明，凭中出卖与族侄汪世荣名下住坐管业。三面议定卖价纹银捌两肆钱、九三银玖两壹钱，共银壹拾柒两零伍钱整。尔重亲手领回应用，系是实银实契，并无货物准折，亦无逼迫成交。自卖之后，任随族侄汪世荣子孙永远管业住坐，不许亲族人等争论异言。□□等情弊，尔重一面承当。恐后人心不古，立此卖契存照。

---

[1] 孙兆霞，等. 吉昌契约文书汇编［M］. 北京：社会科学文献出版社，2010：228. 下文引用该书契约依照其排规范照录，别字在"（）"中改正，漫漶的字以"□"表示，依据上下文可判断出的缺损字在"［］"中注出。所引笔者收集的契约，除数字照契约原文书写之外，其余汉字一律使用简体。画押中十字押用"+"表示，汉字押径录该汉字，用印情况以引号注明。契约标题参照契约内容拟定。

<<< 第二章　吉昌屯堡契约的形态特征及其所属年代统计

其余地基前后长宽乙（壹）尺，将后头东厮壹股，品补胞兄之明□□侄世臣名下。日后不得幡（翻）悔争论。如有幡（翻）悔争论，将纸赴公理，干（甘）当重罪。

雍正十一年三月初一日　立卖房地基人　汪尔重
凭本族　胞侄汪美祥　汪世高　汪世型　汪世臣　汪世俊
胞兄汪之云　汪尔富　汪尔质　汪尔明　汪良辅
转手画字人　汪之灿
凭中人　邹倪之　徐上卿　邹世琏
代书人　胡长年

乾隆四年五月二十四日，汪尔重因房地地价不符，请人理讲公处，后补银贰两伍钱整。尔重凭中亲手领回。日后不得异言。如有异言，将纸赴官，自认骗害之罪。

又凭中人　堂兄汪尔质　冯安邦　刘殿先　石汉鼎　冯有□
邹贤德　汪有年　汪尔明　汪美才
又代书　胡长年

雍正年间，云南、贵州、湘西一带少数民族地区先后进行了大规模的改土归流，改土官制为流官制，推行王朝政令，施行汉文化教育。吉昌屯雍正年间的契约，显示出这一地区汉文化已有很高的普及程度。这份契约签订于雍正十一年（1733），汪尔重将房屋地基及附属建筑物以银一十七两五钱的价格出售给侄子汪世荣。乾隆四年（1739），因汪尔重对这桩地产交易的价格不满意，在凭中的见证下，从侄子汪世荣名下又获得二两五钱找价，这一过程记录在雍正十一年（1733）所立契约的后面部分。这份胞叔向侄子出卖房屋地基的文契，可以看出在雍正末年屯堡社会，宗族内部成员参与的货币经济活动。还反映出，至迟在雍正年间，屯堡社会已经以契约关系为前提来建立日常生活的价值体系。

陈瑛珣等人在研究贵州原住民林业契约文书的格式与类型时，综合比较田野口述资料和苗族林业契约文书后认为，黔东南地区原住民对于汉人契约文书习俗，迟至乾隆年间才采用，在康熙时期仍然还沿用"插草为标"方式注明所有权。[1] 处于清水江木材贸易通道上的锦屏县，最早的一份林业契约《姜君德、姜云龙、姜国祥山林断卖契》签订于乾隆元年（1736），反映的是在汉人进入清水江流域经营木材的背景下，苗族内部发生的断卖山林行为，为研究苗族参与

---

[1] 陈瑛珣，陈支平．清代民间妇女生活史料的发掘与运用［M］．天津：天津古籍出版社，2010：226．

以汉族为中心的林业贸易提供了资料。相比而言，吉昌屯堡契约出现的时间比清水江流域至少要早三年。滇黔驿道沿线卫所屯军的开发活动，早于汉人对清水江上游的大规模开发活动。伴随着汉人大规模开发而来的契约文书，进入安顺屯堡区域的时间，早于贵州东部民族地区。这份契约反映出屯堡传统买卖契约样式中的必需要件：（1）订约人的身份及订约原因。（2）买卖标的物的合法来源。（3）标的物的位置、面积及四至。（4）买主。（5）中人。（6）标的物的价格及支付的意思表示。（7）申明自卖之后绝无其他牵扯，最后是以契约为交易的凭证。

在对安顺屯堡的田野调查中，一通咸丰年间的"安良除贼"石碑，从侧面反映出清末安顺一带日常生活中，使用契约文书已成为一种习惯。碑文如下：

> 万古流传①
>
> 盖闻一乡之中，不在人户多寡，特患立心不一。想予寨自洪武奉调来黔，落业（叶）安顺府，□世世相承，举凡善道相化，号令一施，尊卑长幼皆然。故寨内风水，在昔时闻美，修上下河□，何世不颂。浩荡汪洋，前后山林，时人均称荣扶畅茂。奈近有无知伍永生、伍玉生、伍老白、伍文交日用行习，时有不遵长老教号，或则离族而窃伐山林，或违众而偷挖河□，众人平日橐识，而数人临事，全不甚拿获。不料至咸丰五年地方挠（扰）乱，七月内反贼烧杀至滥泥箐、外井，寨内老老幼幼战惊。是月，又蒙大人沈府王刘校命，日日拨入寓中路坡堵关村，家得力人数诚无几人。众寨方将男女、货物衣服等件、耳环首饰及文书，尽藏于寨边洞头。阅至九月初三日，洞头货物及文书谁知一均失落，约计货物价银大约有二三百两之数。众人速将来往逆命教人审问，而数人招认。谓偷洞头货物文书。果予等几人！但□工（供）招之是实，众人得货甚少，众人寒心，又遇城中难入之岁，只得奉府县主格杀勿论旗令，遂将数人除制，并教人房屋众寨与他毁挞；数人田地众寨与他变卖。于除制后，众寨仍齐心访查，恐异日有人或将众人失落之文书抵借银两使用，众人查实决问放银两之主，以拿借银之人。且寨内前后左右地界及花户各自买之山林，众寨人禁护草木：一不许外井人伐，二不许寨内三四月搜巡（寻）蕨菜；五六月伐卖豆架；冬腊月开挖格兜（蔸）；周岁月尽获溪草。如或开挖尽获搜巡（寻）。伐卖

---

① 该碑现位于安顺市双堡水塘寨村口土地庙，刻于清咸丰五年（1855）。为石灰岩材质，高115厘米、宽65厘米、厚11厘米。碑额横书"万古流传"，下部横书"安良除贼"。正文为阴刻楷书。

者惟在荒山野箐。不然各照本业而行，且众素禁护不止此也。寨中及上下坟茔风水尤为要事，故坝中河□（凼）众人齐心修理，一不许外网取鱼；二不许寨内开挖；且每年中寨内瓜菜（菜）、辣子、鸡、狗、鹅、鸭并不许临财苟得。如顽梗不服敢为众蒙，日用闻仍有东窃、西盗，尽掳家财者，众寨拿获仍照前人洗他家业，还抑且送官究办，决不虚言，故罚数两之银。立此碑，以垂万代矣！

　　头人　　伍廷桂　伍廷钦　伍上兹
　　管理人　伍廷甲　伍廷湘　伍上钦　伍上奎
　　花户（均为伍姓的"廷"和"上"字辈，共三十八名，略）同心同德
　　咸丰五年九月二十七日立
　　匠人尹入胜

　　碑文主要记载了清咸丰五年（1855），屯堡移民进行社会治理的经过。水塘寨受到"无知"之徒袭扰，村寨正常的生产生活秩序遭到破坏，村民在头人带领下采取处置盗贼行动，并以乡规民约的形式，加大生态环境保护力度，维护安宁的社会秩序。碑文记述社会动荡之时，村民将契约文书和其他贵重物品一起藏在山洞中，不料被人偷走。为有效维护契约的权威性和公信力，避免失落文书被抵押借贷，村民加以查实并缉拿不法之徒。

　　20世纪30年代末，吴泽霖等人调查贵州少数民族时，就注意到了安顺存在的"讨田约"现象。[①] 旧时安顺苗民租约为木刻契，在木板上刻画数目、时日等信息，双方各执一半为凭。竹木作为传统契约书写载体之一，最具代表性的莫过于简牍，无论是技术还是成本，都是立契的当事人易于掌握的。苗族历史上没有本民族的文字，通常用刻木结绳等方式作为记事、通信等传达信息的手段。纸张的发明，使书写更为便捷，但对书写人提出了较高要求，民国年间刻木契约已不采用。当时普通佃农租种田地的惯例是，必须要有农具、耕牛等抵押品。无论是苗族还是汉族，佃农大多须找一个中人向地主或者地主的管账人撮合，彼此熟识议定后签立租约。如果地主与佃农是亲戚，则不须中人介绍。抗战时期，出租土地给苗民佃农租种的地主大多数是汉人，苗民向汉人地主租地的租约式样，与当地汉人租约的式样没有什么区别。吴泽霖列举了安顺县花苗佃客租种汉人地主田地的契约式样：

---

① 吴泽霖，陈国钧. 贵州安顺县苗民调查报告 [M] //骆小所. 西南民俗文献：第19卷. 兰州：兰州大学出版社，2003：134.

立讨田约人×××今亲自上门讨到①

×××太爷名下田一份，大小共计××块。当即言定每年秋成上纳租谷××石正。照此不得短少升合。倘有上情，除撤田外另退还欠租完结。恐后无凭，立此约为据。

中人×××押
代笔×××押
中华民国××年××月××日　立

上例内"每年秋成上纳租谷××石正"，为纳租方式中的包租形式。② 包租约上订明租额数量，无论丰年歉岁，均须照额纳租，不得减少。

安顺苗民借贷需要签订借贷约，有现金借贷和粮食借贷两种形式。现金借贷主要是因为缺乏生产资本、日常开支不足以及临时性的婚、丧、疾病等情形，央求中人立据向地主借现金，需要支付较高利率。粮食借贷多发生在农历四月青黄不接之时，向富农或汉人地主等告借谷子，这种借贷不需借约或抵押品，但其利率普遍为加五至加十。

立借约人×××为因急需，今请凭中×××上门借到×××名下大洋××元正（整），是日议定每月每元行息三分，按季交清，不得短少拖欠。愿将××处田契一张作抵，任随变卖赔还，不得异言。恐后无凭，特立借约一纸是实。

中人×××
代笔×××
中华民国××年××月××日　立③

吴泽霖的调查报告中所记录的景象，发生在1942年以前安顺县的苗民、汉民日常生活中，当时安顺农民已经能够熟练运用"讨田约"和"借约"一类的文书。但佃农大多数不会写字，请人代笔写明讨田人姓名、地主姓名、田亩数、租额、交租期等核心要素，作为发生经济关系的凭据。上述现金借贷约范本，在吉昌屯契约中也有反映，如《民国十四年（1925）三月初八日汪纯玉立借银

---

① 吴泽霖，陈国钧. 贵州安顺县苗民调查报告［M］//骆小所. 西南民俗文献：第19卷. 兰州：兰州大学出版社，2003：135.

② 民国时期安顺县纳租方式主要有三种：包租、分租、佃种。包租形式通用于安顺县内附郭与其他土地肥沃、地价高昂、不易受灾地带。分租形式适用于县内各区土地硗瘠、水旱不均、地价低廉地带；分租形式的租约一般不订明租额，每年秋成之时，佃农请地主下乡查看田中收成，按成分摊。

③ 吴泽霖，陈国钧. 贵州安顺县苗民调查报告［M］//骆小所. 西南民俗文献：第19卷. 兰州：兰州大学出版社，2003：142.

约字》记载，汪纯玉借洋银十元，四年后需归还二十二元，足见其利率之高。①民间使用契约的习惯，在社会生活中一直延续下来。下面是20世纪后叶流行在安顺屯堡区域的一份契约范本，成为屯堡人所采用的礼仪规范。

母为子立分书②

立分书字人×××氏因家口重（众）多，事务纷杂，难以统摄，经子媳等协，拟将家庭产业均分，各立门户，以便管理，而请命于余，余维累世同居，往昔虽为美谈，在今时实非良策，况汝父弃养多年，全赖长子继承父志，摄理家政，俾家道以兴盛。今余年逾八旬，而长子亦渐衰老，自应听其息憩，稍就安逸，爰（援）请族戚，将我家现所有财产，查开目录，除酌留汝父祭产外，按直系四房数，不分嫡庶四股平分，各自拈阄承授（受），今将各拈财产书写清楚……欲后有凭，立此分书，一式四本，以"和亲康乐"四字编号，各执一本。亲则原留一本，私事私立，今既各有攸归，公谊公行。犹望互相扶，兄爱弟敬，谨守雍睦之家风，夫唱妇随，克享共和之幸福，此余之所嘱。至余现今权在三房宿膳，因三房暂时人口较少，房屋有余，并非对于子媳等有所憎爱；如有其子媳等必欲侍养，以尽其孝道，则随时听余之便，不必拘泥分担赡养之说。合拼谕知，×××氏所嘱。

母×××氏押印

长　子×××

次　子×××

三　子×××

四　子×××

族亲友戚×××

代　字×××

年　月　日

这份分家契约范本，适用于母亲主持分家的情形，使用者填写上人名、财产份额和日期，中人见证后发生效力。编写《屯堡礼仪》一书的庄泽云是20世纪40年代毕业的中学生，是当下的村落文化精英。村中一些家庭婚丧嫁娶时，邀请庄

---

① 石汝益家藏契约《民国十四年（1925）三月初八日汪纯玉立借银约字》：立借银约字人汪纯玉，为因需用，亲请凭中借到范光廷名下洋银拾元，四年无利，共算贰拾贰元整。借日言定不知远近相还，汪姓如有短少，愿将口岩大田贰块作抵业耕安，变卖偿还。恐（空）口无凭，立借银字为据。凭中　汪纯贵　代字　徐中云　民国拾四年三月初八日借

② 庄泽云. 屯堡礼仪：时家屯［Z］. 时家屯村内部资料，2000：149.

老为首领的礼仪小组来家中"按照过去的规矩"举办仪式，成为一种荣耀和时尚，《屯堡礼仪》成为屯堡人日常礼仪中"行古礼、知古训"所使用的参考书。

从书写程序和行文表达看，20世纪中叶以来的契约，与在吉昌屯、雷屯、大屯等地发现的清代以及民国时期契约并无明显区别，但语言表达要简洁得多。下面三件契约，前两件由吉昌屯胡家保存，第三件为雷屯雷家保存。

1955年2月12日，田克洪立卖明地基字

  立卖明地基字人田克洪，为因无艮（银）使用，只得亲请凭中上门，将祖父遗留名下地基二间，天井半个，坐落地名汪家园。其（地）基四字，东抵路，南抵是天井抵路，西抵汪姓，北抵汪姓田，四字分明为界。其拾的墙在内，请凭中出卖与汪治祥名下为业。言曰三面议定卖价，新人民币洋贰拾陆元伍角整，卖主当席亲手领明应用，并未下欠角仙。自卖之后，任随买主子孙永远管业。日后房族人等［不得］前来争论异言，如有此情，卖主一面承耽（担），恐（空）口无凭，立□□为据。

  此据日后众□□问题，□照纸管业，若有发生意见，将大菁坡田一块（包）抵。田亮州、廷贵艮还清，接契纸无校。

       凭证凭中人 汪其元+ 汪仲才+ 郑云奎+ 田兴洲+

           代笔 陈仁安⑨

     公元一九五五年二月十二日 田亮洲仝唐氏立

1983年古历正月初八日，胡俊荣立卖明地基字

  立卖明地基字人文契人胡俊荣，今将祖父遗留分授自己明（名）下，门前园地基壹堂和厕所壹个，其地四至，东抵集体小□堰坝，南抵胡□为界。经凭家族和亲属调和□□。胡俊荣同意方圆，今将地基壹堂和厕所壹个调剂给胡俊友、胡俊于、胡俊祥等三户，作为走路。堰坝现今作为典卖□田，三面义定价款叁佰伍拾壹元，其中胡俊友占优先，胡俊友拿出金额壹佰伍拾元，胡俊于金额壹佰叁拾陆元，胡俊祥伍拾陆元，胡俊荣当希（席）领明应用，并未下欠角仙。自卖之后，胡俊荣不得反覆□情，外人不得前来争论□情，恐后如有此情，系胡俊荣壹面承担异言。恐后无凭，特立当纸一字为据。

        凭证人 亲属冯建明 冯建芳 胡林□

    家族 胡志奎 胡俊兴 胡俊美 胡俊清 胡俊勇 胡永盛

            代笔人 胡旺盛

       公元一九捌叁年古历正月初八日 立

2005年九月五日，全德宽立定卖房屋契约

契约

　　立订卖房字人全德宽，经中人说合（和），双方同意，全德宽愿将自己名下的房屋：正房三间，后面的天井、猪圈，房前面的天井，卖与雷人智名下，其房屋座（坐）落在菜园头。东抵全姓的地，南抵雷先信、雷先忠，西抵老埂（留六尺大路）①，北抵全友法，留一尺二寸滴水沟，上抵天，下抵地，四至分明。经双方家族人等上前当堂议定房价银人民币柒万肆仟捌佰元整。当席付清并无拖欠。自立契之日起，此房屋由雷人智名下子孙后代永远管理。全德宽名下子孙以及家族外人不得异言，如有异言，由全德宽一面承担。恐（空）口无凭，立纸契为证。

子孙发达，万代富贵

天理良心

　　　　　中人　吴奎龙（指纹）　　卖主全德宽（指纹）、汪琼（指纹）
　　　　　　在场人　全圣达（指纹）　　买主雷人智（指纹）
　　　　　全成良（指纹）、全圣孝、全圣国（指纹）、任友昌（指纹）
　　　　　　　　　　　　　　　　　代笔　黄世诚
　　　　　　　　　　　公元二〇〇五年九月五日

　　三份契约的核心部分，如双方姓名、凭中、房屋、地基的四至、金额、立契时间等必备要素，均依照民国契约体例书写，均保留了"经凭""领明应用""自卖之后……不得争论""恐（空）口无凭"等传统。而晚清民国契约惯用表达语"为因无银使用，只得亲请凭中上门""自卖之后，任随买主子孙永远管业"字样，仅在1955年的契约中书写，在1983年的契约中则被简化了，但在2005年的契约中又被使用。《中华人民共和国土地改革法》于1950年6月30日由中央人民政府公布施行，总则规定废除地主阶级封建剥削的土地所有制，实行农民的土地所有制，第八条规定："所有应加没收和征收的土地，在当地解放以后，如以出卖、出典、赠送或其他方式转移分散者，一律无效。"② 1949年11月18日，安顺县城解放，旧州、双堡、大西桥一带仍有土匪暴乱，到1953年乡间土匪才被彻底肃清，土地改革法在当地深入人心尚需要时日，故1955年签订的宅基地买卖契约仍会出现"永远管业"字样。借助前代契约以及民间的范本，

---

① 此处括号及文字依照原契所录。
② 人民出版社．中华人民共和国土地改革法［M］．北京：人民出版社，1952：4.

契约文书书写样式得以流传至今。

第二节 吉昌屯堡契约的时段特点

一、年代分布

《吉昌契约文书汇编》将收录的四百多件契约文书依据内容分为几大类，即买卖契约、典当契约、租借契约、分家契约、汪公会收支记录、其他杂契。在一级指标下，按照契约标的物性质又做了进一步细分，如秋田、科田、水田/秧田、陆地/旱地、菜地/草场、房屋（含地基）、宅地/阴地①。笔者依据契约记载的交易行为发生时间，先将其分为清代、民国两个阶段。在每个阶段按照契约记载主要事项分为买卖、典当、租借、分关等类。

表2-1　晚清至民国吉昌屯堡契约文书数目统计表　　　　（单位：件）

契约类型	雍正	乾隆	嘉庆	道光	咸丰	同治	光绪	宣统	民国	年代不详	合计
卖契	1	19	11	20	17	35	72	10	136	10	331
当契		2		5	4	6	17	3	46	1	84
借契				1		1	1		3		6
分关		2		3	2	1	8	4	23	3	46
汪公会收支记录						12	6				18
其他			2	1		1	6	1	20	1	32
合计	1	23	13	30	23	56	110	18	228	15	517

资料来源：《吉昌契约文书汇编》与笔者收集的契约。

在上述表格六种契约类型统计中，卖契所占份额最大，余下依次为当契、分关、其他、汪公会记录，借契数量最少。在九个朝代契约数量的统计中，

---

① 孙兆霞，等.吉昌契约文书汇编［M］.北京：社会科学文献出版社，2010：12.

民国时期契约数量最多，占到所统计契约总数的44.10%；光绪朝其次，契约数量占所统计契约总数的21.27%；同治朝位列第三，契约数量占所统计契约总数的10.83%；道光朝位列第四，占5.80%；咸丰朝和乾隆朝均占到4.45%；其他的朝代如宣统、嘉庆均在4%以下，雍正朝仅一份；另外尚有15件年代不详的契约文书，依据卖契、当契中记载交易价格所用的货币为"纹银""法币"分析，这些年代不确定的契约，交易行为当是发生在雍正年间至民国之间。

买卖契约在各个朝代中所占到的份额最大，有充足的样本可供选择，下面对乾隆年间以来的各朝卖契进行分析。

（一）乾隆卖契

乾隆帝在位六十年，现存的23件契约中除2件当契、2件分关文书之外，①卖契有19件。若以每十年为一个时间段计算，乾隆三十一年（1766）至三十九年（1774）只有1件卖契，其余五个时间段每段少则3件，多则6件契约留存。② 这些契约在时间上呈现出一种哑铃状态的分布，早期政局不稳、末期已显示凋敝之态，人民生活困苦，以出卖土地、房屋来解决生活危机。

乾隆三年（1738）二月初六日，杨崇林、崇盛立卖房屋地基文契③

立卖明房屋地基文契人杨崇林、崇盛，为因祖遗房屋地基乙（壹）所，因祖先年将房地当与娄光著之租住坐，年深日久未存（曾）归赎，娄处转当邹处。于雍正十三年，有娄光著之父身亡，娄处请凭乡老上门逼赎，崇林弟兄无措，只得借贷汪公会银两与娄处，立契赎明。一向三年未存（曾）住坐，汪公会本利银两追逼甚急，又因年岁饥荒。崇林弟兄无处出办，只得请凭亲识上门，将瓦房叁间、右边厢房乙（壹）间、左边地基二间，周围石墙地基一俱在内，东抵娄宅房，南、北［俱］抵路，西抵街，四至分明。彼时三面议定，凭中出卖与汪世荣名下为业。原价吹系九琛（成）乙（银）共贰拾陆两整。杨崇林弟兄亲手领明。自卖之后，认（任）凭汪世

---

① 参见《吉昌契约文书汇编》，第325页《乾隆十五年（1750）九月十九日冯宗卫立当明菜园文约》，第342页《乾隆四十二年（1777）九月十六日汪子重立分关文契》，第343页《乾隆五十五年（1785）七月初五日汪子重立分关文契》，以及附录一田野调查收集的契约文书《乾隆五十九年三月初六日汪子高当陆地》。
② 乾隆二年、三年、九年、十二年、十五年、十七年、二十年、二十七年、三十一年、四十二年、四十五年、四十九年、五十七年各1件，二十八年、二十九年、五十五年各2件，五十九年3件。
③ 孙兆霞，等.吉昌契约文书汇编［M］.北京：社会科学文献出版社，2010：229.

荣修理管业，杨处弟男子侄不得争论异言。如有此等，卖主一面承当。恐后无凭，立此卖契一纸与汪处永远为照。

乾隆三年二月初六日

卖契人　杨崇林 杨崇盛

凭中为杨处亲识　堂弟杨崇宜 汪世捷 陈朝俊 汪登远 郑君美

鸡场屯中人　绅士胡美枚 汪尔质

转手画字　娄光著 娄光大 冯杰 汪汉信

苟（狗）场屯代笔 汪人杰

这份卖契记载了房产转当后又出卖的史实。杨崇林弟兄的祖先曾经将一处房产当与娄光著，年久未赎回，娄光著又将此房产转当与邹姓。不料到雍正十三年（1735）时，娄父身亡，向杨崇林兄弟逼债，杨氏兄弟向汪公会借贷银两还与娄姓。三年后汪公会催债，"因年岁饥荒"，杨姓兄弟只得出卖房产给汪世荣。杨、汪、陈、郑、胡、娄、冯等七姓氏共计14人见证了乾隆三年（1738）的这份房产交易的过程，这七姓氏至今在村中仍有分布。鸡场屯（吉昌屯）绅士胡美枚充当中人，邻近的狗场屯汪人杰书写了卖契，娄光著兄弟也参与了画押。检索《吉昌契约文书汇编》书中的"汪公会收支记录"，个人向汪公会借银约，时间最早的发生在同治三年（1864）三月十五日，[①] 并未找到乾隆年间的记录。乾隆三年（1738）杨氏弟兄向汪公会借银的因由是"年岁饥荒"。查地方志记载，乾隆二年（1737）丁巳九月，鸡场屯（吉昌屯）附近"中所及前后两所大雨雹，伤田稼八千六百七十亩"[②]，邻近村寨发生冰雹灾害，时隔四个多月，所造成的影响势必会波及杨氏兄弟，其出卖家产救荒属实。这份契约其他值得注意之处是，土地四至的描述语句，放在了文本中间靠后的位置。这是不

---

① 参见《吉昌契约文书汇编》，第407页《同治三年（1864）三月十五日石秉和立借银约》："立借艮（银）约人石秉和，为因乏用，亲身上门，□到汪王会上足色纹银五两整。言定每年秋成上纳脚谷六斗五升，不得短少升合。如少，愿将和尚安（庵）面前田与地一并作抵，任随众会友扯田与地耕重（种），另安填还。恐（空）口无凭，立借约为据。有老契一张随押。此艮（银）系是同治三年三月十五日所措（借）。此艮（银）拾两自同治三年□同治九年□□艮（银）七钱及又□□□□□五厘。"第409页《同治三年（1864）三月十五日田治邦立借银约》：立借艮（银）约人石春妹，为因乏用，亲身上门，借到汪王会上足色纹艮（银）二两整。言定每年秋成上纳脚谷三斗，不得短少升合。如少，愿将小山背后分受（授）田作抵。恐后人心不古，立借约是实。此银系是先年所借，不知日期，同治捌年五月廿日新立。此银亦（一）并还清。同治十年八月初二日收银乙（壹）两八钱。

② 黄家服，段志洪．中国地方志集成：贵州府县志辑：第44册［M］．成都：巴蜀书社，2006：6.

是受到官版契纸的影响呢？清代中期之后，以官版契纸为范本，四至描述的位置已趋向于放在契末，但这并不妨碍原先格式的继续使用。仔细阅读乾隆年间其他契约以及乾隆至民国时期的契约发现，四至描述的位置均前置，在交代财产名称和数量之后，即行描述四至。对四至的详尽描述，彰显的是不同家族之间的资源分布范围，也是对隐藏在家族所占生存资源背后的社会关系边界的宣誓。此份契约，前面花费较多笔墨交代出卖房产的原因，而对于原因的交代，其他契约都比较简洁。

（二）嘉庆卖契

嘉庆年间共有13件契约，其中11件均为买卖契约，时间跨度从嘉庆三年（1798）至嘉庆二十二年（1817）。卖契中有8件契约的出卖人与买受人均为汪姓，另有2件契约出卖人为汪姓，买受人为石姓。下面是一件宗族内部堂兄弟之间的房屋契约：

嘉庆四年（1799）二月十九日，汪朝有立卖明坐基房屋文契①

> 立卖明坐基房屋人汪朝有，为因账务逼迫，无处出办，情愿请凭中将祖父遗留与名下坐房贰间，厢房牛牵（圈）在内，出卖与堂弟汪朝礼名下居住。原日议定卖价纹玖各半，共银贰拾伍两。自卖之后，朝有亲手领明应用，并无货物准折。自卖之后。朝礼子孙永远管业，朝有父子不得异言，日后不得借事生端。如有此情，将纸付（赴）公理论，自凭（任）套哄之咎。恐后无凭，立卖契壹纸为据。
>
> 凭本族 汪朝选 汪朝相 汪子成 汪子富 汪子方 汪子云 汪子德 汪朝德 陈红
>
> 　　　　　　　　　　　　嘉庆四年二月十九日 立卖明坐基房屋人 汪朝有

所收集到的契约中，汪朝有共四次签订出卖土地房产的契约，分别发生在乾隆五十九年（1794）二月初四日、嘉庆四年（1799）二月初七日与二月十九日、嘉庆四年（1799）十月二十八日。标的物均为土地、房产等不动产，乾隆末年为水田，嘉庆初年为房屋及附属的厕所、牛圈。本族叔辈及胞弟作为"凭中"均参与了财产处理过程，如乾隆五十九年（1794）的卖水田契，在"凭

---

① 孙兆霞，等.吉昌契约文书汇编［M］.北京：社会科学文献出版社，2010：233.

中"部分写明了亲属关系。① 对照嘉庆年间契约的中人后发现,六年中"胞叔"汪子富参与了汪朝有的每一次财产变卖活动,汪子盛参与了3次,汪子云、汪子德参与了2次。同时,每一次出卖田产均有"朝"字辈的胞兄弟担任证人角色,出现的7个胞兄弟中,汪朝选、汪朝相每人均担任2次。这四次财产处分契约的买受人均为本族,其中乾隆末年是将水田出卖给胞叔汪子重,嘉庆二年(1797)是卖房屋给胞弟汪朝礼,嘉庆四年(1799)是胞弟汪朝有。说明嘉庆年间,汪氏家族处理财产均在宗族内进行。

(三) 道光契约

道光帝在位三十年间共有契约30件,其中卖契20件,当契5件,分关3件。有19件卖契、当契财产处理发生在汪氏家族内部,3件发生在不同家族之间。下面的一件是石姓家族内部的山场买卖契约:

道光二十九年(1849)二月二十三日,石秉桢立卖契②

> 立卖明草场树木文契人堂兄石秉桢,为因乏用,亲请凭中上门,将祖父遗留分授名下山场树木壹块,坐落地名小山凹。其地上抵汪姓地,下与左右俱抵本族地,四至分明,情愿出卖与堂弟石秉信名下为业。原日议定卖价足色纹银贰两肆钱整。秉桢当席领明应用。自卖之后,任随秉信永远管业,秉桢父子不得异言。恐后无凭,立卖约永远为据。
>
> 凭族长　石秉忠 石盛德 石建德 石云贵 石秉盛 石秉宋
>
> 石秉法 笔
>
> 道光二十九年二月二十三日　立卖契　堂兄石秉桢

这件买卖山场契约,堂兄石秉桢出卖山场树木给堂弟石秉信。契约依次注明了各个要件:财产合法来源是"祖父遗留分授名下",数量、坐落及四至,价

---

① 参见《吉昌契约文书汇编》第102页:立卖水田文契人汪朝有,为因乏用,请凭中上门,将祖父分授分内水田壹坵。坐落地名小山背后,东抵冯宅田,南抵陈宅田,西抵杨宅田,北抵大路,四至分明,出卖与胞叔子重名下为业。原日三面议定田价玖各半银拾叁两伍钱。朝有亲手领明应用。自卖之后,不得另行找补,房族人等亦不得妄生异言。如有此情,系朝有一面承当,自任骗害之咎。恐(空)口无凭。立卖约为据。
凭中　田登位 田方盛 杨渔沂 罗士儒 石琦 陈廷钦
族叔汪子富 汪子盛 汪子方 子云 子德 伯闰泰
胞弟朝选
依口代书人　陈圣基
乾隆五十九年二月初四日　立卖契人　汪朝有

② 孙兆霞,等. 吉昌契约文书汇编 [M]. 北京:社会科学文献出版社,2010:212.

格、交割方式、权利保证等。与前面几件契约不同之处在于，凭中和代笔人均为石姓家族人员，没有外族人参与处理。

（四）咸丰契约

咸丰帝在位十一年间，契约类型有卖契、当契、分关文书三种共计23件，从咸丰元年（1851）到咸丰十一年（1861）每年都有分布。其中咸丰二年（1852）有7件，咸丰十年（1860）和十一年（1861）各有3件，均为卖契。

咸丰十一年（1861）三月十二日，胡登学立卖契①

> 立卖明水田文契人胡登学，为因乏用，母子商议，只得亲身请凭中上门，将祖父遗留分授自己名下水田壹块，坐落地名白泥，东至粮田，南至王家田，西至王姓田，北至田姓、和尚贰家田，其田四至分明，随田科米仓升陆合加增在内，今凭中出卖与田瑞廷名下耕种业（下）管（上）。原日三面议定卖价足色纹银陆两整。其田画字开清，自（此）买卖系是贰比情愿。卖主亲手领银家中应用。自卖之后，不得翻悔套哄。如有此情，将纸契赴公理论。其田账务不清，限有（由）卖主亦（一）面承当，不以卖主异姓子孙人等前来争论。买主并无货物准折（折），亦非逼迫等情。恐后人心不古，胡姓立卖契永远存照。

即日添字二个

天理良心

凭中人 胡登贤 胡登相 胡登发 胡永赔

依口代笔 胡兴文

咸丰十一年三月十二日 胡登学 立卖契永远管业

契约记载的是胡登学同母亲商量后，请凭中出卖水田给田瑞廷耕种，契约中注明科米缴纳由买主按照数量缴纳。中人都是自己家族同一辈分的兄弟，代笔人也是本家族的人，与上面道光年石姓卖契相似，没有家族外的人员参与处理。这固然有石姓、胡姓为吉昌屯大姓的因素，也与财产转移多发生在家族内的传统有关系。这件契约在形式上不同于前几件契约之处在于，交代了契约是在卖方自愿的情形下签订的。前几件契约中均交代了财产卖出之后，若有产权不清之事，概由卖主承担，不与买主相干，保证了买主的权利。

（五）同治契约

同治年间，契约数量达到56件，卖契、当契、借约、分关文书等类型的契

---

① 孙兆霞，等. 吉昌契约文书汇编 [M]. 北京：社会科学文献出版社，2010：25.

约均有一定数量体现。从同治元年（1862）到同治十一年（1872），每年都有2件以上的契约签订，同治元年（1862）、同治三年（1864）、同治四年（1865）、同治七年（1868）、同治九年（1870）数量分别是5件、7件、7件、8件、6件。现存的18件汪公会收支记录中有12件发生在同治年间，每一年都有农民向汪公会借银、借谷子、借苞谷。汪公会记录有一部分只有收支的具体数字而无双方名字，在有名字出现的收支记录中，借方名字为石姓、田姓、胡姓，田姓是吉昌屯的大族，大族都发生需要向汪公会借粮食和款项的情形，当时生活之困顿足见一斑。

同治四年（1865）十二月十八日，汪郑氏同子兴学立杜卖明科田文契[①]

  立杜卖明科田文契人汪郑氏，同子兴学，为因拖欠账务。无处出辨（办），亲请凭中上门，今将到祖父遗留分授本已名下小山科田大小伍块：东抵冯姓田，南抵冯姓与沟，西抵冯二姓田，北抵田冯二姓与路，四至分明，载科米仓斗壹斗加增在内，情愿议卖与汪田氏名下为业。原日三面议定卖价足色纹银三两壹钱整。即日母子当席亲手领明应用。酒水画字一并交清，并未拖欠分厘，亦无货物准折。自卖之后，任随田氏子孙永远管业。日后郑氏子侄以及异姓人等不得前来妄生找补、争论异言。如有此情，任凭田氏执纸赴公理论，卖主自认套哄骗害之咎。恐后人心不古，特立卖契一纸永远存照。

      凭中 汪兴成 汪兴有 汪起春 汪起能 汪起厚
      代字 汪云阶
  同治四年十二月十八日 立卖契人 汪郑氏 同子兴学
    钤"普定县印""府县□□田产局记验讫章"

这件契约在书写程序上与传统式样一致，在交割方式上，传统契约"并未短欠分厘""并无货物准折""并未下欠角仙"等类似表达被保留，还特别注明"酒水画字一并交清"。凭中上门见证契约签订过程，双方达成合意后，无论是职业性的中人还是非职业性的中人，常常能够获得一定数量的报酬。在屯堡村落这种相对封闭的小型社会中，亲族关系、邻里关系构成的社会关系网络，在日常生活中发挥着重要的作用。除非外出经商，乡民活动范围一般并不超出本村落。以亲邻、族人、宗族长、保长、团首等身份出现的中人，

[①] 孙兆霞，等.吉昌契约文书汇编[M].北京：社会科学文献出版社，2010：29.

是"在其相对应的社会生活范围内有一定社会地位、威望和具有相对信誉的人"①。对于非职业性的中人而言，人情关系或"身份""面子""名誉"更被中人所看重，心理上的满足感比酬金更重要。人们用"酒水"来代替酬金，邀请中人吃饭来表达酬谢之意。在分关文书中，中人在见证之外并不需要承担如卖契、借契、当契那样的连带职责，而是更需要保证公平公正，中人的名誉、身份、面子所带来的公信力远远超过酬金。乡民关系网络中，中人良好的信誉是立约双方信任、依赖的基础，立约之后，酒水便成为一种更易为乡民接受的表达方式。

（六）光绪契约

光绪年间契约共有110件，类型有卖契、当契、借约、分关文书、汪公会收支记录等。从光绪元年（1875）一直延续到光绪三十四年（1908），每年都有数量可观的契约。光绪年间契约数量何以如此大？盖因咸丰同治战乱造成的影响太深重所致。史载："咸丰十年，发匪入黔……安顺于发匪、苗匪均被蹂躏，而受害最烈，使地方各村寨人民身命委于虫沙，庐舍成为瓦砾，闾里为墟，田园荒芜，繁华村落顿成棘地荆天者，惟苗匪为最残刻狠毒……盖发匪经过村寨，搜刮粮食，掠取财物，自是不免。"匪患还导致田地荒芜，人口锐减。"至于田土，概属荒芜。盖初乱时，农民亦未敢放弃；无如匪来去不常，蓄备者多未得收获。积之既久，不特无耕牛、无籽种，并耕作之人亦转徙逃亡。是以沃田绣壤，皆荒弃不耕。始而距村较远之田土尽皆放弃，继而附近村寨之田园亦皆荆棘丛生，庶草蕃芜。光绪初，苗匪肃清后，人民还定安集。存三二十户即为大村，余则仅存六八户、三五户。田主或给以耕牛，或予以籽种，乃渐耕作。厥后生齿渐繁，户口渐增。光绪中，始恢复十之五六。宣统间，始恢复至十分之七八。直至现在，乃克完全恢复。"光绪初年人民生活非常拮据，"至于经济，在同光苗变未平时，直是破产，毫无活动之可言"②。下面一份契约有所反映：

光绪元年（1875）五月初六日，胡茂基立卖明陆地文契③

> 立卖明陆地文契人胡茂基，为因被贼所害，无处出辩（办），只得亲请凭中上门，今将父亲在日买明陆地壹股，坐落地名菁（箐）顶尚（上），东抵田姓地，南抵胡姓地，西抵胡姓地，北抵胡姓地，四至分明为界。茂

---

① 李祝环. 中国传统民事契约中的中人现象［J］. 法学研究，1997（06）：136-141.
② 黄元操，任可澄，等纂辑. 续修安顺府志·安顺志［M］. 成都：巴蜀书社，2016：643-644.
③ 孙兆霞，等. 吉昌屯堡契约文书汇编［M］. 北京：社会科学文献出版社，2010：147.

基亲身上门，今凭中出卖与本族中堂叔胡秉元名下为业。原日三面议定卖价足色纹银拾捌陆钱整。卖主即日将地价收清，买主当席过付清白。自卖之后，买主永远管业，卖主亲族人等不得争论异言。恐（空）口无凭，立卖字为据。

  其戥系是贵平

天理良心

凭中　胡永兴　胡盛基

光绪元年五月初六日　胡茂基　卖立

胡茂基将陆地出卖给堂叔胡秉元，以解决经济困难。"贼"造成胡茂基家庭生活困难，成为卖地的诱因。在这份契约中，因由、陆地的合法来源、坐落及四至、价格、交付方式、权利主张等程序化的用语表达，沿袭了前代的契约。在末尾特别交代了戥称这一计量单位的使用情况，其他契约中也有相应的记载，① 这与晚清至民国年间贵州各地度量衡器使用并不统一的史实相一致。

---

① 笔者收集的契约文书（见附录）中，并无戥的记载。梳理《吉昌契约文书汇编》一书，除上引契约外，对戥称还做出了区域和质地上的区分，具体情况如下：第18页《道光三十年五月初八日汪廷槛立杜卖明科田文契》"其戥系是贵平戥称"，第105页《同治某年胡秉鳌立卖水田文契》"其戥系是贵平"，第276页《光绪二十二年六月初二日马开成立当科田文契》"其戥系是省平"，第277页《光绪二十八年腊月十四日石杨氏同子官保立当明科田文契》"其戥系是省平"，第278页《光绪三十一年冬月初八日田盛廷立当明科田文契》"其戥系是省平"，第279页《光绪三十一年腊月初六日马明发立当明科田文契》"其戥系是省平"，第281页《道光七年七月十二日石洪德立当明田地文契》"其戥系是省平"，第283页《光绪二十六年九月十五日冯法明立转当明秋田文契》"其戥系田法廷铜戥"，第284页《光绪三十四年二月初一日陈增秀立当明秋田文契》"其戥系是省平"，第286页《民国三年九月十五日石载动立当明秋田文契》"其戥系是省平"，288页《咸丰十年九月初十日陈思畴立转当明秧田文契》"其戥系陈姓老牙戥称"，第289页《民国二年十月八日冯俊臣等立当明秋田文契》"其戥系是省平"，300页《同治二年九月初二日石为新立当明陆地文契》"其戥系是贵平"，第302页《光绪十一年五月初九日汪兴贤立当明陆地文契》"其戥系是胞弟小同（铜）戥称"，第303页《光绪十六年八月初八日石维芳立当明陆地文契》"其戥系是贵平"，第305页《光绪十九年九月初六日石润贵立当明陆地文契》"其戥系是贵平"，第306页《光绪二十五年三月初十日石维得立当明陆地文契》"其戥系是省平"，第307页《光绪二十九年腊月二十三日田兴邦立当明陆地文约》"其戥系是省平"，第308页《光绪三十年八月二十一日马朝云立当明阴阳陆地文契》"其戥系是省平"，第309页《宣统三年六月十六日胡双喜立当明陆地文契》"其于（余）戥指（子）系是省平"，第332页《□□□立当房屋文契》"其戥系是冯士林牙骨戥称足"，第395页《乾隆十六年三月又补银约》"其戥一并是汪处本人伍两竹壳戥子"。

(七) 宣统契约

宣统帝在位仅三年，但契约数量并不少。18件契约中有卖契10件，当契3件，分关文书4件，其他杂契1件。

宣统元年（1909）二月十八日，冯发魁立卖明科田文契[①]

  立卖明科田文契人冯发魁，为因遗（移）业置业无处出辨（办），只得亲请凭中上门，将祖父遗留分授本己名下老业壹块，坐落地名小山，东抵石姓田，南、西具（俱）抵沟，北抵冯姓田。四至分明为界，随田科米仓升柒升加增在内，出卖与汪兴灿名下为业。言（原）日三面议定卖价银壹两伍钱整。冯发魁当席清（亲）手领明应用。自卖之后，任随买主子孙永远管业，冯姓房族子侄不得前来争论异言。如有此情，将纸赴公理论。恐后人心不古，特立卖契永远管业存照为据。

凭中 冯法德
宣统元年二月十八日 冯发魁 清（亲）笔立

这份文书无论是书写样式还是表达习惯，均与前代保持一致性。其科田应缴赋税在契约中记述得清楚明白，随土地转给买主缴纳。

(八) 民国契约

民国告别封建帝制走向共和的过程中，社会动荡情况下，契约数量是现存契约中最多的，达到228件，几近总数的一半。除汪公会收支记录没有外，其余类型的契约均在2件以上，卖契占据了半数以上。

民国三十六年（1947）冬月二十六日，范治和立杜卖秧田文契[②]

  立杜卖明秧田文契人范治和，为因需用，只得亲请凭中上门。将祖父遗留分授本己名下秧田东边半块，坐落地名大白坟脚，其田四至：东抵胡姓，南抵田姓，西抵范姓，北抵胡姓，四至分明有界，央凭证出卖与石治奎名下为业。原日三面议定卖价随市用洋币壹佰肆拾陆万元整。其田载粮照管业执照上纳。治和当席亲手领明应用，并未下欠角仙。此系二比心干（甘）意愿，亦非逼勒等情，亦无货物准折。自卖之后，任随买主子孙永远管业，卖主亲族子侄以及异姓人等不得前来争论、妄生找补、异言。如有此情，自有卖主承担，不得异言。恐（空）口无凭，特立卖契一纸为据。

凭中 田兴洲

---

① 孙兆霞，等．吉昌契约文书汇编［M］．北京：社会科学文献出版社，2010：60．
② 孙兆霞，等．吉昌契约文书汇编［M］．北京：社会科学文献出版社，2010：127．

代字　石盛凡

民国三十六年冬月二十六日　范治和 立卖

　　从书写样式和语言表达习惯看，这份契约与前代契约相同，必需的要素无一缺漏。凭中、代笔人都为同一家族，固然有石姓为吉昌屯大姓的因素，也与财产转移多发生在家族内的传统有关系。与其他卖土地契约不同之处在于，标的物不是简单的"科田""陆地""水田"等表达，而是担负育种重任的"秧田"。综观吉昌屯堡契约，秧田作为不动产，在分关文书、当契中均出现较多，卖契中也有出现，但作为绝卖契，比较少见。① 在经济非常困顿的情形下，农民才会做出卖种子田的决定。范姓在绝卖秧田时，显然经过慎重考虑，只出卖秧田"东边半块"。对照契约并实地踏勘发现，吉昌屯的水田主要分布在老豹河两岸的坝子中以及龙潭出口附近，老豹河自东向西流过野羊山、门前坡、门前山、

---

① 梳理所收集到的契约，仅在《吉昌契约文书汇编》书中有关于秧田出卖、出当、分关的记载，具体记载如下：第34页《同治九年二月二十八日石维机立卖科田文契》"赎取小秧田"，赤契。第35页《光绪元年二月十五日王廷邦立杜卖水田文契》，"老豹河秧田半坵"，赤契。第37页《光绪三年七月初九日冯朝臣立卖明科田文契》，"老豹河小秧田一坵"，赤契。第69页《民国十年九月十八日汪纯美同子兴弟立出卖秧田文契》，小山秧田半块。第71页《民国十年冬月十八日汪纯美立卖明科田文契》，"小山秧田半边"，赤契。第118页《民国三十二年四月二日冯建明立卖明秧田文契》，"岩底下龙潭口上秧田一块"。第123页《民国三十四年八月初八日吴云波立卖明秧田文契》，"南山寨门边秧田一坵"。第282页《光绪十五年十月初十日冯发魁立出当秋田文契》，"小山秧田一块"。第288页《咸丰十年九月初十日陈思畴立转当秧田》，"门前山脚下秧田一块"。第292页《民国三十年八月十八日罗齐洲立当明秧田文契》，"小坝上秧田一块"。第293页《民国三十年八月二十三日冯冯氏同子才有立当明秧田文契》，"门前山脚秧田一块"。第294页《民国三十一年正月初八日冯见名同弟立当明秧田文契》，"龙法口秧田一块"。第295页《民国三十一年三月三十日石仲凡立当明秧田文契》，"下坝桥秧田一块"。第296页《民国三十一年十月初八日冯廷明弟兄立出加当秧田文契》，"岩底下龙潭口上秧田一块"。第344页《道光二十四年五月十三日汪廷柏立遗嘱分关》，"老豹河秧田一块"。第345页《道光二十四年五月十三日汪廷柏立遗嘱分关》，"小山背后秧田上下两块"。第347页《道光二十四年五月十三日汪廷柏立遗嘱分关》，"老豹河秧田一块"。第348页《同治六年三月初三日汪田氏立遗嘱分关》，"小山秧田半块"。第350页《光绪二十三年五月二十日立分关交孙铭动收执》，"岩底下秧田一块"。第352页《光绪三十二年二月十六日马陈氏立出分关字》，"大箐头秧田一块"。第358页《民国七年二月二十七日陈增荣立出分关字》，"小秧田东一段"。第368页《民国二十四年十月初八日汪沈氏立出分关字据》，"小秧田一块"。第369页《民国二十四年十月初八日汪沈氏立出分关字据》，"石滥田东边秧田一块"。第371页《民国二十六年六月二十八日马开臣立出分关字》，"大箐头秧田一块"。第373页《民国三十二年四月初四日马起贤等立出分关奉养字据》，"鲍家树林秧田贰块"。第417页《光绪十年正月三十日凌辅彦立借银约》，"大粪堆下□□秧田壹块"。

狮子山与村庄之间的坝子，水田所在地块水源、光照充足。契约中范姓出卖的秧田四至状况显示，秧田北边、东边均为胡姓，南边是田姓，西边是自家田。胡、田两姓均为地方大族，出卖东边半块秧田，有着地缘上的优势，更有着用水及耕作方便的考量。

二、历史节点分布

盛世之下，人民安居乐业。人民生活困顿的情形，不会经常性地发生。乱世之中，人们的财产和人身安全得不到良好的保障，无钱度日的情形增多，通过出卖、典当财产和借贷方式来解决经济困难。抑或在乱世中，通过卖契、分关等形式提前处理自己的财产，化解富裕家户的风险。

（一）社会动荡

咸丰、同治年间，列强入侵，强迫清政府签订一系列丧权辱国的不平等条约，波及全国。国内战乱频出，历时二十余年，史称咸同乱[1]。咸同变乱影响着贵州大部分地区，驿道沿线的屯堡村寨首当其冲，贼人"烧杀乡村，攻打屯堡"[2]，社会动荡，人民生活困苦。地方志载："贼风盛时，被贼扰害之城乡寨堡，贼至则烧杀掳掠，民畏避逃则退。民探知，各归舍，见所遗败物犹存，杂粮犹剩，幸可饱十数日，意再别图生业。岂知祸去祸又至，贼匪远适，兵练又来。称云为民除害，大队剿贼，即向各户索食。稍有拂意，执戈击人，击而乘势劫抢一空……百姓遭涂炭，惨不可言。犹有逃窜失业，或穴居避贼，或坐屯防匪，苟以保命为重，何暇及于农事？因而日食维艰，饿毙者不可胜数。"[3] 下面的两件卖契，记录了乱世情状：

---

[1] 咸同变乱起于咸丰四年（1854）二月独山杨元保率众反清，同治十一年（1872）四月太平军余部结束在贵州的战斗，随后各地起义相继被镇压，光绪初年咸同变乱基本结束。其间战乱不断，例如：咸丰五年（1855）春，镇宁州曾三浪聚众攻破双堡、刘官屯等地，焚毁村寨。咸丰十年（1860），太平军石达开部攻下九溪，随后由九溪进至平坝县，袭扰肖家庄、羊昌河、平庄等地，随后占领旧州。同治三年（1864）六月凯里何得胜兵变，沿黔滇驿道侵犯安顺府，烧杀抢掠平坝县的饭笼铺和安顺的石板房、大水桥、鸡场屯、中所、鲍家屯、西陇、九溪等村寨，民众四散。同治四年（1865）三月，平坝九劳发生叛乱，平坝和安顺众多村寨毁于战火，民众四处逃亡。

[2] 剑河县《磻溪晓谕碑》载："咸丰乙卯之秋，贼风竞起，猛兽挺生。由革夷高禾、九松、方乜，下自清抬张秀眉、包大肚、杨大六等逆魁，三五成群、千万和党，烧杀乡村，攻打屯堡。贤者闪避逃生，愚者觳觫从风。大约称王作号，誓盟举义兴师，大众逞威，攻城劫寨，势如破竹。"参见：黔东南苗族侗族自治州地方志编纂委员会．黔东南苗族侗族自治州志：文物志［M］．贵阳：贵州民族出版社，1992：101.

[3] 任可澄．续修安顺府志辑稿［M］．贵阳：贵州人民出版社，2012：628.

同治七年（1868）二月二十六日，汪廷才立杜卖明科田陆地文契①

立杜[卖]明科田陆地文契人汪廷才，同男汪起法、汪林妹，被贼所难，典□□无据出办，只得亲身上将门，凭中将小菁（箐）门口田地肆[块]，出卖与汪起□名下管业。言（原）日三面议定卖价足色纹银肆两玖钱整。东抵□姓地，南抵田姓田，西抵沟，北抵石姓田，田地四至[分明]。随田科米壹升。[买]主当[席交]付清白，化（画）字在内，卖主亲手领明应用。自卖之后，随汪□□永远耕种管业，房族子侄人等不得争论异言□□。恐日后人心不古，□□□□□论理□□□门口。

凭中　汪兴仁
代字　胡炳仁

同治（七）年二月二十六日　立卖契　汪[廷才]男汪起法　汪林妹

钤"普定县印"

同治七年（1868）三月十九日，汪郑氏同子立绝卖房屋地基文契②

立杜绝卖明房屋地基文契人汪郑氏，同子汪起兴、汪起学，为因被练所害，母子商议，只得亲身请凭中上门，今将祖父遗留分授自己名下正房贰间、厢房贰间、天井壹个、后园冬（东）厕壹个、菜园壹段，东坻（抵）买主房，南坻（抵）辜肖二姓，冬（东）厕西坻（抵）街，北坻（抵）路买主房南西北墙垣内，其房屋四至分明为界，今凭中上门，出卖与汪田氏名下住坐管业。原日三面议定卖价足色纹银拾壹两陆钱整。其房屋瓦片石版（板）、桁柱方□、椽角楼板、楼□地基连磉案石、如登楼梯、瓦缸、门窗户壁、寸木拳石、家中什物等项，郑氏母子壹并卖清。自卖之后，凭田氏住坐永远管业，汪郑氏母子不得懊悔。如有套哄，郑氏母子自认重咎。恐后人心不古，立卖契永远存照。

天理良心
凭中　徐廷才　罗府房　高尚达
代字　胡兴文

同治七年三月十九日　立卖房屋地基菜园东厕文契人　汪郑氏　汪起兴　汪起学

这两份同治中叶的契约，卖土地房产的原因是"被贼所难""被练所害"，反映了咸同变乱对民众日常生活的冲击。咸丰初年地方已呈乱象，轻则财产蒙

---

① 孙兆霞，等．吉昌契约文书汇编[M]．北京：社会科学文献出版社，2010：31.
② 孙兆霞，等．吉昌契约文书汇编[M]．北京：社会科学文献出版社，2010：237.

受损失，重则有性命之虞。如咸丰三年（1853）行恒因"亲卒于内、子丧于外"①，所借账目无法归还而出卖秋田。叛军攻城略地，土匪也兴风作浪，"发匪首沐逢春，咸丰四年腊月二十九日占据张官堡……匪类甚众，烧杀抢掳，任其所为"，"查安顺府辖二厅、二州、三县，又亲辖五起、十四枝，皆凋残已极，困苦难堪"②。安顺地方不靖，民众颇受匪患影响。连年的战乱、匪患，致使民众大批死亡或者逃散，"大姓夷为寒族，大村夷为小寨，甚有全家灭绝、村寨化为乌有者……至昔之大村今夷为小寨者，大率十之七八。观于各村寨之败址颓垣，亦可知今昔之盛衰矣……盖苗匪之乱，死于兵戈者十之二三，死于饥寒、死于瘟疫、死于散离逃亡者十之七八。时京政府派某君勘察乱象，曾有诗云：'躬承简命到黔安，满目饥民不忍看。十里坟添千万冢，一家人哭八九棺。犬衔枯骨筋犹在，鸟啄襟胸血未干。寄与西南君子视，铁石人闻心也寒'"③。这几份契约中留下了乱世的烙印，而其他的卖契、当契、借约在书写原因时均以"为因乏用"一笔带过。尽管处于战乱年代，契约书写样式并没有改变。

（二）自然灾害

清代及民国年间，安顺、平坝一带受自然灾害影响最大的是洪水、旱灾，以及尚不及造成洪灾但是持续数月的"淫雨"；其次是雹灾、蝗虫；最后是地震。笔者分析的吉昌屯堡契约收藏地，处于安顺和平坝接壤地带，故分析屯堡区域的灾害以这两地为主，全省性的灾害也纳入统计范围（见表2-2）。

表2-2 雍正至民国时段内安顺及平坝自然灾害统计表

序号	时间	地点	灾害记载	资料来源
1	雍正六年（1728）	贵州	大旱	道光《贵阳府志》卷四十五《行略》第二页18
2	雍正九年（1732）秋	安顺	大水，东北桥圮	咸丰《安顺府志》卷二一页11

---

① 孙兆霞，等.吉昌契约文书汇编［M］.北京：社会科学文献出版社，2010：84.
② 任可澄.续修安顺府志辑稿［M］.贵阳：贵州人民出版社，2012：822，826.
③ 民国《续修安顺府志》附录一《续修安顺府志经始概要》对咸同以来战乱造成的社会损失做了回顾："咸同军事，吾郡所遭者为苗变、仲变、洪杨之变、曾三浪之变、六合团之变，尤以苗变一次损失最大，死亡最多，受害亦最惨。自光绪初，奏办善后，迄今五十余年，仍未回复原状。"参见该书第662页。

续表

序号	时间	地点	灾害记载	资料来源
3	乾隆二年（1737）丁巳九月	安平	中所及前后两所大雨雹，伤田稼八千六百七十亩	道光《安平县志》卷一《灾祥》页6
4	嘉庆二十四年（1819）七月二十五日	安顺	地震	光绪《安顺府志》卷12页12
5	嘉庆二十四年（1819）七月二十五日	安平	寅时地震，亥时微震	道光《安平县志》卷一《灾祥》页7
6	道光十年（1835）五月四日	安顺	大水	咸丰《安顺府志》卷二一页13
7	道光二十六年（1846）五月	安顺	水，城中水深六尺	咸丰《安顺府志》卷二一页13
8	道光二十八年（1848）五月	安顺	水	咸丰《安顺府志》卷二一页13
9	咸丰二年（1852）壬子	平坝	大雨雹	民国《平坝县志》第六册《事变志》页19
10	咸丰十年（1861）庚申	平坝	大水	民国《平坝县志》第六册《事变志》页19
11	光绪十年（1884）甲申	平坝	大雨雹，禾稼树木多毁	民国《平坝县志》第六册《事变志》页19
12	光绪二十一年（1895）乙未	平坝	大旱至又五月二十三日方雨，斗米银一两六钱	民国《平坝县志》第六册《事变志》页20
13	光绪二十一年（1895）乙未	安顺	大旱无雨，每谷一斗售银四钱余，有饿殍	《续修安顺府志访稿》杂志灾祥
14	光绪二十四年（1898）戊戌八月十五	平坝	大水，漂没谷田无数	民国《平坝县志》第六册《事变志》页20
15	光绪二十五年（1899）己亥	安顺	秋雨连绵，谷不满实，每谷一斗售粮一两二三钱	《续修安顺府志访稿》安顺县杂志灾祥

续表

序号	时间	地点	灾害记载	资料来源
16	光绪二十五年（1899）己亥七八月	平坝	阴雨五十余日，谷秀而不实者十之七八	民国《平坝县志》第六册《事变志》页20
17	宣统二年（1910）庚戌十二月除夕	平坝	大雷电并雨雹	民国《平坝县志》第六册《事变志》页20
18	1912年4月	平坝	大雨雹	民国《平坝县志》第六册《事变志》页20
19	1915年	贵州	水灾	《贵州政治公报》民国四年第6期呈祥页6
20	1917年秋	平坝	秋收之际，淫雨成灾，绵亘匝月之久，收获约计仅得二三成	《贵州公报》民国六年12月27日第1版第3页
21	1918年7月	平坝	害虫作祟	《贵州公报》民国七年7月2日第1张第3页
22	1918年	贵州	旱魃为虐，各乡秧苗多被干坏，以致米价日涨	《贵州公报》民国七年5月7日第1张第3页
23	1919年3月	贵州	近月以来天久不雨，乡间农民所种小春全行枯槁，城中井水来源将涸	《贵州公报》民国八年3月31日第1张第5页
24	1921年	贵州	旱灾	民国《三河县志》略卷八页1
25	1924年4月16日—8月7日	平坝	雨雹成灾，小春尽行打为平地，第五区又被冰雹，禾稼打坏甚多	《中国华洋义赈救灾总会贵州峰会民国十四年赈务报告》贵州各县灾情摘要一览表第4页
26	1924年	平坝	入夏小雨连绵，叨茎不长	民国《平坝县志》第六册《事变志》页20

续表

序号	时间	地点	灾害记载	资料来源
27	1925年夏	平坝	夏旱，五月二十七日方雨，斗米洋六元余，人民掘食蕨根、野百合等掘尽，饿死者较庚子年（1900）尤夥	民国《平坝县志》第六册《事变志》页21
28	1930年7—8月	平坝	六七两月大旱，秋收五成，新米登场每斗二元余	民国《平坝县志》第六册《事变志》页21
29	1934年	贵州	旱灾	《新蜀报》民国二十三年11月29日第2版
30	1935年	旧州	空前大水，房屋被冲一百余户死亡一千余人	《贵州省参议会第一届第四次大会记录》第137页
31	1935年6月	平坝	水灾	《贵州经济》第9章第10页
32	1935年10月	安顺	第一区水灾，受灾面积八十余里	《贵州经济》第9章第10页
33	1937年	安顺	半载不雨，仅阴雨二日但甚微	《贵州经济》第9章第15页
34	1937年	平坝	入春以来，亢晴不雨	《贵州经济》第9章第15页
35	1941年	平坝	本省旱荒实属严重	《贵州省临时参议会第五次大会记录》第141页
36	1943年	贵州	淫雨数月	《贵州省参议会第二届四次大会集锦（下）》
37	1943年2—9月	安顺	遭受水灾	《贵州省政府施政报告：社会行政》部分第36页
38	1943—1944年	平坝	去今两年均遭冰雹为灾	《贵州省临时参议会第二届第三次大会议事日程提案审查报告》（一）53号
39	1943—1944年	平坝	去今两年，均遭虫灾	贵州省临时参议会第二届第三次会议记录第108页
40	1946年	贵州	自春徂夏雨水失调，多县均呈旱象，田土龟裂，不种误时	《贵州日报》民国三十五年1月4日第3版

续表

序号	时间	地点	灾害记载	资料来源
41	1947年6月	安顺	自六月来一晴不雨，干燥月余之久，以致田土开裂禾苗枯槁，荒象堪虞	《贵州日报》民国三十六年7月26日第3版
42	1947年	贵州	入夏以来淫雨为灾已逾两月，灾象已呈歉收可卜	《贵州省参议会第一届第四次大会记录》第136页
43	1947年5月3日	安顺	忽降冰雹大如鹅卵，县境以东受灾最烈，房屋悉达倾塌，田中禾苗均遭摧毁	《中央日报》贵阳下午版民国三十六年5月9日第2版
44	1948年	安顺	冰雹灾	《贵州日报》民国三十七年6月20日第3版
45	1948年4月30日	安顺	大雨滂沱掺杂大量冰雹	《中央日报》贵阳版民国三十七年5月5日第4版
46	1949年夏	贵州	初夏晴雨不调，雨水冰雹为灾	《贵州日报》民国三十八年10月24日第3版
47	1949年	贵州	入秋后，苦天旱	《贵州日报》民国三十八年10月24日第3版
48	1949年	平坝	水灾严重	《贵州民意》民国三十八年第6卷第3期第4页
49	1949年	贵州	入秋后有虫灾	《贵州日报》民国三十八年10月24日第3版

资料来源：《贵州历代自然灾害年表》。

统计时间段从雍正六年（1728）到1949年，资料来源于地方志和政府公报、报纸。全省性灾害12次，其中旱灾7次，水灾4次，蝗虫灾害1次，除雍正六年（1728）大旱之外，其余灾害均发生在民国年间。雍正至宣统年间，安顺遭受洪水4次、"淫雨"1次、地震和旱灾各1次；平坝遭受雹灾4次、洪水2次、地震和旱灾各1次、"淫雨"2次。民国年间，安顺遇洪水4次、冰雹2次、旱灾2次；平坝遇旱灾5次、水灾、虫灾和"淫雨"各3次、雹灾1次。[1]
平坝的海拔低于安顺但高于贵阳，屯堡人经商习惯于将买来的农副产品销往

---

[1] 贵州省图书馆. 贵州历代自然灾害年表[M]. 贵阳：贵州人民出版社, 1982.

"下游"，即海拔低于安顺城的平坝、贵阳一带，安顺和平坝遭受自然灾害，尤其是遇上连月的淫雨或者大旱，必然造成区域间的粮食价格波动。安顺县1925年发生40天的旱灾，有歌谣为证："大旱当头乙丑年，官府派款又增捐，尺童只换三升谷，斗米要卖八块钱。"水旱灾害之外，又有虫灾。1919年，镇宁县发生蝗虫灾害；1922年，镇宁县南一区"蝗虫为灾"，收成歉薄，颇现旱象；1924年5月，镇宁县蝗虫为灾，秋收歉薄，斗谷售银四元五六角；1946年，普定虫灾；1951年7月，华严洞、宁谷、汪官屯等地的稻田发生了虫灾；1958年，从春耕开始，连续175天未下雨，发生了百年来没有过的大旱灾。① 1935年，吉昌屯所在的安顺县第一区发生洪灾，"第一区水灾，受灾面积八十余里"②。1925年，平坝县发生夏旱，直到1925年5月27日才下雨，"斗米洋六元余，人民掘食蕨根、野百合等掘尽，饿死者较庚子年尤夥"③。水旱、冰雹灾害严重影响了农业生产，造成生活困顿，人民依靠出卖土地、借钱渡过难关（见表2-3）。

表2-3 雍正至民国时段内安顺、平坝自然灾害与契约数量统计

朝代	雍正	乾隆	嘉庆	道光	咸丰	同治	光绪	宣统	民国	合计
灾害次数	2	1	2	3	2		6	1	31	48
契约件数	1	22	13	30	23	53	102	18	214	476

资料来源：《贵州历代自然灾害年表》《吉昌契约文书汇编》。

仅从数字上看，自然灾害的发生次数与契约份数之间没有非常明显的关系，若考虑到战争和匪患给安顺、平坝两地带来的影响，可以发现兵燹、天灾的发生与订立契约数量的关系较为密切。其间，太平军与黑苗（苗族的一支，自称"蒙那"）相继出入，贵州全省皆受影响，何得胜之役、九劳之役、滇军三次入黔平乱、陆瑞光之役、杨寅亮之役，战乱期间"盗匪充斥四乡""秩序不靖，所生之影响最巨"，生灵涂炭。④

总体来看，战乱、自然灾害所造成的社会动荡时期，签订契约卖地、出当、借银乃至分关的次数较多，社会太平和繁盛期，契约签订数量相对较少。社会

---

① 中共安顺市委员会. 跃进中的安顺市 [M]. 贵阳：贵州人民出版社，1960：37.
② 张肖梅. 贵州经济 [M]. 北京：中国国民经济研究所，1939：10.
③ 黄家服，段志洪. 中国地方志集成. 贵州府县志辑：第45册 [M]. 成都：巴蜀书社，2006：283.
④ 黄家服，段志洪. 中国地方志集成. 贵州府县志辑：第45册 [M]. 成都：巴蜀书社，2006：279-281.

事件和自然灾害的发生，会对民间不动产交易造成影响。

三、频率分析

纵观雍正至民国期间的契约，从数量上看，宣统、民国年间契约签订数量超过前朝。在内容上，就交代立契原因而言，乾隆年间契约比之后的嘉庆、道光、咸丰、同治、光绪、宣统要丰富，宣统朝又比民国契约内容要丰富。乾隆、道光、咸丰年间的契约往往在"为因乏用"之前还会交代"乏用"的具体原因，如拖欠账务、病、身故、无食用等，光绪、民国契约立契原因几乎全部书写为"为因乏用"。在支付货币种类方面，道光之前会写明银子成色，且"九五""九八"成色较多。道光开始较多使用"足色"来记载银子成色，咸丰、同治年间用"足色纹银"来交代银子成色更加明显，只有少数契约用"九八""九五"表示成色来交代交易价格。光绪年间则表述为"时银""市银""净银"，不写明成色。宣统至民国十年（1921）期间，银子成色"九某银"和"时（市）银某某两"并用。民国十年（1921）以后，用"大洋圆""洋银某某元""正板花银某某元""正板大（中、小）洋某某元""法洋某某元""法币某某元"，还出现"滇洋"的使用。契约中货币使用的变化，显示了货币近代化的过程。安顺地处滇黔通道，作为物资流通的孔道，银圆从湖南、四川、云南流入安顺一带。货币由银两向钱文的过渡，出现在乾隆末年以后，白银流入开始迟滞，导致白银不足。下面一份嘉庆年间的赤契，对立契原因、货币种类做了交代，有助于分析民国以前契约的样式。

嘉庆三年（1798）二月初九日，胡汪氏等卖科田文契①

立杜卖明科田文契人胡汪氏，同子胡廷有、廷赞，为因夫父在日托（拖）欠账务，无处出办，只得请凭本族上门，将祖遗留下科田壹块，坐落仡佬井下边，随田科米仓升贰升伍合加增在内，东抵陈姓田，南抵井沟，西抵路，北抵陈姓田，以上四至分明，母子情愿出卖与石彦名下管业。言（原）日三面议定卖价足［色］纹银贰拾伍两、玖捌纹银贰拾伍两，共银伍拾两整。卖主母子亲手领明应用。此系二彼情愿，实契实银。自卖之后，任随石处子孙永远管业种耕，胡姓房族人等不得前来争论异言。如有此情，将契赴公理论，自任套哄之咎。恐后无［凭］，立契与石处永远存照。

本中本族　伯叔胡士兴　胡士半　胡士溱　胡士杰　胡世德
　　　　　　胡恒德　胡廷方　胡登有　胡廷权

---

① 孙兆霞，等. 吉昌契约文书汇编［M］. 北京：社会科学文献出版社，2010：7.

依口代笔　　汪希贤

嘉庆三年二月初九日 立卖契人　胡汪氏 同子延有 延赞

钤"普定县印"

这份赤契立于嘉庆三年（1798）。契约先写明类型是卖契，这一点承袭了清代契约的传统。接着具体交代是"杜卖"，即没有回赎期限也不可回赎的绝卖契，表明出卖科田是一次性的绝卖行为。卖地意味着祖产的丧失，农民一般不轻易卖地，除非没有其他能解决困难的办法。为避免因卖地而造成家道中落甚至没落，将"绝"雅称为"杜"。契约对交易种类做出必要的交代，是对交易双方权利义务的一种必要表述。契约在交代了买卖的类型后还交代了土地性质，这里出卖的是科田，作为屯军时期承担赋税的田块，地理位置较好，产量有一定保证。有的契约则交代出卖的是"秋田""水田""秧田""陆地"。不同性质的土地，地理环境有差别，其赋税额度并不一致。① 目前从收集到的契约"随田科（秋）米仓升……"，并不能计算出具体的赋税，给分析赋税额度带来困难。

由于目前还没有发现雍正十一年（1733）以前的屯堡契约，无法推测此前契约的内容如何。已发现的雍正至民国契约，内容上有三个明显的特征。（1）屯堡契约标的物都得到细致的记载，四至、数量、土地和房屋的附属物甚至相邻物权均记录得非常详细。（2）买卖双方亲属关系，从民国之前记述的"胞

---

① 《吉昌契约文书汇编》刊载的 80 件科田卖契和 14 件秋田卖契，明确写明田块和科米（秋米）数量及卖价，土地单位只是模糊的"坵""块"而无具体的亩、分计量。兹列举 4 例如下：第 28 页《同治三年十一月三十日陈思畴立杜卖科田文契》，"大田壹坵（系三坵共挖一坵）……随田科米仓升陆斗肆合……卖价足色纹银壹百零陆两整"。第 29 页《同治四年十二月十八日汪郑氏同子立杜卖科田文契》，"小山科田大小五块……载科米仓升壹斗加增在内……足色纹银叁两壹钱整"。第 30 页《同治四年十二月十八日汪郑氏同子立杜卖科田文契》，"小山科田大小五块……载科米仓升壹斗加增在内……足色纹银壹拾贰两伍钱整"。第 31 页《同治七年二月二十六日汪廷才同男立杜卖科田文契》，"小箐门口田地四块……卖价足色纹银四两九钱整……随田科米壹升"。上述 4 件科田卖契均为绝卖契，其中第二、第三件均为赤契且五块科田坐落地名、四至均相同，买卖双方及中人、代笔人均相同，价格却相差悬殊，不同之处是同治四年汪郑氏这份契约印"普定县印"后又加盖了"府县□□田产局记验讫章"。笔者收集的契约中，有 26 件科田卖契情况类似。《吉昌契约文书汇编》一书仅有三件白契记载了所卖水田的赋税面积：第 120 页民国三十三年郑奎先立卖明水田"随田赋税载在三亩……卖价随市法币洋壹拾伍万元整"，第 121 页民国三十四年许谨介卖水田"其粮亩分壹亩玖分……卖价法洋陆万柒仟捌佰元整"，第 121 页民国三十四年许谨策杜卖水田"卖价法币洋柒万陆仟捌佰元整……其田亩共叁亩捌分"，但契约并未交代应缴纳的秋米数量。

叔""兄弟"身份的表述，到民国时期单独的姓名而无亲属关系表述。（3）虽然民国契约中传统的中人制度仍在发挥着一定作用，但中人在契约内容商议过程中的作用呈现弱化趋势。正如李倩在研究中所认为的，契约交易的人格化色彩得到剔除，是"由熟人所组成的乡土社会逐渐被由陌生人所组成的市民社会所取代的结果"[1]。这些变与不变的特征说明，传统契约呈现出近代化特征，交易双方身份变得不甚重要，人的因素在契约成立与否中的作用已经弱化，而"物"的因素是契约成立的关键性因素，标的物是否适合买方要求、交易金额是否合意，更多地取决于物的因素。尤其是在民国期间，国家强化了对契约的管理和干预，以至于出现了与前代不同的变化。

分析所收集到契约，发现赤契共30件，嘉庆、道光、咸丰各1件，同治12件，光绪13件，民国2件。同治三年（1864）到光绪三十年（1904）这一段时间内，数量高达25件。同治四年（1865）、同治七年（1868）间赤契各有4件，均印"普定县印"。光绪年间，赤契印"贵州安顺县印"高达11件，印"普定县印"2件。印"安顺县印"的仅在民国十年（1922）和民国十一年（1923）各有1件。这些官印每张契约至少盖2枚，交易的银两数字和签约年月上面必盖印章，有时缴纳科米（秋米）数字和交易价格数字正好处于邻近位置时，一枚官印盖住两处信息，这是防止篡改、伪造契约的一个有力措施。其他年间白契居多，整个乾隆年间没有赤契。赤契发生的时代，正是社会动荡、匪患、自然灾害频发的年份，国库紧张，通过加强税收等手段来扩充财力，这无形中加重了农民负担。郝维华认为，理论上赤契及其所附的官文书是具备完全的文书，白契是一种不完全的文本，赤契的价值在于确定合法的产权人，买产人到当地投税，具有充分的法律证据效力。[2] 清代契约中赤契的标的物多为土地和房屋地基等不动产，屯堡契约中赤契标的物为"科田""秋田"，前者水肥条件较好，由官府登记在册，需要缴纳赋税，后者由于土壤贫瘠，只能播种小米、苞谷等旱地作物。吉昌屯堡科田、秋田的计量单位多用"块""垱（丘）"表示，并不易看出具体的面积是几亩几分几厘。如光绪元年（1875）二月十五日王廷邦立卖明水田文契：[3]

  立杜卖明水田文契人王廷邦，为因移置。亲请凭中上门，将祖父遗留分授自己名下老豹河秧田半垱、狮子山膀田肆垱，载明科米仓升柒升肆合；

---

[1] 李倩. 民国时期契约制度研究 [M]. 北京：北京大学出版社，2005：122.
[2] 郝维华. 清代财产权利的观念与实践 [M]. 北京：法律出版社，2011：144.
[3] 孙兆霞，等. 吉昌契约文书汇编 [M]. 北京：社会科学文献出版社，2010：35.

又狮子山脚小田壹坵、阿朗寨门首高田贰坵,载明秋米壹斗壹升柒合壹勺伍抄,二共柒坵有零,四至零星,仍照古塍为界,并无越占蒙混等弊,请凭中出卖与石维阁名下为业。言(原)日三面议定卖价实值银拾捌两壹钱整。卖主当席亲手领明,并无短欠及债折势逼等情。自此卖之后。任随石姓子孙永远管理。王姓房族内外人等不得前来争论异言。恐(空)口无凭,特立卖契与石姓永远存照。

凭中　陈常昭　冯兴元
代字　胡正三
光绪元年二月十五　卖主　王廷邦　立
钤"贵州安顺县印"

　　这件契约的契尾时间标识是光绪元年,"税验买契"中确定了土地数量和四至。契约中,老豹河秧田、狮子山膀田、狮子山脚小田、阿朗寨门首高田,均用"坵"来计量土地面积。缴纳税赋的名称,秧田是"科米",旱地是"秋米"。又如,嘉庆三年(1798)二月初九日胡汪氏同子立杜卖明科田文契,"科田壹块,坐落……随田科米仓升贰升伍合加增在内",[①] 嘉庆二十二年(1817)十一月十六日汪朝德立卖科田文契,"田壹坵,坐落地名……随田科米仓升贰升加增在内",[②] 道光十四年(1834)五月初九日陈绪立卖明科田文契,"田叁块,坐落地名……随田科米仓升贰共粮壹斗贰升捌合捌勺加增在内"。[③] "坵"作为划分田地的计量单位,在明代已有使用[④]。清代多用来计量位于山丘地带的田块,且"丘"与"坵"并用。如浙江松阳县石仓乾隆二十一年(1755)包秀龙等立卖田契(赤契),"土名坐落廿一都茶排庄冷水屋基田,荒熟四坵"[⑤],温州市瓯海区泽雅镇庙后村乾隆四十七年(1782)幼彪水田卖契,"土名坐落本都东一里垟山城水塝安着,记租一石八斗,记田大小六坵"[⑥],等等。在安顺,"丘"有专门指称,"安郡耕地分别为田、土二类。凡属低洼之处或灌溉充足之地,四

---

① 孙兆霞,等.吉昌契约文书汇编[M].北京:社会科学文献出版社,2010:7.
② 孙兆霞,等.吉昌契约文书汇编[M].北京:社会科学文献出版社,2010:8.
③ 孙兆霞,等.吉昌契约文书汇编[M].北京:社会科学文献出版社,2010:13.
④ (明)庞尚鹏的《庞氏家训·务本业》记载:"田地土名丘段,俱要亲身踏勘耕管,岁收稻谷,及税粮徭役,要细心磨算。"
⑤ 曹树基,潘星辉,阙龙兴.石仓契约:第一辑:第一册[M].杭州:浙江大学出版社2011:34.
⑥ 温州市图书馆《温州历史文献集刊》编辑部.温州历史文献集刊:第4辑[M].南京:南京大学出版社,2015:7.

<<< 第二章　吉昌屯堡契约的形态特征及其所属年代统计

周范以田塍，用以潴水而资栽种稻谷者，概称为田。田面无论大小，皆呼为丘"①。"夫田界有定、坵形不常。黔民多贫，产业无几。或有兄弟析居，将一坵分为两三，则由单不能各执。黔田多依山麓，故俗曰梯子田，或有夷高培低合，数坵而平为一，则又与由单不符。其穷民典买或有数坵一单减半转售，则由单又需分给更换缴领。"② 由于山区特殊的地理环境，官府征税不以顷亩为计算单位，而是采用当地以种植植物单位计算税赋的方式。到民国年间，国家对田地买卖的控制管理得到加强，而民众消极应对管理的方式是规避交易税。对于坐落地名及四至完全一致的同一块田土，赤契的交易价格往往要远低于白契价格。如民国十一年（1922）冬月初八日杨法林、法生弟兄立卖明科田文契中，赤契"卖价大洋银贰拾壹元捌角整"，白契"卖价大洋银正板柒拾贰圆整"。③ 又如笔者收集的同治十一年（1872）陈龙文等立卖明科田文契2件，地块数量、四至、买卖双方及中人完全一致，第一件是白契，卖价"足色纹银壹拾贰两整"，第二件印"普定县印"，卖价"足色纹银陆两整"。如果按照交易金额征税，赤契上的地价低于白契，会少缴纳三分之一以上交易税。

在契约书写样式中，卖契都会写上"恐后人心不古，特立卖契永远为据"或"恐后无凭，立卖约永远为据"；当契则书明"恐（空）口无凭，立当字为据"；借约书写"恐（空）口无凭，立借字为据"；分关文书则书写"恐（空）口无凭，特立分关字为据"。所有契约都会书写"恐（空）口无凭""永远为据"字样，石仓契约、清水江文书、道真契约文书均如此，即使是盖了政府印章的赤契也不例外。契约在签订后一段时间内，发生争执的情形很少见。本章第一节所引的雍正十一年（1733）契约即是一例，六年后卖主因房屋地价请人理讲公处，得到了补银。在屯堡社会中，人们选择以礼教与法相兼的协调机制。各宗族之间，人们相互之间的人际关系处理基本上依靠礼仪。如果发生了纠纷，

---

① 任可澄. 续修安顺府志辑稿 [M]. 贵阳：贵州人民出版社，2012：461.
② 黄家服，段志洪. 中国地方志集成：贵州府县志辑：第5辑 [M]. 成都：巴蜀书社，2006：562.
③ 参见《吉昌契约文书汇编》，第72—73页《民国十一年冬月初八日杨法林杨法生立卖明科田文契》。类似的契约还有：第20—21页《咸丰二年十二月初八日立杜卖明科田文契》，赤契"卖价足色纹银壹拾叁两陆钱整"，白契"卖价足色纹银一拾三两六钱整"；第54—55页《光绪二十七年五月初七日田硕辅立卖明科田文约》，赤契"卖价玖玖银伍拾两零陆钱整"，白契"卖价九九银玖拾陆两整"；第61—62页《宣统元年二月十八日马德陈同子小二立杜卖明科田文契》，赤契"卖价玖捌银肆拾两零捌钱整"，白契"卖价玖捌银伍拾两、随市玖成银贰拾两零捌钱整"。笔者收集的《同治十一年十二月二十一日陈龙文、灿文、永文、兴顺立卖明科田文契》，赤契"卖价足色纹银陆两整"，白契"卖价足色纹银壹拾贰两整"。

一般不是采取械斗、"打冤家"等暴力手段来解决，而是首先进行协商，以协议的方式处理，再就是通过祠堂、乡约进行社会调解，最后才是采取诉讼方式来维护各自的利益。诉讼是各种矛盾和纠纷的终极解决方式。当发生人命时，国家司法机关才会介入，一般的民事纠纷主要在民间进行。虽然有些屯堡人存在经商的行为，但屯堡村寨整体生产力低下，人们经济上并不富裕，打官司需要花费金钱和时间。更为重要的是，屯堡传统文化中非常讲究忠孝仁义礼智信，①认为打官司有损仁义信用，并且民间社会有着广泛的信仰汪公的传统。汪公庙在日常生活中成为神判的重要场所，如果发生纠纷，只要双方当事人有一人说到汪公庙歃血盟誓，理亏的一方断然不敢在汪公神像前起誓自己是清白的，这时多会采取"请人理讲"的形式来处理。发生争端，在有上手契的情况下比较好处理。在不动产经历过多次转卖，上手契又丢失的情况下，则会特别注明"老契未接，日后翻出作为故纸"或"老契几张随交"，② 以防日久生变，在"恐（空）口无凭"之外，再筑起一道信用的防线。

小　　结

清朝中期以来，汉人零星陆续迁入贵州驿道沿线定居，向周边少数民族购置田产，为逃避赋税，长期隐匿户口不报，康熙二十六年（1687）朝廷强令编审户口时，短时间内汉人大量载入户籍，导致清代中后期户数、人口以及地方建制数倍甚至数百倍于前的情形。客民典卖苗民田土的契约虽然目前没有发现，但可以想见的是，进入安顺一带的汉人客民，势必会将内地汉族地区用契约确定权利和义务的习惯带入安顺一带。汉人进入安顺一带从事农业生产和经营，频繁的土地交易，将契约应用到日常生活的各个方面。已有的雍正末年及乾隆初年的契约，均是记录买卖科田、房屋地基的交易情况。汉文化在贵州驿道沿线的传播，安顺原有的苗族文化与汉文化交融，内陆王化之地迁入边地的汉族官员、农民、商人、手工业者，将通行于内地的契约种类和格式带入安顺一带。

---

① 屯堡人日常生活娱乐活动中参与最广的地戏，其唱本中没有才子佳人和反派人物的故事，全部是精忠报国的英雄人物形象。当地妇女尤其是老年妇女多在初一、十五等农历节日中转山拜佛、教人行善。
② 如《吉昌契约文书汇编》第66页《民国四年三月初六日汪纯美等立卖明科田文契》，载明"其有老契系是连契未接，日后接出打为故纸"；第87页《同治七年五月二十八日石为坊立卖明秋田文契》，载明"老契系是共契，未接"；等等。

某种程度而言，汉移民开发贵州西部带来的文化传播，确立了安顺屯堡地区社会经济生活的契约化。滇黔驿道在安顺一带所形成的便利交通以及汉人地主阶层的形成，是清代中后期契约出现在屯堡地区的重要因素。

清朝后期编户籍政策，改变了安顺一带土司制度下的生产关系，原有的人身依附关系受到冲击，汉人、苗民均成为签订契约的平等主体。正如陈其南所言，"契约的本质就是双方必须根据合意之前提建立彼此之间的关系，而且理论上契约只延续一段有限的时间，并包含废止的条件。在在都显示：必须先有个人主义的概念，契约关系才可以理解"①。土地私有制和地主经济的上升，冲击着自给自足的小农经济，商品经济在驿道沿线土司、苗族辖境内延伸，作为规范汉族地区财产交易的契约制度，逐渐渗透到苗族社会普通民众的日常生活之中，成为调整屯堡地区汉族以及少数民族社会经济生活的规范。安顺一带的少数民族，借助便利的交通，较早地接触到中原王朝的契约文化，以至于民国年间安顺县的苗民向汉族地主佃种土地时签署的契约，样式与汉族契约一致。

契约在安顺一带流传之后，一直到民国时期，均是传承前代的样式。日常生活中签订的契约，与社会以及自然环境有着相应的关系。太平盛世期间，契约签订的次数并不频繁，自然灾害和社会动荡年代，契约签署的时间间隔非常短。卖契、当契多在"乏用"情形之下签署，亦有以"移业置业"为目的的商业用途，反映着晚清至民国时期，屯堡人经营农业和兼营商业的社会生活实景。

---

① 陈其南. 文化的轨迹 [M]. 沈阳：春风文艺出版社，1987：90.

第三章

吉昌屯堡契约的类型与内涵

目前搜集到的吉昌屯堡契约文书，依据契约核心内容分，主要有卖契、借约、当契、分关文书、汪公会收支记录等几种类型。这些契约文书中的卖契、当契有着比较固定的体例，包括契约类型、立契原因、具体内容、凭中见证、产权情况、签字画押等。屯堡契约程序化的格式，与其他地区的契约有相似之处。学界已经对契约格式与书写顺序做了研究①，揭示了契约格式对于契约内涵理解的重要意义和区域间的裂变。下文拟就吉昌屯堡契约常见类型中的卖契、当契、分关文书的类型和内涵做初步分析。

第一节 买卖契约

这类契约的显著特点是交易对象属于不动产，主要涉及房屋、地基、厕所、园圃、阴地等。契约采用单契形式。通过买卖行为，契约中载明的财产产权发生了长时段乃至永久性的转移。买卖科田、秋田、陆地、阴地、房屋及地基的契约，留存的数量远多于其他类型的契约。不动产交易契约，记录的是交易过程，直接体现了清代中晚期及民国时期屯堡区域内的经济状况、家庭状况、社会风俗，间接反映了研究时段内该区域的自然状况和文化发展状况等。

清代吉昌屯堡的买卖契约，在格式、内容和书写顺序上，与其他地区的契

---

① 涉及契式的研究主要有：王尔敏．明清时代庶民文化生活［M］．长沙：岳麓书社，2002：84-89．杨国桢．明清土地契约文书研究［M］．修订版．北京：中国人民大学出版社，2009：13-17．王旭．契纸千年：中国传统契约的形式与演变［M］．北京：北京大学出版社，2013：66，136，141，163．尤陈俊．法律知识的文字传播［M］．上海：上海人民出版社，2013：55-88．朱荫贵．从贵州清水江文书看近代中国的地权转移［M］//张新民，朱荫贵．民间契约文书与乡土中国社会．南京：江苏人民出版社，2014：19．姜明，吴才茂，杨春君．区域社会史概论［M］．成都：西南交通大学出版社，2015：65-67．

约基本一致，体现清代契约在民间广泛使用的史实。明清时期数次大规模移民对西南边地的开发，客观上造成了王朝核心区汉文化在西南边地的文化传播。安顺地处湘黔滇驿道的要冲，受到汉文化传播的影响更为直接。如信仰儒释道，祭祀汪公，过传统的汉族节日，崇尚诗书、耕读传家等等，无不打上汉族文化的烙印。吉昌屯堡契约书写样式及书写顺序，与徽州契约颇为相似。徽州契约的格式中，要件的书写顺序一般是：立契人——交易标的——买受人——交易价格——税契过割——权利瑕疵担保——上手契处理——立契时间——契末署押——契末批领。① 吉昌屯堡不动产交易契约，一般是由土地田产等财产的所有人以本人名义书立，内容主要有以下几个部分。第一，财产的出卖人和买受人，作为财产交易的双方，姓名会在契约正文详细列出，有的还会注明买卖双方的亲属关系，如"胞叔""族侄""本族"等。第二，出卖不动产的原因。较多的契约仅有一句"今因乏用"，也有载明子女婚姻、安葬老人甚至是官司需要用度。第三，不动产的来源。多数注明是祖上所遗财产，也有注明是自己开创的家业。第四，财产的具体情况。如坐落地名、数量、四至，有的还以加批或附注形式载明水路经过情况等相邻物权。第五，不动产交易价格，交代银子成色、数量。第六，权利瑕疵担保。主要注明出卖人应该对所出卖的财产或份额享有完整的所有权，避免来路不明、产权不清的财产被交易，或者在买主不知情的情形下买入，一般会注明"如有此情，系卖主一面承担"字样。② 第七，契约订立者、中人及代书人的签署，一般会在名字后面画押。此外，对于秋田、科田的买卖文书，还会注明田产的赋税数量及卖出后赋税的转移状况。契约中所载明的赋税"科（秋）米仓升"的数量随着科田、秋田所有权的转移而发生转移，这类情形在赤契和白契中均如此。如果说赤契中此类书写是向官府报备并承担纳税义务，那么白契中的同样书写，更多则是基于风俗习惯。

一、立契人

契约首先交代的是订立契约的人，即出让方。一般来说立契人就是卖主本人，享有对不动产的绝对处分权。但有时立契人不只是单独的一人，姓名一并书写于"立契人"的位置下面。如《民国五年（1916）六月十二石保林等立卖明科田文契》③：

---

① 王旭. 契纸千年：中国传统契约的形式与演变 [M]. 北京：北京大学出版社，2013：141.
② 孙兆霞，等. 吉昌契约文书汇编 [M]. 北京：社会科学文献出版社，2010：44.
③ 孙兆霞，等. 吉昌契约文书汇编 [M]. 北京：社会科学文献出版社，2010：67.

立卖明科田文契人石保林、石庆林、石香林，为因香林喜事在迩，今将祖父遗留科田壹块，坐落地名小柿园，其田四至：东抵田胡二姓界，南抵坟块，西、北俱抵胡姓界，四至分明。随田科米仓升壹升加增在内。凭亲族议卖与胞兄弟祥林名下为业。原日三面议定卖价银肆拾壹两整。胞兄弟当席亲手领明应用，并无拖欠分厘。自卖之后，任祥林子孙永远管业，保林弟兄三人子孙不得争论异言，亦无找补等弊。如有此情，自干（甘）重咎。恐（空）口无凭，立卖契为柄。

凭亲长：田庆勷 陈子俊　笔

民国五年六月十二　　卖契人 石保林 石庆林 石香林　立

　　这件契约的立契人是石保林弟兄三人，科田出卖给胞兄弟祥林。吉昌屯堡契约文书中多人共同立契主要存在五种情形：一、某男同侄子二人立契。二、父子二人或三人一起立契。三、母亲和一个或两个儿子共同立契。四、母亲与儿子、媳妇三人立契。五、妯娌共同立契。① 吉昌屯堡契约与徽州契约、福建契约文书比较，一个明显的区别在于，前者不交代立契人居住地，后者契式一般写为"立卖田契人某都某图某人同某等"②，不同的契式仅在项目上有所增减。吉昌屯不动产交易的空间范围较小，仅在一寨范围之内，有的甚至是同一宗族内的叔侄之间、胞兄弟之间进行买卖，交易对象都是生活在同一寨子中熟知的亲邻，为简便起见并不书写居住地。所见吉昌屯堡契约仅有一例交代了买受人

---

① 母子、父子、兄弟多人共同立契的情形在《吉昌契约文书汇编》中比较常见，此处仅列数例：第7页《嘉庆三年二月初九日胡汪氏同子廷有、廷赞立杜卖科田文契》，第100页《民国十八年二月初十日石黄氏同子元妹立卖明秋田文契》，第66页《民国四年三月初六日汪纯美同侄金安立卖明科田文契》，第188页《民国三十一年九月十六日石周氏、子森藩、次媳徐氏立卖明陆地文契》，第247页《民国十四年冬月二十六人马彭氏、马冯氏妯娌二人立卖明房屋地基文契》，等等。笔者搜集汪氏家藏契约记载的父子三人立契情形："立卖明陆地阴阳二地文契人朱士伦同男朱子洪、朱子相父子三人，为因移业置产，将自己田、范二姓买明陆地，坐落地名陡岩山，大小肆块，上抵邹宅界、下抵朱姓界、左抵邹姓界、右抵朱宅界，四至分明。亲身请凭中上门出卖与汪起能名下为业。言（原）日三面议定卖价纹银叁两柒钱零陆分整。即日亲手领明应用，银契两交，此系二彼情愿，并无逼迫等情。至（自）卖之后，任随汪处子孙永远管业，朱处子侄不得前来异言，如有异言，朱处父子一面承当。空口无凭立卖契为据。
凭中人　范□有　范□贵　田方洪　朱有礼　朱子孝　周上坤　赵思权　简中受
代笔人　赵执兰
道光二十三年四月初八日朱士仁同男朱子洪、朱子相　立

② 杨国桢. 明清土地契约文书研究 [M]. 修订版. 北京：中国人民大学出版社，2009：14.

大致住所。① 相比徽州和闽南农业商品经济发达的地区，不动产交易经常在异族间乃至外乡人之间发生，无论是出于上报官府备案和缴纳契税的考虑，还是出于家产管理的方便，都需要在契约中交代土地所有权人的居住地。

在吉昌契约文书中，还有一种僧人群体参与土地买卖的行为。他们或参与作中见人，或亲立契约。这里以住持僧人立契加以说明②。

> 立卖明科田文契人住持僧壮和，为因乏用，央请众首人公议，只得将先祖遗留科田一块，坐落地名新门楼脚下□□田，其田东抵水沟，南、西、北［具抵］路，四至分明为界，上田之水路系王之□□田升过，随田科米仓升加增在内，凭凭中出卖与田庆昌名下为业。即日三面议定卖价随市九呈（成）银十两零五钱。卖主当席领明应用，并未托（拖）欠分厘，亦非逼迫等情。酒水画字概交清白。自卖之后，任随买主子孙永远管业，众姓人等不得前来争论异言，如有此情，自甘重咎。恐后无凭，特立卖契一纸为据。
>
> 凭中：冯日□ 冯仲三 田树三 汪耀先 冯登三 罗锦云 许西臣 汪玉［业］、冯尽□
>
> 笔：胡雨周
>
> 民国二年腊月二十六日 住持僧人 壮和 卖立

这份契约中，立契人是寺庙的住持僧壮和。契约程序与其他田地买卖契约并无二致，立契原因、田地来源、坐落和四至地界、赋税交代得非常清楚。为避免庙田的产权不清，特别交代"先祖遗留""众姓人等不得前来争论异言"。从契约可知，寺庙与民众关系非同一般，与普通农户一样买卖土地。在吉昌屯寨子西北许家坝，尚有地名"和尚庵"，万德寺遗址的石碑显示香火由来已久。

吉昌屯和尚庵和尚寿塔碑文考

（□□□□）

> 基开祇园佳瑞，年尼始降，西王兰口时□□□方行，南藏如来之渊源基于是。冯觉翁禅师，本境冯氏子也。自幼秉性纯慈，赋有灵愿，因染恙于躯体，愿舍身于沙门，舞勺时即入本寺，万德披剃法师宗相，捐五浊而啜青精，求三昧而饫蒲馔耶，可云以真本也，行真实事者也。迨后嗣法龙

---

① 《吉昌契约文书汇编》第123页："立出卖明秧田文契人吴云波……亲请凭中上门出卖与鸡场屯石锦昌名下为业……中华民国三十四年八月初八日吴云波立卖。"

② 参见《吉昌契约文书汇编》，第65页，《民国二年住持僧人壮和立卖科田文契》。

泉，接灯昱之衣钵，顿悟圣真，直参妙境。虽难逃谓拔，跻天堂而谈经演教，庶几枯花散雨，亦岂敢曰快登上乘；而晚课早参，堪令龙将虎伏，是以四方檀樾共觉选行日福，晋寺沙弥咸钦佛果，益尊觉师，不缄□一接教法之奥旨，下启禅林之宗风古哉。虔拟俚句，赞曰：

智慧自天生　　□寂在禅门　　一关常梦竟　　万缘俱无心

谈玄惊鹿舞　　说法动猿鸣　　铸塔□林下　　如松万年青

乾隆九年孟春月　　习安贡士胡文元题

九层□□东面：仰山酉向　　西南 酉山仰向

十二层□□傅临齐正宗第三十六世上火下乘恭公和尚之寿塔

寺庙中禅师是"本境冯氏子弟"，碑文记述了冯禅师佛门修行的经历。冯姓乃吉昌屯"田、冯、汪"三位开基祖姓之一。传说田、冯、汪三姓始祖共同到吉昌屯一带开拓田园，亲如兄弟。其后人为纪念这三位开基祖，将遗体合葬一墓，墓碑上三姓并列，"田、冯、汪""汪、冯、田"称呼均可，形成一种拟制的宗族。检阅所及，冯姓参与的契约数量不在少数，当下冯姓仍然是吉昌屯大姓之一。寺庙的科田出卖与田庆昌名下为业，可以认为是在宗族内部交易，土地交易仍然可以看作是在亲属关系内发生。社会关系对吉昌屯的地权交易造成不同程度的影响，田、冯、汪的社会关系网络，在土地交易中显示着积极的意义。9名凭中除罗姓、许姓各1人之外，均为"冯、田、汪"姓氏。代笔人胡雨周在乾隆早期的契约中多次出现，近似一种半职业化的代笔人。中人、代笔显示出血缘及地缘关系形成的信用机制具有一定的约束力。

二、订立契约的因由

王旭认为，成契理由作为标准契式的必备要件之一，可能与元代土地交易法规有直接关系。① 明清两代沿用为定制，民间在不动产处理的实践中也普遍使用，且具有一定的弹性。随着土地管理手段的多样化，成契理由的制度弹性逐渐淡化，成契因由逐渐演变为套话式的语言，在现存契约中看到的绝大多数是"今因乏用""无钱用度"之类的表述。因由文字表述由复杂多样趋向简单化，清朝及民国时期的表述为"为因乏用"等少数集中、单调且含糊的说法。在清

---

① 王旭. 契纸千年：中国传统契约的形式与演变［M］. 北京：北京大学出版社，2013：167.

末民国官印契式中，成契理由甚至缺失。① 史建云归纳了近代华北土地买卖的四种成因，即赋税沉重、移民和迁居、距离土地遥远、田主家中无力经营。② 李龙潜认为，清代广东土地买卖主要存在五方面原因：一、生活所迫忍痛低价卖田。二、应付赋役之征。三、因婚丧或病需款急用。四、因经商需本钱或亏本，需要出卖土地。五、祭祀、建祠堂或抵偿债务需要。③ 与华北、华南地区土地买卖因由相比，吉昌屯堡契约立契，有经济因素也有其他方面的原因。具体而言有以下几种情形④：一、战争匪患或荒年造成的贫困，主要集中在咸同年间，如同治七年（1868）二月二十六日汪廷才同子立杜卖科田文契，这件赤契立契原因是"被贼所难，典□□无据出办"。二、筹措商业资金或置办产业需本钱，如光绪十四年（1888）九月十八日桂锦培立卖明科田文契人"为因移业置业"。三、结婚需用，主要出现在分关文书和当契中，如民国三十年（1941）八月二十三日冯冯氏同子才有当明秧田文契"为因结婚无银使用"。四、亲人亡故，无钱安葬或需购买阴地，如同治四年（1865）六月二十五日汪老二等立卖明地基文契"为因父亲亡故"，民国二十六年（1737）六月初八日石美堂等立杜卖明阴地文契"为因族兄玉书亡故"。这类因由同战争、匪患的发生一样，具有不可抗拒性。五、欠债，如光绪三年（1877）七月初九日立卖契人冯朝臣立杜卖明科田文契，该赤契的立契"为因账目拖累，家用难支"。六、纠纷或者官司，如民国二年（1913）十月八日冯俊臣等立当契"为因与中所交涉，无银使用"。七、生活困难，这类契约最为普遍，仅交代"为因乏用"。简单的"无钱用度"背后，体现的是业主的心酸和对土地难舍的心态。

三、申明财产所有权

交代标的物的来历，是契约必备环节。对出卖的土地房产所有权进行申明，突出卖主对出卖的财产拥有合法的权属，是对不动产来源方面的权利瑕疵保证，也是对法律规定的遵守以及财产交易安全的一种有效保证，出卖人保证交付给买受人的标的物没有第三方争夺。与徽州契约相比，后者在说明产权来源后进

---

① 在吉昌屯堡契约中，这一点主要体现在民国官版契尾中，"税验买契"所填栏目主要有户主姓名、土地类型、数量、四至等，并无立契原因。参见《吉昌契约文书汇编》第161、174、204、238页契约影印图。
② 史建云. 近代华北土地买卖的几个问题［M］//王先明，郭卫民. 乡村社会文化与权力结构的变迁. 北京：人民出版社，2002：130.
③ 李龙潜. 清代广东土地契约文书中的几个问题（代序）［M］//罗志欢，李龙潜. 清代广东土地契约文书汇编. 济南：齐鲁书社，2014：14-15.
④ 分别参见《吉昌契约文书汇编》，第31、44、293、265、268、37、289页。

一步申明必"与内外亲房伯叔兄弟侄等无干、无重复交易或典当、无债权准折等项"①。屯堡契约来源普遍有如下交代："祖父遗留分授自己（本己）名下"或"本己买明"②，表明财产来源合法可靠。若是买自他人，也会在契约中说明来源合法，如光绪二十一年（1895）二月二十八日马冯氏同子立卖明科田文契中，"今将祖父买明分受（授）自己名下科田二块"③。若是祖辈、父辈置办的财产遗留到自己名下，则在契文中直接注明。如民国三十四年（1945）的科田卖契：④

> 立卖明科田文契人雷华昌，为因正用，亲请凭中上门，今将祖父遗留分授本己名下田贰块，坐落地名小河抵下桥桥边田壹块，东抵路，南抵沟，西抵本宅，北抵路，又尖角田壹块，新龙潭口上，东南抵本宅，西抵河北，[北]抵本宅，四至分明，随代田亩五分，凭中出卖与雷恒昌名下为业。即日三面议定时价法币大洋伍万元整。当席亲手领明应用，并未下欠角仙。自卖之后任随买主子孙永远管业，房族内外人等不得异言争论，如有此情，系是卖主一面承耽（担），恐（空）口无凭，立卖字永远为据。
>
> 民国卅四年八月初八日　雷华昌　立
>
> 酒水画字，老契相连未揭
>
> 　　　　　　　　　　　　　　　　　　　永远管业
> 　　　　　　　　　　　　　　　　凭中　雷仲清
> 　　　　　　　　　　　　　　　　代字　雷乃昌
> 　　　　　　　　　　　　　　　　　　　雷企昌
> 　　　　　　　　　　　　　　　　　　　雷纪昌

上述契约表明科田是祖父所遗留的，并且有连接在一起的老契可以证明。这种"老契"又称为"上手契"或"上手老契"，是进一步明确出卖人合法拥有标的物的权利凭证。出卖人将先年买得该财产的契约，一并移交给新的买受人收执，并在卖契中注明"老契"字样，以体现所交易的不动产产权的连续性和完整性。若上手契遗失，为防止日后纷争，还须在契约正文后部或者契约尾

---

① 杨国桢. 明清土地契约文书研究 [M]. 修订版. 北京：中国人民大学出版社，2009：14.
② 参见《吉昌契约文书汇编》，第154页、129页。
③ 孙兆霞，等. 吉昌契约文书汇编 [M]. 北京：社会科学文献出版社，2010：52.
④ 笔者搜集雷屯雷氏家藏契约，参见附录一。

部采取后批的形式特别注明"其有老契未揭失落，日后翻出作为故纸"①。若上手契遗失，年代久远又出现产权纷争的情形，吉昌屯堡处理方式是凭众公议，厘清产权后在契约中予以明确记载。如赤契《同治九年（1870）石维机立卖明科田文契》，"请凭中上门出卖与田治名下管业耕种……石姓房族子侄以及异姓人等不得前来争论异言，"而后又以后批厘清产权，"凭团批明：因先年罗姓……小秧田壹块当与石姓石维机，契据失遗，误卖与田治，今凭团理论，罗姓出银……与田姓赎取小秧田，日后田治只管大田，小秧田系罗管理，与田治无干，日后田姓子孙不得异言。特批明是实"②。后批文字将契据遗失后造成的产权纠纷处理结果交代得非常清楚，当是契约实践在吉昌屯堡的反映，以保证买受人权利不受侵害。

四、交易对象基本情况

契约中有相当一部分文字是交代标的物的基本情况，包括数量、坐落位置、四至、地上附着物如林木、作物等的处分、相邻物权的处分，避免因财产相邻产生纠纷。如咸丰三年（1853）三月初五日行恒立卖秋田文契③："将祖父分授自己名下阿朗寨门首秋田一丘……小地一块，东抵……西抵……南抵……北抵……；老柴山山脚地一段，下抵……上抵……南抵……北抵……又下抵堂弟地根子在内吴家地一块，东抵……西抵……南抵……北抵……三处田地四至分

---

① 又如笔者搜集到的汪氏家藏契约《光绪十三年（1887）十月初八日张毓亮张毓田弟兄二人立卖明陆地文契》：立卖明陆地文契人张毓亮、张毓田弟兄二人，为因乏用，只得将到祖父遗留之业，陆地乙（壹）股，座落地名张家大坡，阴阳二宅竹木水石一并在内。其有四至边界，东抵胡杨二姓界，南抵肖姓界，西抵朱姓界，北抵赵汪二姓界，脚踏手指，四至分明，毫无紊乱。亲请凭中上门，出卖与汪兴才名下管理业。原日议定卖价随市银伍拾九两整。即日卖主当席亲手领银回家应用，并未托欠分厘。此系二比情愿，亦无逼勒等情，实银实契，并无货物准折。自卖之后，任承受汪姓永远管业耕种，张姓房族子侄与友异姓人等，不得前来望（妄）惟生事，如有异言，自任套哄之罪。恐（空）口无凭，立出卖契永远为据。
其有张姓坟墓，各留二丈，不准汪姓耕种。
老契失遗未接，日后翻出永为故纸。
凭中过银　冯太平　张棋高　张棋泽　张棋友　张棋富　张棋祥　张棋恒　张棋能
　　　　张银发　张棋元　张棋春　张棋金　姚小已　代笔
光绪拾三年十月初八日　张毓亮、张毓田　立卖契
　　　　　　　　　　　　　　　凭中人　冯才荣
　　　　　　　　　　　　　　　代字人　姚子明
② 孙兆霞，等．吉昌契约文书汇编［M］．北京：社会科学文献出版社，2010：34．
③ 孙兆霞，等．吉昌契约文书汇编［M］．北京：社会科学文献出版社，2010：84．

明……老柴山与吴家地地中所有大小树木一并在内。行恒批。吾祖与罗姓买明水沟系由罗姓粪坑放水进小地，顺小地墙脚环流入田中。"契约中交易对象所处位置、四至非常清楚。土地数量"丘""段""块"，并不表示具体的面积，这与屯堡区域地形破碎、田块面积很小有一定关系。水田的水源流动情况，是相邻物权中涉及最多的。"过水"显示出农业社会的用水秩序，其处理必然会影响到家户经济活动正常运作和村落不同宗族之间的关系。

土地房产在出卖过程中，往往涉及相邻物权的处理。吉昌屯堡契约中，在出卖的土地、房产范围内，有一些对土地上的附属物以及流水、道路等相邻物权的处理。主要有以下几种：一、水路。如前引契约"水沟"流水通道，以及《光绪十九年（1893）田治彬立卖明科田文契》"其田水路出入照古老契连著（着）未接"，这是在正文之外以后批形式标明。也有直接在契约中标明"水路"的情况，如《民国三十四年（1945）冯冯氏同子立卖明水田文契》，在交代坐落、四至、价格之后，特别交代"其田水路照古"，然后是"恐（空）口无凭……"①。二、道路。包括对卖田契中田间道路、房屋卖契和分关契中的室内公共过道使用情况的交代等两种情形。如《嘉庆十一年（1806）汪世□立杜绝卖明陆地文契》"其有路走胞兄地头过"，《宣统二年（1910）石维洪、石维元弟兄立出分关字》"后批：天井过道系是公众，日后不得紊乱"②。三、旱地中的经济林木，主要是茶叶、花椒、枣树等。如《光绪七年（1881）桂有兴立卖明阴阳陆地文契》"树木茶叶在内"，《民国三十四年（1945）田鑫才立卖陆地文契》"后批：其余茶叶在内"，《冯兴灿同子立当明陆地文契》"其有龙枣树下头壹棵、□兴灿花椒树下壹棵在内"③。四、旱地中的坟茔。坟茔早在土地出卖之前便已存在，规定坟墓范围内不许耕种，故不同于阴地买卖契约中尚未安葬的情形。如前页脚注所引的汪氏家藏契约《光绪十三年（1887）张毓亮、张毓田弟兄立卖明陆地文契》"阴阳二宅竹木水石一并在内……其有张姓坟墓，各留二丈，不准汪姓耕种"。五、两种附属物共存的情况，突出表现在茶叶与阴地共存于土地上。如《道光二十年（1840）七月初六日艾明祥立卖明果园文契》"树木茶叶在内，阴地全在内"；《光绪十五年（1889）邹炳才等立卖水田地园子文契》"阴阳二地茶叶树木一并在内"；《民国二十年（1931）田庆廷立卖明陆地文契》"其有地中茶叶阴阳陆地一并在内"；《民国三十一年（1942）石周氏等立卖明

---

① 孙兆霞，等．吉昌契约文书汇编［M］．北京：社会科学文献出版社，2010：50，116．
② 孙兆霞，等．吉昌契约文书汇编［M］．北京：社会科学文献出版社，2010：136，356．
③ 孙兆霞，等．吉昌契约文书汇编［M］．北京：社会科学文献出版社，2010：148，193，319．

陆地文契》"茶叶墙院一并在内"①。

安顺屯堡村寨种植茶叶的历史悠久，尤以大西桥镇狗场屯为最。这里土壤酸碱度接近于7，多阴雨寡日照，适宜茶叶生长。1980年，在安顺毗邻的晴隆县发现了新生代茶籽化石。② 1939年，国民党事业部茶叶研究所李联标到狗场屯一带指导过茶叶生产。安顺茶叶栽培的历史，口传趋向于明代外来说。"据中所村李姓家谱记载和口碑相传，在黔中安顺一带种植的茶叶，是他们的祖先从江南带过来种植的……数狗场屯村茶叶最多，狗场屯历史上有'茶叶青、扁担钩上挂肉丁'之说。"在1958年以前，狗场屯茶叶树主干直径在15—20厘米的比比皆是，采摘时需爬上茶树。"从江南入黔的大西桥镇屯堡人的祖先，将茶种从家乡带来。根据狗场屯村人口碑相传，茶种是狗场屯汪氏三世祖汪琛于明永乐年间回老家探亲时将茶种带来。"③ 茶叶试种成功后，得到推广。笔者调查时，狗场屯寨老讲述，当年移民把茶种背到安顺来，划分地界使用。隔一段距离栽种一行茶叶树作为地界，划分彼此地段。后来人口增加，土地进一步细分，就逐渐加密茶行，出现后来的条直间作茶园。

五、买受人

杨国桢经过调查后发现福建、徽州契约上的买受人，一般会写明"某里某人"或某宅。④ 但吉昌屯堡契约不动产交易的买受人，普遍记作"出卖与某人名下管业"。屯堡的科田、秋田主要用途是生产粮食提供给国家，保证粮食供应。出于经济或其他原因买卖、典当土地，也只是发生在屯堡村寨内部。徽州、闽南地区，由于官田的民田化，产生大量的私人买卖契约文书，商品经济比较发达，人口流动性大于屯军性质的屯堡人，土地买卖往往超出同一村寨的范围，故需将买受人住址写入契约以便于管理。屯堡契约土地房产的买卖行为，既在同宗族间发生，也在异族间发生。目前仅从契约内容判断，尚不确定异姓之间的买卖行为双方是否为姻亲关系。下面是一件胞叔将秋田卖给胞侄的契约：⑤

---

① 孙兆霞，等．吉昌契约文书汇编［M］．北京：社会科学文献出版社，2010：209，106，171，188．

② 佚名．新生代茶籽化石沉积的秘密：普安与古茶树发源地［J］．茶世界，2011（09）：22-23．

③ 大西桥镇镇志编纂委员会．安顺市西秀区大西桥镇志［M］．贵阳：贵州人民出版社，2006：359，413．

④ 杨国桢．明清土地契约文书研究［M］．修订版．北京：中国人民大学出版社，2009：15．

⑤ 孙兆霞，等．吉昌契约文书汇编［M］．北京：社会科学文献出版社，2010：80．

立卖明秋田文约人田宽，为因乏［用］，将自己名下秋田壹块，坐落地名和尚□门前。其田四至：东抵马姓地，南抵田姓地，西抵田姓田，北抵石姓田，四至分明为界，随秋米仓升壹升伍合加增在内，亲请凭中上门，出卖与胞侄田富廷名下为业。原日三面议定卖价足色纹银贰钱三分。胞叔田宽当席亲手领明应用。画字亦（一）并开清。系是二彼情愿，并无货物准折（折），亦非逼勒等情。自卖之后，任随胞侄富廷子孙永远管业，胞叔不得异言翻悔。如有此情，自干（甘）重咎。恐后无凭，立卖契存照。

凭中　胡有文　石秉兴　田礼　田仁

代字　田子明

同治九年后十月□□　立卖约人　田宽

这份契约的凭中、代笔人中，田姓三人，胡姓和石姓各有一人，胡有文、田子文分别承担中人和代笔人角色。宗族内部的产权交易，发生在房亲之间，体现的是中国传统社会土地买卖中长期存在的立账取问亲邻的制度。梁治平认为，"习惯法上，拥有先买权的大约有五类：亲房人（或以服制为限，或由近亲而远族）、地邻、典主、上手业主、合伙人"①。先问亲邻作为一种民间习惯，亲属和邻居等享有优先购买权，同等条件下，亲房伯叔子侄弟兄、邻房等人不买之后，才可以出卖给异姓他族。族内转移地权，可以防止宗族财产外流，协调家族成员关系。某种程度上也可以减少因财产所有权不明晰所造成的纠纷，降低交易的风险。田宅交易先问亲邻制度，出现在唐朝中后期，正式写入法典是在五代的后周时期，宋元时期达到鼎盛。杨国桢认为，元代流行立账取问亲邻、买主的制度，明代立账取问一般演变为口问，清代先尽房亲、地邻的习俗依然保存了下来，但是在文契上的限制有所松弛，可以不必用文字在契内标明。② 从元到清契约关系上的变化，表明土地买卖的自由程度在前代基础上有所松弛。明清律典关于土地交易的法律规定中，取消了先问亲邻的制度要求。清朝司法实践中，并不支持亲邻先买权。但是在大量的民间田土契约中，先问亲邻成为约定俗成的固定套语之一，普遍存在于契约中，并延续到民国初年。③ 在村庄内部，血缘关系与地缘关系都存在着。一般地说，血缘关系在存在的确定性和力量强弱上都要优于地缘关系，体现在土地先买权上，亲族的权利强于地

---

① 梁治平. 清代习惯法：社会与国家［M］. 北京：中国政法大学出版社，1996：61.
② 杨国桢. 明清土地契约文书研究［M］. 修订版. 北京：中国人民大学出版社，2009：188.
③ 柴荣. 中国古代先问亲邻制度考析［J］. 法学研究，2007（04）：131-141.

邻。赵晓力研究近代土地交易后认为："村庄内的血缘关系和地缘关系的存在及其强弱，并不当然就意味着在土地的交易中，当事人便必然受到这些关系的影响。"① 亲族先买权，反映出实际上占有、耕作土地的个人或家庭并不拥有完整的土地产权，使用权可能是完整的，转让权却受到严格的限制。如契约中交代土地来源时所言，往往来自"祖遗"。由于同财共居和诸子平分继承制的存在，分家时每个儿子继承的只包括土地使用权，转让权实际上由诸子共同继承。地块的细零分割，使相邻关系变得日益复杂，容易引发地邻之间的矛盾和纠纷。亲族或地邻的地块原本挨在一起，关系复杂，由亲族地邻批退或认买，可以消除许多不必要的争执，在一定程度上防止土地零散化的趋势。

吉昌屯堡清代民国契约，直书"亲请凭中上门"卖到某处。这种表达只是对先问亲邻习俗的一种省略，并不表示亲邻先买权在清代的消失。所见的屯堡契约中，民国九年（1920）十一月契约明示"亲请凭中上门问到"，这一表达方式一直延续使用到1949年。②"问到"意指询问亲邻有无意愿购买，在契约中演变为一种礼节和象征。亲邻在契约上签字，表示他们承认契约的效力，并负有发生争端时证明的义务。检索所见屯堡契约，仅发现在宣统元年（1909）和民国三年（1914）的契约中书写有"先问亲族"字样。③ 宣统元年（1909）"马德陈同子小二为因移业就业，亲请凭中上门……先问亲族，无人合意，今凭中上门出卖与田法廷名下管业……自卖之后，任随法廷子孙永远管业，卖主房族子侄以及异姓人等不得前来妄生找补、争论异言。倘有此情，自认套哄，甘当重咎"。民国三年（1914）"立卖明房屋地基墙垣文契人冯李氏同子致先，为遗业置业，无处出辨（办），只得亲请凭中上门……先问亲族，无人合意，请凭中出卖与冯发仲、冯发元弟兄二人名下为业……卖之后，任随买主弟兄管业任坐，卖主亲友等不得妄生代补争论议（异）言。如有此情，将纸赴公，自干（甘）

---

① 赵晓力. 中国近代农村土地交易中的契约、习惯与国家法［J］. 北大法律评论，1998（02）：427-504.
② 参见《吉昌契约文书汇编》第97页，民国九年（1920）十一月初一日"立卖明秋田文契人石润三，为因乏用，只得亲请凭中上门问到……请凭中出卖与田庆昌名下为业"。第201页，民国三十八年（1949）十月二十六日"立卖明陆地文契人罗成财，只因空乏，无银应用，只得亲请凭中上门问到……今凭中出卖与汪公会会首马开臣、田座鱼名下为业"。
③ 参见《吉昌契约文书汇编》，第61—62页《宣统元年马德陈同子小二立杜卖明科田文契》，这两份契约标的物、凭中、代字、卖买双方完全一致，区别在于卖价。第61页白契"卖价玖捌银伍拾两、随市玖成银贰拾两零捌钱整"。第62页赤契"卖价玖捌银肆拾两零捌钱整"。《民国三年（1914）冯李氏仝（同）子致先立卖明房屋地基墙垣文契》为笔者搜集。

重叠"。这是晚清至民国年间仅有的将亲邻先买权明确写入文本中的契约,再次说明亲邻先买习俗一直存在于民间社会中。在吉昌村田姓、汪姓、冯姓、胡姓几大宗族之间,他们的地望与权利所形成的强宗大族的势力,在当地日常生活中产生着影响力。尚没有直接的证据表明大宗族强制要求土地房产买卖必须在同宗族内进行。买入田产的人,既出自大家族也有小家庭,他们买入土地形成财产的积累过程,需要更深入细致的探讨。但可以肯定的是,正如费孝通所言,"一个没有带着资本入村的人,想从自己的劳动中积蓄到能买地,须经很长的时间"①。

纵观吉昌屯堡契约,买受人有两个特征。一、买卖多发生在同一阶层内部,跨阶层的土地流动不多见。田姓、汪姓、冯姓、胡姓等大姓的宗亲内部或相互之间发生土地房产买卖较多,陈、桂、石等小姓之间也有土地交易行为发生。大姓与小姓之间的交易数量明显小于同一阶层之间的数量,如赤契《道光十四年(1834)陈绪立卖明科田文契》"出卖与桂朝礼名下为业",白契《民国二十九年(1940)田亮清立卖明科田文契》"凭证出卖与陈金音名下为业",白契《民国二十五年(1936)桂少书立卖明科田文契》"卖与田庆昌名下为业",《同治六年(1867)陈梅氏立卖明水田文契》"请凭中出卖与石维干名下为业"。有姻亲关系的不同宗族之间也存在土地买卖,如《民国四年(1915)汪纯美同侄金安立卖明科田文契》"当凭中出卖与杨汪氏名下为业"②,杨家与汪家有姻亲关系,买卖发生在亲族之间。汪、田、冯等大姓之间,桂姓、陈姓、石姓等人口较少姓氏之间,同一阶层内部互相买卖田产,可能会形成阶层固化,大姓和小姓之间存在一种阶层张力。二、亲邻先买权具有相对性和可能性。买受人与出卖人直接约定,出卖人的亲邻不得侵犯买受人对田产的所有权。无论是上文列举的宣统元年(1909)和民国三年(1914)的两件契约,还是其他同族或异族之间的卖契,均会写明类似于"卖主房族子侄以及异姓人等不得前来妄生找补、争论异言"等语句。可以看出,亲邻干涉或侵犯田产所有权造成的后果由出卖人承担。在经济利益面前,亲邻先买权受到限制而不具有现实性。屯堡人作为汉移民后裔,买卖双方都深受儒家思想中家族观念的影响,亲族先买权体现着家族观念的因素。出卖人的亲邻受家族观念的影响,将先买权予以变现,势必影响契约的效力,这正是买受人所担心的。故田产买卖需要亲邻知情,不

---

① 费孝通. 江村经济[M]. 上海:上海人民出版社,2006:326.
② 孙兆霞,等. 吉昌契约文书汇编[M]. 北京:社会科学文献出版社,2010:13,78,79,86,66.

仅要"请中问到"、亲邻签字画押，还要专门申明"如有此情……自甘重咎"。

六、产权交割

在明确产权、明晰交易对象后，即进入卖价及款项支付阶段，所谓"言（原）日三面议定卖价……卖主亲手领明应用"。买方支付卖价，进行产权交割。从"亲手领明应用"可推测，不动产交易行为可能会出现立约行为与履约行为时空分离的倾向。契约所立的交付要件往往与实际情景相脱离，在立契当时并不需要一次性支付全部款项。我国封建社会不动产交易实践中形成"实银实契""银契两清""钱货两讫"交易模式，缔约双方的给付行为是契约成立的前提。如光绪六年（1880）九月二十三日，汪起厚同子兴刘、兴富立卖明水田文契①：

> 立卖明水田文契人汪起厚同子兴刘、兴富父子三人，为因乏用，无处出辨（办），只得亲请凭中上门，将自己治明水田壹块，坐落地名长菁（箐）口，东抵田姓田，南抵田姓田，西抵冯姓田，北抵沟，四至分明为界。亲（请）凭中出卖与汪兴才名下为业。言（原）日三面议定卖价九贰银肆拾贰元整。起厚当席亲手领明应用。随田科米贰升柒合加增在内，[自卖之]后，此系二比情愿，一（亦）非逼迫等情，并无货物准折，此系实银实[契]，□□不得前来争论异言，如有此情，将纸赴公理论。恐（空）口无凭，特立卖契为据。
>
> 　　　　　　　　　　　　　　此田系是起厚养老田
> 　　　　　　　　　　　　　　　　　　汪兴章笔
> 　　凭中　汪士渊　石秉贵　田发廷　冯兴盛　汪兴学
> 　　光绪陆年九月二十三日卖契人　汪兴刘　汪起厚　汪兴富　立

买受人汪兴才按照三方议定好的价格，将银钱支付给卖主汪起厚父子三人，并详细交代货币成色。出卖人当时领明银钱，并无拖欠，交割完成，不动产的所有权转移给买受人。有的契约中会注明"亲手领用，并无拖欠分厘""一并交清"②。不动产所有权转移行为的实现方式，是出卖人书立卖契并交由买受人收执。从这个角度而言，契约是产权归属的法律凭证。这也说明了买卖契约是判

---

① 笔者搜集契约，参见附录一吉昌屯契约第33条。
② 孙兆霞，等．吉昌契约文书汇编［M］．北京：社会科学文献出版社，2010：39，228．

断土地所有权归属的法定依据①。吉昌屯堡契约中常见的"亲手领回应用,此系实银实契"等表达用语表明的就是此意。

七、权利瑕疵保证

在契约正文开始部分,卖主就申明了财产所有权。契约交易实践中,卖主为了保证其所处分财产没有来自宗族或者家庭内部以及亲邻的阻挠,在立账取问亲邻后,还需要对财产做出权利瑕疵保证。下文《民国十年(1921)九月十八日汪纯美同子立出卖秧田文契》②中即有相应说明:"自卖之后,任随汪氏子孙永远耕种,纯美亲支人等不得前来妄生找补。如有此情,卖主纯美父子一面承担"即是对权利瑕疵做出的保证,具有重要的实际意义。

> 立出卖明秧田文契人汪纯美,同子兴弟,父子为因乏用无处,只得亲请凭中上门,愿将祖父遗留同侄分授自己名下秧田半块,坐落地名小山,其田四至:东抵侄子金安的田,南抵胡姓田,西抵买主与路,北抵桂姓田,四至分明,毫无紊乱,随田载粮科米仓升半升加增在内,当凭证出卖与堂弟媳汪沈氏同子顺林母子名下耕种管业。即日议定卖价大洋银正板三拾四圆二角整。卖主纯美父子亲手领明应用,未欠仙星。自卖之后,任随汪沈氏子孙永远耕种管业,纯美亲支人等不得前来妄生找补。如有此情,卖主纯美父子乙(一)面承耽(担)。恐后人心不古,特立卖契乙(一)纸为据是实。
>
> 后批:老契系是连契,未接,日后接出打为固(故)纸
>
> 凭中　汪兴盛　汪兴武　汪纯富　汪纯贵
>
> 民国十年九月十八日　汪纯美　同子兴弟　立
>
> 代字　汪纯沈

权利瑕疵保证,进一步明确了买卖双方的权利与义务。买受人在获得财产所有权的同时也需负有相应的义务,在吉昌屯堡这种义务主要是缴粮,如"随田载粮科米仓升半升加增在内"或者是"照老契缴纳"。立卖契时卖主缴粮的义务随田产一并转移到买主身上。还有一种义务是当第三方对财产主张权利之时,卖方应该负责处理产权纠葛。出卖后,若有卖主的房亲、邻居或异姓人等前来争论异言、主张对出卖物拥有权利,这些都与买主无关,由卖主承担相应责任。

---

① 杨国桢. 明清土地契约文书研究 [M]. 修订版. 北京: 中国人民大学出版社, 2009: 249.

② 孙兆霞, 等. 吉昌契约文书汇编 [M]. 北京: 社会科学文献出版社, 2010: 69.

也有的会在契约中加写"如有此情,将纸赴公,自甘重咎"①。还有的契约附有上手老契,契约中也会载明对老契的处理,"老契未接,日后翻出作为废纸"。总之,对于卖主而言,并非卖掉产业之后所有的责任都与己无关。

买卖双方以契约形式对权利瑕疵做出特别的规定,反映出在乡土社会熟人网络中,血缘、地缘关系形成的彼此间的信任高度,经济活动中任何欺诈行为都会面临巨大的社会舆论压力,使个体不敢轻易脱离社会群体。王帅一在研究中指出:"在交易中借助中人将交易双方联系起来,这种'人为制造'的'熟人'关系,使中国传统社会所强调的道德观念可以用来维护契约关系,使相对抽象的契约关系在人际关系网络中变得具体化,使交易各方在契约关系中获得安全可靠的确信。"②契约文书中的社会关系,将更为广泛的社会行动者纳入其中,拓展到整个家族乃至地方社会的关系结构之中。有明一代屯军势力强大,在西南内陆边疆,屯堡人有着征服者和胜利者的心理优势。清初卫所裁撤之后,屯堡人注重群体利益的心理需求更为强烈。沿袭下来的宗法家族观念、军人气质,将屯堡人紧紧团结起来一致对外。在周边少数民族林立的形势下,屯堡人在社会交往中也面临着信任危机,以文字的形式将可能发生的不良影响降低到最低限度。《金氏族谱》记载,"夫存心不公道,遇事不诚实,皆谓之作奸……皆得科以法也";"银钱经手,务要出入留心,簿记清白,使人服其公正。不独在家,如是即出外应事,亦当如是耳"③。家族内部通过非常严格的家诫要求族人诚信立本,礼法合一的观念影响着一代代的屯堡人,由群体意识逐渐演变为群体心理,在契约中"清白"地记录下来。

八、契末签署

土地买卖、典当、租借、分家析产活动,需要签署契约作为最后的凭证。交易活动是在本族尊者、亲邻等的见证下进行的,价格由双方当事人和中人三方当面议定。作为签约必不可少的程序,中人、见证人、卖主和代书人等参与者均需签署姓名并画押,确保契约内容真实可信。当事人在契约上签名画押之后,签约过程才宣告结束。契约内容的书写一般由专门的"代笔人"来完成,也有的立约人文化水平较高,自己能够书写契约,就在末尾写上"亲笔"字样,如赤契《同治十一年(1872)十二月二十二日陈龙文、灿文永文、兴顺立卖明

---

① 孙兆霞,等.吉昌契约文书汇编[M].北京:社会科学文献出版社,2010:137.
② 王帅一.明清时代的"中人"与契约秩序[J].政法论坛,2016,34(02):170-182.
③ 金氏族谱[Z].内部资料,1991:41.

科田文契》就是由陈灿文亲笔书写。① 吉昌屯堡契约中还有一种契约不直接书写"代笔人""代字人"字样，而是书写"依口代书"或"依口代笔"，如《乾隆二十七年（1762）汪子虞等立杜绝房地文契》，"依口代笔许廷桂"②。张传玺研究后明确认定，这种"依口代书、依口书契人"是宋、元、明、清和民国时期代写契约的人。③ 这种情状，在元代的徽州地契中亦有所体现。④ 晚清民国时期屯堡大部分农民不识字也不会书写，代笔人将中人、出让财产方的姓名写上，由他们自己画押。

就吉昌屯堡契约末尾的署名画押而言，赤契绝大多数有署名并有画押。赤契《民国七年（1918）三月二十八日田法廷立书契》中，"团甲冯登山、代笔田善之"仅有署名而无画押。⑤ 白契有画押和无画押情形均存在，既无署名也无画押的白契极少。⑥ 乾隆、同治、光绪、宣统年间大部分契约都有画押标记，而其他时期的契约则基本没有画押标记。屯堡契约画押有以下几种情形：一、在姓名下面直接画单一的符号，主要有符号×或者+或者○，一张契约中多个名字下单独使用一种符号或者几种符号混用，这种方式运用最普遍，适合不识字

---

① 本契约为笔者搜集，参见附录一吉昌屯契约第 28 条。
② 孙兆霞，等. 吉昌契约文书汇编 [M]. 北京：社会科学文献出版社，2010：231.
另：该书第 213、215、217、236、239、261、269、341、345、387、397 等页的契约均属于"依口代书""依口代笔"情形，涉及乾隆、道光、同治、民国等时期。
③ 张传玺. 契约史买地券研究 [M]. 北京：中华书局，2008：79-80.
④ 刘和惠，汪庆元. 徽州土地关系 [M]. 合肥：安徽人民出版社，2005：307. "元代徽州地契（一）"所列举的契约写有"依口书契人周水成"字样。
⑤ 该赤契参见《吉昌契约文书汇编》第 399 页。2016 年 4 月 10 日，笔者在吉昌屯调查时，75 岁的寨老田应宽讲述，寨子中有"好个冯登山，卖了狮子山"的故事流传至今，意指甲长冯登山是恶人，出卖本村利益。吉昌屯寨子西北方位是中所屯，两个寨子交界处田野中有一座独立的山峰曰狮子山，山上建有一座寺庙，山与庙原本都属于吉昌屯民众共有。民国初年，冯登山在吉昌屯民众不知情的情况下擅自将狮子山连同庙产一起出卖给中所屯而中饱私囊。此后，吉昌屯民众不再去狮子山寺庙烧香拜佛，转而在本寨子中央的汪公庙求神，汪公庙作为村庙供奉至今，狮子山庙则成为中所屯的村庙。吉昌屯与中所屯发生交涉一事，契约中有所记载，可知冯登山卖庙的故事较可信。交涉的契约参见《吉昌契约文书汇编》第 289 页《民国二年十月八日冯俊臣等立当明秋田文契》："立当明秋田文契人众姓首人冯俊臣、汪玉堂、罗正贵、胡云山、田华廷、田香廷、许袭臣、僧人信和师傅，为因与中所交涉，无银使用，只得请凭证上门，将万德寺新门楼瓦窑田壹块，出当与田庆昌名下管业……"官司结果如何，村中尚未发现其他相关记载，笔者检索民国安顺县司法档案，暂未查到这次诉讼的相关卷宗。
⑥ 《吉昌契约文书汇编》第 350 页《光绪二十三年立分关孙铭动收执》中，只有"凭中人、代书人"六个字而无姓名亦无画押。该分关文书不同于其他分关文书的第三人称，而是采用第二人称叙事。与其他分关文书一样，契纸上有"分关执掌"的半字。

的绝大多数乡民。二、花押。由几个不规则笔画组成的图案。① 三、用符号○将某一个字圈起来。具体画法又有两种,第一种是在姓名下写"押""正""忠""富""贵""好""有"等字,最后一笔画拉长后顺时针绕成近似的圆圈,这些字并不能连贯组成一个吉祥语。或者是"押"字最后一竖笔拉得很长,后面再画一个○。② 第二种是当有四个或以上参与人时,在每个人的姓名下写上"子孙发达"四字中的某一字,这四个字每字最后一个笔画拉长后从下部顺时针绕成一个近似的圆圈,将"子孙发达"中的某一字圈起来。③ 四名参与者姓名下的这一类字连贯起来,就成为一句吉祥语。四、捺指纹,只在雷屯契约中有发现,如《光绪二十九年(1903)九月二十三日雷先应同弟先光立卖明地基文契》末尾,弟兄二人名字下分别捺了指纹。五、在名字后面盖私章。如吉昌屯《民国三十四年(1945)马琴先弟兄三人立杜卖陆地文契》,"调解员"三字后面盖私章;《民国二十一年(1932)田胡氏同子立卖明陆地文契》,"民国"两字上部印有"石景昌印",但契约参与人并无石景昌,契约中亦未交代石景昌是何许人;《民国三十七年(1948)胡张氏立出接子入赘承祧宗祀》,参与立契的第三方人员有介绍人、亲长、族长、代字人。其中"亲长"共十人,其中有六人在姓名下盖了各自的私章,三人画符号○,一人未画押;"族长"共八名,其中有四名盖私章,三人画符号○,一人画符号+。④ 汪氏《民国三十一年(1942)汪树先还汪云德所当坡地当价收条》上有"胡金阶"名字下盖相应私章一枚。⑤ 雷屯在20世纪50年代以来的契约中,在名字后面盖私章较多。田野

---

① 参见《吉昌契约文书汇编》,第12页白契《道光十四年汪廷兴立卖明水田文契》"代书胡云章"画押为花押,九名"凭中亲族"画押为符号×和○。第13页赤契《道光十四年陈绪立卖明科田文契》,"子陈思达书"画押为花押,七名"凭中"画押均为符号+。第23页赤契《咸丰十年冯朝立等立卖明科田文契》中,"代笔胡炳仁"画押为花押,三名"凭中"画押均为符号+。

② 《吉昌契约文书汇编》第77页《民国十五年田庆华立杜卖科田文契》,"代笔冯尽臣"画押为圈起的"忠"字,四名"凭证"画押为符号×。第157页《光绪二十二年马冯氏立卖明菜地陆地文契》"凭中人汪起贤"画押为圈起的"忠"字。第187页《民国三十年田维忠立杜卖明陆地文契》,"代笔田锦文"画押为圈起的"押"字。第190页《民国三十二年田庆云立卖明旱田文契》两名"凭中"名字下均为圈起的"押"字。

③ 参见《吉昌契约文书汇编》第38页《光绪六年石秉福立卖明科田文契》,凭中汪成万、石维玑、石致宜和代笔石维珍四人名字下方分别是圆圈圈起来的"子、孙、发、达"四字。类似画押形式在该书中多处可见,附录中笔者搜集的契约照片亦有显示。

④ 三则契约分别见:孙兆霞,等. 吉昌契约文书汇编[M]. 北京:社会科学文献出版社,2010:196, 173, 394.

⑤ 本契约为笔者所搜集,该契约共盖印三枚,其中"折粮贰拾伍远收清,此据"一句中数字上盖印两枚。

调查中发现，雷屯经商的人比吉昌屯要多，现代商业习惯使他们较多地应用私章。无论采用哪一种画押形式，能够证明自己在现场参与了立契的全过程，完成签字画押后契约在民间发生了效力。此后若生争端，可凭契作为权利主张或惩戒的依据。签字画押还使契约具有一定的防伪功能，名字下面画押后表示下面空白部分没有其他文字了。对照契纸不难发现立契方和参与者的文化程度高下，这在契约书写文字的规整度及画押痕迹上可以显示出来。

图3-1这几张签署图均截取自笔者搜集的屯堡契约，比较清晰地反映出清末、民国、中华人民共和国初期的签署画押情形。图①自右至左，分别是单独的吉祥语"贵"字押、"押"字变形成圆圈、花押；图②"凭中""代笔"画押均为将"押"字最后一笔拉长后形成圆圈；图③是最简单的符号押；图④是符号押与吉祥语押及指纹混合使用。

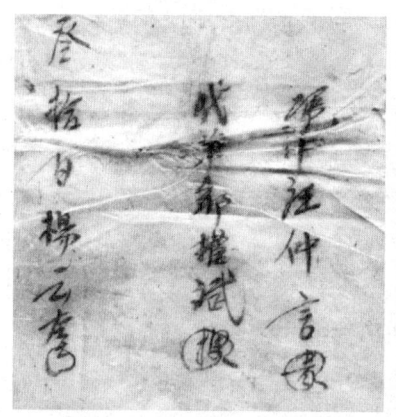

①民国三十年九月三十日杨云奎立卖明陆地文契

②光绪八年腊月初一日胡克焜立卖明水田阴阳二地文契

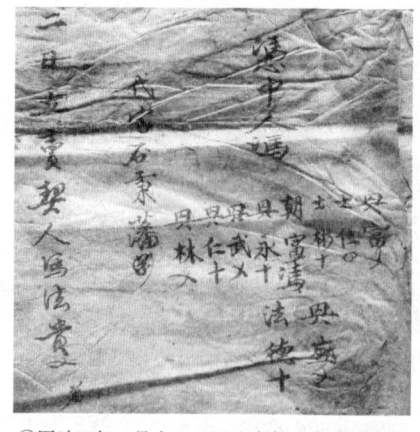

③同治四年三月十二日冯法贵等立卖明田文契

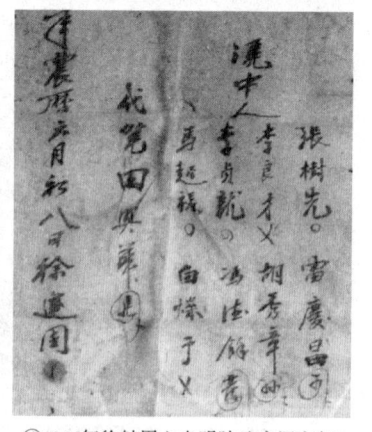

④1956年徐健周立卖明陆地房屋文契

图3-1 契约常见的签署形式

九、买卖契约的内涵分析

作为在清代后期至民国期间订立的契约，经历过长期的契约实践之后，吉昌契约格式和内容都体现出稳定性和规范性，书写顺序也表现为程式化。正文中交代卖地人姓名以及卖地原因，土地的坐落和四至，在"先问房族"无人承买的情况下再请中人寻找他人，再经中人说合三面议定卖价，然后说明买地银和所卖土地在契约成立时一并交清，以后不能争论异言，若有后续问题概由卖主承担，不关买主之事。最后签署中人和代书人的姓名和立约时间并画押。订立契约所需程序以及指导民众立契行为的这种观念，已经潜移默化于熟稔契约书写程序的代笔人心中，并为广大不识文字的乡民所知晓，谙熟"恐后无凭，立契永远存照"的道理。这些稳定而成熟的契约观念，在有效维护乡村生活秩序、方便官府对基层社会控制的同时，逐渐固化为民众的日常生活习惯之一。吉昌屯堡契约中，卖契数量最多，不同的契约类别、人名、土地状况和交易价格，在基本要素和书写顺序方面差别很小。吉昌屯堡契约留存下来更多的是由买卖双方与中人订立的契约，没有经过政府验讫缴税，学界称之为"白契"，与"赤契"相对应。这类契约加盖官方红印或与印刷的格式化契尾相粘连，赤契约占到所发现契约数量的1/6。至于在买卖契约中出卖冬厮（契约中亦写作"东厮"，为厕所、粪坑意）的一类契约，[①] 买主更注重的是获得与房屋毗邻的冬厮所在的地基所有权以及相邻物权，而不仅是冬厮的储粪或者标识界限功能。

在买卖契约中，还有一类值得注意的是阴地买卖契约。屯堡契约中关于阴地买卖的记载有两种，一种是具有潜在的作为阴地使用价值的旱地，这类地块适合开造墓穴，在契约中直接标明"卖阴阳陆地文契"字样。这种地块在未安葬前，整块地可以耕种，安葬后一定范围外仍可耕种，有些坟茔与茶叶地连在一起。另一种是具有现实使用价值的阴地。人已死亡需地块安葬，卖契中写明

---

① 吉昌屯堡契约载有"冬厮"的契约共14份，情况如下：3份是单独出卖冬厮，2份是作为地界标志介绍菜地和树林等附属物的位置，9份是作为房屋附属物出卖。时段从雍正十一年至民国十四年。除《嘉庆十八年九月初六日汪朝周卖房屋地基》《道光二十一年十一月二十二日汪朝德同子老四卖地基东斯》《光绪二十七年冬月初六日胡成昌立出分字》是笔者搜集之外，其余契约参见《吉昌契约文书汇编》：第228、232、238、248、261、273、327、344、345、347、398页。

"卖阴地"字样。① 日本学者滋贺秀三认为，对于中国人来说坟墓是具有极为重要意义的存在。坟地地相的凶吉或管理的良否，被认为能左右子孙的命脉。② 屯堡人聚族而居，对祖先坟茔尤为重视，后辈人选择一块负阴抱阳的风水宝地安葬先人，是以求福利并且荫庇子孙后代的事情。下面是笔者搜集的光绪二十七年（1901）雷记先立卖明阴阳陆地文契：

子孙发达

凭中代字雷庆昌　押（富贵双全）

立卖明阴阳陆地文契人雷记先，为因乏用，亲请凭中上门，愿将祖父遗留分授本己名下之业，坐落地名小林头阴地壹穴，出卖与雷人模名下安葬，其有阴穿心二丈。即日三面议定法洋叁拾捌元正（整）。记先当席领明应用，并未下欠角仙。自卖之后，房族内外人等不得争论。如有此情，系卖主一面承耽（担）。恐后无凭，特立卖契为据。

辛丑年二月初六雷记先"雷记先印"立

"阴阳陆地"与"阴地"同时出现在一张契约上，是家族内部安葬亡人的现实需要。出卖的虽是阴地，但立契程序和行文体例与出卖田地房产的契约并无二致。与绝大多数契约将吉祥语、凭中、代字、立契日期写在契约正文的左侧不同，本契约将吉祥语与凭中、代字写在契约正文的最右，日期写在最左。从行文上看，这类阴地卖契依次写明立契人、立契原因、申明财产合法来源、坐落及四至、请凭中说合及卖与人、卖价、划清坟地专享的面积，声明若有纷争由卖主一面承担，最后是吉祥语"子孙发达""万代富贵"。原因除惯用语"为因乏用""为因正用""为因移置"之外，还有亲人亡故、卖主请地师确定的坟地位于外族地内。如石美堂等杜卖阴地文契："为因族兄玉书亡故，所看阴地落于美堂、盛凡弟兄二人地内，坐落地名……东抵……南抵……西抵……北……"又如张亮清等"立出义卖阴地壹穴字据"中载明："为因胡云阶逝世，请地师看获阴地壹穴，落于张府祭祀地中……定其阴地面积横贰丈伍尺、顺与

---

① "阴阳陆地"卖契，《吉昌契约文书汇编》共收录23件，如下：道光二十一年1件，光绪七年至光绪三十二年间8件，民国三年至民国三十五年间14份。"阴地"卖契共3件，立契时间在民国二十六年、二十九年、三十年。笔者搜集到"阴阳陆地"卖契共9件，如下：光绪五年至三十年间4件，宣统三年1件，民国十四年、三十年各1件，1950年代中期2件。"阴地"卖契1件，为1955年订立。36件阴地卖契，涉及汪、冯、田、胡、鲍、石、陈、马、杨、萧、桂、邹、张、雷、徐、全16姓氏，不同宗族之间交易为16份，同宗族之间交易为20件，为伯、叔、弟、侄关系。
② 滋贺秀三. 中国家族法原理［M］. 张建国，李力，译. 北京：法律出版社，2003：304.

下面古坟尾对平为界,坐落地名……其阴地任随胡姓择期安葬……"① 这两件契约中提到的阴地分别坐落于石姓田地内和张姓祭祀地内,涉及外姓土地,通过立契形式来确定阴地权属,避免日后纷争。

　　延请地师确定阴地位置,反映出吉昌屯堡人对于阴地选择的重视。在清水江文书和徽州文书中,对风水先生的堪舆活动记载更为详尽。王振忠将清水江与徽州两地风水先生社会地位存在的差别,上升到两地人文传统与商品经济的发展水平层面来剖析。② 清水江上游民族地区与湖南沅水流域存在天然联系,受到汉文化尤其是湖湘文化传播的影响。处于滇黔驿道上的安顺屯堡区域,在地理上属于云贵高原东缘,政区上与清水江虽相隔甚远,但自洪武朝以来陆续有成规模的汉移民迁入,改流以来汉人更是大规模地进入,汉文化的传播自然会在屯堡人的生活中留下烙印。晚清民国一直到中华人民共和国初期的吉昌屯堡契约,均有堪舆活动的记载,反映出风水观念在这一时期已经深入人心。屯堡地区村落周边的山坡上,都有一片区域作为村落中某宗族的专属墓地,安葬本族正常死亡的人,大族墓地的规模更是显著。专属墓地一般并不允许外姓人安葬,公共墓地则允许各族安葬。③ 在吉昌屯堡契约中,"仡佬坟""田家坟""坟底下"等地名,被用于标识田块坐落或四至。④ 上引张亮清"立出义卖阴地壹穴"契约中,胡云阶的墓穴位于张府祭祀地中,本不能安葬,但"请凭内亲张兰仙上门相退张府,念其亲谊,均皆吹兑承应义让于……名下安葬父亲"。

　　民国时期的吉昌屯堡契约,有数名"胡张氏"是主要当事人,胡家和张家是姻亲。此约中张兰仙兼具"内亲"和凭中身份,胡云阶得到地师所看的墓穴是"念其亲谊"的"义卖"。这是两个宗族为墓地进行交易的特殊行为,对墓穴的面积做了严格的限定。其他的"阴地"坐落在旱地中,随旱地一起出卖。

---

① 孙兆霞,等.吉昌契约文书汇编[M].北京:社会科学文献出版社,2010:268,269.
② 王振忠.清水江文书所见清、民国时期的风水先生:兼与徽州文书的比较[J].贵州大学学报(社会科学版),2013(06):55-68.
③ 2016年4月,笔者在吉昌屯调查到,胡家巷南侧坡地上是胡家坟园,占地0.5亩,胡姓入黔始祖以来历代先人坟茔在此。坟园一角建有瓦房三间,储存族人祭祀用的器物及炊具,也供守墓人居住。该墓地容量趋于饱和,已在村外开辟第二块坟园。田家坟园位于寨子北侧狮子山南麓。和尚庵所在山坡属于公共墓地安葬着胡姓、汪姓、田姓等先人的坟茔。
④ 《吉昌契约文书汇编》,第74页《民国十二年六月十八日田活立卖明水田文契》"坐落地名仡佬坟……",第168页《民国十七年冬月二十日张怀宋立卖明高田文契》"坐落地名田家坟,东至抵仡佬坟……",第295页《民国三十一年三月三十日文契石仲凡立当明秧田》"另接仡佬坟地叁块,老契一纸",第344页《道光二十四年五月十三日汪廷柏立遗嘱分关》"坟底下长田壹块……坟底下水井边田壹块",等等。

111

针对所出卖的旱地中存在坟墓的情况，有契约明确限定坟墓四周一定范围内严禁耕种，以要约的形式要求买受人应当履行保护地块内坟墓的义务。如上引雷记先卖阴阳陆地契约中注明"穿心二丈"，又如民国三十四年（1945）杨云奎等立卖明阴阳陆地文契中规定"离一丈五尺"①，等等，避免在耕种旱地时破坏坟茔，反映了出卖人保护坟茔风水的风俗和买受人保护坟墓的义务。

第二节　典当契约

传统乡村社会，在缺乏金融机构的情况下，乡民们为了能解决急需资金，通过土地或房屋等财产抵押出当而获得借贷银钱的方式确立借当关系。屯堡契约借当关系以"当契"形式确立。"当契"的表达方式中，债务人以田地或房屋等不动产为抵押物借贷，称为"当主"，如《光绪十九年（1893）九月初六日石润成立当明陆地文契》中，"当主当席亲手领明应用，并无货物准折，亦非逼迫等情"②。当主立以某处（块、股、厢、段、坵）土地（秋田、科田、旱地、菜地、茶叶地）或房屋（含地基）做抵押立"当契"，契中规定借贷银钱或实物（谷子、粘谷）的数额和偿还期限、方式等。屯堡乡民以土地出当进行借贷，双方请中人为证，订立"当契"作为诚信保证。当主依据当契的规定，到期偿还本金，以土地的收益权抵作利息。土地在出当期间，双方所享有的权利不同。若到期后不能赎回，所当土地归债权人"永远耕种"。

---

① 笔者搜集契约《民国三十年（1941）九月三十日杨云奎同侄乔林立卖明阴阳陆地文契》：立卖明阴阳陆地文契人杨云奎，同侄乔林，为因无银应用，只得将到本己名下分受（授）之业，坐落地名后园大地壹股，东抵邹姓界，南抵赵姓界，西抵田姓界，北抵田姓界，四至分明。其有坟茔团传离壹丈五尺。亲请凭中上门，出卖与汪树先名下为业，言（原）日三面议定卖价法洋陆拾贰元整。是日亲手领明应用，并无托欠角仙，自卖之后，地内树木、阴阳陆地，任随买主子孙永远管业，卖主房族以及异姓人等，不得前来争论。如有此情，系是卖主壹面承耽（担）。恐（空）口无凭，立卖字壹张，永远为据。

　　　　　　　　　　　　　　　　　　凭中　汪仲言　代笔　邹权斌
　　　　　　　　　　　　　　民国叁拾年玖月叁拾日　杨云奎　同侄乔林　　立卖
② 孙兆霞，等. 吉昌契约文书汇编 [M]. 北京：社会科学文献出版社，2010：305.

第三章 吉昌屯堡契约的类型与内涵

表3-1 吉昌屯堡契约当契情况表

序号	当主	当与人	因由	资产数量/来源	当价	赎回期限	立当时间	备注
1	刘洪才	汪廷能	为因乏用	本名下陆地一段	即日得受苞谷六斗	当年	道光十四年（1834）三月初八	其地限至秋成赎取，如过期不赎，任随汪姓耕安。
2	马开成	冯发富	为因乏用	科田半块/自己	九八银二十五两	当年	光绪二十二年（1896）六月初二日	转当，其有赎回之日准定秋收以后。
3	田明先	汪荣昌	因缺应用	父亲所当汪姓之科田一块	银中洋五十五元整	当年	民国二十一年（1932）三月十八日	准定秋收之后，汪姓与汪荣昌取赎。
4	汪兴灿		为因空乏使用	秋田	市银三两三钱整	三年	光绪十五年（1889）十月十五日	
5	冯发魁	冯发华	为因乏用	陆地一股祖父遗留分授自己名下	九八银三两整	三年	光绪十九年（1893）九月初六日	
6	石润贵	内侄婿田法廷	为因乏用	陆地一块/自己名下	时银一两八钱整	三年	光绪二十五年（1899）三月初十日	
7	石维得	田曹氏	为因乏用	科田一块/父遗留分授自己名下	九八银十二两五钱整	三年	光绪二十八年（1902）腊月十四日	其田二月取赎，准定田姓收小春。
8	石杨氏同子官保 田兴邦	胞叔田法廷	为因乏用	陆地半块/父分授自己名下	九八银十七两整	三年	光绪二十九年（1903）腊月二十三日	其有洋烟各分一半。

113

续表

序号	当主	当写人	因由	资产数量/来源	当价	赎回期限	立当时间	备注
9	田盛廷	田法廷	为因乏用	科田一块/父遗留分授自己名下	九八银二十五两整	三年	光绪三十一年（1905）冬月初八日	取赎之日准及七月送信八月取赎。
10	田云廷	堂弟田庆昌	为因空乏无银应用	秋田一块/祖父遗留分授自己名下	九成银色五两五钱整	三年	宣统元年（1909）七月十六日	日后有银赎取，无银任随汪姓永远耕种。
11	石云武	汪纯有	为因乏用	自己名下田一块	时市银十五两五钱整	三年	宣统元年（1909）冬月十五日	七月送信，八月起取赎。
12	胡双喜	石维洪	为因乏用	陆地一块/祖父遗留分授自己名下	九六银十四两整	三年	宣统三年（1911）六月十六日	
13	石载动	胡秀春	为因乏用	秋田三块/祖父遗留	当价九五银十五两整	三年	民国三年（1914）九月十五日	汪姓无银赎取，任随石姓耕安。
14	汪石氏同男云德	石廷贵	为因乏用	水田三块，陆地二块/祖父遗留分授自己名下	大洋圆花银二十四圆五角整	三年	民国九年（1920）八月十八日	有银前来取赎，无银任随汪姓永远耕种。
15	汪石氏	范光廷	为因弟三子汪纯玉拖欠账目	自己买明之业科田二块	实洋银八十八圆整	三年	民国十一年（1922）冬月二十八日	有银前来取赎，范姓子孙耕种。

114

续表

序号	当主	当与人	因由	资产数量来源	当价	赎回期限	立当时间	备注
16	汪石氏同男云德	冯仲山	为因乏用	本己分授名下科田二块	实洋银七十八圆整	三年	民国十一年（1922）腊月二十日	有银取赎，无银任随冯姓子孙耕安。
17	汪纯玉	汪石氏同男云德	为因乏用	本己分授秧田一厢	大洋银正板壹拾陆圆整	三年	民国十二年（1923）月十二日	有银取赎，无银任随云德母子耕种。
18	陈宋氏同子老大、重福、母子三人	胡云楷	为因乏用无处出办	陆地一股二厢/祖父遗留	正板实洋银二十八圆整	三年	民国十四年（1925）二月二十二日	茶叶一并在内。八月送信，九月取赎。
19	田庆书	范光廷	为因乏用无处出办	荒熟陆地一股/本己分授名下	正板洋银二十三圆整	三年	民国十四年（1925）六月初一日	茶叶荒熟山场一并在内。八月送信，九月取赎。
20	冯兴参	冯才广	为因乏用	陆地一股/祖父遗留自己名下	正板中洋四十五圆整	三年	民国十九年（1930）冬月十六日	
21	石治奎	石正清	为因乏用	陆地一块/祖父遗留自己名下	正板小洋银七十圆整	三年	民国二十三年（1934）五月十八日	
22	马开成	胡绍奎	为因缺乏使用	陆地一股/祖父遗留自己名下	银小洋三十五圆整	三年	民国二十四年（1935）八月十二日	

续表

序号	当主	当与人	因由	资产数量/来源	当价	赎回期限	立当时间	备注
23	冯云奎	马开臣	情因手中空乏	陆地一厢/祖父遗留分授本己名下	中洋一十六圆整	三年	民国二十五年（1936）七月二十八日	有银秋收取赎。
24	冯季华	冯治安	手中空乏	水田一块/祖父遗留分授本己名下	正板大洋二百七十圆元整	三年	民国二十七年（1938）腊月二十二日	
25	冯兴灿，同子朱林	冯明清	为因乏用	陆地一股/祖父遗留分授本己名下	纸洋九十一圆整	三年	民国二十九年（1940）五月二十日	其有龙枣树下头一棵，□兴灿花椒树下一棵在内。
26	胡焕奎	冯陈氏	为因乏用	陆地一股/祖父遗留分授自己名下	正洋银一百圆整	三年	民国二十九年（1940）六月二十日	
27	冯云奎	马起贤	为因乏用	陆地大小三股/祖父遗留分授本己名下	法洋一百圆整	三年	民国二十九年（1940）腊月十七日	
28	田庆廷	许星芝	为因家用空乏	茶叶地二块/本己名下	正板小洋二十二圆整	三年	民国三十□□□□□□	有银七月送信，八月取赎。
29	罗齐洲	石治奎	为因乏用	秧田一块/本己名下	法洋四百五十圆整	三年	民国三十年（1941）八月十八日	

续表

序号	当主	当与人	因由	资产数量/来源	当价	赎回期限	立当时间	备注
30	冯见名同弟冯双生	田近英	为因应用	秧田一块/祖父遗留本己名下	法币八百元整	三年	民国三十一年（1942）正月初八日	无银任随树先耕安。
31	汪纯德	汪树先	为因需用	水田壹块/祖父遗留分授之业	时价法币纸洋一千二百圆整	三年	民国三十二年（1943）三月二十二日	
32	田兴钟	□□清	为因需用	陆地/本己祖父遗留分授名下	随市纸洋一万□□□百圆□	三年	民国三十三年（1944）九月初一日	
33	郑奎先	胡张氏	为因军粮累及洋无应缴	水田一块/自己买明	七万圆整	三年	民国三十三年（1944）十月初二日	其有取赎，秋成之后方可。
34	汪荣昌	石治奎	为因乏用	水田一块/本己	小洋一百五十圆整	三年	民国三十八年（1949）七月二十二日	秋后取赎。
35	□□□	胡□氏	□□□	长地一块	小洋正板五十五圆整	三年	民国□□年七□	
36	顾老幺、顾闰法	徐民枝	为因父亲亡故无□□□	陆地二块	银正板大洋十二圆整	四年	民国十四年（1925）七月初二日	

117

续表

序号	当主	当与人	因由	资产数量/来源	当价	赎回期限	立当时间	备注
37	田发廷	田兴芝		房屋，牛圈，基址/自己得授祖传遗下	大洋四十圆整	四年	民国二十一年（1932）古历十月二十九日	
38	马朝云	冯才群	为因乏用	阴阳陆地一股/祖父遗留	九八银十七两整	五年	光绪三十年（1904）八月二十一日	
39	马明发	堂弟马开成、马开文	母亲亡故无银使用	科田一块/祖父遗留自己名下	九八净银五十两整	五年	光绪三十一年（1905）腊月初六日	
40	陈增梓	马开云	为因乏用	陆地一股当明范姓地	正板花银八元五角整	五年	民国十一年（1922）十月初八日	转当，言定七月送传，八月取赎。
41	田盛廷	石明先	为因乏用	陆地二厢/祖父遗留分授自己名下	正板洋银五十一圆整	五年	民国二十一年（1932）正月二十六日	
42	冯冯氏同子才有	田俊英	为因结婚无银使用	秧田一块/祖父遗留分授本己名下	法洋七百圆整	五年	民国三十年（1941）八月二十三日	此田赋税照管业证征收。
43	石仲和	冯发云	为因被害无洋应月	房屋	市用洋三千三百圆整	五年	民国三十二年（1943）腊月十六日	
44	田盛廷	艾生武	□□□□	科田一块/祖父遗留	正板大洋一百三十三圆整	五年	民国□□	秋收后取赎。

续表

序号	当主	当与人	因由	资产数量/来源	当价	赎回期限	立当时间	备注
45	□□□	陈应□	□□□	房屋	足色纹银一十三整	五年	□□□□	
46	马伯元	田兴名	为因乏用	房屋、后园/祖父遗留授本己名下	银正板一十六圆整	六年	民国十七年（1928）十月初一日	
47	石徐氏，同子汝□	石治奎	为因乏用	陆地一块/祖父遗留分授本己名下	稻谷一石二斗整，折合洋十二圆	六年	1949年古历腊月十六日	再加当。
48	冯廷明冯廷臣弟兄二人	田进英	为因乏用	秧田一块/祖父遗留分授自己名下	三次共记二千五百圆整	七年	民国三十一年（1942）十月初八日	三次加当。
49	石仲和	冯发荣	为因有事应用	房屋父遗留	法币纸洋六千七百圆整	八年	民国三十二年（1943）农历二月十三日	后批明：其当期限再加增三年。
50	胡克焜、胡德培叔侄	汪兴才	为因乏用	置田大小五块地壹叚	时世银十两整	十年	光绪五年（1879）十月十三日	有银续起，无银任随汪兴才永远耕种。
51	冯法明	田法廷	为因空乏	秋田/祖父与陈姓当明	时市九成银四十五两整	十年	光绪二十六年（1900）九月十五日	
52	冯法明	田法廷	为因空乏	秋田/祖父与陈姓当明	时市九成银四十五两整	十年	光绪二十六年（1900）九月十五日	

续表

序号	当主	当与人	因由	资产数量/来源	当价	赎回期限	立当时间	备注
53	冯宗卫	汪士荣	为因缺用	园地一块/分内	银二两二钱整		乾隆十五年（1750）九月十九日	
54	汪子高	范永口	为因缺用	地一块/祖父遗留分内自己名下	九成银六钱整		乾隆五十九年（1794）三月初六日	有银赎取，无银任随范姓永远耕种。
55	汪起能、汪起厚同侄汪万国	戴口口、范成鳌口	为因乏用	陆地/祖父遗留	足色纹银二十五两整		道光二十年（1840）七月二十九日	有银赎取，无银任随王口口口口口管业。
56	汪起能、汪起后	杨正文	因无银使用	菜地/自置	足色纹银十两整		道光二十二年（1842）三月二十六日	任凭杨姓耕种。
57	汪起春	堂兄起云	为因缺少本钱，无处出辨（办）	水田三块/祖父遗留分内名下	足色纹银三两整		道光三十年（1850）十一月初九日	不拘远近相赎。
58	彭士口	汪起能	先年田登贵将岭冈上湾田乙（壹）块，抵当彭处，今彭姓持此田转当与汪起能名下耕种。	湾田一块	呈色银四两整		咸丰元年（1851）三月初六日	有银赎取，无银任随汪处永远耕种。

120

续表

序号	当主	当写人	因由	资产数量/来源	当价	赎回期限	立当时间	备注
59	汪王佛会首马士先、田洪贵、章学明、田洪彩	汪起伦	因于业至业	田登学父子当明大箐水田贰块，岭岗上水田贰块，二共田四	足色纹银十两整		咸丰元年（1851）十二月二十八日	转当。
60	汪兴国	族众汪起云、汪起有、汪起贵、汪起末	为因缺用	陆地二块与祖父遗留分授自己名下	足色纹银三两整		咸丰七年（1857）十一月二十三日	祭祀田，其地二块每年还兴国上纳苞谷六斗，不得短少升合。
61	陈口畔	田瑞廷	为因缺用	秧田一块与田登贵，田登学当明	当价足色纹银二十两整		咸丰十年（1859）九月初十日	转当。
62	汪起有全子兴仁	胡陈氏	为因缺用	弯田壹半祖父遗留自己名下	足色纹银十两整		同治元年（1862）二月十五日	当地之日并无洋芋，日后汪姓取赎，准胡姓收割洋芋。
63	石为新	族中堂叔石秉富	为因乏用	陆地一块将祖父遗授自己名下	足色纹银二两整		同治二年（1863）九月初二日	

续表

序号	当主	当与人	因由	资产数量/来源	当价	赎回期限	立当时间	备注
64	田洪升	汪起能	为因乏用	水田二块祖父遗留分授自己名下	足色纹银三十二两整		同治三年（1864）四月初一日	有银赎取，无银任起能子孙永远管业。
65	汪老三汪小狗	汪田氏	父亲亡故缺少使用	陆地一厢/祖父遗留分授自己名下	足色纹银二两整		同治四年（1865）六月二十五日	自当之后，任随田氏子孙永远管业。
66	胞弟汪兴贤	胞弟汪兴让	为因乏用	陆地二厢/祖父遗留分授自己名下	时市银三十两整		光绪十一年（1885）五月初九日	
67	石维芳	石秉福	为因乏用	陆地一股/祖父遗留分授本己名下	市银六两整		光绪十六年（1890）八月初八日	
68	堂侄石廷贵	堂伯石维阁	为因父亲亡故，无银费用	陆地一股将祖父遗留分授自己名下	时市银一十三两整		光绪十八年（1892）六月初十日	
69	陈增秀	胞兄陈增荣	为因乏用	秋田/父亲买明本己分授水田	市干盖银五十两整		光绪三十四年（1908）二月初一日	日后有银取赎，无银每年分租一半。

122

续表

序号	当主	当与人	因由	资产数量/来源	当价	赎回期限	立当时间	备注
70	石润山、石润和、石发祥	族长石兴发	情因田石氏之父石维殿病故，母陈氏下堂姊妹四人无有倚靠	房屋、陆地/石维殿	银三百零五两整		光绪三十四年（1908）冬月初三日	
71	众姓首人冯俊臣、汪玉堂、罗正贵、胡云山、田华廷、田香廷、许袭臣、僧人信和师傅	田庆昌	为因与中所交涉，无银使用	笤田一块	九六银五十二两整		民国二年（1913）十月八日	不拘远近取赎。
72	冯德贵	胞弟冯德姝	为因乏用	灶房、东厮/本己	市银五两五钱整		民国三年（1914）九月十六日	
73	汪纯谕	范德明	为因置业，无处出办	秧田一厢/祖父遗本己名下	九成三两五钱整		民国五年（1916）八月初九日	言定秋成上纳租谷五斗。

续表

序号	当主	当与人	因由	资产数量/来源	当价	赎回期限	立当时间	备注
74	马仲舒	范光廷	为因乏用	谷子二斗五升	洋银十圆整		民国十四年（1925）四月初八日	每年秋收十月之内照应合子二斗五升，不得短少升合，如少，愿将门前山陆地一并作抵。
75	胡老二	鲍树先	为因乏用	水田/祖父授遗留自己名下	滇板正洋银五十圆整		民国二十一年（1932）九月初二日	原日老契未揭，若有争论不清，胡姓愿将猪杨坡上茶叶地二厢作保。
76	冯继先	冯名清	为因空银使用	诸谷	洋一百四十圆整		民国二十九年（1940）七月十五日	每年秋成上诸谷少升。如少，不得应将尚田二厢作抵。对月取赎。
77	石仲凡	雷成轩	为贸易缺本	秧田一块祖父遗留分授本已名下	市洋银七佰圆整		民国三十一年（1942）三月三十日	自卖之后，不及远近取赎……每年上纳租谷柒斗。不得短少升合。
78	田盈昌	冯冯氏	为因其乏用	粘合一石	正板洋银二十二圆			每年秋收上清，不得短少升合。口将碾坊边泓田一丘作抵。
79	陈昌寿	汪石氏	为因需用	本己名下石柱坡，水田一股	市用券洋二万三千圆整	一口口口月取续	民国三十二年（1943）腊月初二日	扣去二石口并载粮三亩八分合粮额口角一。

资料来源：《吉昌契约文书汇编》第275页至340页，以及笔者在吉昌屯搜集的契约。

注：上表以"赎回期限"排序，未标注期限者，属于契约中没有书写明确年限的情形。

晚清至民国吉昌屯堡当契中，书写顺序上均以"立当明……"字样开头，与徽州契约中的典当契约在名称上有一定区别。在书写体例上，吉昌屯堡当契与卖契大体相同：交代立契原因、请凭中、土地坐落、四至、当与人、价格、税赋、权利瑕疵保证等，最后是签署。下面是两件不同形式的当契：

乾隆五十九年（1794）三月初六日，汪子高当陆地

　　立当陆地文契人汪子高，为因缺用，请凭中亲身上门，将祖父遗留分授分内自己名下地壹块，地名坐落大坡顶，情缘（愿）当与范永□名下耕种，原日三面议定当价玖成银陆钱整，子高当席领明应用。自出之后，有银赎取，无银仍随范姓永远耕种，汪姓房族人等不得□□论。如有此情，将纸赴公理论。恐后无凭，立当契为据。

系具范姓铜杆戥称
凭中代笔汪为昭
乾隆五十九年三月初六日立

民国五年（1916）八月初九日，汪纯瑜立当明水田文契

　　立当明水田文契人汪纯瑜，为因置业，无处出办，只得请凭中上门将祖父遗留本己名下，秧田乙（壹）厢，坐落地名崩土凹，当凭中出当与范德明名下为业。原日议定当价，玖呈（成）[银]叁两伍钱整。当主当席领银应用，并未下欠分厘。纯瑜转讨此田耕种，言定秋成上纳租谷伍斗，不得短少。如少，任随范姓扯田过手耕安，汪姓不得异言。恐（空）口无凭，特立抵当契为据。

凭中　汪焕清
代字　陈德明
民国伍年八月初九日　立

　　第一件当契，载明出当人以土地为质押物，获取受当人借款，土地归受当人耕种，以田地的收益代替借款利息，保留了出当人对土地的取赎权。第二件当契，出当人同样是将土地作为质押物获得受当人借款，土地归受当人管业，但是，受当人将田地交与出当人管业、耕种，出当人以谷租的方式偿还受当人的借款利息。当契与典契，不同学者有不同的研究。面对徽州文书，刘和惠、汪庆元将典契与当契统称为典当契约来分析，认为："土地典当是土地管理权的短期转移……典当关系的成立，是由契约签订实现的"[①]。严桂夫、王国健则认

[①] 刘和惠，汪庆元. 徽州土地关系 [M]. 合肥：安徽人民出版社，2005：222-223.

为典与当存在具体的区别，将典当契约分为"典契"和"当契"，认为"将土地财产典出后，土地暂时归受典人支配，出典人已无耕种权、租佃权等使用权，这种契约即为典契"①，"土地当出后，使用权和所有权并没有转给受当人，出当人仍租佃当出土地，以这块土地的租额代替所当银两的利息"②。还进一步对典契和当契进行了区分③，但这种区分方法并不具有普遍性。清水江文书中一部分典当契约则是书写"立典田字……"字样，未见有"立当……"字样。④ 就贵州省内而言，典和当在各地习惯上也并不完全一致。⑤ 分析典和当，需要结合特定的历史时期和社会制度。

吉昌屯堡当契绝大多数都明确规定土地回赎期限，也有一部分对于回赎期限模糊处理，⑥ 具有卖契的实质意义。在儒家传统思想中，变卖祖产者一般会被认为是不肖子孙。传统中国农村社会，土地对农民家庭有着重要意义，具有极强的社会保障功能。出卖土地也就意味着辱没祖宗和父母，意味着前景黯淡乃至断子绝孙。有一部分人在订立卖契的时候，并不在契约中书写"绝卖""杜卖"字样，而是写作"出当"，按照土地卖价支付款项，准许在一定期限内赎

---

① 严桂夫，王国健. 徽州文书档案［M］. 合肥：安徽人民出版社，2005：153.
② 严桂夫，王国健. 徽州文书档案［M］. 合肥：安徽人民出版社，2005：154.
③ 严桂夫，王国健. 徽州文书档案［M］. 合肥：安徽人民出版社，2005：155.《徽州文书档案》认为有三种方法来判断是典契还是当契：（一）典契中出典人一般保留对财产的取赎；（二）典契在典期内，听任受典人决定财产的使用权；（三）在相同条件下，同值的财产典价一般高于当价。臼井佐知子则认为："'当'可以说是专指债务人由于需要用钱而进行的一种行为，'借'这种行为同样是在需用钱时才进行，但债务人大多是与自己有某种关系的人，不仅无需担保，甚至不必支付利息。"参见：臼井佐知子. 论明清时代徽州的典与当［M］//卞利，胡中生. 民间文献与地域中国研究. 合肥：黄山书社，2010：634.
④ 潘志成，吴大华. 土地关系及其他事务文书［M］. 贵阳：贵州民族出版社，2011：26，39. 该书第26页至39页列举了13件"典当文书"，均以"立典……"开始书写。这些契约均写明可以取赎，但未明确回赎期限，而吉昌屯堡文书绝大多数当契都明确记载了回赎期限。
⑤ 《贵州省政府指令黄平县政府据呈请核示当契遗失可否发给管业证一案令准核给由》，载《贵州财政月刊》1936年第12期《公牍》第36页：
二十五年七月十八日财赋字第四七二九号
呈悉。查本府此次修正征收契税章程，第五条第三款内载："因原契遗失，呈请官署核给之管业凭证，均应照原买或典契据，分别纳税。"依此解释，则原有典契，因故遗失，自可呈请核给管业证。本省习惯，典当性质相同，办法当然一致。该郭蔡氏之夫，得当凯姓街房契据既因遭匪遗失，所请给证管业，自可照新订契税章则及请领管业证办法，查核办理。惟应于证内批明，听凭原主取赎，不得无故留难，以杜纠纷。仰即遵照。
⑥ 如《吉昌契约文书汇编》第30—31页当契规定"自当之后……永远管业"，未写明回赎情况。

回。如果不能赎回，土地等不动产就归受当人所有，当契就成为卖契，这种形式的买卖行为比较隐蔽。李金铮发现在华北农村，为了保全自己和家庭的面子，农民会对现有的土地尽力抓住不放。现实中还是经常因为度日糊口和生老病死，而被逼到出卖土地的境地。即便到了非卖地不能维持生存的境地，也往往是先经过了抵押、典当，然后才是出卖的过程。① 即使出卖土地，也并不是整块出卖，而是出卖零散小块土地。杨懋春研究华北土地交易时发现，"一个家庭从邻居那里买下的往往是小片土地，很少是整块土地"②。这样导致的一个土地交易现象是，土地交易的平均规模较小，土地购买者要想得到较大面积的整块土地，不是一件轻而易举的事情。吉昌屯堡的土地交易情况，与上述学者研究华北农村得出的结论一致。

一、回赎期统计

吉昌屯堡契约文书中，当契均以"立当明……"形式书写，将此类契约与买卖契约区别开来。《吉昌契约文书汇编》共收录当契61件，③ 涉及物件既有秋田、科田、水田（包括秧田）、陆地（包括旱地）、菜园、草场、房屋（包括地基、院墙）等不动产，也有粮食等。④ 时间跨度从道光七年（1827）到1949年。笔者搜集的契约中，当契有17件，做当之物件比较单一，为田（含水田、秧田）、地（含旱地、菜地）两种类型。时间从乾隆五十九年（1794）到民国三十二年（1943）。屯堡当契的基本书写程序如下：立当人——因由——请凭中——财物情况（包括名称、来源、数量、坐落、四至界限）——当与人——当价——银契交割——赎回期限——声明语——负责语（担保条款和违约责任）——结束语。有的还在正文后面加批，涉及土地附属物上的茶叶、烟草、枣树、花椒树等林木处理，戬称来源或追加当价等内容。契约正文部分的表述

---

① 李金铮在其乡村经济研究著作中对土地买卖有着集中论述，参见：李金铮. 传统与变迁：近代华北乡村的经济与社会［M］. 北京：人民出版社，2014：163. 李金铮. 民国乡村借贷关系研究［M］. 北京：人民出版社，2003：121-129. 李金铮. 借贷关系与乡村变动：民国时期华北乡村借贷之研究［M］. 石家庄：河北大学出版社，2000：76-79.
② 杨懋春. 一个中国村庄：山东台头［M］. 张雄，沈炜，秦美珠，译. 南京：江苏人民出版社，2001：17.
③ 孙兆霞，等. 吉昌契约文书汇编［M］. 北京：社会科学文献出版社，2010：275-336.
④ 《吉昌契约文书汇编》以粮食做当的契约共3件，《民国十四年马仲舒立出租谷子字》《民国二十四年田盈昌立当粘谷字》《民国二十九年冯继先立当诸谷字》，参见第334—336页。笔者搜集的有《道光十四年三月初八日刘洪才立当陆地》，参见附录一吉昌屯契约第5条。

与买卖契约大致相似，在声明部分明确标注"有银赎取，无银任随某姓耕种"字样。①

在 78 件屯堡当契中，明确规定赎取年限的有 51 件，有 27 件没有明确书写赎回期限或回赎期限比较模糊。明确了赎回期限的契约，其赎回期一般在三年至十年不等。期限在三年的有 32 件，占有明确回赎年限契约数的 62.75%；五年的有 8 件，占有明确回赎年限契约数的 15.69%；四年、六年、十年的各有 2 件，分别各占有明确回赎年限契约数的 3.92%；七年和八年的各有 1 件，各占有明确回赎年限契约数的 1.96%，此外还有 3 件契约，约定"秋收之后取赎"，占有明确回赎年限契约数的 5.88%。如《光绪二十八年（1902）腊月二十四日石杨氏立当科田文契》《光绪三十一年（1905）冬月初八日田盛廷立当明科田文契》中明确记载，"自当之后，准定三年"赎取；《光绪三十一年（1905）腊月初六日马明发立当科田文契》写明"自当之后，准定伍年"；又如《光绪二十二年（1896）马开成立转当科田文契》载明"其有赎田之日准定秋收以后"；《民国二十一年（1932）田明先立当科田文契》"自当之后，准定秋收之后……取赎"；《道光十四年（1834）三月初八日刘洪才立当陆地》"其地限至秋成赎取"②。

屯堡农村小季作物主要有玉米、小米、土豆、大豆等，生长周期短；大季作物主要是小麦、稻谷，生产周期较长，劳动及其他投入较大。此外，还有茶叶、烟草、花椒等经济作物，当契中会予以注明。③ 赎回期限定在三年以上，符合农业生产基本情形。当出的土地，有的由受当人耕种，有的由受当人交由出当人耕种并缴纳地租。在当期的第一年，为获得好的收成，需要投入肥料、兴修水利设施等。这种投入并不会立等见成效，尤其是对于套种茶叶的旱田，投入成本更大，收获间隔更长。若回赎期限较短，对土地的投入刚见成效或者还没有见到成效就需要将土地赎回，这会影响到种地者的耕种意愿和劳动积极性。若期限过长，对于土地要经历数次较大投入，期间还有灾害或社会动乱等不可

---

① 如笔者搜集的契约《光绪五年十月十三日胡克焜、胡德培叔侄立当水田陆地文契》，"有银续起，无银任随汪兴才永远耕种"，参见附录一吉昌屯契约第 31 条。
② 此引契约，前四件分别见《吉昌契约文书汇编》第 277、278、279、276 页，后两件为笔者搜集。
③ 参见《吉昌契约文书汇编》，第 307 页《光绪二十九年田兴邦立当明陆地文约》"其有洋烟各分一半"；第 311 页《民国十四年陈宋氏立当陆地文契》"茶叶一并在内"；第 312 页《民国十四年田庆书立当明陆地文契》"茶叶荒熟山场一并在内"；第 319 页《民国二十九年冯兴灿等立当明陆地文契》"其有龙枣树下头一棵……花椒树下一棵在内"；第 326 页《民国二十□田庆廷立当明陆地文契》出当物是茶叶地。

预期因素,农民从自身考量比较倾向于避开不利于自己生产和收获农作物的因素。因而一般将回赎期限定在三年居多,四年到六年的较少,十年的更少。前面列举的回赎期限在六年的当契,实际上是两次回赎期的累加,第一次是五年,第二次追加一年。①

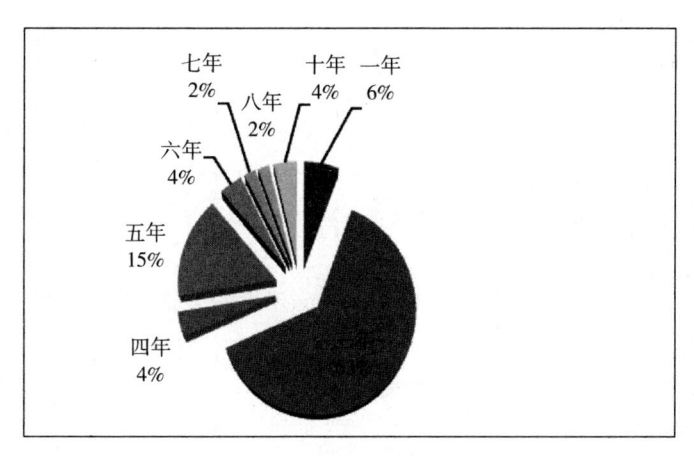

图3-2 屯堡当契回赎期限统计图

二、几种典当行为

就目前已整理出版和笔者搜集的 80 件当契而言,绝大多数为直接典当行为,出当人将自己置办或者祖上所遗之田土、房产等物件,在凭中见证下直接出当给受当人,获得一定数目的资金或粮食,一定时间后赎回。这类直接典当行为不需要对田产主张有权利的第三方参与,这在上文已有阐述。本部分拟讨论转当契约,即契约列举的所当财产,是出当人从他处当与所得来,经自己手再当给第三方。

(一)转当文契

吉昌屯堡契约中的转当契约,因家庭资金困难而发生的临时出当行为,以土地、房屋等资产作为抵押,在族中长老和中人的见证下,三面议定当价,请代笔人书写当契,交割款项,出当过程完成。有的会在后批部分注明老契处理、回赎期限、土地附属作物的收获权等其他需要双方协商处理的情形,如《民国二十一年(1932)胡老二立当明水田文契》后批:"原日老契未揭,若有争论不清,胡姓愿将猪场坡上茶叶地贰厢作保。"② 7 件转当契约具体情况如表 3-2。

---

① 孙兆霞,等.吉昌契约文书汇编[M].北京:社会科学文献出版社,2010:323.
② 孙兆霞,等.吉昌契约文书汇编[M].北京:社会科学文献出版社,2010:290.

表 3-2 转当文契一览表

序号	立契时间	财产来源	出当人	当与人	所当财产	当价
1	光绪二十二年（1896）	自己当明	马开成	冯发富	科田半块	九八银二十五两
2	光绪二十六年（1900）	陈姓	冯法明	田法廷	秋田一块	九成银四十五两
3	咸丰元年（1851）	田登贵	彭士口	汪起能	水田一块	呈色银四两
4	咸丰元年（1851）	田登学父子	汪王佛会首	汪起伦①	水田四块	足色纹银十两
5	咸丰十年（1860）	田登贵、田登学	陈思畴	田瑞廷	秋田一块	足色纹银二十五两
6	民国十一年（1922）	范姓	陈增梓	马开云	地一股	正板花银八元五角
7	民国二十一年（1932）	汪姓	田明先	汪荣昌	科田半块	中洋五十元

资料来源：依据《吉昌契约文书汇编》及笔者搜集契约整理。

上述转当文契中，当之物件为田地。《民国十一年（1922）陈增梓立转当陆地字》明确交代回赎期限为五年，《光绪二十六年（1900）冯法明立转当明秋田文契》取赎期限为十年，其余均无明确回赎期限。除《光绪二十二年（1896）马开成立转当科田文契》交代转当的土地来源于自己先年所当之外，② 其余的均未明确交代转当土地的来源。

咸丰十年（1860）九月初十日，陈思畴立转当明秧田文契③

> 立转当明秧田文契人陈思畴，为因缺用，亲身请凭中上门，今将与田登贵、田登学当明前山脚下秧田壹块，四至载明老契，转当与田瑞廷名下

---

① 在吉昌屯搜集的契约中，道光十四年至同治四年间，人名"汪起能"作为中人出现 10 次，买阴地 1 次，出当 1 次，"汪起伦"出现 3 次，其中《道光二十二年三月二十六日汪起能、汪起后当约》（见附录）契约首句为"汪起能"、末句为"汪起伦"，在屯堡方言二铺话中，"能"与"伦"发音相同，此处"汪起伦"与"汪起能"当为同一人。

② 参见《吉昌契约文书汇编》，第 310 页《民国十一年陈增梓立转当陆地字》，第 276 页《光绪二十二年马开成立转当科田文契》。

③ 参见《吉昌契约文书汇编》，第 288 页，结合该书第 27 页同样是由代笔人陈汉翘所书的同治三年杜卖科田赤契照片，推断此处所引契约中漫漶文字"陈□畴"及"陈□□"当为陈思畴。

为业。原日三面议定当价足色纹银贰拾两整。陈姓当席亲手领明应用。自当之后，任随田瑞廷永远耕种管业。日后登贵、登学取赎不与陈姓相干。恐后无凭。立转当一纸与瑞廷为据。

其戥系陈姓老牙戥称

凭中　田辅廷　陈榴

陈汉翘　笔

咸丰十年九月初十日　立转当契人　陈思畴

咸丰元年（1851）十二月二十八日，汪王佛会首马士先等立转当明水田①

立转当明水田文契人汪王佛会首马士先、田洪贵、章学明、田洪彩，为因于（移）业至置业，请凭中上门，将与田登学父子当明大箐水田贰块、岭岗上水田贰块，贰共田肆块，凭中出当与汪起伦名下为业。言（原）日议定当价足色纹银拾两整。会首房知（支）人亲等，不得异言。恐（空）口无凭，立当字为据。

其戥系马士先铜杆戥拾两定

与田登学当契乙（一）纸续抵

凭中　汪廷炳

代字　田方相

咸丰元年拾贰月二十八日　立

这两件转当契，书写简洁流畅，样式与其他当契并无区别。立契原因为常见的"为因乏用""移业置业"，所当的田土坐落位置和四至交代清晰，当价明白，最后是权利瑕疵保证。两件当契对老契情况均进行了说明，避免了产权不清晰导致的争端问题。

（二）卖后转当又取赎的行为

在雍乾时期，法律陆续对找价和回赎问题做出了区分和限定，明确了当和卖之间的区别在于是否允许回赎。出当时间长达十数年甚至数十年，容易导致财产转当或者转卖甚至老契遗失的情形。乾隆十八年（1753）朝廷规定三十年的典期，三十年之外不许回赎，② 有利于解决出当时间过长要求回赎而产生的纠

---

① 笔者搜集，参见附录一吉昌屯契约第14条。
② 马建石，杨育棠. 大清律例通考校注［M］. 北京：中国政法大学出版社，1992：437. "其自乾隆十八年定例以前，典卖契载未明之产，如在三十年以内，契未有'绝卖'字样者，听其照例分别找赎。若远在三十年以外，契内虽无'绝卖'字样，但未注明回赎者，即以绝产论，概不许找赎。"

纷问题。清水江文书中有明确回赎期限的典当契约，会注明"价到赎回"字样。①吉昌屯堡契约当契写明回赎期限，并特别声明回赎期满后，"有银取赎，无银任随某姓耕种"。《嘉庆二十二年（1817）汪朝德立卖明科田文契》，"……出卖与族兄汪朝礼名下耕种……朝礼永远管业"，后批中载明转当及取赎情况："此田先当与冯永禄，至道光二十六年（1846）朝礼之孙汪起云取赎……其有冯姓所让之银系卖主收，起云未沾分厘"②。这件科田卖契并未写明"绝卖"字样，汪朝礼买来后，当与冯永禄，时隔30年朝礼之孙起云赎回。对于因未能取赎而发生产权纠纷的行为，通过地方乡绅处理，立补卖契约以绝后患。③

（三）当后取赎时对尚未收获农作物的处理

从订立当契的时间点来看，农历腊月和三月立契最多，九月其次，七月、十月再其次。这些时段内土地上的农作物已经播种或者早已收获，是乡村社会的农闲时节。农民辛勤劳作一个农忙季后，地里的生产告一段落，体力和精力都需要恢复和调养，劳动强度有所降低，乡绅和一般农民都有时间坐下来商谈立契具体事宜。立契时间还与土地的产出有关。农作物已经收获，新播种的农作物刚发芽，对于下一年的农作物收成还无法预期。此时立契，不会因为土地中不可预期的收获而产生争执。但是乡村社会中有时候由于亲人亡故或者打官司、结婚等一些突发事件急需用钱，这个时候就不会特别在意土地中自己栽种的农作物还没有收获，当出后在回赎时进行明示。如《民国三十二年（1943）腊月十六日石仲和立加当字》，"为因被害，无洋应用……此房准许加当五年为限"④。对于出当后，所当土地的契税问题，规定由当与人缴纳。如《道光七年（1827）七月十二日石洪德立当田地文契》中，石洪德为因乏用，将祖父遗留分于自己名下的田和地出当给堂兄石载德后，明确要求"其随田秋米仓升捌升，

---

① 潘志成，吴大华．土地关系及其他事务文书［M］．贵阳：贵州民族出版社，2011：31.《光绪二十七年文斗寨姜贞祥兄弟典当文契》载："如过三年之外，不拘远近，价到回赎。"
② 孙兆霞，等．吉昌契约文书汇编［M］．北京：社会科学文献出版社，2010：9.
③ 《吉昌契约文书汇编》，第175页，《民国二十五年冯鲍氏同子立补卖陆地园圃文契》，"为因先年房族亲姓冯宗卫、冯宗骁将坟底下陆地一股、冯家门口大路边菜地壹段，二共卖变当与汪沈氏之祖汪士荣名下。年远久远，宗卫、宗骁远离界住居羊中白泥，未能转为取赎。今有亲侄鲍氏母子转向汪士荣之孙汪沈氏理论。当及凭地方绅耆议异，此坟抵下之陆地壹股原系宗卫、宗骁变卖，并无当契可证，实乃卖清。汪姓葬有坟墓可凭。维冯家门口大路边蔡（菜）壹段，亦有当契管业，实乃汪士荣当得。已凭地方公论，不忍冯汪座相伤处，令汪沈氏母子将洋壹拾五元补与冯鲍氏领用。"
④ 孙兆霞，等．吉昌契约文书汇编［M］．北京：社会科学文献出版社，2010：331.

系载德每年上纳无紊"①。

如果回赎时土地中尚有农作物未收获，一般都会特别注明回赎后的当季农作物收获权仍归受当人。如《光绪二十八年（1902）腊月十四日石杨氏同子官保立当科田文契》中，为因乏用，石杨氏母子二人将"科田壹块……出当与田曹氏名下……自当之后，准定三年。日后有银取赎，无银耕种"，并在后批中注明"其田二月取赎，准定田姓收小春"②，这样就保障了受当人田曹氏的利益。又如《同治元年（1862）二月十五日汪起有同子兴仁立当明陆地文契》，汪起有将陆地出当与胡陈氏，回赎期四年，契约规定，"当地之日并无洋芋，日后汪姓取赎，准胡姓收割洋芋，汪姓不得异言"③。类似的记载还有"秋收之后取赎""秋成之后方可"等。④ 有的契约明确要求，出当人若取赎，必须提前告知当与人，如《宣统元年（1909）七月十六日田云廷立当秋田文契》⑤ 在声明部分载明"取赎之日，准及七月送信八月取赎"。

（四）先当后卖的情形

在"当"的名义下，实行"卖"的事实，这类契约均没有明确注明回赎期限。如《咸丰十年（1860）九月初十日陈思畴立转当秧田文契》中规定，"当价足色纹银二十五两整……自当之后，任随田瑞廷永远耕种管业"⑥，这种没有规定赎回期限的田地，一般结果是仍由某姓永远耕种。又如《民国三十一年（1942）三月三十日石仲凡立当秧田文契》在声明语部分，明确写出"自卖之后，不及远近取赎"，⑦ 这是一件典型的借"当"之名行"卖"之实的财产转移契约，出当人没有保留回赎的权利，契约中并没有书写"绝卖""杜卖"字样。当回赎期限结束时，出当人因无力赎回，便将事先约定的不动产出卖给当与人，用于偿还当价并支付利息，买受人既可以是原当与人，也可以是任意第三人。在同等条件下，原出当人享有优先购买权。不过，通常情形下买受人多为原当与人。此时，一般会重新书写买卖契约，也有上文所列举的以当代卖的契约。这种情形在白契《民国二十五年（1936）冯鲍氏立出补卖永无后患陆地园圃文

---

① 孙兆霞，等．吉昌契约文书汇编［M］．北京：社会科学文献出版社，2010：281．
② 孙兆霞，等．吉昌契约文书汇编［M］．北京：社会科学文献出版社，2010：277．
③ 笔者搜集，契约全文见附录一吉昌屯契约第17条。
④ 参见《吉昌契约文书汇编》，第280页《民国□□年田盛庭立当明科田文契》，第297页《民国三十三年郑奎先立当明水田文契》。
⑤ 孙兆霞，等．吉昌契约文书汇编［M］．北京：社会科学文献出版社，2010：285．
⑥ 孙兆霞，等．吉昌契约文书汇编［M］．北京：社会科学文献出版社，2010：288．
⑦ 孙兆霞，等．吉昌契约文书汇编［M］．北京：社会科学文献出版社，2010：295．

契》中有所体现:"冯鲍氏同子日先,为因先年房族亲侄冯宗卫、冯宗骁将坟底下陆地……菜地……二共先当后卖汪沈氏之祖汪士荣名下。年远久远,宗卫、宗骁……未能转为取赎。今有亲侄鲍氏母子转向汪士荣之孙汪沈氏理论,当及凭地方绅耆议异。此坟底下之陆地壹股原系宗卫、宗骁变卖,并无当契可证,实乃卖清。汪姓葬有坟墓可凭。维冯家门口大路边菜地壹段,亦有当契管业,实乃汪士荣得当。已凭地方公论,不忍冯汪二姓相伤处,令汪沈氏母子将洋壹拾五元补与冯鲍氏领用……"① 因为年代久远,缺少当契证明土地产权,地方绅耆结合其他证据公平处理,订立补卖契作为凭据。

(五) 为祭祀目的的当契

立当契的目的,除了解决婚姻、官司、商贸等"乏用"情形之外,还有一种情形就是作为宗族祭祀的费用,这是乡村日常生活中值得注意的一种情形。如《咸丰七年(1857)十一月二十三日汪兴国立当陆地文契》② 记载,汪兴国为因缺用,将祖父分授自己名下的两块旱地,出当给汪起云等四名族众,获得足色纹银三两。当契并没有注明回赎期限,但注明出当后"每年还兴国上纳苞谷六斗"。汪起云等四人种兴国出当的旱地,为汪兴国交纳税赋,起云等则将此旱地作为家族的祭祀田。汪氏家族以房为祭祀单位,此则契约反映的是汪兴国将旱地出当与族人作为祭祀田,土地出产用作祭祀资金。乡村中祭祀活动所需要的资金来源,一般有本房集资、族中大户捐赠、将宗族中绝户的财产充入等几种形式。在吉昌屯堡区域,普遍以农耕为业,采取的是将田土所出物产作为祭祀资金来源的方式。从卖契中可以发现,③ 买受人将土地用作祭祀目的。

总之,"当"是通过抵押物品而取得现款,多用于表示一种不动产抵押担保文书,只转移收益权和使用权,而非所有权。土地当出后,受当人获取土地的使用权和收取地租的权利。在一定的期限内,出当人对物件有回赎的权利。在所当物件逾期不赎时,放款者有处分物件的权利。如果物件是土地,就会任由当与人耕种管业,使用和收益权也从出当人身上转移到当与人身上。

屯堡当契无论有无明确的回赎期限,都很难见到对利息的记载,少数契约记载需要缴纳科米(秋米)仓升的数量。这或许是将利息计算在当价中,抑或

---

① 孙兆霞,等.吉昌契约文书汇编[M].北京:社会科学文献出版社,2010:175.
② 孙兆霞,等.吉昌契约文书汇编[M].北京:社会科学文献出版社,2010:299.
③ 《吉昌契约文书汇编》第144、167页卖阴阳陆地文契中,买受人将旱地作为祭祀用途;第373、374页分关契约中明确规定土地用于祭祀。

是按照农村约定俗成的利率，尚需要进一步研究。① 在屯堡乡村熟人社会中，即使存在亲邻关系，借贷双方也会通过订立"当契"来确立借贷关系，以要约的形式建构起借贷的诚信机制，保障双方的权利。亲邻之间土地、房产的流转，在一定程度上增强了乡村社会资金自我调剂的能力，反映出民间资本市场的发展，促进了屯堡乡村社会的近代转型。

第三节 分关契约

在中国传统社会，对应官方分家析产的律令，诸子平分的分家以契约文书的形式认定。所谓"恐（空）口无凭，立分关永远存照"②。此后如发生土地纠纷或土地买卖，则到官府诉讼及过割，制作经官府验查、具有法律效力的凭证。通常意义上的分家，一般发生在一个或数个儿子长大成家之后，是一种人员和财产分离的状态和过程，指已婚兄弟通过分割财产的方式与其他兄弟分开，从而脱离原有的大家庭，另起炉灶、独立生活，对外构成一个新的独立的小家庭。财产尤其是土地等生产资料及生产工具分割之后，家庭在经济上形成相对的独立性。正如费孝通所言，"家中的家庭核心增大时，这个群体就变得不稳定起来。这就导致分家……经济上，他们变独立了，这就是说他们各有一份财产，各有一个炉灶。但各种社会义务仍然把他们联系在一起……他们互相帮助，在日常生活中关系比较密切"③。

屯堡区域的人们出于长期使用契约文书的习惯，一般都要订立分配处置家庭财产的析产文书。这种分家析产文书大多称为"分关"或是"分单""分书""分关字"，有的也称"分关合同"。将数件同样内容的文书叠放在一起，在拼

---

① 屯堡所见契约，仅有2件讲到借钱时利息的计算问题，一件是用物产抵利息，另一件是本息合并作价偿还。《吉昌屯堡契约汇编》第340页《民国二十七年九月初二日宋季周立借银元字》，"宋季周……借到冯姓大祭祀上人等冯治臣、冯焕云、冯明清、冯德鑫、冯亮才头人名下正板中洋伍拾元整……自借之后，言定每月□□□□角仙不得短少。季周自愿将洋烟□□□□佰零一两作抵。如有短少，任随冯姓祭祀上人等拿烟作抵利息"。笔者搜集的《民国十四年三月初八日汪纯玉立借银约字》，"汪纯玉……借到范光廷名下洋银拾元，四年无利，共算贰拾贰元整……愿将□岩大田贰块作抵业耕安，变卖偿还"。参见附录一吉昌屯契约第62条。
② 参见《吉昌契约文书汇编》第349页，其他分关文书也有类似的"恐（空）口无凭，立分关一纸永远为据"字样。
③ 费孝通. 江村经济［M］. 上海：上海人民出版社，2007：71.

合处写上"合同永远为据"等语①，当事人各执一件，作为拥有分得产业所有权的凭证。

表3-3 清至民国吉昌分关契约统计表

序号	分关时间	分关人	分关原因	亲属关系	备注/立契人
1	乾隆四十二年(1777)九月十六日	汪子重、母亲		弟兄	母亲主持分家
2	乾隆五十五年(1790)七月初五日	汪子重	为因祖父遗留山场林木	胞侄	
3	道光二十四年(1844)五月十三日	汪廷柏、汪起云、汪起贵		弟兄	父亲主持分家
4	道光三十年(1850)三月初八日	汪起能、汪起厚、汪万国		弟兄	
5	咸丰五年(1855)二月二十一日	田应孝、田尚于、田立、田成、田庆、田瑞廷、田相廷、田有廷	为因二家法嗣所遗留山场陆地于咸丰五年(1855)	房族	二房凭族长均分
6	咸丰六年(1856)八月初六日	汪廷柏、汪起云、汪起贵		弟兄	父亲主持分家
7	同治六年(1867)三月初三日	汪田氏、汪兴明、汪兴贤		弟兄	母亲主持分家
8	光绪十一年(1885)九月初八日	田容、田兴廷、田法廷、田盛廷		弟兄	父亲主持分家
9	光绪二十三年(1897)五月二十日	铭动、廷钰、廷蕃		伯侄	祖父支持分家
10	光绪二十五年(1899)六月二十八日	汪兴才、长子绳荣	为因所生三子长大成人，各自情愿分家。	弟兄	父亲主持分家
11	光绪二十七年(1901)冬月初六日	胡成昌	为将祖父遗留田产地业	弟兄	
12	光绪二十九年(1903)六月二十七日	田礼、田庆昌		弟兄	父亲主持

① 孙兆霞，等．吉昌契约文书汇编［M］．北京：社会科学文献出版社，2010：343．

续表

序号	分关时间	分关人	分关原因	亲属关系	备注/立契人
13	光绪三十二年（1905）二月十六日	马陈氏、马开云、马开臣	为因先夫早亡，年近六旬，家事难理，膝下所生三人长大成人。	弟兄	母亲主持分家
14	宣统元年（1909）三月二十八日	冯云清		弟兄	
15	宣统元年（1909）十月二十七日	马陈氏、马开臣、马开文	为因幼子马开文喜事之资	弟兄	母亲主持分家
16	宣统二年（1910）岁次庚戌腊月初八日	石维元、石维洪		弟兄	
17	民国二年（1913）二月初三日	田庆昌、兴□、田黄氏		弟兄	
18	民国七年（1918）二月二十七日	陈增荣、陈金音	为因年已六旬，子女业已成人。	弟兄	父亲主持分家
19	民国十年（1921）二月初一日	马起义	为因弟兄成人	弟兄	马起义
20	民国十年（1921）二月初一日	马起昌	为因弟兄成人	弟兄	马起昌
21	民国十年（1921）冬月初五日	马陈氏、长孙马元妹弟兄二人	为因先夫亡故，子女业已婚配。	祖孙	马元妹立，马元妹弟兄二人作壹股。
22	民国十年（1921）冬月初五日	马陈氏、幺子马开文	为因先夫亡故，子女业已婚配。	弟兄与侄子	马开文
23	民国十年（1921）冬月初五日	马陈氏、次子马开成	为因先夫亡故，子女业已婚配。	弟兄与侄子	马开成
24	民国十四年（1925）八月二十日	石范氏、次子石治奎、三子廷选		弟兄	石范氏
25	民国十八年（1929）八月十九日	冯双臣弟兄四人		弟兄	

续表

序号	分关时间	分关人	分关原因	亲属关系	备注/立契人
26	民国二十二年（1933）九月二十八日	马开臣、三子起忠		弟兄	
27	民国二十二年（1933）九月二十八日	马开臣、次子起贤		弟兄	
28	民国二十四年（1935）十月初八日	汪沈氏、汪麒麟、汪奇才		女儿、继子	
29	民国二十四年（1935）十月初八日	汪沈氏、汪奇才		女儿、继子	
30	民国二十六年（1937）五月初八日	冯兴盛、次子冯明清		弟兄	冯兴盛
31	民国二十六年（1937）六月二十八日	马开臣、次子马起国	为因年老力衰，难以管理家事，诸子已皆长成。	弟兄	
32	民国二十六年（1937）七月十五日	冯才显、冯宋氏	为因分授家业	弟兄	
33	民国三十一年（1942）	汪仲元	为因弟兄争论	弟兄	
34	民国三十二年（1943）四月初四日	马开成、长子起运、次子起贤、三子起忠		弟兄	马起贤、马起运、马起忠
35	民国三十二年（1943）旧历六月十八日	石范氏、银秀、石云成 石治成 石友成	情因所生三子于本□□度□□银秀□出阁，无洋办理	兄妹	石云成、石治成、石友成
36	民国三十三年（1944）六月初二日	胡臣昌、胡玉昌		弟兄	
37	民国三十五年（1946）十月十八日	胡伯先、胡云先、胡仲先、胡张氏弟兄四人		弟兄	胡仲先

138

续表

序号	分关时间	分关人	分关原因	亲属关系	备注/立契人
38	民国①	陶柏香、继子陶炳章、长女云妹	今因年老力衰，难以督理家务。	继子兄妹	

资料来源：《吉昌契约文书汇编》及笔者搜集的契约，依分关时间排列。

上述38件分关契约，记录了乾隆四十二年（1777）至民国年间发生的分家行为。从契约对分家原因的记述来看，没有记载的有21件，直接写明分家的有2件，因"夫亡、年六旬、家事难理、子女长大"的有8件，因子女结婚需要资金的有2件，因"弟兄成人"的有3件，因争夺山林资源的有2件。还有上述几种原因兼而有之的分关契约。从亲属关系来看，亲属关系书写"房族"的仅有1件。房族中间隔1代的有1件，间隔2代的有2件。同一代人中，兄弟、子女之间分家的多达36件。从原因的记载看，造成"家事难理"的情形，既有"先夫早亡"，又有"年六旬"，更有儿子"长大成人、业已婚配"因素。在宗族社会形态充分发展的江南徽州府，分家是因为遇到一些实际问题，需要分家才能较好地解决。一是家庭经济原因，主要表现为大家庭生活困难、兄弟间经济不清。二是家庭情感原因，主要表现为父子不和、兄弟不和、妯娌不和、姑嫂不和等家庭不和睦的行为。而在自称祖源地为江南的安顺屯堡移民后裔中，其分家原因大抵是经济原因，分家的主持者多数为父亲或者母亲，祖父主持分家的仅占极少数。分关人多为兄弟、兄妹关系。

屯堡分家文书中一个重要记载事项就是土地房产的分配，父母的田产分给数个成家的儿子，每人均占一股。屯堡农民和其他地区的汉族农户一样，除了

---

① 笔者检阅所及，陶柏香首次出现在"光绪二十二年马开成立转当科田文契"中，作为两个"凭中人"身份的第二人；第二次出现是在"民国十年马起义立分关文契"中，作为四个"凭中"身份的第四人。此处"陶柏香立分关文契"为第三次出现，该契无凭中、代笔及时间。笔者就《吉昌契约文书汇编》一书的中人身份在吉昌村调查，获悉年龄最小的中人是时年15岁，时为平坝天龙学堂学生。按照担任中人时年满15岁的习惯以及其他契约中"年近六旬"的记载，订立此份分关文契时，陶柏香"年老力衰"，综合推算，其年龄在60至70岁之间可能性较大。故将陶柏香所立分关文契列为民国时期发生的契约。另有陶伯香，在"民国十年二月初一日马起昌立分关文契"中担任"凭证"，"民国二十五年七月初八日马姓等立了息约"担任"本族凭证"，"民国二十六年六月二十八日马开臣立分管文契"担任"代笔"。据马起义、马起昌弟兄分关文书推断，陶柏香与陶伯香应为同一人。

从土地上获取一家老小的衣食之外，土地还是安身立命的保障。将土地作为一种重要的财产在父子之间传递，显示出农民占有土地是获得保障的前提之一。同其他契约文书一样，这类文书具备了一定的规范性书写程序。

一、分关契约程序

晚清民国时期，屯堡分关契约在书写方面，传承了屯堡先民移出地之一的江南契约的文书程序。清代徽州分家文书的程序，主要包括序言、析产内容、落款三部分。① 序言一般追溯先祖或家长创业的艰辛、守成的不易，紧接着交代分家原因、分家方式。交代分家原因后，讲明凭房族人等前来见证分家，随后是直书或以"计开""计列"打头，逐笔列出进行分配的田产并说明田地和房产的具体位置，接着交代是通过抓阄的方式确定所分得的财产份额。列出诸子分得的财产份额后，声明"二比情愿，不得翻悔异言"或"若有后来翻悔等情，天理不容、祖宗不佑"等。结尾部分会提出一些要求如"殷勤耕种""勤俭耕种"等，并加以"弟兄和睦、子孙长盛、富贵双全"或"利胜陶朱、万代富贵"等吉祥语。② 落款部分由凭中、代笔、日期组成，作为分家仪式主持人及见证人的一干亲族，要作为凭中在分家文书上签署。若有尚未分割的财产，也需作出相应的处理，一般是规定由众兄弟合伙使用，在友好协商氛围下酌情妥善处理，如吉昌分家契约中对堂屋的使用。事实上，在分家之后，诸兄弟叔侄之间往往仍然存在频繁的共同购买山场田地的经济合作关系。吉昌屯堡的分关契约程序大体相同。下面以一件完整的分关契约为例，对屯堡分关契约程序做出分析。

民国三十三年（1944）六月初二日，胡臣昌胡玉昌弟兄二人立分关③

> 立出分关字人胡臣昌、胡玉昌弟兄二人，皆以忠孝传家，诗书维世，遗泽孔长，乃以培忠厚植阴功，皇天眷顾生吾弟兄，诚甚盛也。历居数十余年，同心同德，以成大富家业，人口繁盛。诚所谓积善之家必有余庆，然以枝繁叶茂派别远流。弟兄相约家族到居，将所置之业其田产之肥瘠，山场陆地之宽窄，房屋之高下，园圃之左右，均匀品搭，凭神拈阄，勿得厚此薄比（彼）等情。自分之后，各照分关管业，神其佑之，祖其佑之，

---

① 张妍，毛立平. 19世纪中期中国家庭的社会经济透视[M]. 北京：中国人民大学出版社，2003：70-71.
② 孙兆霞，等. 吉昌契约文书汇编[M]. 北京：社会科学文献出版社，2010：371，373，375.
③ 笔者搜集，参见附录一吉昌屯契约第78条。

<<< 第三章 吉昌屯堡契约的类型与内涵

则鑫斯衍庆，长发其祥，万代富贵矣。

谨将胡臣昌得授之业目录于后

计开吴家地秧田一块，水田二块，金伦屯水田二块，湾山干田一块，长河湾水田一块，白泥水田一块，猴儿山关口地一块，并山场陆地大小三块。斗岩山偏坡地一段并地脚一条，冯家门东边大田半块，和尚庵庙下边地一股。

其田之赋税照所分授之业上纳至国，计之军粮，弟兄二人平均缴解，勿得借故争执，此据。

老豹河小滥田一块。

其有和尚庵下边三块，胡臣昌管业，大菁坡陆地以作祀事，其有家财合住，或十年八年三二股所分。

毛而山将大沟边田乙（一）块，掉胡少华田乙（一）箱（厢）。

其有正房一间，日后二家作如堂屋，外边新起房子，法林有衰住一间，若移不成，正房为法林管业。

其有堂屋为臣昌所管，不与他们相干。

(半字) 子孙发达，万代富贵

凭中 家族 胡炳奎 云周 季昌 庆先 伯轩 俊中 许西臣

胡雨周 草

后批胡庆先笔

民国三十三年六月初二日 立

第一部分是契约序言，写明此件分关文书是胡臣昌、胡玉昌弟兄二人所立，不似其他分书是由父亲或母亲所立。接着是追溯家世，虽没有叙述祖上创业之艰难，但回顾了繁盛富裕的家世。序言中没有说明分家的具体原因，但交代了分家的过程：请族人来做凭中，胪列家产。分家方式为"凭神拈阄"。分书中父母没有出现，或已故去，所以请族人来家中主持。从落款部分"凭中家族"所列的六个胡姓、一个许姓来看，许西臣与胡家关系比较亲密，为胡家人所信任。① 在家族及亲邻的参与下，将父母置下的田产、山场、房屋、园圃品搭均

---

① 在已经搜集到的吉昌屯堡契约中，许西臣参与订立的契约连同本份在内一共6件，均以凭中身份出现。其中《民国二十五年冯鲍氏同子立补卖陆地园圃文契》有2件，土地坐落与四至、补价、参与人等信息完全一致。这些契约涉及田家、石家、许家、冯家、汪家、胡家，时间跨度从民国二年（1913）腊月到民国三十四年（1945）三月。另有"许袭臣"出现2次，民国二年（1913）身份是立契人，民国十九年（1930）是代笔人。

141

匀，分成两件，兄弟二人凭神拈阄。"神"在吉昌屯堡主要有玉皇大帝、观音、汪公以及自己的祖先神，"凭神"行为，既是向神灵保证自己在分家行为中的公正、虔诚之心，又是向神灵祈祷之意思表示。序言最后对弟兄二人提出了要求："自分之后，各照分关管业"，并有"长发其祥，万代富贵"吉祥语，这是一种程序化的客套表达。落款部分有半书"子孙发达、万代富贵"，兄弟二人契约合在一起，八个字就完整地显示出来。半书在分关文书中使用比较普遍，诸如"关""分关""分关合约""天理良心""子孙千亿，福禄绵远"字样，① 不一而足。这些表达和书写形式，借助吉祥语，表达屯堡民间社会讲信用、重承诺的情感。

这件胡氏分家契约是父母不在世的情况下，已经成家的兄弟间的分家行为，因而没有为父母或幼弟保留一定份额。有一些是父母在世时为子女分家的行为，会先留出一定份额作为老人养膳田或是幼子、幼女成婚之资。如《民国三十二年（1943）马开成立出分关奉养令尊字据》，"所生三子各有家室……将养老除之，田土地业三子均分……"，② 又如《民国三十二年（1943）石范氏立分关》，"情因所生三子于本□□度□□银秀□出阁……除大沟边田一块以作银秀□出阁之费……其有养赡之业，何家塘茶叶地，又友成年幼，嗣长成人完婚，除有酒盆地随时变用，余积弟兄均分"③。在亲族见证下，先将家产拨出若干作为父母养赡田或幼子、未出阁女儿的婚嫁田产，保证了老人和年幼孩子的权益，不至于因分家致困。

第二部分是分居析产的内容。列出分布在村寨各处的秧田、水田、旱地、房产，兄弟二人各自所分份额。田土应缴纳的赋税，按照分家后土地的份额缴纳国库，军粮由弟兄二人均摊。在田产分配部分，以"后批"的形式作出特别规定，④ 一是保留一处旱地作为祭祀地用途，二是土地调换、房屋使用的具体规

---

① 《吉昌屯堡契约文书汇编》第341—380页收录39件分关文书，其中有29件有半字痕迹，《民国二十二年马开臣里分关》为三子分关，仅存2件文书，"天理良心"和立契时间均采用半字形式，《民国二十四年汪沈氏立出分关字据》为二子分关，留存文书2件，仅立契日期采用半字形式书写。笔者搜集的契约中有11件写有"分关""天地良心"等半字字样，见附录。所见1950年以来的分关文书，吉昌屯均无半字形式，雷屯仅1994年全圣凤分房契中有半字"万代流芳"。
② 孙兆霞，等.吉昌契约文书汇编［M］.北京：社会科学文献出版社，2010：373.
③ 孙兆霞，等.吉昌契约文书汇编［M］.北京：社会科学文献出版社，2010：374.
④ 胡臣昌、胡玉昌弟兄分关文书载明的老豹河、毛儿山、大箐坡等地名所处位置，详见图1-4吉昌屯村落资源分布图。查阅所见的吉昌屯堡契约，记载民国十一年（1922）有"杨法林、杨发生"两弟兄出卖科田与汪沈氏名下耕种一事，"杨法林"与此契约中的"法林"是否存在关联，有待结合家谱及访谈做进一步考证。

定。这件契约突出之处在于，兄弟二人所得份额，共同书写在同一张契纸上，契约一式二份各人执掌一份。① 其他契约，单张文书仅记载持契人所分得的家产份额，每人执掌的文书所载田产地业均不同。如笔者搜集到的《民国辛酉年（1921）十月十八日雷寿昌、繁昌、恒昌、邦昌弟兄四人立出分关字》，文书所记载的是恒昌分得的田产地业份额，据此，应该还有另外三人各自所得份额的文书，尚未发现而已。但是这种兄弟分家独自执掌相应份额的文书，并非完全不同的份额记载。如《民国二十四年（1935）汪沈氏立出分关字》存有2件文书，汪麒麟与汪奇才所持的文书记录了各自分得的田土，其中秧田一块两人各半，秧田的水源保障在两件契约的后批中均予以明确："其有长田水路现走秧田二块通过，不得阻塞"②，属于分家后兄弟两人需要共同遵守，且与第三方权属人有关的条款，在数件文书中均需做出交代。这两件分关文书，无论是记载的内容相同还是相异，均有半书字样，规避了"恐（空）口无凭"日后纷争的情形。

分居析产的内容逐一列举。对于未分割的财产，需做出相应的处理。一般是规定由众兄弟合伙使用，在友好协商氛围下酌情妥善处理，照顾到弱小者的利益。最明显的是对公共财产的使用规定，主要是房屋。如《光绪三十二年（1906）马陈氏立出分关字》加批："堂屋天井系是三人公众。弟兄愿除竹园边地一块、偏坡地一股，愿除与大哥马开云名下永远耕种。日后不准翻悔，如有此情，自甘重咎。"《宣统元年（1909）冯云清立出分关字》规定"堂屋兑碓弟兄三人共仲"，《民国三十五年（1946）胡伯先等弟兄四人立出分关字》规定"堂屋公共"。甚至在《1961年许俊安等弟兄四人立出分关字据》中，也规定有"堂屋下面楼共利用"③。众多分关契约对堂屋的使用专门做出规定，原因之一是家庭积累少，分家后的小家庭虽自立门户，但短期内无力建造新房子。更重要的是，在屯堡人的房子里，祖先的香火供奉在堂屋，年节时需要在堂屋祭祀祖先神灵。堂屋共享，除了公共通道这一基本功能外，祭祀祖先神灵是堂屋最重要的功能。堂屋共香火，是宗族血缘的认同标志和亲族血脉传承的体现。

分关文书的书写程式中，有一个不容忽视的环节是落款，落款记载了参与分家的人员状况，反映出屯堡村落人际关系网络。与卖契、当契相比，分关文

---

① 类似的契约还有1961年许俊安四兄弟分关文书，四人所分份额书写在同一契纸上，一式四份。参见《吉昌契约文书汇编》第376—377页。
② 孙兆霞，等. 吉昌契约文书汇编［M］. 北京：社会科学文献出版社，2010：368-369.
③ 孙兆霞，等. 吉昌契约文书汇编［M］. 北京：社会科学文献出版社，2010：352，353，375，377.

书参与者呈现出的明显特征是宗族均参与分关过程，充当凭中和代书人角色。所见屯堡分关文书，除《陶柏香立出分关字》没有落款之外，① 其余的均有落款。落款部分写有"凭中"，也有写作"凭"或"凭本族"，有的直接是"本族""族长"而略去"凭"字，有的则分开记载"亲长、凭本族、凭中"，他们是分关活动现场的见证人。与卖契、当契的"凭中"相比，分关文书中，族人是必须参与的，亲戚参与也较普遍。族中尊长、近支请来见证分关过程，起监督公正作用。"凭亲"通常有舅家、姑父、姨父等人，如《道光二十四年（1844）汪廷柏立遗嘱分关》，先书"姨父江士元、母舅田士洪"后，才是汪姓"凭中"。《咸丰六年（1856）汪廷柏在立遗嘱分关》的签署位置，先书"亲长江士元、田士洪"，接着书汪姓"凭本族"，再是陈姓、冯姓的"凭中"，最后是"依口代笔"。《民国三十二年（1943）冯开成里出分关奉养字据》契末签署处，先书"凭亲谊 罗亮先、姑父汪荣昌"②。邻居对分家所在的家庭情况比较了解，或涉及土地、房产等的相邻物权，有时候也受邀作为中人。屯堡人在聚落内部通婚，毗邻而居，容易形成既是邻居又是亲族的关系网络。当凭中人数较多时，一般按照辈分从高到低、年龄由大及小来排列。《民国二十四年（1935）十月初八日汪沈氏立分关字据》③的落款部分，"凭族长"下面，先列出"冯发云"，接着五位汪姓，后接着两位冯姓，下一列又是两位汪姓。

凭中之后是契约书写人的名字，写作"代笔""代字"，表示契约是由有着一定文化程度的书写者代为书写的。所见屯堡分关文书，代笔人角色是与分关人的姓氏相同的同族人承担，有的写明与分关人的关系。④ 分关文书中尚未发现有类似立卖契、立当契那样，由立契人亲自书写的"亲笔"情况。凭中和代笔由宗族人员充当，反映出屯堡社会中，分家这种宗族内部的事务，更多地是由宗族亲长来主导处理。凭中和代笔在契约格式上，没有严格的固定顺序和位置。如：《民国十年（1921）马起昌立出分关字》是先写"凭证"后写"代字"，《民国十年（1921）马陈氏立分关字》是先写"代字"，再写"凭亲邻"⑤。最

---

① 孙兆霞，等．吉昌契约文书汇编［M］．北京：社会科学文献出版社，2010：379．
② 参见《吉昌契约文书汇编》一书中，第344—345页《道光二十四年汪廷柏立遗嘱分关》，第347页《咸丰六年汪廷柏立遗嘱分开字》在落款中，自右至左依次书"亲长""凭本族""凭中""代笔"人名字。《民国三十二年冯开成里出分关奉养字据》见第373页。
③ 孙兆霞，等．吉昌契约文书汇编［M］．北京：社会科学文献出版社，2010：368-369．
④ 如《吉昌契约文书汇编》，第376—377页《一九六一年许俊安等弟兄四人立出分关字》中，书"代笔叔许谨策（井泽）"字样。
⑤ 孙兆霞，等．吉昌契约文书汇编［M］．北京：社会科学文献出版社，2010：360-361．

后是立分文书人的名字，前引两件分书，马起昌立分书落款写明是家长"马起昌立"字样，马陈氏立分关落款是长孙"马元妹立"，《民国三十二年（1943）石范氏立分关》，[①] 三个儿子名字依次出现在落款中，此类情况不一而足，表明宗族对分关的重视。

吉昌屯堡分关文书中还有加批等非程式化的书写。一是载明增删字样"内添几字"或"内涂几字"。二是在开列批分各项析产之后，改注、补注的新内容。这些内容少则寥寥数语，多则数行乃至一段文字。内容是父家长对自留自管或分家后新置产业乃至存众公产、族产的补充说明，带有遗嘱的意味。父家长自留自管或分家后新置产业，对诸子而言是一种潜在的公产，父家长去世后，这种潜在的公产立即变现，成为再一次分割的家产。还有的是数年或者数十年之后加批的内容，如《同治六年（1867）三月初三日汪田氏立遗嘱分单》，加批"至光绪叁年，所遗房屋、坟底下地、小山地未分，弟兄二人商议，均分房屋地土……恐（空）口无凭，后批分关为据"，清晰地记录了汪田氏去世后兄弟俩二次分割家产的过程，显示出汪田氏家产的演变。又如《光绪十一年（1885）九月初八日田容立分关文书》，加批文字共三处，"上纳粮四升四合七勺，东边房屋搭西边房屋银十一两"，是立契时对租赋和房屋的补充规定。"光绪十六年（1890），凭本族将陆地均分……如有翻悔，神不佑"是第二次加批。"当面批明田法廷、兄田盛廷二人为因卖青枫树，二彼到局断……不得后患"是第三次加批。[②] 这类再次分割的加批，均在文后注明了日期，批前或批后注明"再批"或"又照"等字样。此处所引汪田氏、田容分关文书，不同时间的加批文字后面，均有新的凭中和代字人签署，不同于立契时的凭中与代字人。签署形式同本章第一节分析的情形类似，画"+"或画"○"押。

二、分家原因

明清时期，我国西南地区少数民族社会已经形成了以核心家庭为主，主干家庭、扩大式家庭和多偶婚家庭为辅的多种形式并存的家庭结构。[③] 主干家庭是包含两个或两个以上的核心家庭，凭借血缘将几代家庭成员联结起来。核心家庭系是由父母及其未婚子女所组成的家庭，这种形式的家庭在屯堡社会中规模并不大，一般在在3—5口之间，分家析产是形成核心家庭的主要方式。清代中

---

① 孙兆霞，等. 吉昌契约文书汇编 [M]. 北京：社会科学文献出版社，2010：374.
② 两则契约分别参见《吉昌契约文书汇编》，第348页、第349页。
③ 瞿明安. 近代中国少数民族家庭结构及其变迁 [J]. 中央民族大学学报（哲学社会科学版），2002（04）：42-46.

期以后，屯堡社会中虽然部分保留了父子、兄弟、叔侄几代人同居共财的大家庭，但盛行的仍然是核心家庭。分家，是一个家庭裂变的过程，在这个过程中，本处于一个亲属团体里的各个家庭成员，裂变为几个经济上独立的小亲属团体。分家之后，诸兄弟、叔侄之间血缘关系延续，往往仍然存在频繁的经济合作关系，兄弟之间、叔侄之间存在的田产交易契约即是例证。分家析产是农村社会各阶层普遍存在的家庭周期性事件之一。若只有一子，父母与儿子共同生活，极少存在分家问题。多子女家庭中，则是父与子间及同父兄弟间财产的再分配行为，这是土地的纵向流动。① 分家析产的对象主要是土地、房屋等。土地作为农耕社会最基本的生产资料，是相对于财产继承的最重要内容。

分家文书在详列当事人姓名后，写明分家理由。导致分家的因素，各个家庭的情况不尽相同。受家庭经济情况影响居多，如"人口日增，田产益广，欲合种以同收，恐彼早而此晏"等，② 或是因为父母中一方或双方去世引发家境贫困，或是兄弟之间存在经济利益纠葛导致大家庭不和睦。清代徽州分家文书，张研将其分家原因概括为三种，一是家长年老体衰，家政难于统理；二是人口浩繁，日给艰辛；三是诸子（妇）各怀嫉妒私心，遇事推诿，坐吃山空，共致贫穷。③ 在上述原因中，管理因素和情感因素固然是重要方面，但经济因素应当是具有决定性的力量。大家庭中数代人同居共爨，情感上互相依赖、影响，生活难以统筹安排，经济上难以合理配置。分家之后，化整为零，别居独处的小家庭从自己的实际情况考虑，灵活自主地安排生产和生活。由于生产行为与既得利益直接挂钩，调动了个体家庭的生产积极性。关于分家诸子间的利益纷争，弗里德曼从兄弟间经济上的竞争关系和利害冲突关系两个侧面进行了分析。他认为，当家长在世的时候，一个大家庭中的儿子在现实中并不具有行使个人权利的能力，这一权利处于潜在的状态中。此时，兄弟间的竞争关系主要由娶进门的妯娌来表现。当父亲的权威一旦消失，这一竞争关系就表面化了，家庭的分裂也就不可避免。④ 在儒家伦理中，一直强调的是兄弟之间的精诚团结，但由于财产的因素，兄弟之间的分离又成为一种现实。分家导致的分灶，成为结束大家庭同居共爨状态的首要标志。

---

① 唐致卿. 近代山东农村社会经济研究 [M]. 北京：人民出版社，2004：333.
② 陈金全，杜万华. 贵州文斗寨苗族契约法律文书汇编：姜元泽家藏契约文书 [M]. 北京：人民出版社，2008：325.
③ 张研. 对清代徽州分家文书书写程式的考察与分析 [J]. 清史研究，2002（04）：8-19.
④ FREEDMAN. Chinese Lineage and Society：Fukien and Kwangtun [M]. London：Bloomsbury Academic，1971：46.

>>> 第三章 吉昌屯堡契约的类型与内涵

屯堡人的核心家庭结构和地域文化中养成的忠孝观念，使得屯堡人普遍家庭和睦，很少会出现兄弟阋于墙的情形，因而分家原因比较单一。晚清民国吉昌屯堡分关契约有38件（如表3-3），时间跨度从乾隆四十二年（1777）到民国三十五年（1946）。试举几例略作分析。

（一）父母一方去世，另一方年老体弱，家事难理

光绪三十二年（1906）马陈氏立分关文契①

  立出分关字人马陈氏，只因先夫早亡，年近六旬，家事难理，膝下所生三人长大成人，只得请亲谊，将祖父遗留所置田产地业房子凭神拈阄。次子马开臣拈得大菁头地北半股，远团山地西半股，大瘦地一股，上抵坟院斗鸡坡地一股，遍坡地脚下小田一块，峒口田一块，路边小田一块，大菁头秧田一块，鲍家树林地上下二团，房子左边正房一间、厢房一支。此是凭神拈得，各管各业，科米照契所领，日后不得番（翻）侮（悔）。若有番（翻）侮（悔），神灵鉴察。自分之后，百子千孙万代富贵矣。

  堂屋天井系是三人公众。

  弟兄愿除竹园边地一块、遍坡地一股，愿除与大哥马开云名下永远耕种。日后不准番（翻）悔，如有此情，自干（甘）重叠。

                [半书] 万代富贵

    凭中人 田庆余 陶子红 陈灿文 马海清 陈耀二

        代字 陈星五

        光绪三十二年二月十六日 分立

  后批：东边青枫林二厢，又下西边茶子地壹厢抵路，又东边水竹树木壹股。

             独立元年冬月初六日 立

    凭中人 田庆余 田昆 陈日贵 陈耀三

        代字 许袭臣

这件契约反映的分家原因，是"先夫早亡，年近六旬，家事难理"。母亲年老体衰，家政难以统理，分家成为必然。次子马开臣拈得的一件家产，有坡地、水田、秧田、正房、厢房等，并且承担了大家庭所需要缴纳的科米份额。马开臣将土地的一部分出让与大哥马开云耕种，这可能是出自兄弟情谊而让出的部分，不是大哥应当得到的份额，故以后批形式书写，没有在正文部分作为家产

---

① 孙兆霞，等. 吉昌契约文书汇编 [M]. 北京：社会科学文献出版社，2010：352.

147

写人阄书均分。独立元年①，又对家产中的林地和林木的归属进行加批，当是财产的第二次分割。第二次分割时，也有凭中和代笔的签署。凭中田庆余参与了分关约的首次签订和后批，代笔人从第一次分割时的陈星五换成了二次分割时的许袭臣，是一次有族人和乡绅参与的正式的二次析分的分关行为。

（二）通过分家形式来筹措年幼子女结婚所需资金

宣统元年（1909）马陈氏立分关文契②

　　立出分约字人马陈氏，为因幼子马开文喜事之资，所除有田地大小五块，对象凭神拈阄，未成（存）偏见，次子马开臣拈得小弯（湾）田尖阁田小地乙（壹）块，载明毫无差错，今因喜期在逼，挈银伍两，开文当席领明应用。此系二彼心悦诚服，并非逼迫等情。如有此情，自干（甘）重咎。恐（空）口无凭，特立分约为据。

代字　陈德明
凭中　马开云　冯发贤
宣统元年十月二十七日　马陈氏　立

在马陈氏为长子马开云和次子马开臣分家的3年之后，第三子马开文结婚。于是，在马陈氏主持下，次子和三子又进行了一次家产分割。据上引分书记载，次子马开臣分得田和地一块，契银五两。自此，马陈氏的三个儿子均已成家立业。因筹集结婚所需资金的契约，又如《民国三十二年（1943）石范氏立分关文书》，载"情因所生三子于本□□度□□银秀□出阁，无洋办理……除大沟边田一块以作银秀□出阁之费，即日批定□目叁仟元"③。

---

① "独立元年"系1911年。1911年，辛亥革命胜利之后，贵州宣布独立。1911年11月4日，革命者决定成立大汉贵州军政府，委托同盟会贵州分会会长平刚起草军政府大纲。1911年11月6日，正式成立大汉贵州军政府，发布《大汉贵州军政府令》作为第一号安民告示。《大汉贵州军政府令》正文共六列，自右向左排列，每列上下各一句。内容为："贵州宣布独立，已于前日举行。所有专制苛政，一切扫除勿存。创此空前盛举，人民更庆再生。无论官绅士庶，各自安堵勿惊。倘有籍极端骚扰，立予斩首不徇。为此剀切晓谕，其各一体懔遵。"左侧标题第四字"州"和第五字"军"上印"大汉贵州军政府关防"印一枚，印章长11cm，宽7cm，阳文篆书。该印现藏于贵州省博物馆。安顺屯堡区域的民众称1911年为"独立元年"或"大汉元年"兼而有之，此处即使用"独立元年"。屯堡契约和鲍家屯家族墓地中所立墓碑均见有此类用语。
② 孙兆霞，等. 吉昌契约文书汇编[M]. 北京：社会科学文献出版社，2010：354.
③ 孙兆霞，等. 吉昌契约文书汇编[M]. 北京：社会科学文献出版社，2010：374.

(三) 人口众多，日给艰辛

光绪二十五年（1899）六月二十八日，汪兴才立分关①

　　立出分关字人汪兴才，为因所生三子长大成人，各自情愿分家。今凭亲族将田产一并均分。长子汪兴绳荣凭神拈阄，得受（授）银坑大地壹股，麻地壹股，关口地进园门壹块，抵坑右柱边壹段，斗岩山壹块，岩嫁地壹块，岭岗上关口田壹块，岭岗园壹个，大坡顶山壹块，小山背月火亮田壹块，限坑田壹块，相房贰间，除进门壹间底下为三家公所，门前中树地壹条。自分之后，不得翻悔移界展垠。如有此情，天理不容，神灵鉴察。恐（空）口无凭，立分关为据。

　　　　　　　　　　　　　　　　　　　半书□□□
　　　　　　　　　　　　　　　　　　　　代字　汪仁苍
　　　　凭亲族　汪兴贤　汪兴富　汪兴刘　汪兴灿　石秉贵　冯才荣
　　　　　　　　　　　　光绪贰拾伍年六月二十八日　立

在这个扩大家庭中，至少有 2 代 7 口人同居共财。家庭中年长识高的汪兴才为家长，管理与监督一家大小的行止作息，经管与处理财产出纳。受儒家文化的影响，中国传统社会非常推崇"四世同堂""五世同堂"的家庭模式，一家几代十几口甚至几十口同居共爨，会给家族在村落里带来极大的荣光。而且，"这种家庭既满足了个人的自由和竞争意识，又在社会祭祀仪式中保存了大家庭的荣誉……保持一个大家庭作为一个行动单元在乡村政治和经济活动中占有一定的优势"②。随着近代商品经济的发展，生产逐步呈现社会化趋势，传统农耕模式下的自然经济最先受到冲击，经济结构的变动影响家庭结构。扩大家庭向小型化的核心家庭模式发展成为一种适应社会变革的措施。家庭人口规模大，繁重的田赋导致家庭积累有限，很难负担家庭开支，分家自立成为缓解经济压力的方式。下面一件契约记载的也是大家庭分家的情况：

民国三十二年（1943）四月初四日，马开成立分关文契③

　　立出分关奉养令尊字据人马开成，所生三子各有家室，只因田产地业房梁屋舍弟兄先年当众分清，各掌分关为据。开成自今年今凭亲谊街坊族

---

① 笔者搜集，参见附录一吉昌屯契约第 46 条。
② 杜赞奇. 文化、权力与国家：1900—1942 年的华北农村 [M]. 王福明，译. 南京：江苏人民出版社，2010：68.
③ 孙兆霞，等. 吉昌契约文书汇编 [M]. 北京：社会科学文献出版社，2010：373.

长,将养老除之,田土地业三子均分,长子起运得授鲍家树林秧田贰块、吴家地陆地西边半块,次子起贤得授大箐门口田壹块、吴家地陆地东边半块,三子起忠得授鲍家树林田贰块、地三块。当家分清,各人执掌。其有养膳田业,坐地名门前山脚田贰块,鲍家树林地贰块,谅令尊所安,日后百年归天,任随弟兄三人作维(为)祭祀。每年养膳父亲,除田租壹石,弟兄各奉养田租捌斗,糯谷贰斗、苞谷各贰斗、黄豆各叁升、葵花各叁升、猪油共壹拾贰斤、盐八(巴)陆斤,皆由长子、次子所帖(贴),三子回来仍然三子均帖(贴)。自分之后,日后不得异言,弟兄自愿承耽(担)。若有后来翻悔等情,天理不容,祖宗不佑。但愿弟兄和睦,子孙长盛,富贵双全。恐后无凭,特立分关养膳字迹(据)以(与)家父执掌为据。

其有坐房前贰半间未分,家父同次子小三同在,至今家父各在次子恁出纸币洋壹仟伍佰元缝衣所穿。

凭亲谊 罗亮先 姑父汪荣昌
街坊族长 田庆年 辜岐山
代字 冯尽臣

民国三十二年四月初四日 分业人 马起贤 马起运 马起忠 立

这件契约,先留足父母养老之资,剩余的田土地业三子均分。三个儿子所分财产逐一列在同一张契纸上,一式三份,"当家分清,各人执掌"。其他的分关契约,并不是都如此在同一张契约上逐一开列各自分得的产业,收执人的那一份契约上列的只有自己所分得的产业。为了防止日后发生纷争,将几件文书叠放在一起,在拼合处写上"分关"等字样。日后若有争论,即可拿出文书验证半字是否能吻合。以半字的形式书写的文字,既有祈祷性的"子孙千亿、福禄绵远"字样,也有发誓性质的"天理良心",甚至是将签订契约的时间进行半书,前文已有分析,此处不再赘述。

从契约内容可见,这是一个典型的大家庭,马开成"三子各有家室"。田产地业已经在"先年当众分清",这次析分家产,主要是为"奉养"马开成。契约以代字人身份尊称马开成为"令尊"。养膳田和地的地名、坐落及数量都交代得很清楚。奉养父亲的主食、副食、油料、食盐以及父亲的田租,由长子和次子共同承担。三子马启忠因为某种原因订立契约时并未在家,但仍分有他的份额,契约注明对第三子仍有效力。契约对三子马启忠的经济条件颇为照顾,规定在他外出期间,父亲的田租和供养由大哥、二哥分担,置装费由二哥马起贤承担,不需要他承担相应的赡养义务。但在他回家之后,父亲的供养就由兄弟三人均担。这反映出幼子在家庭中是父母和兄长照顾、疼爱的对象。马开成的奉养品中，糯米和苞谷作为主食，黄豆和葵花籽至今仍是屯堡人在旱地广泛种植的副食产品。地方志记载，民国时期，屯堡人常在明清以来形成的交通线一带收购黄豆，加工成新鲜豆腐或制作成豆干贩卖，也可以制成豆豉或晒制酱油。葵花籽在年节期间作为节庆休闲食品食用，亦可榨油。苞谷是喀斯特地貌上适应性很强的旱作之一，是移民拓荒的先锋作物和饥荒时的救荒作物，被普遍种植。糯米是屯堡乡村的珍贵食物，主要做成饵块粑和阴米，在年节食用以及用于敬奉神灵、祖先。地方志记载，民国时期农民饮食种类简单，"食粮则以玉蜀黍为主，其他杂粮次之，食米者少"[1]。契约特别记载供奉马开成二斗糯米，显示了对老父亲的敬重。产粮区的屯堡人从事山地农业生产，崇尚精耕细作，故体力消耗较大，猪油是补充能量的重要来源之一。在这份分家契约签订七十余年后的当下，猪油仍然是屯堡人日常饮食中重要的食用油来源之一。契约中所见的这些物产，是屯堡区域地理环境特征的典型反映。

这件契约中，明确记载了对祭祀田的保留。"鲍家树林地贰块……任随弟兄三人作为祭祀"，父亲马开成在世时，鲍家树林处地块作为养膳田，去世后作为祭祀田。类似的记载在其他契约中也可以发现，如《民国二十四年（1935）十月初八日汪沈氏立分关文书》中规定，"其有小山背后四方田一块作为拜扫坟茔"。又如《民国三十二年（1943）六月十八日石范氏立分关文书》中注明，"马场砺地除作祭祀"[2]，祭祀田块，并不在分家的地产之列。这些契约明确规定祭祀田要以"约"的形式确定下来，兄弟共同遵守。

三、分家时机

大家庭对共有财产进行分割时，一般通过分家的形式来实现。费孝通指出，"年轻一代对经济独立的要求便成为家这一群体的瓦解力量，最终导致分家。分家的过程也就是父母将财产传递给下一代的最重要的步骤之一。通过这一过程，年轻一代获得了对原属其父亲的部分财产的法定权利，对这部分财产开始享有了专有权"[3]。麻国庆认为，分家是中国家的内在运行机制，通过重新分配原有家庭产权而使家庭再生产得以实现。[4] 乡村社会的分家，家族权利和财产的平均再分配，带来财产权利在家族内部的流动，与小农经济的生产方式相适应，阻

---

[1] 任可澄.续修安顺府志辑稿 [M].贵阳：贵州人民出版社，2012：422.
[2] 孙兆霞，等.吉昌契约文书汇编 [M].北京：社会科学文献出版社，2010：368, 374.
[3] 费孝通.江村经济 [M].上海：上海人民出版社，2007：59.
[4] 麻国庆.家与中国社会结构 [M].北京：文物出版社，1999：37.

碍了规模经济的形成，背离了数世同堂的传统文化观念。"树大分丫，儿大分家"，屯堡民间谚语折射出屯堡家庭的运行机制。分家形成核心家庭，这是人生中的一件大事，多要举行分家仪式，邀请母舅、家族、亲邻到场，众人公证、评议、监督，对争执不清的问题由主持者最终裁决。

什么时候分家析产，则要根据各个家庭的具体情况来确定。如前所述，当一个大家庭由于经济因素、管理因素等导致家庭生活难以正常维持时，出于实际生活的考虑，分家的时机就到来了。吉昌屯堡分关契约中呈现的分家时机，主要有以下几种：

第一种，父家长在世时父亲主持分家。家长年老并且诸子均已成家立业，"树大枝分，理所共有"，被多数人认为是自然规律。如汪廷柏、田容、冯兴盛为他们各自的两个儿子分家；陶柏香为自己的继子和长女分家；马开成为自己的三个儿子分家；陈增荣为自己的四个儿子分家。

第二种，父亲过世后由母亲主持分家。如同治六年（1867）汪田氏因两子均已长成人，为两个儿子均分田产地业；光绪三十二年（1906）马陈氏因先夫早亡，年老家事难理，三子长大成人而均分田产地业，在民国十年（1921）又将家产分给长孙；民国二十四年（1935）汪沈氏为长女和次子分家，① 中证人主要有本族族长、族人，亲族中的姨父、姑父等。

第三种，父母亲以遗嘱形式分家。父亲或者母亲订立遗嘱，要求诸子遵嘱。如汪廷柏道光二十四年（1844）"立遗嘱分关"，请姨父江子元、母舅田士洪及本族人作为凭中；汪田氏同治六年（1867）"立遗嘱分单"，请本族人作为凭中；田陈氏立遗嘱同子与妯娌田石氏分田地、房屋、树林等祖业，请族长做中。② 有些分关文书中还写明了中证人与订立分关人之间的亲属关系，有些则没有注明，给判断亲属关系造成一定的困难。如前引汪廷柏的"立遗嘱分关"文书，在道光二十四年（1844）五月十三日的分关文书中，凭中江子元、田士洪与汪廷柏的旁系亲属关系交代非常明确，分别是姨父和母舅。而在咸丰六年（1856）八月初六日的分书中，江子元和田士洪的称谓变成了比较模糊的"亲长"。在道光二十四年（1844）的文书中没有注明直系亲属关系的"凭中"汪廷炳、汪起有二人，在咸丰六年（1856）的文书中，作为"凭本族"专门列出。其中缘由，与不同代笔人的书写习惯有关，也可能是随着时间发展亲属关系发生亲疏变化。

---

① 参见《吉昌契约文书汇编》第348页、第352页、第361页、第369页。
② 参见《吉昌契约文书汇编》，汪廷柏分关文书见第343页、第345页、第347页，汪田氏分关文书见第348页，田陈氏分关文书见第398页。

表 3-4 父亲主持诸子分家情况表

序号	分关时间	分关人	分关份额归属	分关原因	备注
1	道光二十四年（1844）	汪廷柏	次子汪起贵	二子长大成人，各成其室。	一概均分
2	道光二十四年（1844）	汪廷柏	长子汪起云	二子长大成人，各成其室。	一概均分
3	咸丰六年（1856）	汪廷柏	次子汪起贵	二子长大成人，各成其室。	一概均分
4	光绪十一年（1885）	田容	田兴廷	次子业长成人，各自分居。	均匀分开
5	光绪十六年（1890）	田容	田兴廷		加批
6	民国十五年（1926）	田容	田盛廷、田法廷		加批
7	光绪二十九年（1903）	田礼	田庆昌	子身长力大，人烟稠密。	
8	民国七年（1918）	陈增荣	陈金音	年已六旬，子女业已成人。	
9	民国二十二年（1933）	马开臣	三子起忠	三子年长成人，各有家室。	一概均分
10	民国二十二年（1933）	马开成	次子起贤	三子各有家室。	一概均分
11	民国二十六年（1937）	马开臣	次子马起国	年老力衰，难以管理家事，诸子已皆长成。	均分三股
12	民国三十二年（1943）	马开成	长子起运、次子起贤、三子起忠	三子各有家室。	三子均分
13	民国二十六年（1937）	冯兴盛	次子冯明清	二子长成匹配，各立门户。	
14	光绪二十五年（1899）	汪兴才	长子汪绳荣	三子长大成人，各自情愿分家。	一并均分
15	无	陶柏香	继子陶炳章	年老力衰，难以督理家务，继子、长女年已长成。	

资料来源：《吉昌契约文书汇编》和笔者搜集的契约，按照分家的主持人及时间排序。

第四种，父母俱亡后的分家。一、由族长或叔伯主持。如《光绪二十三年（1897）五月二十日立分关交孙铭动收执》记载，"所生汝伯廷钰、廷蕃，汝父廷端，汝叔老四弟兄四人均应同受家产，不意汝父、汝叔相继而故，汝父幸有汝，依汝伯廷蕃扶长成人，汝四妹无嗣，适因人口众多，汝等欲谋另□，予因将新置家产差分三股，汝伯廷钰、廷蕃与汝皆受之，其老业概归汝伯廷钰，予与汝祖母仍作汝等轮流供养……"①。此文书的"凭中人"和"代笔人"下面空白未书写，但仍可知是由铭动的祖父主持，铭动的祖父有四子：廷钰、廷蕃、廷端、老四。铭动的生父廷端在分家前已经去世，由伯父廷蕃抚养成人。家产本应均分四份，但廷端去世，老四绝嗣，家产由伯父廷钰、廷蕃和铭动均分，并承担祖母的赡养。二、由地方行政管理者在家族支持下分家。如《光绪二十七年（1901）冬月初六日胡成昌立出分字》中，载明"凭团甲、族长所分"②。但是由宗族长辈和地方团甲主持分家的情形并不常见。三、由弟兄自行分家。兄弟几人请族人、舅家，按家长遗嘱分家，③ 如宣统二年（1910）腊月初八日石维元、石维洪兄弟二人"今当本族家长凭神指授，缕析分明"；民国十八年（1929）八月十九日冯双臣弟兄四人均分家业，"亲请堂公伯叔老幼人等，将房屋地基田土地业、衣服等份一概均分"④；民国三十五年（1946）十月十八日胡伯先、胡云先、胡仲先、胡张氏弟兄四人"今将房屋地基菜园四股均分，均请族中老幼上前"；民国十年（1921）二月初一日马起义、马起昌弟兄分家，也属于父母俱亡情形下的弟兄自行分家⑤。

在父母俱亡、弟兄自行直接分家时，如果弟兄均已成家立业，均分家产后大家庭即变成数个核心家庭。如果分家时弟兄中还有长大但未成家的，就需要多给一些财产作为婚资。如前引民国十年（1921）二月初一日马起昌立分关字中，在正文之外加批"鲍家树林西边弯田半块除与起昌接亲"。又如《光绪二十七年（1901）冬月初六日胡成昌立出分字》规定，"成昌得授……其田除与玉昌名下接亲至迎亲日，成昌愿出银贰拾两以作费用，不得短少分厘，如有短少成昌不能得授此田"。分家时兄长为未成家的弟弟保留一份田产作为婚资，体现

---

① 孙兆霞，等．吉昌契约文书汇编［M］．北京：社会科学文献出版社，2010：350.
② 笔者搜集，见附录一吉昌屯契约第47条。
③ 在《吉昌契约文书汇编》一书中，族人参与分家是一种普遍行为，舅家参与分家承担中人，参见第344页《道光二十四年汪廷栢立遗嘱分关》，"凭中　母舅田士洪"。
④ 《吉昌契约文书汇编》第356页、第365页。
⑤ 《吉昌契约文书汇编》，胡氏四兄弟分关文书见第375页，马起义、马起昌分关文书参见第359-360页。

了兄长对弟弟的爱护，保障了不因分家致贫。

关于分关契约签订的时间，从现有契约所署日期来看，一般都集中在冬季农闲时。夏收和秋收的农忙季结束后，农民进入短暂的农闲时期，可自由支配时间较多，从而有精力来清理家产，家族、亲族之间有时间坐下来就分家的公平性展开商讨。上文表3-3列举的38件分关契约中，9件契约记载的分家行为发生在同一天，分析其中日期清晰的36件契约，其签订时间分布如下：

表3-5 吉昌分关契约签订时间情况统计表

月份	正月	二月	三月	四月	五月	六月
日期		初一（2例）、初三、十六、二十一、二十七	初三、初八、二十八	初四	初八、十三、二十	初二、十八、二十七、二十八（2例）
件数	0	6	3	1	3	5
月份	七月	八月	九月	十月	冬月	腊月
日期	初五、十五	初六、十九、二十	初八、十六、二十八（2例）	初八（2例）、十八、二十七	初五（3例）、初六	初八
件数	2	3	4	4	4	1

资料来源：《吉昌屯堡契约文书汇编》及笔者搜集的契约。

就契约数量而言，从上表可以看出，二月和六月分家行为分别达到6例、5例，数量排在第二的是九月、十月、十一月，各占4例；排第三的是三月、五月、八月，有3例；第四是七月，有2例；第五是四月、腊月，只有1例；正月契约数量为0。

从屯堡社会人际关系网络看，在屯堡农村的节日历和农事历中，腊月进入过年的准备阶段，迎接灶神等诸位神仙及家族祖先回家过年，正月敬奉神灵和祖先，走亲访友，民间进行抬汪公的庆典活动。这两个月内，土地上的庄稼几乎进入休眠期，人们从农忙季节转入农闲时节，享受秋收的成果，从忙碌的疲惫状态转入休养生息状态。对于灵界的祖先和神灵需要虔诚、恭敬，对凡间的人需要以礼相待，家庭需要长幼有序、和睦相处，分家的念头和情绪被节庆欢娱气氛冲淡。统计发现，所见契约中，冬月中下旬暂没有分家行为的记载。按生活习俗，此时人们已经开始着手准备过年的物品了。从人与土地的关系来看，进入二月，开始准备春耕，小家庭计算种植的投入，种植什么，有一定的自由裁量权。六月农作物开始进入成熟早期，可能遭受自然灾害及病虫害，兄弟、妯娌之间对田间管护和即将得到的收成如何分配，有时可能会发生争执。从气候因素看，二月是从寒冷的冬季进入温暖的春季的过渡时期，乍暖还寒。六月进入三伏天，气温升高增加了劳动强度，这两个月劳动者的情绪易受天气波动影响，分开过日子的念头最容易产生，因而二月和六月是分家的高发期。三月、八月、九月、十月、十一月这五个月中，土地上的农作物进入一种稳定状态。三月种子已经在土地里发芽，八月是后期田间管理，九月农作物进入全面收获时期，十月又开始冬季作物的播种，十一月种子还在泥土里，人们对土地未来的收成预期极不确定。这个时期，土地出产较少，农产品比较容易进行分配。从土地作为农民生活的主要保障来看，虽然年景有好有坏，但土地极少情况下会发生使人们对收成的幻想彻底破灭的情形，人们对作物丰收的希望总是存在的，并且这种希望往往能够实现。在播种季节分家，将从父母那里获得一份土地，意味着有一个丰收的希望，这个希望支撑着小家庭的人过上好日子。

与分家契约发生时间有所不同的是土地买卖契约的发生时间。在上文土地买卖文书一节内容中，从契约文书书写要素出发，对契约内容进行分析，并没有涉及土地买卖发生的时间。土地作为农业社会中财富的主要标志，具有金融调剂的功能，遇到经济困难或者其他需要，通过出售、典当或抵押形式转移产权，应付现金开支之需。买卖时需要在契约上书写清楚土地坐落位置和四至，并进行土地的勘验与交割，交易程序比较烦琐。传统观念中认为，典卖田产尤其是祖先遗留下来的田产，是一种败家和有辱门风的行为，不到走投无路的情形，通常不会轻易典卖田产。因而在传统的租佃制度下，土地流通和金融调剂功能的发挥，受到社会道德的限制①。而在传统租佃制度下，以"丘"为单位的土地买卖，发生时间一般在年头年尾的农闲时节，主要集中在农历十一月至次年二月之间。在这四个月中，土地交接不受农业生产季节的制约，可以随时进行，买卖行为发生的时间分布相对均匀。在时间分布上，农历八月、九月、十月，是庄稼收割、向地主交租的时节，每月交易4—5例，其余的八个月中，少则9—13例（三月、五月、六月、七月），多则15—18例（二月、四月、十二月）。这种时间分布，为日常性的金融调剂提供了时间上的便利。分析立契原因，不难发现，常规性的书写"为因乏用"包含了太多因素。从气象因素看，吉昌屯堡所在地区属于亚热带湿润季风气候，海拔在1000—1200米左右，有气

---

① 刘克祥.永佃制下土地买卖的演变及其影响：以皖南徽州地区为例［M］//徐秀丽，黄正林.中国近代乡村研究的理论与实证.北京：社会科学文献出版社，2012：247-248.

象记录的近五十多年来，夏季气温超过30度的天数极少。反而在冬季下雨天气"一雨成冬"的气象条件下，凝冻时有发生。十天半月乃至一个月的低温寒冷天气，更容易导致人体机能退化，一些老年人因为慢性病导致器官衰竭而死亡，无钱安葬，从而发生需要用钱的情形。此时的田产交易行为，显示出土地的日常性金融调剂的功能。

土地"肥瘦搭配"，房屋也进行搭配。房屋搭配中特别提到"共享"，主要是堂屋，其次是公共空间的过道。房子较少的情况下，正房、厢房一般都会分得半间，若有阁楼，会分得阁楼上的一间。分家出去的儿子没有建新房子之前，仍居住在父亲早年建造的房子中。两个儿子均分情况下，往往分得"堂屋半间"。如《宣统二年（1910）腊月初八日石维元、石维洪分关文书》。也有将正房"以神案为凭"分成前后半间堂屋的情形，例如民国十年（1921）冬月初五马陈氏为儿子马开成、马开文分家文书。大家庭的堂屋只有一间，分家形成"堂屋同借香火"或者"天井过道共享"的格局。堂屋"天地君亲师"位置供奉着家族祖先，共享堂屋，显示出共香火，香火是同一宗族延续的重要标志。分家后依然是香火共享，实际上也是将堂屋作为公共空间共享。但灶房绝对是小家庭独自使用，分家的标志之一就是分爨，小家庭独立开火。分家后的头几年，兄弟之间共香火，逢年节在堂屋中祭祀共同祖先。等到小家庭经济实力增强，在别处新建房子后，新房的正房堂屋中会设立"天地君亲师位"，几个小家庭共享香火的局面宣告结束。在家产分配方案中，一般情况下女儿是没有份额的，但是会在父母的那一份中为未出嫁的女儿和未结婚的儿子保留一份财产。如《民国二十四年（1935）十月初八日汪沈氏立分关字》中记载，汪沈氏"所生子女二人，长女继子顶宗，次子收缘结配"，对长女所继之子汪奇才的份额做了限定，比次子汪麒麟的家产要少一些。[①]

四、分家涉及的财产

屯堡区域的分家文书，一般只将山场、田土、房屋等不动产列出，这些是农民生产生活最基本的物资，有的也将牛圈、厕所、茶叶、竹林等列出。至于金银及家中的其他生活器物等动产，并没有在文书中逐一列出，因而看不出这类财产的分配过程。其原因可以从以下方面考量：第一，屯堡区域喀斯特地貌环境下可耕地较少，积累金银财产过程比较艰难，有限的财产会迅速变现为土地，并在土地上改善或新建房屋。第二，金银和生活器物数量比较多，在契纸

---

① 孙兆霞，等. 吉昌契约文书汇编[M]. 北京：社会科学文献出版社，2010：369.

有限的篇幅上逐一列出清单,增加了书写的篇幅和难度。第三,金银和生活器物等动产,相对于土地和房屋等大件财产更容易分配,各继承人分家后很容易带走,分家之后发生"争论异言"的可能性比较小,特别是金银以及其他小物件,在平时生活中母亲会时不时地给予子女,并不是在分家时一次性彻底分清析出。涉及意见不一、容易导致不公的家产,主要是土地、房屋等不动产。厕所、牛圈与农耕生活息息相关①,其作为房屋的附属物,分得后就获得了所在地块的土地所有权。田地存在肥瘠不一、田亩大小不等、水源方便与否、距离村寨远近不同等差别,往往易起争端。此类情形,最需要主持分家的家长、房族长辈、亲友秉公办事,尽可能公平地搭配产业,或者由兄弟之间协商解决。如《同治六年(1867)汪田氏立遗嘱分关》在光绪三年(1877)的加批:"弟兄二人商议,均分房屋地土……兴明多得房屋一间,补兴贤银拾柒两,当席补明,不得短分厘。自分之后,亦是弟兄情愿。"②次子兴明多分房屋,但需补长兄银两。一般情况下,长兄和经济条件稍微宽裕的兄弟,会出让一部分利益给经济条件欠佳的弟兄。除了前文分析的成家的兄长对未成家的弟弟额外分配田块供结婚之需,母亲主持分家时,也会对未婚的儿子予以照顾,如"将氏房屋产业肥瘦搭配……分授氏次子石治奎……盆地陆地壹块作三子廷选结婚"③。对于需要补足金钱才能获得的产权或房屋使用权,经济条件好的兄长会延迟收款时间或者减免一部分金额甚至让出差额部分给兄弟。④

美国人类学家罗维提出,即使是在盛行平均分配的原始社会中,个人所有的动机虽被抑制,但并非完全地缺乏。他认为个人所有有两大原则:一是个人劳动的产物归自己所有;二是有效的应用原则,即个人所需用的物品为个人所有⑤。至于第二个有效的应用原则,指的是动产,如妇女的首饰归个人私有,各自的衣服和劳动工具亦是如此,这些财产在分家时都是无需再行分配的。个人劳动的产物归自己所有,这一原则在我国很多少数民族地区中仍然可以看到。

为公平起见,一般会将不动产按照兄弟数目分成大致等值的几份后,制成

---

① 孙兆霞,等.吉昌契约文书汇编[M].北京:社会科学文献出版社,2010:355.《宣统二年石维元、石维洪立出分约字》,"猪栏、厢房楼系是胞弟维洪执掌"。

② 孙兆霞,等.吉昌契约文书汇编[M].北京:社会科学文献出版社,2010:348.

③ 孙兆霞,等.吉昌契约文书汇编[M].北京:社会科学文献出版社,2010:364.

④ 这种兄弟间谦让的分关,在笔者搜集到的契约中有所体现。如《1976年胡冯氏立出分关字》载:"未分前规定,老房补给新房贰佰元,弟兄二人同意当凭神拈阄,分给弟兄二人。胡俊美拈分老房壹所,胡俊友分新房壹所。俊友因弟兄情意,当昔提出少补现金伍拾元,实补现金壹佰伍拾元。"参见附录一吉昌屯契约第85件。

⑤ 罗维.初民社会[M].吕叔湘,译.北京:商务印书馆1987:281.

阄书，兄弟数人"凭人分清，对神拈阄"①，这种随机性依靠运气拈得之阄即为自己分得的产业。唯此，"此系二比心悦诚服，并非逼勒等情，如有此情，自干（甘）重咎"②。这时，堂屋共享的香火便有了实质意义。若堂屋香火分开，此时的"对神拈阄"之神灵便了无所依，家庭的宗族观念便因分家而失去意义。

在分家以前，各兄弟及其妻子、儿女在完成家庭共同的生产活动之外，通过自己的劳动或私储所拥有的山场土地并不属于家庭共同财产。因为这些财产属于不动产，且不属家庭共有财产，在分家文书中，专门将这些财产逐项列出，由房族亲友作为中证监督，由此具有公示的涵义在内。在分家之前，采取的是父子、兄弟、叔侄几代人同居共家产的生产生活方式，但是并非所有的财产均是家庭共有的，家庭成员可以拥有自己的私有财产。如《民国三十二年（1943）六月十八日石范氏立分关文书》中记载，石范氏的三个儿子"石云臣与石治奎、石友成各居后所置之业各归想授"③。分家析产的行为过程使得地权在家族内发生变动，不断地瓦解大宗地产的延续，导致了土地的分散化。宗族参与的分家析产，需要从分家方式上进行讨论。

五、分家方式

吉昌屯堡所见分关文书，分家的方式主要是以儿子为中心展开。在族人的见证下，家产均分几股。在自愿的情况下，儿子们凭神拈阄，获得自己的份额，并以分关书的形式将所得份额确定下来，防止争论。下面结合契约来具体分析。

（一）诸子均分制

契约所见，分家是将"房屋田产地业"在兄弟之间"一概均分"。家长或族长或长兄，将祖上遗留的田产地业、房梁屋舍什物等财产分成若干等份，每一等份作为一"股"，制成阄书，由已经成家的儿子和尚未成家的儿子通过"凭神拈阄"形式取得其中的一股。每个儿子分得总家产的几分之一，并不是按照家庭人口来均分。在不动产中，最重要的莫过于土地和房屋，家具、粮食、贵重衣服也会纳入分配范畴。吉昌屯堡分关契约中，均分的家产主要有土地、园圃、房屋、厕所、牛圈以及茶树等其他林木。

从已经收集到的吉昌分关契约来看，析产分家实行的是同父诸子均分制。在这种制度下，父母留下的家庭共有财产多由儿子继承，几个儿子通过分家或

---

① 孙兆霞，等. 吉昌契约文书汇编[M]. 北京：社会科学文献出版社，2010：345.
② 孙兆霞，等. 吉昌契约文书汇编[M]. 北京：社会科学文献出版社，2010：354.
③ 孙兆霞，等. 吉昌契约文书汇编[M]. 北京：社会科学文献出版社，2010：374.

遗产继承方式将其均分。长子或者幼子在分家析产时并无高于其他兄弟的权利。在分家析产组成新家庭时，多数情况下由父亲或母亲在族中长辈、宗亲（如胞叔、堂叔、从兄）、舅父、姑父等亲友的见证下，将财产均分为数份，几个儿子各得一份，契约中"一概均分""均匀扯开"即是此意。① 分家时，若有一子已经过世，则由其寡妻或儿子代位继承，分得与其他儿子相等的一份家产，即叔侄均分。如《民国三十五年（1946）十月十八日胡伯先等立分关文书》②，记载了胡张氏代表丈夫与另外三个兄弟分居析灶时所得份额，载明"新房右边地基……厢房……归张氏管业"，加批中载明"过道楼仍归张氏管业"，这是一种典型的族内继承现象。潘志成、吴大华认为，族内继承原则是宗法制度下宗族共产制的遗存，它维护了家族整体利益和家族成员的切身利益，肯定了族人对于宗族内家庭财产所具有的共同继承权，为巩固宗族的生存和发展提供了便利条件。③ 族内继承强调了血族观念，较为有效地防止了本家族财产外流他人，维护了家族成员的切身利益和宗族的整体利益。

  分家行为中，宗族充当着主持、干预、督导家产分割的重要角色。宗族中的长辈及亲族中的姑父、舅父、姨父，对分家析产有一定的监督权。分家析产时一般都要邀请宗族中的长老或是族长、胞叔或从兄中的长者，以及亲族中血缘较近的长辈等人到场参与分家过程，甚至担负起分割财产、处理家产纷争的职责。最后，作为见证人要在分关文书上签名画押。通过宗族人员见证的方式，分家析产文书获得族人的公认，分家析产发生效力。子女与父母的关系处理方式也基本得到族人的认同。

  如果没有亲生儿子，则由嗣子或赘婿来继承家产。一般情况下，无子的家庭为避免成为绝户，会寻找一个合适的男丁来继承家产、传续香火。继子主要是继兄弟之子，也有立兄弟之子为养子，还有的会在数个女儿中择留一个居家，为其招赘一个上门女婿，改姓后作为养子，成为财产继承人。如《民国二十四年（1935）汪沈氏立出分关文契》交代汪沈氏"所生子女二人，长女继子顶宗，次子收缘婚配"，在汪麒麟所得份额的分关"后批"部分，记载"其有汪沈氏所继奇才为子，现除有坟抵（底）下白蜡田、长田、四方田共三块，石洞（硐）口路边大地壹块系入麒麟掌管，奇才无分"；在汪奇才得授的份额的契约

---

① 孙兆霞，等. 吉昌契约文书汇编［M］. 北京：社会科学文献出版社，2010：349.《光绪十一年九月初八日田容立出分关字》，"将祖父遗留田产地业房屋地基均匀扯开，凭神拈阄为定……"。

② 孙兆霞，等. 吉昌契约文书汇编［M］. 北京：社会科学文献出版社，2010：375.

③ 潘志成，吴大华. 土地关系及其他事务文书［M］. 贵阳：贵州民族出版社，2011：107.

中，这一内容则放在正文部分。在陶柏香的分关文书中，也规定了继子的份额："继子陶炳章、长女云妹年已长成……以后炳章有银办理，可与妹姊云妹均分田产地业；如若无银，勿得妄分田产地业。经亲族言定，今将门前山蜂子岩陆地壹股与炳章耕种"①。两件分关文书，对继子的份额作出了特别的说明，防止分家后纷争之情形。无子的家庭在立嗣时，必须遵循宗法制度。立嗣的对象严格按照血亲宗支由近及远的原则进行选择，必须是同一宗族近支系中辈分相当的亲属。立嗣后，嗣子需获得家族的认可，立嗣行为方为有效，嗣子才可以进入宗祠参加活动并登录于宗谱之上。

既无儿子，也无养子或赘婿，即是民间所称的绝户。绝户的财产一般由宗族长召集族人共同处理，一种是由绝户的近亲属继承，另外一种是由整个宗族继承。这种情况下，通常是分给族中生活困难的族人或者充作族产，作祭祀之资。吉昌屯堡分关契约暂时没有发现单独的继子分家析产的文书记录，上段所引存世文书记载的是其他子女析产分家时，对继子所得份额的限定。有可能继子并未与养父母分家析灶，也可能是有此类契约，但没有传世或者传世后没有为外人所知。招继子、养子或者赘婿的目的就是为继承宗祧，传承香火，一般是与养父母共同生活。养父母过世后，家产归属于继子、养子或赘婿及其所生子女组成的核心家庭，无需析产分家，自然就不需要立分关契约。继承人作为宗室成员，赡养妻及子。若被继承人无子而成绝户，更无分家析产之需，何论订立分家文书。

（二）一次分家析产与数次分家析产

在诸子均分原则下，分家析产过程不一定一次性完成。吉昌屯堡分关文书所见分家的方式并不一致。多数分关契约显示，家产分析是一次性完成的，即父家长主持，在族长、族亲见证下，将家产分股，各子独执一份写有自己分内财产的契约。但有的并非如此，要进行一次以上的分析。多次分析的原因有二。

第一，同居共灶的大家庭分家析产数年以后，分家析灶的各个小家庭对父母身后产业再次分析。父母在世时，父家长在诸子"长大成人"后，"凭族长亲谊"对家产进行分析，其中预留父母的养赡份额。等到父母去世后，对父母所遗养赡财产进行划分，通过在原契约上以加批的方式予以注明。如《同治六年（1867）汪田氏立分关文契》②，这件契约记载了汪田氏的次子兴明分得家产的

---

① 孙兆霞，等. 吉昌契约文书汇编 [M]. 北京：社会科学文献出版社，2010. 汪沈氏分关参见第368—369页，陶柏香分关见第379页。

② 孙兆霞，等. 吉昌契约文书汇编 [M]. 北京：社会科学文献出版社，2010：348.

情况。第一次析分是在同治六年（1867）三月初三日，在族人田相廷见证下，汪田氏"将田产地业房屋一概均分"。光绪三年（1877）汪田氏已不在人世，"所遗房屋、坟底下小山地未分"，五月二十五日，兴贤、兴明"弟兄二人商议，均分房屋地土"，在徐廷才的见证下，"凭神拈阄"，对汪田氏所遗财产进行了第二次分析。汪田氏遗留的房屋、坟底下小山地等家产，当是十年前第一次分家时留给汪田氏的养老财产。这份养老家产，并未像其他契约在分关文书中明确交代死后养膳田如何处理。① 又如《光绪十一年（1885）田容立分关文契》，记载了田容次子兴廷在两次析分家产中所得。田容因"所生二子，次子兴廷业长大成人，各自分居"而分家，"亲请本族老幼上前，将祖父遗留田产地业房屋基地均匀扯开，凭神拈阄为定"。光绪十一年（1885）九月初八日在本族老幼见证下完成了第一次家产分析，契约正文记载了兴廷分得的份额。第一次加批记载，在光绪十六年（1890），"凭本族将陆地均分"，兴廷又分得一股。民国十五年（1926）十二月十六日，又"当面批明田法廷、兄田盛廷"分析青枫树的情况。② 这件分关契约时间跨度四十余年，清楚地记载了兄弟二人对家业的处分过程。一次性平分家产时，父母一般会留下一部分房产地业由自己支配。正如所引分关契约所示，有的申明某份产业，在父母生时用作养膳田，死后用作祭祀田；有的申明该产业在父母死后由诸子按房均分。于是就出现了父母死后再次分家析产的状况。

第二，是已分家析灶的各个小家庭，对原属于大家庭的共同财产进行再分配。此时，分家成为新家庭成立的标志。诸子长大成人"业已婚配"，在家长的主持下"分开各居"组建成新的核心家庭。在亲族见证下，家产往往会先拨出若干作为父母的衣食口粮，再按照儿子数量分成若干股，同时阄书也会为幼子预留一定数目的婚娶费用。幼子结婚之前与父母共同生活，父母代为管理属于他的这一股，其数量包含了父母的养膳田，往往大于其他兄弟的份额。父母去世后，诸兄弟对父母身后的产业做出最后一次性分清，作为一次性分析的后续程序，对一次性分析进行补充。如《民国十四年（1925）八月二十日石范氏立分关文契》③，文书先给出次子石治奎的房屋地基产业份额，接着写明"除胡家

---

① 孙兆霞，等. 吉昌契约文书汇编 [M]. 北京：社会科学文献出版社，2010：373.《民国三十二年马开成立出分关奉养令尊字据》规定，马开成的养膳田在他去世后三子不得进行分配，而是用作祭祀用途。"其有养膳田业，坐地名门前山脚，田贰块，鲍家树林地贰块，谅令尊所安，日后百年归天，任随弟兄三人作为祭祀"。

② 孙兆霞，等. 吉昌契约文书汇编 [M]. 北京：社会科学文献出版社，2010：349.

③ 孙兆霞，等. 吉昌契约文书汇编 [M]. 北京：社会科学文献出版社，2010：364.

塘茶叶地三厢，口氏作养赡口"，并标明"盆地陆地壹块作三子廷选结婚"，最后申明"氏之养赡地百年后仍口三股均分"。又如《民国二十四年（1935）汪沈氏立分关文契》[①] 正文记载，汪沈氏"所生子女二人，长女继子顶宗，次子缘婚配"，后批中注明"其有汪沈氏所继奇才为子，现除有坟抵（底）下白蜡田、长田、四方田共三块，石洞（硐）口路边大地壹块系入麒麟掌管，奇才无分"。这表明汪奇才作为继子身份，所得的田产不同于"顶宗"的汪麒麟。再如《陶柏香立分关文契》[②] 对已长成的长女云妹和继子陶炳章对家产的分析做出申明，"以后炳章有银办理，可与妹姊云妹均分田产地业；如若无银，勿得妄分田产地业"。这份相当于遗嘱性质的分关契约，对继子的财产进行了限定。

小　　结

吉昌屯堡契约文书是一种传统种植业社会中的土地、房产交易文书，没有商业发达地区复杂的社会经济关系。卖契、当契和分关文书，是吉昌屯堡最常见的文书类型。清代屯堡区域的土地，来源于明代屯军之地，科田、秋田大量存在，反映在契约中，科田、秋田买卖契约在屯堡契约中数量最多。买卖契约中，相对于白契而言，赤契的数量并不多见。这有着纳税的因素在其中，更有着屯堡民间社会信用机制的作用。屯堡人以忠义思想和道德观念建构起民间信用体系，借助神灵的力量来保证契约效力的履行，因而出现大量白契存在的状况。分析卖契后发现，绝卖的土地有科田、秋田、阴地和旱地，科田和秋田需缴纳科米、秋米。科田绝卖契均为赤契。坐落和四至相同的同一地块，白契中田产的卖价往往是赤契的数倍，赤契中田块的缴纳粮食数量往往多于白契，这种情况的出现与赤契需要缴纳契税有很大关系。作为契约产生效力不可缺少的要件，签署画押呈现出屯堡地方特色，主要表现在最简单的画押形式使用频率最高，民国时期用捺印和盖私章的形式取代了清代的传统画押形式。除了常见的画押形式之外，还有吉祥语形式的画押，这些都丰富了近代契约的研究内容。

当契的回赎期限以及分关的签订时间，反映了晚清民国时期吉昌屯堡的社会和经济状况。通过签订不同类型的契约，屯堡人在同一阶层的家族内部或者家族之间，应对社会和自然的危机。没有回赎期限的当契所载财产，有向绝卖

---

① 孙兆霞，等. 吉昌契约文书汇编［M］. 北京：社会科学文献出版社，2010：368.
② 孙兆霞，等. 吉昌契约文书汇编［M］. 北京：社会科学文献出版社，2010：379.

转化的趋势。

　　无论是活卖还是绝卖，抑或是出当的土地房产，不同大姓之间或者大姓宗族内部签订的契约比较多，小姓、僻姓之间签订的契约数量比较少，大姓与小姓之间签订的契约更少。土地房产的流动一般发生在同一阶层内部，跨阶层的交易数量少于阶层内部的数量。财富更倾向于在大宗族之间流动，容易形成贫困的代际传播。

　　农民对土地的惜卖，阻碍了地权的集中。遭受自然灾害和战争造成的社会动荡，不断将土地之类的不动产转换成易于携带的金银等贵金属，导致了地权分散化。晚清民国时期的自然灾害和社会动荡，影响到本地区整体经济发展进程和农户家庭收入水平。家境殷实的农户数量有限，制约了土地购买能力。受到土地性质单一化的影响，屯堡人财富积累并不多，分关文书所载的家产以土地房产居多。分家方式相对商业发达地区的契约而言较为单一，分家原因也比较简单。父母兄弟主持的分关，预先保留养膳田或幼子（幼女）的结婚之资，体现出屯堡社会的忠孝观。

　　契约的签订，与社会环境及自然灾害情况息息相关。在太平时期，签订的契约较少，主要是一些传统的分关、当契、借约等。而遇上匪患或者自然灾害频发的年份，卖契密集签订。民众通过签订契约来确定产权归属、规避风险。透过契约文字，可以窥见晚清民国安顺屯堡聚落的社会经济状况。

第四章

吉昌屯堡契约文书中的家庭妇女

作为屯堡人中不可或缺的一部分，屯堡家庭妇女在契约中留下了比较多的记载。这些契约记载了妇女立契、作为中人等史实。妇女在契约中独当一面，是地方志中所记载的妇女形象在社会生活中的最直观反映。成书于道光七年（1827）的《安平县志》，这样描述屯堡人："男子善贸易，女不缠脚。一切耕耘，多以妇女为之。"[①] 反映出清代道光以前，普通妇女积极参与社会经济事务，在家庭中具有一定的社会经济地位。

屯堡女性从事耕作等重体力劳动，非常辛苦。但大多数女性并不像男性一样，达到一定年龄即可享有完整的契约主体资格，只有家中无男子或男子长期外出时，部分女性才得以代替男性成为契约的独立主体。妇女成为契约的主体，并不一定就是户主。在妇女参加的田宅交易契约中，独立参加交易的人应当是户主，赋予了户主独立的民事主体地位。妇女在民事契约中一旦担当了交易一方的主体，就和男子一样享有应有权利并承担相应义务。

在传统社会中，女子在法律地位上依附于男子，缺乏独立的法律意义上的证人身份和证明能力。一旦契约双方就契约中的标的物、交易金额支付、产权的交割等问题意见相左时，发生争端乃至引起诉讼，中人必须以中立身份向官府作证，家庭妇女就不被认为具备独立的主体资格。但普遍性中也包含着特殊性，在一些家庭中，妇女掌管着家庭财产，能够独自作出一些处分财产的决定。契约文书中可以看到一些女性在家庭和社会经济活动中独当一面，成为契约文书中的主体。

[①] 黄家服，段志洪. 中国地方志集成：贵州府县志辑：第41册［M］. 成都：巴蜀书社，2006：111.

第一节 一定程度的婚姻自主权

传统社会的妇女，在家庭生活中处于服从地位，身份卑微。汉代以来的"三纲五常"封建礼教严重制约着妇女的婚姻自由。明清时期程朱理学的发展，为妇女套上了更重的桎梏，妇女在婚姻中被要求从一而终。清代一些地区的契约甚至出现买卖奴婢、童养媳的记载。如卢增荣分析了清代福建买卖婢女、重索聘金等反映妇女地位低下的契约，认为这种把两性婚姻结合当作社会地位和钱物买卖的交易，受到当时当地的社会经济发展水平及与此相联系的伦理观念的限定。[①] 目前所见的屯堡契约文书中并没有发现这类契约。作为移民后代的屯堡人，其婚姻礼仪与内地的汉族妇女并无很大区别，但契约中没有发现买卖婢女及童养媳，或者索取高额聘礼行为的记载。其婚姻形式一般是女子出嫁到男方家中，男子入赘到女家也不鲜见。尤其是入赘契约，反映出社会变迁中屯堡妇女一定程度上的婚姻自主权利。如《民国二十年（1931）冯荣先立招赘约》[②]中记载，为了承顶汪姓宗支，经媒人说合，冯荣先愿将次弟冯双臣过继与汪沈氏名下为子，并与汪沈氏的女儿贞香结为夫妻，改名为汪双林。契约中还将汪沈氏的家产进行分析，汪双林获得一份家产。这件契约是女方父母为了承顶宗支，请媒人说合，在双方家族族长及族人见证下的婚姻行为，并未见有索取彩礼的记载。下面一件契约记载了招赘的形式，被招赘的男子并不是吉昌屯寨子里的人，而是来自几里路之外的天龙屯。

民国三十七年（1948）胡张氏立招赘约[③]

> 立出接子入赘承祧宗祀子人胡张氏，单生一女，乳名了头，今凭亲族媒证，说合天龙镇郑铭泽过继与胡张氏膝下为子，招赘了头，即日更名胡锦盛，自入赘以后，须听使听教，勤俭持家，张氏所遗房屋产业系归锦盛承受。不得虐待等情。亲族人等亦不得妄生支（枝）节等语，郑府不得刁回情事。系是双方心干（甘）意愿。自入赘后，百年偕老，五世其昌，子孙发达，万代富贵。恐（空）口无凭，特立接子入赘承祧字为据。
>
> 介绍人 胡绍云

[①] 卢增荣.清代福建契约文书中的女性交易［J］.东南学术，2000（03）：105-110.
[②] 孙兆霞，等.吉昌契约文书汇编［M］.北京：社会科学文献出版社，2010：393.
[③] 孙兆霞，等.吉昌契约文书汇编［M］.北京：社会科学文献出版社，2010：394.

亲长 郑培雷 郑培钰 郑培禄 郑在明 赵起学
陈先学 郑铭钰 郑铭常 郑铭达 郑铭族
族长 胡庆暄 胡成昌 胡季昌 胡云周 胡林盛 胡全盛 胡钰盛 胡仲奎
代字 胡金阶
民国三十七年腊月二十八日 胡张氏 子锦盛 女了头 立

这件契约与上文冯双臣入赘汪沈氏家的契约有所不同,上面的契约末尾签署的立契人是冯荣先与其三弟、四弟。这件契约契末的立契人除胡张氏之外,还有入赘而来的胡锦盛、了头夫妇。郑铭泽入赘胡家,改名胡锦盛,与了头结婚,夫妻共同参与了立契行为。这是与内地契约中记载的汉族妇女行为有区别的地方。

上述入赘婚约中,规定了入赘男子享有的权利和应履行的义务。下面一则契约表明经过丈夫同意,妇女可以转嫁他人。

民国二十七年(1938)二月初三日,田治臣立出约①

字　田庆□等
主□自(字)人 田治臣
□证人 田云华 冯亮先

立出永无后焕(患)自(字)人田治臣,未(为)因农历不合,之(只)得将自己聚(娶)名(明)之妻(妻)李氏同子老大□二人乡(相)嫁以(与)冯法名下为妻(妻)。言(原)日三面议定生价小洋银一拾伍元整。至(自)嫁之后,不得反回(悔)异元(言)。如有此请(情),法(罚)大洋五十元以作公众。恐(空)口无凭,特立主嫁自(字)为据。

民国二十七年二月初三日 立

这件契约中,田治臣将自己的妻子李氏和大儿子转嫁与冯法,获得转嫁费用。转嫁的理由语焉不详,契约所记的"农历不合",显然不能是充分的理由。这是已发现的屯堡现存唯一的一件转嫁妻儿契约。检索屯堡契约发现,作为见证人之一的冯亮先,自民国二十七年(1938)至民国三十二年(1943),除有一年字迹漫漶外,共担任中人5次,参与了出卖水田、房屋、地基、菜地、园地、祭祀田等交易活动。此契约中,冯亮先是冯法的族人,仍担任凭中角色,显然有帮助族人的意思在其中。

---

① 孙兆霞,等.吉昌契约文书汇编[M].北京:社会科学文献出版社,2010:401.

晚清的契约文书中，尚未发现有妇女招赘或者买卖奴婢等情形的契约。这两件涉及妇女婚姻的契约，给研究者展示出民国时期妇女的生存样态。冯姓与汪姓，田姓与郑姓、冯姓之间的通婚，是经济资源的借取，也是家族对生存空间的拓展及对方家族实力的认同。妇女的参与，使其从家庭中步入社会经济活动中来。

第二节　在经济活动中的地位

屯堡契约中，女性立契者并不鲜见。通过对女性参与所立契约的分析，可以了解晚清民国时段内，屯堡妇女在经济生活中所处的地位。主要表现在作为家庭成员参与家庭与社会分工、成为契约的签订者、担当中人等几个方面。

一、参与家庭与社会分工

李伯重提出中国农村家庭男女的劳动分工，除了传统的"男耕女织"模式外，家庭劳动分工还有其他模式，大致可以归纳为三类：第一类是男劳女逸。农家男子承担全部生产劳动，妇女仅从事家务劳动，不参加生产劳动。第二类是男逸女劳。农家妇女是家庭的主要劳动者，男子则较少参加甚至不参加劳动。第三类是男女均劳。农家男子从事生产劳动自不待言，而妇女不仅从事家务劳动，而且也参加生产劳动。① 从屯堡妇女的劳动分工和李伯重的农村家庭劳动模式观察，屯堡妇女的职业分工，可归类为家庭主妇，但并非表示屯堡妇女可以专职于家庭事务，而是属于"男女均劳"的劳动分工形态。农村家庭妇女在家庭里是一种无酬的劳动力，既要从事家务劳动，又要参与生产劳动。包括犁田、插秧、播种、除草、种苞谷、采茶叶，甚至挖煤，样样都是费体力、淌汗水的工作。最辛苦的莫过于农作物收获季节，妇女比在田里忙碌的男人更辛苦。她们不但要早起挑水、做饭、洗衣、割牛草，午间田间劳作结束后还要回家继续做饭，照顾年幼的孩子和体弱多病的老人。

小农经济社会中，水田、园地、房屋和地基等是家庭中最主要的财产。一家之主通过掌控家庭不动产的方式，来彰显其在家庭中的地位与权利。传统社会中的家庭妇女，以丈夫、长子为生活中心，充当丈夫或儿子的助手，丈夫或

---

① 李伯重. 从"夫妇并作"到"男耕女织"：明清江南农家妇女劳动问题探讨之一 [J]. 中国经济史研究，1996（03）：101-109.

<<< 第四章　吉昌屯堡契约文书中的家庭妇女

儿子拥有管理和处置家庭不动产的权利。在吉昌屯堡以丈夫为中心的家庭经济和生活中，妇女处于辅佐的地位，绝大多数屯堡契约立契人都是男性，但有一部分处理不动产的契约，立契人的角色是由妇女来承担的。

同治七年（1868）三月十九日，汪郑氏立杜绝卖明房屋地基文契[①]

  立杜绝卖明房屋地基文契人汪郑氏，因子汪起兴、汪起学，为因被练所害，母子商议，只得亲身请凭中上门，今将祖父遗留分授自己名下正房贰间、厢房贰间、天井壹个、后园冬（东）厮壹个、菜园壹段，东坻（抵）买主房，南坻（抵）辜肖二姓，冬（东）厮西坻（抵）街，北坻（抵）路买主房南西北墙垣内，其房屋四至分明为界。今凭中上门，出卖与汪田氏名下住坐管业。原日三面议定卖价足色纹银拾壹两陆钱整。其房屋瓦片石版（板）、桁柱方□、椽角楼板、楼□地基连磲案石、如登楼梯、瓦缸、门窗户壁、寸木拳石、家中什物等项，郑氏母子壹（一）并卖清。自卖之后，凭田氏住坐永远管业，汪郑氏母子不得幡（翻）悔。如有套哄，郑氏母子自认重叠。恐后人心不古，立卖契永远存照。

  天理良心

凭中 徐廷才 罗府房 高尚达
代字 胡兴文

同治七年三月十九日 立卖房屋地基菜园东厮文契人 汪郑氏 汪起兴 汪起学

这则契约记载了汪郑氏出卖房屋地基给汪田氏的事实。这则契约中汪郑氏

[①] 孙兆霞，等．吉昌契约文书汇编[M]．北京：社会科学文献出版社，2010：237．第238页赤契《同治七年三月十九日汪郑氏同子汪起兴、汪起学立杜绝卖明房屋地基文契》与第237页白契相比，除凭中有一人相异之外，标的物的产权、数量、四至及卖价等所载事项完全一致。对比影印契约发现，第238页的契约附有民国七年三月十九日《税验买契》一张，该买契所载信息与契约一致，骑缝章相吻合。第237页所载契约是否为草契，有待进一步考证。范金民先生2016年秋在上海师大的讲座《并无金针度与人：从材料角度谈江南社会经济史研究的一些体会》中指出，"房地产交易形成的草议或议单，其内容具备了正式文契的基本功能。草议不单有独立的单契存在，而且有些正契表明此前立过草议，有些交易正契往往强调'先立草议，后立允议'，有的正契强调'立议立契'，有的正契强调'先立草议'，再立正契，反映出买卖双方议立的'草议'在实际生活中是惯常存在的"。他利用十几件标明"草议""合同草议"字样的文书，综合分析了草议的形式与内容，草议与正契的区别和联系，草议的效用与落实，草议的性质与特征，等等。这些观点加深了对正契中惯用套语"议得"一词涵义的理解。参见：范金民．"草议"与"议单"：清代江南田宅买卖文书的订立[J]．历史研究，2015（03）：78-94，190．范金民的观点，对于理解吉昌屯堡契约中使用极其广泛的"三面议定""商议"惯用语，以及数件标的物相同但交易金额相异的契约，提供了很好的思路。

"母子商议",以及下文所引的民国十一年(1922)契约中汪石氏同子、孙、太孙"商议"而立契,反映出妇女在社会家庭经济活动中的地位逐步提高,已经能够在不动产的处理中体现自己的意志。在母子同居共财家庭中,儿子年幼时,家庭的意志多以母亲的意志体现出来,母亲代表了儿子的意志。儿子成年尤其是成家之后,儿子的意志显得更为重要,但在处置家产的实际操作中,母亲仍然扮演着重要的角色,以"母子商议"的形式参与契约订立。寡母在作出处理不动产的重大决定时,"母子商议"表明母亲在母子同居共财家庭的共同意志形成过程中起着重要作用。反映出子孙对母亲的敬重,也体现出妇女在丈夫不在世时,享有家庭不动产的处置权利。如汪家保存的汪石氏出当科田的文契,妇女承担起本该由男子担任的角色。

民国十一年(1922)冬月二十八日,汪石氏立当明科田文契①

> 立当明科田文契人汪石氏,为因弟三子汪纯玉托(拖)欠账目,同男云德、孙保成、太孙商议,亲请凭中上门,愿将自己买明之业科田二块,坐落地名偏岩,上头四方田壹块,下头长田壹块,乙(一)共二块,当凭证出当与范光廷名下耕种,原日议定当价实洋银捌拾八圆整。当主汪石氏同男[云德]汪纯玉领明应用,并未托(拖)欠角仙。自当之后,汪姓准定三年,有银前来取赎,无银怎(任)随范姓子孙耕种,汪姓房族人等不得异言。恐(空)口无凭,特立当约乙(一)纸为据。
>
> 凭中 汪纯贵
> 字   汪纯沈
> 民国十一年冬月二十八日 立

汪石氏因第三子纯玉欠账,同儿子汪云德、孙子汪保成及太孙商议,将自己买来的科田出当与范光廷耕种,当价实洋银88元,当期三年。规定三年后若不能赎取,田地由范姓耕种。这件契约是汪家保存的众多契约中的一件,从汪家保存的其他契约内容来看,汪石氏家庭经济状况并未有很大好转,此科田赎回可能性比较小。契约记载,民国九年(1920)汪石氏同男汪云德,为因乏用,曾将水田陆地出当与石廷贵,获得大洋二十四元五角。② 此约订立后的两年,发

---

① 笔者搜集,见附录一吉昌屯契约第59件。
② 笔者搜集,《民国九年八月十八日汪石氏同男云德母子二人立当明水田陆地文契》,"汪石氏同男云德母子二人……请凭中出当与石廷贵名下耕安……大洋元花银贰拾肆元伍角整……准定三年取赎,汪姓无银赎取,任随石姓耕安"。参见附录一吉昌屯契约第58件。

生了与范姓的出当行为。而在当给范光廷田地后的第 23 天，汪石氏和儿子汪云德又将本己名下科田，出当与冯仲山名下耕种，当价实洋银 78 元，当期三年①。次年三月十二日，汪纯玉为因乏用，将本己分授秧田一厢出当与汪石氏、汪云德母子，当价大洋银正板 16 元整。② 民国十一年（1922）底至民国十二年（1923）初的短短几个月内，汪石氏家庭借助土地流动，收入银洋 166 元，支出银洋 16 元。而资本雄厚的范光廷在民国十四年（1925）借给汪纯玉洋银 10 元，四年本息共计 22 元，若不能归还则将汪纯玉所出当大田两块作抵。③ 到民国三十二年（1943），陈寿昌将水田出当与汪石氏，获得 23000 元当资。④ 这是吉昌屯堡契约中所见到的汪石氏参与的契约，显示出自民国九年（1920）至民国三十二年（1943）间，汪石氏家的土地流动轨迹，可以窥见 20 世纪三四十年代，吉昌屯堡的社会经济状况。无论是出当还是当入土地，汪石氏均承担起请凭中商议、出当等带有决策性的事务。在男性占主导地位的社会中，这些本属于男子的事务，因为男家长的缺失，汪石氏主动担当起这一重任，无疑是妇女走出家庭、参与社会分工的直接体现。

吉昌屯堡契约中，没有对女性的名字作出明确的记载，统以夫姓加父姓称呼为某某氏。也没有将女性称呼为"某某妻"，只有称呼为"母亲"的字样。⑤ 涉及称呼某某氏的女性参与订立的契约，一共有 120 件。民国时期，法律规定寡妇享有继承权，"寡妇对其法定继承之份额具有绝对的所有权，她在自己有生之年对这财产有权任意处置"⑥。如契约《民国三十五年（1946）十月十八日胡仲先立出分关字》⑦，"胡伯先、胡云先、胡仲先、胡张氏弟兄四人，今将房屋地基菜园四股均分，均请族中老幼上前，张氏将新房右边半间、堂屋楼一半，调仲先老房牛圈一间、门口菜地一厢……归张氏管业……过道楼仍归张氏所有"。长兄胡伯先主持弟兄四人分家，老四故去，四弟媳张氏享有与其他三兄弟

---

① 笔者搜集，《民国十一年腊月二十日汪石氏仝（同）男云德母子立当明科田文契》，参见附录一吉昌屯契约第 60 件。
② 笔者搜集，《民国十二年三月十二日汪纯玉立当明科田文契》，参见附录一吉昌屯契约第 61 件。
③ 笔者搜集，《民国十四年三月初八日汪纯玉立借银约字》，参见附录一吉昌屯契约第 62 件。
④ 笔者搜集，《民国三十二年腊月初二日陈昌寿立当明水田文契》，参见附录一吉昌屯契约第 77 件。
⑤ 如《吉昌契约文书汇编》，第 342 页《乾隆四十二年九月十六日汪子重立分关》，记载"凭母亲凭中人"。
⑥ 白凯．中国的妇女与财产：960—1949 [M]．上海：上海书店出版社，2007：97．
⑦ 孙兆霞，等．吉昌契约文书汇编 [M]．北京：社会科学文献出版社，2010：375．

一样价值的份额，这件契约记载的是胡张氏所得份额。

在有女性参与订立的契约中，女性作为立契人，请族长、亲邻做见证，或是自己独立订立，或是与儿子一起订立。主要有卖契、当契、分关文书几种类型，内容为卖出或者买入土地房产，或将家产分给诸子。其中作为土地买入方，女性有31次。卖出土地有41次。女性参与的契约中，妇女主导卖出田土的红契有5件，买入田土的赤契有2件。① 这些赤契中，女性和男子一起商议土地卖价，最后订立契约并得到官府颁发的税契，体现了妇女在社会事务中买卖田产时享有与男子一样的权利。下面一件契约的正文中本没有妇女参与，但是后批因为有妇女的参与，惊动地方政府来协调处理：

民国三十四年（1945）六月初五日，马琴先弟兄三人立杜卖明陆地文契②

  立杜卖明陆地文契人马琴先弟兄三人，为因叔考马炳书逝世，办理衣衫棺木安葬，将房屋地基出变（办）金钱不够，只得亲请凭中上门，将到叔父所丢之业陆地辟山壹半……凭中上门出卖与马金恒名下为业……此系二彼情愿。自卖之后，卖主房族子侄异姓人等不得前来翻悔争论议（异）言。如有此情，系是卖主一面承当。买主子孙永远管业。其地若有树木在内，不得异言。恐（空）口无凭，特立卖契一纸永远存照。

                     永远管业
                代字 石绍书
      凭中 马绍忠 马华昌 马炳清 罗亮先
          添押人 邹马氏 胡马氏
  民国三十四年六月初五日 马琴先弟兄三人 立卖

  查马琴先出卖与马金恒之业系马炳书逝世无安葬之资，但因炳书之婿妹邹胡两氏□洋上前□□，故□乡所理判劝令金恒出洋捌仟给邹马氏、胡马氏作为加择之费。今后不得再生支（枝）节。此据。

         调解员 □□□（印） 手批 □□

  由契约可见马炳书无嗣，为解决安葬之资，侄子马琴先弟兄三人将马炳书所遗房屋地基变卖后，仍不够安葬费用，又将所遗陆地辟山变卖给同宗族的马

---

① 参见《吉昌契约文书汇编》，妇女卖出田产的赤契：第7页《嘉庆三年胡汪氏立卖科田文契》，第29—30页《同治四年汪郑氏立卖科田文契》2件，第86页《同治六年陈梅氏立卖秋田文契》，第91页《光绪二年胡韩氏里卖秋田文契》。妇女买入田产的赤契：第87页《同治七年石为坊立卖秋田文契》，第72页《民国十一年杨法林、杨法生立卖科田文契》，两件契约中买主都是汪田氏。

② 孙兆霞，等. 吉昌契约文书汇编［M］. 北京：社会科学文献出版社，2010：196.

金恒。契约交代是双方自愿,若有争议由马琴先弟兄承担。至此,事情可谓圆满处理。但是从后批可见,事情并非如此简单。马炳书"婿妹邹胡两氏□洋上前□□",争议给金恒买入的田产带来相当麻烦。在乡公所的介入下,争端以金恒出资补偿邹马氏和胡马氏而告终。本来契约中载明若有争议,由卖主马琴先承担,但最后的结果是买主承担。推动事情发生变化的是马炳书的两个已经出嫁的妹妹。出嫁的女儿回到娘家来处理争端,足以看出妇女对社会事件处理带来的影响力之大。

在家庭或者家族面对社会事件时,妇女一样投身到这些事件的处理中。如因拖欠账务,妇女与儿子一起签订出卖土地的契约,解决家庭经济困难或者替夫父偿还债务。[①] 如果说偿还债务只是涉及民间借贷关系问题,那么涉及命案的事件摆在妇女面前时,她们也同男子一样参与处理。上文所引《同治七年(1868)汪郑氏、汪起兴、汪起学立卖房屋地基菜园东厮文契》,"汪郑氏同汪起兴、汪起学,为因被练所害,母子商议,只得亲身请凭中上门……出卖与汪田氏名下住坐管业",反映变乱期间汪家被团练祸害,汪母携子处理危机。类似的契约亦是涉及严重影响家庭发展的大事[②]:《民国三十一年(1942)冯冯氏立卖明文契》,记载"冯冯氏同子方有,为因与田姓人命和□,无银使用……请凭中出卖与冯胡氏、发元二老名下为业";又如《光绪十三年(1887)汪冯氏同男祖贵、三贵立卖明菜地文契》,"汪□氏同男祖贵、三贵,为因杀务一事无银使用,母子商议……凭中出卖与冯贵林名下为业"。咸丰同治年间,社会动乱,给屯堡人民生活造成重大影响,或因"人命",或因"杀务",均影响到人的生命。在事件发生时,妇女们没有退缩,也没有寻找族人的帮助渡过难关,而是带领儿子走入社会,像男子汉一样勇敢地处理,解决"乏用"的问题。虽然契约中对于命案语焉不详,无法从契约中了解事件的具体情况,但是从妇女订立卖契的行为可以见出,妇女已积极投身于社会事务中。

二、成为签约者

一个成年人要成为契约当事人,需要具备一定的条件:首先是要有独立的主体地位,其次是要有一定的财产可供自己支配。具备这两个基本条件的成年

[①] 《吉昌契约文书汇编》,第26页《咸丰十一年汪郑氏同子汪兴学立卖科田文契》,第29—30页《同治四年汪郑氏同子兴学立卖科田文契》2件,这些契约的立契原因均为"为因拖欠账务"。第7页《嘉庆三年胡汪氏同子廷有、廷赞立卖科田文契》立契原因是"夫父在日拖欠账务"。

[②] 孙兆霞,等.吉昌契约文书汇编[M].北京:社会科学文献出版社,2010:116,217.

人才可能与他人进行交易并订立契约,田宅契约的情况更是如此。当事人地位是否牢固,牵涉到契约的订立是否基于家族同意、交易公平原则,也关系到契约双方权利和义务的安排以及能否得到顺利履行。没有责任能力或不具备必需资格的契约当事人,其权利义务安排和契约履行会受到影响。吉昌屯堡契约文书中,妇女参与买卖田产房业的契约有82件,出当土地的契约有16件,分关契约是13件,尚未发现妇女参与租借的情况。出卖房屋、土地等不动产,对屯堡家庭来说属于重大的家庭事务,存在一定的风险性。许多家庭尤其是贫困家庭中,一家之主的男子对于处理不动产行为往往难以承担全部的风险,这时妇女的参与,就分担了一部分风险,有时候甚至是妇女在家庭中独当一面。那些没有儿子参与,直接由妇女订立的买卖、典当契约条文,更是妇女在家庭经济活动中具有独立作主地位的体现。日常生活中,家中若有成年男子,一般情况下不会让妇女出面办理处理家产的事宜。由于各种各样的原因,屯堡妇女需要独立从事一些社会经济活动。对于一些贫困家庭的妇女而言,由于生活所迫需要他们与丈夫一起维持家庭生计,甚至独立出面参与社会活动。

(一) 处置家庭财产

这些由女性主导订立的契约,除了极少数明确交代"丈夫亡故"之外,大多数契文都没有出现丈夫。① 在"因夫亡故"情况下,妇女不得不担当起养儿育女、与族人一起处理关系到家庭财产的事务,甚至是儿女的婚事,也成为母亲立契的理由。那些没有明确交代丈夫亡故,由妇女主持订立的契约,丈夫身份的隐逸有两种情况,一是签订契约期间丈夫外出经营;二是与丈夫的身份面子有关。面子是乡村习惯中权威结构的中心,与荣誉和羞辱有关。变卖地业房产,家庭物质财富减少的同时,由物质财富所转化的男家长的精神财富如威信、地位和信任也随之降低。当外界的压力影响到家庭生活的情况时,以家庭为其活动中心的女性,在男家长不甘心失去身份的情况下,便会管控起家庭经济资源,参与到通常由男性主导的卖契、当契等契约的订立活动中。妇女为维护家门内的利益而走出家门,成为一种现实的需要。与其说妇女渴望、愿意走出家门参与社会分工,不如说为维持家庭生计的需要和社会环境、经济活动的强制推动使她们不得不参与社会分工。出卖田产,关系到男家长的面子和身份,男家长不愿意以身份的失去为家庭换取好的生计,妇女便由家户内部走到社会生

---

① 《吉昌契约文书汇编》,第161页《民国二年凌萧氏立杜卖明陆地文契》,"为因丈夫亡故,无银使用";第398页《光绪四年田陈氏同子祖德立遗嘱分关》,"陈氏、石氏妯娌二人因丈夫亡故",母亲联合妯娌共同处理家产。

活的前台上来。女性主导订立的财产处置契约，是代表丈夫进行的，表现的是实际的家庭财产管理权利与能力。

由于家庭同居共财的习惯，民间和官方都非常重视契约中对业主与其他家庭成员关系的处理，形成了比较一致的准则。在田宅交易过程中，母亲在世时母亲为立契人，兄弟未分家时，兄弟共同成契。母亲和兄弟是契约的同卖人，需要在契约中署名。吉昌屯堡契约文书中，妇女在丈夫去世的情况下，特别是在儿子成年后当家前，妇女可以在"商议"下处理丈夫遗留下来的财产，虽然在买卖不动产时立契上写有"同子议"之语，但主立契人仍然是母亲。有的契约首句虽注明"某某氏同子某某"，但文末的立契人并没有出现儿子的名字。如《民国三十一年（1942）十月十一日冯冯氏同子方有立卖明水田文契》，契首写有"立卖明田文契人冯冯氏，同子方有"，但契末立契日期后书写的是"冯冯氏立"。又如《民国三十八年（1949）古历腊月十六石徐氏同子汝□立再家当陆地文契》，正文载明石徐氏和儿子汝□立再加当文契，文末立契人仅是石徐氏。再如《光绪三十三年（1907）腊月初二日马尚氏同孙马小徒、马顺林立卖明菜地文契》，契首"立卖明菜地文契人马尚氏，同孙马小徒、马顺林"。①

阿风研究徽州土地买卖文书后认为，丈夫在世而妇女直接参与土地买卖的原因有二：一是"丈夫在外经商或求功名而长期不归，妻子不得不处置家产以应付户役或维持家庭生活"；二是"丈夫与妻子共同立契出卖土地，妻子为同卖人"，后者是零星发现而非普遍的行为。② 吉昌屯堡契约中，上述两种情况都少见，主要原因是屯堡区域男子农闲时间经商的范围，在一至二日的路程之内，不会出现外出经商长期不归的情况。吉昌屯堡契约中，有63件契约的立契人是女性，这些契约记载的是出卖、出当田地。有4件出卖不动产的契约，是母亲直接处理的，契约中没有注明"同子某某"，立契人中也没有儿子的名字。如《民国二年（1913）冬月十六日凌萧氏卖明陆地文契》③，凌萧氏因丈夫亡故，无银使用，将自己购置的陆地卖与马开成，契首和契末的立契人都是凌萧氏。《光绪二年（1876）五月初六日胡韩氏卖明秋田文契》④，胡韩氏因乏用，出卖田地给石维阁，请凭中、立契等行为，都是胡韩氏一个人完成的。《同治七年（1868）二月廿二日冯陈氏立卖明科田文契》⑤，冯陈氏因"被练所害"，将科田

---

① 参见《吉昌契约文书汇编》，三件契约分别见第116页、第323页、第223页。
② 阿风.明清时代妇女的地位与权利[M].北京：社会科学文献出版社，2009：89.
③ 孙兆霞，等.吉昌契约文书汇编[M].北京：社会科学文献出版社，2010：161.
④ 孙兆霞，等.吉昌契约文书汇编[M].北京：社会科学文献出版社，2010：91.
⑤ 笔者搜集，参见附录一吉昌屯契约第25件。

卖给汪起后，立契人也是冯陈氏一人。

(二) 管理家庭事务

对家庭事务的管理，体现出女性的家长地位。契约中女性主持订立的分关、立嗣等文书，记载了妇女对家庭事务管理的过程。如下面一则妇女订立的契约，以买受人身份称呼掌管财权的妇女为"胞叔母"：

咸丰五年（1855）正月初六日，朱氏媳姚氏立卖明陆地文契①

立卖明陆地文契人胞叔母朱氏媳姚氏，为因乏用，无处可择，只得将到祖父置明湾地半块，转卖与胞侄汪起有名下为业，四至在明，老契凭中议定价纹银捌两陆钱整。胞母亲手领明应用，具（俱）是实银实契并无货物准折，自卖之后，任随胞侄永远管业，胞母不得异言，如有异言，赴公理论。恐（空）口无凭，立卖契一纸永远垂昭。

即日流过四字

永远管业

凭中　许万有　许学林　汪起云　汪起冯

咸丰五年正月初六日朱氏　亲立

汪起澜 笔

契约中称呼朱氏为胞叔母，胞叔状况不明，胞叔的儿子及姚氏的丈夫状况也不明。立契原因是朱氏的儿媳姚氏因需要用度，将湾地转卖与胞侄汪起有耕种，地价银由朱氏领用。本因儿媳无钱用度，可是卖地所得的钱由婆母朱氏亲手领明。这件卖地文书，也是由朱氏订立。这说明在汪家，婆母朱氏掌管着家庭的经济支配权。

家庭事务中的归还债务、儿子分家等事务，也由母亲处理。如民国十年（1921）冬月初五日马陈氏主持的分家行动，是在"先夫亡故，子女业已婚配"的情况下展开的。经过族人的见证，马陈氏将家产均分三股，长孙马元妹与次子马开成、幺子马开文参与分配家产，三人各获得一股。现存的三件契约分别列出了三家各自获得家产份额的清单，三人各执写有自己名字的那一件。② 在母亲在世的情况下，尽管存在儿子主持分家的情况，但母亲仍然参与决策过程。如《乾隆四十二年（1777）九月十六日汪子重立分卑》③，"立分卑汪子重，凭

---

① 笔者搜集，见附录一吉昌屯契约第 16 件。
② 孙兆霞，等. 吉昌契约文书汇编 [M]. 北京：社会科学文献出版社，2010：361-363.
③ 孙兆霞，等. 吉昌契约文书汇编 [M]. 北京：社会科学文献出版社，2010：342.

母亲凭中人，分过汪子重名下……凭中弟兄分明，不得议（异）言。恐后无凭，立卑存照"。这件分关文书为汪子重所执，"凭母亲凭中人"，将母亲放在中人之前，显示了对母亲的敬重，表明分关文书是在母亲和中人的见证下签订的。

在日常生活中，一些妇女甚至为了家庭利益走出家门，她们似乎并不缺乏担当家庭乃至社会责任的能力，只是这种能力在男权主导的文化背景下被掩盖了。她们走出家门时可能是被动的，但一旦走出来，作为户主、契约主体，她们既担当起家庭责任，又显示出妇女处理经济往来事务的能力。分析契约时会发现一个不可忽视的事实，这些以"某某氏"称谓出现在契约文书中的女性，并非都是被社会所公认的契约主体，可以与他人自由地订立契约。她们参与经济关系往往是被家庭所迫"为因乏用"，与生活压力下的家庭命运有着紧密的关系。丈夫、父亲或其他成年男性外出，家中男性缺失的情况下，家庭生计的需要和社会经济的强制力一起推动着妇女像男性一样处理经济事务。邓小南教授指出，"在家中缺少或没有男性之时，当家中男性忙于他务或者因用度窘迫，男子不愿以身份为大家换生计时，亦即外界压力影响到家庭生活时，原以家庭为活动中心的女性，不得不掌握或管理家庭经济资源，参与到租佃、买卖、借贷等经济活动中"[①]。而且，在与家庭命运息息相关的经济契约中，处置房屋土地等不动产，都需要经过族人的见证和同意。

表4-1 妇女订立契约一览表

序号	立契时间	立契人	交易类别	同立契人	买主（备注）
1	嘉庆三年（1798）	胡汪氏	科田	同子廷有、廷赞	石彦
2	咸丰十一年（1861）	汪郑氏	科田	同子汪兴学	伯娘汪田氏
3	同治四年（1865）	汪郑氏	科田	同子兴学	汪田氏
4	同治七年（1868）	冯陈氏	科田		汪启后
5	光绪十年（1884）	石方氏	科田	同男维祥	嫡叔石秉机

---

① 邓小南. 六至八世纪的吐鲁番妇女：特别是她们在家庭以外的活动[M]//邓小南. 朗润学史丛稿. 北京：中华书局，2010：277.

续表

序号	立契时间	立契人	交易类别	同立契人	买主（备注）
6	光绪二十一年（1895）	马冯氏	科田	同子马敢法、马法元	石致宜
7	光绪二十九年（1903）	石杨氏	科田	同子官保	石维发
8	民国十年（1921）	汪黄氏	科田	同男顺有、毛妹	田庆昌
9	同治六年（1867）	陈梅氏	秋田	男陈本	石维干
10	光绪二年（1876）	胡韩氏	秋田		石维阁
11	民国十八年（1929）	石黄氏	秋田	同子元妹	堂叔石廷忠
12	咸丰五年（1855）	朱氏媳妇姚氏	陆地		汪起有
13	民国二年（1913）	凌萧氏	陆地		马开成
14	民国七年（1918）	田陈氏	陆地	同子保臣	族叔田庆昌
15	民国二十一年（1932）	田胡氏	陆地	同子猓妹、二猓	石李氏
16	民国三十年（1941）	陈刘氏	陆地	同子冬顺	陈仁美
17	民国三十一年（1942）	石周氏	陆地	子森藩、次媳徐氏	马起应、马起贤弟兄二人
18	民国三十一年（1942）	许许氏	干田	同子兴荣	冯发云
19	道光二十二年（1842）	汪张氏	水田	同子兴贵	堂婶汪田氏
20	民国二十四年（1935）	石周氏	水田	同子钟瑜、钟贤、钟境	马开臣
21	民国二十四年（1935）	石徐氏	水田	同子汝鑫	陈钟氏

续表

序号	立契时间	立契人	交易类别	同立契人	买主（备注）
22	民国二十四年（1935）	冯冯氏	水田	同子方有	冯胡氏、发元
23	光绪十三年（1887）	汪冯氏	菜地	同男祖贵、三贵	冯贵林
24	光绪二十年（1894）	马顾氏	阴阳陆地	同子明法	石维阁
25	光绪二十二年（1896）	马冯氏	菜地陆地	同子发元	凌成高
26	光绪三十二年（1906）	冯李氏	菜地	同子法贵	汪兴灿
27	光绪三十三年（1907）	马尚氏	菜地	同孙马小徒、马顺林	汪兴灿
28	道光二十八年（1848）	汪张氏	地基	同子兴贵、兴有	胞叔汪起宋
29	民国十四年（1925）	汪陈氏	房屋地基	同男心地	汪沈氏母子
30	民国十四年（1925）	马彭氏、马冯氏妯娌	房屋地基	同子发有、元长	马开臣
31	民国二十四年（1935）	胡雷氏	房屋地基	同子春元	堂叔胡寿昌、胡荣昌弟兄二人
32	同治七年（1868）	汪郑氏	房屋绝卖	同子汪起兴、汪起学	汪田氏
33	民国二十五年（1936）	冯鲍氏	补卖园圃	同子日先	汪沈氏
34	光绪二十八年（1902）	石杨氏	当科田	同子官保	田曹氏
35	民国十一年（1922）	汪石氏	当科田	同孙云德、保成、太孙	范光廷
36	民国十一年（1922）	汪石氏	当科田	同男云德	冯仲山
37	民国十二年（1922）	汪纯玉	当秧田		汪石氏同男云德

续表

序号	立契时间	立契人	交易类别	同立契人	买主（备注）
38	民国十四年（1924）	陈宋氏	当陆地	同子老大、重福	胡云楷
39	民国十九年（1930）	汪石氏	当水田陆地	同男云德	石廷贵
40	民国三十年（1941）	冯冯氏	当秧田	同子才有	田俊英
41	民国三十八年（1949）	石徐氏	加当陆地	同子汝□	石治奎
42	同治六年（1867）	汪田氏	分关		次子兴明
43	光绪三十二年（1906）	马陈氏	分关		次子马开臣
44	宣统元年（1909）	马陈氏	分关		幼子马开文、次子马开臣
45	民国十年（1921）	马陈氏	分关		长孙马元妹
46	民国十年（1921）	马陈氏	分关		幺子马开文
47	民国十年（1921）	马陈氏	分关		次子马开成
48	民国十四年（1925）	石范氏	分关		次子石治奎、三子廷选
49	民国二十四年（1935）	汪沈氏	分关		汪麒麟
50	民国二十四年（1935）	汪沈氏	分关		汪奇才
51	民国三十二年（1943）	石范氏	分关		银秀、石云臣、石治奎、石友成
52	民国三十五年（1946）	胡张氏	分关	胡伯先、胡云先、胡仲先、胡张氏弟兄四人	张氏
53		冯张氏	分关	同子明先、明清	冯云才

续表

序号	立契时间	立契人	交易类别	同立契人	买主（备注）
54	光绪十年（1884）	田陈氏	遗嘱	同子祖德	陈氏、石氏妯娌均分祖业
55	宣统三年（1911）	马陈氏	出保约	日后又将所当之田出卖与田姓	胡明法作保
56	民国十四年（1925）	陈宋氏	立包约		胡姓
57	民国二十年（1931）	冯荣先	招赘约		次弟冯双臣过继汪沈氏名下为子，招赘贞香为妻
58	民国三十七年（1948）	胡张氏	招赘约		胡了头
59	民国三十五年（1946）	胡张氏	调换约		胡仲先

资料来源：《吉昌契约文书汇编》以及笔者搜集的契约。按照契约类别以时间为序排列。

在男权社会中，妇女的经济地位随着男子的变化而变化。受军屯、民屯历史的影响，尤其是卫所制度的消解，妇女的生活状态受到影响。妇女在操持家务过程中，其中一些人形成泼辣能干的品格。随着清末以来社会内部商品经济的发展和市场调节作用的增强，妇女在生产劳动中的地位和作用日益突出，女性的社会身份发生转换。女性获得了财产的所有权、处置权、继承权以及家庭管理权，女性与男性在经济地位上趋向平等。"男主外、女主内"的传统社会分工模式出现变化，妇女也开始从事社会生产性劳动。在上表59件妇女订立的契约中，妇女买卖土地、房屋等有33件，当契8件，分家13件，婚约2件，其他家务契约3件。晚清民国时期，屯堡人虽然比其他汉族群体和少数民族更加重视教育，但女性识字者甚少，检阅所及，女性订立或参与的屯堡契约，均未发现女性作为契约书写人（代笔）出现。如上表所述，女性订立处分科田、秋田等财产的契约，表明屯堡女性群体结构在发生明显变化，女性在经济上逐步独立。

三、担当中人

中人又称为中见人，在契约成立的过程中，中人居间起到引见双方、说合交易、协助确定价格的作用。契约中所形成的中人制度，是国家法和民间法结合发展的产物，对契约的正常签订和执行至关重要①。中人将可能并不认识的双方介绍到一起，使商业关系个人化，从而降低违约风险。在借贷契约中，中人又常常兼作保人，以保证归还借款。在发生争议或毁约时，中人有调解的权利和义务。② 在交易双方地位不平等时，中人面子的大小是弱势一方争取较优厚条件多少的重要保障，中人的面子与其知名度息息相关。鉴于中人在契约中的重要作用，在熟人社会中充当中人，往往是村社中一个人的社会地位、声望的试金石，待人诚信、做事公道的人，通常是充当中人的合适人选。传统中国乡土社会里，中人角色一般由德高望重的老年男子担任，妇女往往被排斥在中人资格之外。

但在屯堡村落雷屯搜集到的契约中，屯堡妇女也充当着见证契约签订的中人角色。这样的契约有20件，妇女位列契末"凭中""证人"行列。如《民国乙卯年（1915）腊月初八日雷马氏同男焕廷立卖明科田文契》，"立卖明科田文契人雷马氏仝男雷焕廷，为因正用，亲请凭中上门将祖父遗留分授自己名下田……凭中出卖与雷泽中名下为业……凭中雷清云、雷泽□、雷余氏"；《民国乙卯年（1915）七月初十日雷廷科立卖明科田文契》，"立卖明科田文契人雷廷科为因正用，亲请凭中上门，将祖父遗留分授本己名下……请凭中出卖与雷恒昌名下为业……凭中雷姚氏、雷清云"；《民国二十八年（1939）七月二十二日沈亮臣立卖明水田文契》，"立卖明水田文契人沈亮臣，为因正用，亲请凭中，愿将祖父遗留分授本己名下所置之业……亲请凭中出卖与雷恒昌名下为业……凭中人雷孙氏、沈树臣、鲍国凡"③。这三件契约中，妇女都作为凭中参与立契。类似的妇女参与担任凭中的契约在吉昌屯亦有发现，如《民国十四年（1925）顾老幺、顾闰法立当明陆地文契》，顾氏叔侄出当陆地与徐民枝名下，契末先写"凭证人鲍顾氏、田顾氏"，再写"凭中严石福"。《民国三十三年（1944）许少先立出卖明地基文契》，许少先将地基出卖给马起贤名下为业，契末写明"凭中罗亮先、胞姐许许氏、许西章"④。据统计，妇女和男子一起承担凭中的契约有19件，另外有1件契约是妇女独自担任中人角色，即《民国三十二年（1943）石仲和立当明房屋字据》，石仲和将祖父遗留的房屋的一部分，出

---

① 高学强．试论中国古代契约中的担保制度［J］．大连理工大学学报（社会科学版），2009（04）：70-75．
② 杜赞奇．文化、权力与国家：1900—1942年的华北农村［M］．南京：江苏人民出版社，2010：148．
③ 这三份妇女参与做凭中的契约均为笔者在雷屯搜集，详见附录。
④ 分别参见《吉昌契约文书汇编》第313页、第272页。

>>> 第四章 吉昌屯堡契约文书中的家庭妇女

当给冯法荣名下，契末签署"凭中田陈氏"①。这一件契约，仅仅从出当人、当与人、凭中单方面的名字，暂时看不出其间有亲邻关系。

除了这20件妇女担任凭中的契约之外，也有不使用"凭中""凭证"词语，而是用类似含义的词语表达见证人的契约。如《民国二十年（1931）全十二月冯荣先立出过继为子招赘小女承顶宗支字据》，"经媒说合，愿将次弟双臣出姓过继与汪沈氏名下为子，招赘贞香为妻，凭两姓族长当席取名双林……至承顶汪姓宗支，冯姓族宗老幼以及亲朋不得刁唆归宗，汪姓房族人等不准串合刁弟双林逐辇宿业等情。日后令弟婚娶，今将祖父遗留房屋田产地业一概均分……"，契末见证人中，冯姓、汪姓家族的族长、族人等各有十多位签名，还有一位冯凌氏充当"凭媒证"②。在《民国三十四年（1945）马琴先弟兄三人立杜卖明陆地文契》中，除了四名"凭证"之外，另有"添押人邹马氏、胡马氏"。在《民国十九年（1930）石亮清立卖明阴阳陆地文契》中，"酒水画字一并交清，石陈氏"。在《民国二十九年（1940）石仲凡立出卖明水田文契》中，"酒水画字石黄氏"③。"酒水画字"和"添押"人，均作为契约订立时的在场见证人。

妇女作为契约见证人，主要有以下几种。一是纯粹作为中介，为屯堡村寨中的土地田产交易等关系双方牵线搭桥，协商好双方的需求，最终达成交易行为，这种在绝卖、典当、宗族异姓承继等行为中均存在。二是作为契约签订现场的见证人，一旦在契约履行中出现纠纷时，可以就契约的真实性及内容作出证明。三是作为调解者，在交易产生纠纷后调解双方矛盾，形成新的"补卖"契。

从上述契约来看，民国年间妇女作为中人，与财产交易的类别没有关系，与契约订立的时间没有关系，与立契人有一定限度的关系。在大多数情况下，妇女做中，与契约双方的当事人中的一方，存在着宗亲关系，或是"胞姐"，或是姑妈，抑或是妯娌、嫂、婶辈。"长嫂如母"，财产交易的实际操作中，尤其是在与外姓交易的契约中，作为家庭或家族成员的嫂子、婶母、妯娌会格外关注本家族的利益。出嫁的姑妈则会关注娘家的财产处理，唯恐被外姓人占有过多资源。这种村落人际关系网络，在涉及财产转移的契约订立中起着至关重要

---

① 孙兆霞，等. 吉昌契约文书汇编 [M]. 北京：社会科学文献出版社，2010：330.
② 参见《吉昌契约文书汇编》，第393页。当事人冯双臣，在民国十八年与其余三兄已经"均分家业"，参见第365页《民国十八年八月十九日冯双臣弟兄四人立出分关字》。
③ 分别参见《吉昌契约文书汇编》第196页、第169页、第112页。

183

的作用，已经超出了一般意义上的邻居关系。

小　　结

妇女作为屯堡家庭中活跃的力量，由于丈夫亡故或者外出等原因，为解决生计困难，不得不从家庭中走出来，参与到传统的由男子掌握话语权的社会中。通过订立分关文书、招赘契约、替代男子归还家庭债务等行为，对家庭事务进行有效的管理。作为立契人，与儿子一起或者独立签订契约，出卖、出当土地田产，或者是买入田产。另外，妇女还作为中人出现在家族内外的契约中。这些都说明，屯堡地区的妇女，已经不是传统意义上的家庭主妇，不再作为男子的附属品，在家庭中不再处于从属地位，在社会中也有了一定的法律权利。嘉庆年间的卖科田赤契，是现存最早的有妇女参与立契的信息记载。[①] 这说明，至少在嘉庆初年，屯堡妇女就在屯堡社会生活中占有重要位置，妇女的权利与地位随着社会的发展逐渐得到改善。在婚姻方面，可以招赘男子承顶宗祧。在家庭事务中，可以同儿子商议或者独立作主进行田产地业的买卖。在社会生活中，和男子一起或者独立作为中人。她们积极参与家庭和社会事务，在契约中签署自己的名字，其行为已经得到官方和民间的肯定与认同，体现出晚清以来，妇女的主体意识不断地觉醒。这是长期以来女性争取生存与发展权利的结果。

[①] 参见《吉昌契约文书汇编》，第7页《嘉庆三年二月初九日胡汪氏立杜卖科田文契》。

结　　语

贵州安顺屯堡是在明洪武年间，中央将西南地区纳入直接管辖范围、移民实边的历史大背景下，驿道沿线设立卫所实行军屯以后，结合黔中地方社会具体的历史发展脉络逐渐形成的。因此，探讨吉昌屯堡契约文书产生和流传的背景时，就必须以长时段来考察，采用历时性与共时性相结合的方法，通过细致的分析，从契约文书中梳理屯堡地域社会中聚落内人际关系形成的历史脉络，从而揭示出屯堡契约产生和流传的过程。

随着军事移民的到来，他们的亲属和家人陆续来到贵州驿道沿线从事军屯活动，先是进行农业生产，战时出征。明朝后期，军屯制度与当时的政治体制越来越难以适应，恶劣的自然条件和落后的生产技术，使生活困难的问题越来越突出，军户逃亡事件屡有发生，卫所兵员缺额严重。屯田制遭到破坏，屯官侵占、盗卖屯地，旗军逃亡，使屯田荒芜，被迫招人领种土地。军伍制度遭到破坏，屯守的官兵素质普遍降低，军队战斗力显著减弱，卫所军制随之衰微。由于卫所建立在少数民族与汉移民交错分布地带，卫所兵士逃亡至周边土司领地或者少数民族聚居地区，避开政府追捕。逃入土司区域和人口较少民族聚居区的军士，为了生存需要，主动适应土司或人口较少民族的同化。卫所兵额减少的同时，卫所周边汉民族居民逐渐增多，军户以多种手段来摆脱军籍以转化为民户。明清之际，与卫所军士相牵连的汉移民群体，与南明政权及卫所周边少数民族形成千丝万缕的联系。清朝管理贵州之后，这些特殊人群成为朝廷重点治理的对象。裁撤卫所，改卫归流，设立州县，以有效管理基层社会。军屯及汉移民的后代，在文化适应的过程中，一方面延续着湖广、江西、安徽等移民发源地的文化传统；另一方面吸收了贵州山地文化的优秀因子，既保留了内地汉族的儒家传统道德，又形成了汪公信仰和多神崇拜，持守着仁爱、忠义的价值观念。经济生活中的契约思想进入社会层面，形成财产流动时签订契约的风俗。

一、契约产生于屯堡民间社会现实需要

契约作为一种经济关系证明书，是对经济行为的一种保护措施。在契约的运行过程中，需要有多种因素共同作用。在买卖、出当、租借等交易行为中，交易行为发生和产权转移是通过订立契约的形式来确认的。契约为村落社会财产的转移提供了文书证明，使买受人和当与人以及分关文书持有人对自己取得的财产权利得到确认。明清时期，官方和民间都非常重视契约的使用，因而各地出现大量的契约。已发现的屯堡契约文书中少有商业诉讼文书，少数几件契约文书仅在交代立契原因时，提到"交涉""具控"。屯堡社会的少讼现象，是儒家思想和汪公信仰交融的产物，汪公在屯堡地方社会中具有重要的精神价值。现代契约精神固然能够维系契约的履行，但是熟人社会中，对神灵的信仰力量，更容易制约一个人的日常行为。

契约产生于民间社会，在运用中逐渐被官方所规制和利用，契约使民间习惯与国家制度形成有效互动。民间用契约文书来保障交易行为与财产权利，官方通过承认民间立契习惯，使契约制度更好地保障社会财产。在契约运行过程中，需要民间诚信机制的支撑与官方的主动保护措施。官方对民间契约的承认，对于契约的效力与执行能够起到支持作用。离开契约产生的社会关系网络，契约的履行效力会受到很大的影响。晚清民国时期，屯堡区域的人们通过在宗族内部或者是亲邻之间订立契约来保障财产的流动。在日常生活中，契约起到了保障社会经济关系的积极作用。官方对赤契所具有的效力进行认可，则是基于现实的税收需要。官方通过征税、发放"税验买契"的形式，将基于民间社会生活需要订立的契约纳入国家法的管理范畴。

二、契约构建起屯堡基层社会的人际关系网络

晚清民国时期，安顺屯堡基层社会中，人与契约的关系的呈现，是多面向的。订立契约的双方，为什么订立契约？日常生活中契约能够起到什么作用？民间白契为什么能够在屯堡社会大量存在？民间签订的契约在基层社会的运行机制是什么？这些问题使契约受到更多的关注。

以往对契约文书的研究中，传统的"中人"多被描述为中间人的形象，在契约订立过程中起到见证、担保作用，甚至在发生争端时起到调解作用。形成中人的这种功能的内在机制是怎样的？讨论并不多见。对于吉昌屯堡契约而言，中人是一个半封闭的区域社会中熟人关系网络的一个环节。通过中人，原本并不熟悉的交易双方建立起一种契约关系，并借助契约的履行来维系这种熟人关

系。这样，契约所反映的经济关系就叠加在基于个人信用的人际关系网络之上。传统社会中强调的道德观念和宗教信仰，亦被用来维护契约关系，使契约关系在地域社会的人际关系网络中变得更加具体和形象，交易各方在契约关系的维系中获得一种信用保证。

从分关文书来看，父亲、母亲或者长兄处分家产，显示出家长、长兄可以订立契约。家产可以使家族成员从中受益，订立契约使家产逐步被分化。通过对买卖契约、典当契约的考察可知，晚清民国时期契约的多样性，根源于缔约各方具体人际关系的复杂性。契约当事人将自己的宗族身份带入契约所形成的关系网络中，立契人的社会身份就构成契约关系中的事实身份，这种事实身份在缔约相对方之间，能够形成一种具体的人际关系。契约的订立，是立契双方在生活中具体所需的体现。在经历漫长的社会变迁之后，表现具体人际关系的契约，最终会被类型化。契约文书表达出一种财产权利由立契人向相对方转移的单向流动趋势。

三、人地关系呈现出边界特征

吉昌屯处于明代平坝卫与镇宁卫交界之地，是安顺府亲辖地比较偏远的地方，这种地理区位上的人地关系，较多地受到边界的影响，两地的文化、经济特征兼而有之。屯堡聚落并不是完全同质的文化共同体，同属于屯堡村落，具体的聚落之间仍然存在风俗习惯上的差异，具有一定的边界特征。

吉昌屯堡契约在叙述交易标的物时，无一例外都会详细交代土地、房产的"坐落"和"四至"。"坐落"交代了田产所处的地理空间，"四至"多描述的是与他姓异族的田产相邻状况。四至的确定，是用自然地理边界来划定人际关系的社会边界。从晚清民国时段内的屯堡契约内容来看，屯堡人与区域外的少数民族社会经济往来并不多，对外呈现出封闭特征。汪姓、冯姓、田姓、胡姓作为吉昌屯大姓，他们内部和相互之间的田产地业交易，都会标明四至。汪、冯、田三大家族有着各自田产地业的地理边界。田地房产的四至，是地理上看得到的有形边界，大家族之间的竞争，则呈现出一种无形的边界。在对有限资源竞争的过程中，新的人际关系网络得到确立，新的社会运行机制得以建构。

从交易田产地业的四至边界，可以看到不同姓氏或者同一姓氏的财产相邻情况。通过地界可以看到人的社会关系边界，这也是一种人与人之间的竞争关系。在有限资源下，如何展开有效的竞争，关系到宗族的发展壮大，因而宗族之间财产的流动更强化了宗族之间的关系。分析发现，土地房产流动呈现出阶层化的特征，涉及大家族内部或大姓之间田产流动的契约件数，要多于小家族或小姓之间的交易数量。土地在哪些姓氏之间交易，不会出卖、典当给哪些姓氏，显示出村落人际关系的变化。僻姓与老姓，老姓与著姓之间的财产交易，反映出宗族之间的竞争关系。

聚落具有一定的边界特征，这种边界会以契约文书的形式形成集体记忆。集体记忆，通过文本、仪式等各种表象呈现出来。家谱作为集体记忆的一种形态，记录着来自江淮汉人的移民传说。契约作为文献的一种，留存的是社会经济生活实态，反映的是集体的记忆。屯堡人对于始迁祖开疆拓土的集体记忆，用家谱的形式流传下来。而现实的社会记忆，生成契约留存下来。契约是祖先集体记忆的载体，契约流传到现在，虽然已经不再具备经济上的现实功能，但是契约上记载的边界信息，仍然是一种集体记忆。

卖田先问亲邻，亲邻不买再卖给其他人，这也是人际关系的一种体现。同宗族的族人更容易形成一个利益共同体，在共同体中，族人可以守望相助。立账取问亲邻制度，显示了外族人相对于本族人之间，容易形成一种竞争关系。财产流动的空间范围，实际上显示了族内利益的边界，本族内部的资源不会随意流落到外族。一个边界内部的人，难以通过田产地业的流动，进入另一个不同层级的边界所形成的人际关系网络中。

大姓与大姓之间交易土地房产，是优先选择强大的家族进行交易，买卖双方两家族都在人际关系网络中占据有利地位，这更利于保证契约履行的效力。人地关系的变化，体现在土地房产的不断流动中。透过人地关系，看出屯堡基层社会内部宗族之间的竞争性。

总之，本书以滇黔驿道安顺境内屯堡村落的契约文书为研究对象，对文书存在区域的社会文化制度、生态环境进行了初步梳理，力求对文书产生的社会背景作出分析。结合具体的契约，对文书的主要类型和内涵做出了分析，指出了屯堡契约文书不同于其他地区文书的特征所在。最后对契约中女性主持或参与的契约做了探讨，分析了晚清民国时期屯堡妇女的社会经济地位在逐步提高。研究认为，契约记录的土地房产边界，维系的是村落资源的边界，社会人际关系网络在契约的签订和履行过程中起着重要的作用。契约的签订，是不同家族、姓氏互相角力的结果。

由于时间、精力、研究视野和能力的限制，屯堡契约文书研究，尚有一些值得深入讨论的问题。如吉昌屯堡契约中，土地成交价格问题。又如契约明确记载所出卖田地中"水路"权属情况的多达11次，显示出水源是重要的农业生产资源，围绕水权的争夺是地方社会控制的一个影响因素。通过契约中对待水资源的处理情况，可以剖析村落秩序的建立情况。契约中呈现的汪王佛会、僧侣集团等特殊群体，可以结合契约文书进行讨论。这涉及人地关系协调中，屯堡人的信仰建构和家族秩序的确立过程。这批契约所揭示的屯堡区位特征、文化的空间传播情况、族群关系等，以及契约中老姓、著姓、僻姓参与田产地业买卖、转当的情况，都需要逐一厘清。这些问题，将在今后做出进一步的讨论。

主要参考文献

一、契约文书

[1] 蔡育天. 上海道契 [M]. 上海：上海古籍出版社, 2005.

[2] 蔡志祥. 许舒博士所藏商业及土地契约文书：乾泰隆文书 1：潮汕地区土地契约文书. 东京大学东洋文化研究所附属东洋学文献セソター, 1995.

[3] 曹树基, 潘星辉, 阙龙兴. 石仓契约 第 1-4 辑 [M]. 杭州：浙江大学出版社, 2011.

[4] 陈金全, 杜万华. 贵州文斗寨苗族契约法律文书汇编：姜元泽家藏契约文书 [M]. 北京：人民出版社, 2008.

[5] 陈娟英, 张仲淳. 厦门典藏契约文书 [M]. 福州：福建美术出版社, 2006.

[6] 东洋文库明代史研究室. 中国土地契约文书集（金—清）[M]. 东京：东洋文库, 1975.

[7] 福建师范大学历史系. 明清福建经济契约文书选辑 [M]. 北京：人民出版社, 1997.

[8] 贵州大学, 天柱县人民政府, 贵州省档案馆, 等. 天柱文书：第 1 辑 [M]. 南京：江苏人民出版社, 2014.

[9] 胡开全, 苏东来. 成都龙泉驿百年契约文书（1754—1949）[M]. 成都：巴蜀书社, 2012.

[10] 黄山学院. 中国徽州文书：民国编 [M]. 北京：清华大学出版社, 2010.

[11] 林文勋, 徐政芸. 云南省博物馆馆藏契约文书整理与汇编：第 1-6 卷 [M]. 北京：人民出版社, 2013.

[12] 刘伯山. 徽州文书：第 2 辑 [M]. 桂林：广西师范大学出版社, 2006.

[13] 罗志欢, 李龙潜. 清代广东土地契约文书汇编 [M]. 济南：齐鲁书

社, 2014.

[14] 上海市档案馆. 清代上海房地契档案汇编 [M]. 上海: 上海古籍出版社, 1999.

[15] 绍兴县档案局. 绍兴县馆藏契约档案选集 [M]. 北京: 中华书局, 2007.

[16] 四川省档案馆, 四川大学历史系. 清代乾嘉道巴县档案选编: 上 [M]. 成都: 四川大学出版社, 1989.

[17] 四川省档案馆, 四川大学历史系. 清代乾嘉道巴县档案选编: 下 [M]. 成都: 四川大学出版社, 1996.

[18] 孙兆霞, 等. 吉昌契约文书汇编 [M]. 北京: 社会科学文献出版社, 2010.

[19] 谭棣华, 冼剑民. 广东土地契约文书（含海南）[M]. 广州: 暨南大学出版社, 2000.

[20] 唐立, 杨有庚, （日本）武内房司. 贵州苗族林业契约文书汇编. 第1、2、3卷, 史料编 [M]. 东京: 东京外国语大学, 2001.

[21] 田涛, （美）宋格文, 郑秦. 田藏契约文书粹编 1408—1969 [M]. 北京: 中华书局, 2001.

[22] 汪文学. 道真契约文书汇编 [M]. 北京: 中央编译出版社, 2015.

[23] 王田, 杨正文. 岷江上游半坡寨文书汇编 [M]. 北京: 民族出版社, 2015.

[24] 王万盈. 清代宁波契约文书辑校 [M]. 天津: 天津古籍出版社, 2008.

[25] 王钰欣, 周绍泉. 徽州千年契约文书. 石家庄: 花山文艺出版社, 1993.

[26] 温州市图书馆《温州历史文献集刊》编辑部. 温州历史文献集刊: 第4辑: 清代民国温州地区契约文书辑选 [M]. 南京: 南京大学出版社, 2015.

[27] 吴大华, 潘志成. 土地关系及其他事务文书 [M]. 贵阳: 贵州民族出版社, 2011.

[28] 谢晖, 陈金钊. 民间法: 第3卷 [M]. 济南: 山东人民出版社, 2004.

[29] 严桂夫. 徽州历史档案总目提要 [M]. 合肥: 黄山书社, 1996.

[30] 张传玺. 中国历代契约会编考释: 上、下 [M]. 北京: 北京大学出版社, 1995.

[31] 张德义,郝毅生. 中国历代土地契证 [M]. 石家庄：河北大学出版社, 2009.

[32] 张建民. 湖北天门熊氏契约文书 [M]. 武汉：湖北人民出版社, 2014.

[33] 张介人. 清代浙东契约文书辑选 [M]. 杭州：浙江大学出版社, 2011.

[34] 张应强,王宗勋. 清水江文书 [M]. 桂林：广西师范大学出版社, 2009.

[35] 自贡市档案馆,北京经济学院,四川大学. 自贡盐业契约档案选辑 (1732—1949) [M]. 北京：中国社会科学出版社, 1985.

二、正史典章

[1] 张廷玉. 明史 [M]. 北京：中华书局, 1974.

[2] 赵尔巽,等. 清史稿 [M]. 北京：中华书局, 1982.

三、方志

[1] 郭子章. 黔记舆图志考释 [M]. 贵阳：贵州人民出版社, 2013.

[2] 沈庠.（弘治）贵州图经新志 [M]. 成都：西南交通大学出版社, 2018.

[3] 王士性. 广志绎 [M]. 吕景琳,点校. 北京：中华书局, 1981.

[4] 谢东山,张道.（嘉靖）贵州通志 [M]. 张祥光,林建曾,王尧礼,点校. 贵阳：贵州人民出版社, 2019.

[5] 爱必达. 黔南识略·黔南职方纪略 [M]. 贵阳：贵州人民出版社, 1992.

[6] 常恩. 安顺府志 [M]. 贵阳：贵州人民出版社, 2007.

[7] 顾祖禹. 读史方舆纪要：第11册 [M]. 贺次君,施和金,校. 北京：中华书局, 2005.

[8]（清）刘祖宪. 安平县志 [M]. 贵阳：贵州人民出版社, 2019.

[9]《安顺市西秀区大西桥镇志》编委会. 安顺市西秀区大西桥镇志 [M]. 贵阳：贵州人民出版社, 2006.

[10] 黔东南苗族侗族自治州地方志编纂委员会. 黔东南苗族侗族自治州志：文物志 [M]. 贵阳：贵州民族出版社, 1992.

[11] 安顺地区民族事务委员会. 安顺地区民族志 [M]. 贵阳：贵州民族

出版社，1996.

[12] 贵州省地方志编纂委员会. 贵州省志：地理志：上 [M]. 贵阳：贵州人民出版社，1985.

[13] 贵州省地名委员会办公室. 贵州省地名志：第1集 [M]. 贵阳：贵州省地名委员会办公室，1984.

[14] 黄加服，段志洪. 中国地方志集成 贵州府县志辑：第5册 [M]. 成都：巴蜀书社，2006.

[15] 《旧州镇志》编委会. 旧州镇志 [M]. 贵阳：贵州人民出版社，2003.

[16] 任可澄. 续修安顺府志辑稿 [M]. 贵阳：贵州人民出版社，2012.

[17] 杨志伟. 安顺市志：上、下 [M]. 贵阳：贵州人民出版社，1995.

[18] （日）东亚同文书院. 中国省别全志 第16卷 贵州省（一）（二）[M]. 北京：线装书局，2015.

四、著作

[1] （日）山田贤. 移民的秩序：清代四川地域社会史研究 [M]. 曲建文，译. 北京：中央编译出版社，2011.

[2] （日）寺田浩明. 权利与冤抑：寺田浩明中国法史论集 [M]. 王亚新，等译. 北京：清华大学出版社，2012.

[3] （日）滋贺秀三，寺田浩明，岸本美绪，夫马进. 明清时期的民事审判与民间契约 [M]. 王亚新，梁治平编；王亚新，范愉，陈少峰，译. 北京：法律出版社，1998.

[4] （日）滋贺秀三. 中国家族法原理 [M]. 张建国，李力，译. 北京：法律出版社，2003.

[5] （香港）科大卫. 皇帝和祖宗：华南的国家与宗族 [M]. 卜永坚，译. 南京：江苏人民出版社，2009.

[6] （英）莫里斯·弗里德曼. 中国东南的宗族组织 [M]. 刘晓春，译. 上海：上海人民出版社，2000.

[7] （美）杜赞奇. 文化、权力与国家：1900—1942年的华北农村 [M]. 南京：江苏人民出版社，2010.

[8] （美）韩森. 传统中国日常生活中的协商：中古契约研究 [M]. 鲁西奇，译. 南京：江苏人民出版社，2008.

[9] （美）曾小萍，（美）欧中坦，（美）加德拉. 早期近代中国的契约与产权 [M]. 杭州：浙江大学出版社，2011.

[10] 阿凤. 明清时代妇女的地位与权利 [M]. 北京：社会科学文献出版社, 2009.

[11] 白凯. 中国的妇女与财产（960—1949）[M]. 上海：上海书店出版社, 2007.

[12] 常建华. 观念、史料与视野：中国社会史研究再探 [M]. 北京：北京大学出版社, 2013.

[13] 常建华. 明代宗族研究 [M]. 上海：上海人民出版社, 2005.

[14] 陈其南. 文化的轨迹 [M]. 沈阳：春风文艺出版社, 1987.

[15] 陈其南. 家族与社会：台湾与中国社会研究的基础理念 [M]. 台北：联经出版事业公司, 1991.

[16] 陈秋坤, 洪丽完. 契约文书与社会生活（1600—1900）[M]. 台北：台湾中研院台湾史研究所筹备处, 2001.

[17] 陈瑛珣, 陈支平. 清代民间妇女生活史料的发掘与运用 [M]. 天津：天津古籍出版社, 2010.

[18] 陈支平. 民间文书与台湾社会经济史 [M]. 长沙：岳麓书社, 2004.

[19] 陈瑞. 明清徽州宗族与乡村社会控制 [M]. 合肥：安徽大学出版社, 2013.

[20] 邓小南. 朗润学史丛稿 [M]. 北京：中华书局, 2010.

[21] 冯尔康. 中国宗族史 [M]. 上海：上海人民出版社, 2009.

[22] 冯学伟. 明清契约的结构、功能及意义 [M]. 北京：法律出版社, 2015.

[23] 傅林祥, 郑宝恒. 中国行政区划通史：中华民国卷 [M]. 上海：复旦大学出版社, 2007.

[24] 傅衣凌. 明清社会经济史论文集 [M]. 北京：人民出版社, 1982.

[25] 傅衣凌. 傅衣凌治史五十年文编 [M]. 北京：中华书局, 2007.

[26] 傅衣凌. 明清农村社会经济：明清社会经济变迁论 [M]. 北京：中华书局, 2007.

[27] 贵州师范大学地理系. 贵州省地理 [M]. 贵阳：贵州人民出版社, 1990.

[28] 郭松义, 定宜庄. 清代民间婚书研究 [M]. 北京：人民出版社, 2005.

[29] 黄才贵. 影印在老照片上的文化：鸟居龙藏博士的贵州人类学研究 [M]. 贵阳：贵州民族出版社, 2000.

[30] 郝维华. 清代财产权利的观念与实践 [M]. 北京：法律出版社, 2011.

[31] 李振纲, 史继忠, 范同寿. 贵州六百年经济史 [M]. 贵阳：贵州人民出版社, 1998.

[32] 李建军. 学术视野下的屯堡文化研究 [M]. 贵阳：贵州科技出版社, 2009.

[33] 李立. 在学者与村民之间的文化遗产：村落知识生产的经验研究、话语分析与反思 [M]. 北京：人民出版社, 2010.

[34] 李倩. 民国时期契约制度研究 [M]. 北京：北京大学出版社, 2005.

[35] 连晓鸣, 庞学铨. 汉学研究与中国社会科学的推进：国际学术研讨会论文集 [M]. 北京：中国社会科学出版社, 2012.

[36] 梁聪. 清代清水江下游村寨社会的契约规范与秩序：以文斗苗寨契约文书为中心的研究 [M]. 北京：人民出版社, 2008.

[37] 梁治平. 清代习惯法：社会与国家 [M]. 北京：中国政法大学出版社, 1996.

[38] 林济. 长江流域的宗族与宗族生活 [M]. 武汉：湖北教育出版社, 2004.

[39] 林涓, 傅林祥, 任玉雪. 中国行政区划通史 清代卷 [M]. 上海：复旦大学出版社, 2013.

[40] 刘道胜. 明清徽州宗族文书研究 [M]. 合肥：安徽人民出版社, 2008.

[41] 骆小所. 西南民俗文献：第19卷 [M]. 兰州：兰州大学出版社, 2003.

[42] 吕立人, 等. 大清律例通考校注 [M]. 北京：中国政法大学出版社, 1992.

[43] 吕思勉. 中国制度史 [M]. 上海：上海教育出版社, 1998.

[44] 明清广东省社会经济研究会. 十四世纪以来广东社会经济的发展 [M]. 广州：广东高等教育出版社, 1992.

[45] 朴元熇. 明清徽州宗族史研究：歙县方氏的个案研究 [M]. 中文修订版. 北京：中国社会科学出版社, 2009.

[46] 钱杭, 谢维扬. 传统与转型：江西泰和农村宗族形态：一项社会人类学的研究 [M]. 上海：上海社会科学院出版社, 1995.

[47] 钱杭. 血缘与地缘之间：中国历史上的联宗与联宗组织 [M]. 上海：

上海社会科学院出版社，2001.

[48] 钱杭. 中国宗族史研究入门 [M]. 上海：复旦大学出版社，2009.

[49] 钱杭. 宗族的传统建构与现代转型 [M]. 上海：上海人民出版社，2011.

[50] 石峰. 非宗族乡村：关中《水利社会》的人类学考察 [M]. 北京：中国社会科学出版社，2009.

[51] 孙兆霞. 屯堡乡民社会 [M]. 北京：社会科学文献出版社，2005.

[52] 汤芸. 以山川为盟 黔中文化接触中的地景、传闻与历史感 [M]. 北京：民族出版社，2008.

[53] 唐力行. 徽州宗族社会 [M]. 合肥：安徽人民出版社，2005.

[54] 唐力行. 明清以来徽州区域社会经济研究 [M]. 合肥：安徽大学出版社，1999.

[55] 唐力行. 延续与断裂 徽州乡村的超稳定结构与社会变迁 [M]. 北京：商务印书馆，2015.

[56] 田涛，王宏治，柏桦，邓建鹏. 徽州民间私约研究及徽州民间习惯调查 [M]. 北京：法律出版社，2014.

[57] 万明. 晚明社会变迁：问题与研究 [M]. 北京：商务印书馆，2005.

[58] 汪柏树. 徽州土地买卖文契研究：以民国时期为中心 [M]. 北京：中国社会科学出版社，2014.

[59] 王鹤鸣，等. 中华谱牒研究：迈入新世纪中国族谱国际学术研讨会论文集 [M]. 上海：上海科学技术文献出版社，2000.

[60] 王秋桂，沈福馨. 贵州安顺地戏调查报告集 [M]. 台北：财团法人施合郑民俗文化基金会，1994.

[61] 王日根. 明清民间社会的秩序 [M]. 长沙：岳麓书社，2003.

[62] 王铁. 中国东南的宗族与宗谱 [M]. 上海：汉语大词典出版社，2002.

[63] 王旭. 契纸千年：中国传统契约的形式与演变 [M]. 北京：北京大学出版社，2013.

[64] 王振忠. 徽州社会文化史探微：新发现的16-20世纪民间档案文书研究 [M]. 北京：商务印书馆，2020.

[65] 王振忠. 明清徽商与淮扬社会变迁 [M]. 北京：生活·读书·新知三联书店，2014.

[66] 吴斌，支果，曾凡英. 中国盐业契约论：以四川近现代盐业契约为中

心［M］．成都：西南交通大学出版社，2007．

［67］夏扬．上海道契：法制变迁的另一种表现［M］．北京：北京大学出版社，2007．

［68］邢铁．家产继承史论［M］．昆明：云南大学出版社，2012．

［69］徐晓光．苗族习惯法的遗留、传承及其现代转型研究［M］．贵阳：贵州人民出版社，2005．

［70］徐晓光．清水江流域林业经济法制的历史回溯［M］．贵阳：贵州人民出版社，2006．

［71］徐晓光．原生的法：黔东南苗族侗族地区的法人类学调查［M］．北京：中国政法大学出版社，2010．

［72］杨国桢．明清土地契约文书研究［M］．北京：中国人民大学出版社，2009．

［73］杨国安．国家权力与民间秩序 多元视野下的明清两湖乡村社会史研究［M］．武汉：武汉大学出版社，2012．

［74］杨伟兵．云贵高原的土地利用与生态变迁［M］．上海：上海人民出版社，2008．

［75］杨卉青．宋代契约法律制度研究［M］．北京：人民出版社，2015．

［76］叶显恩．明清徽州农村社会与佃仆制［M］．合肥：安徽人民出版社，1983．

［77］尤陈俊．法律知识的文字传播［M］．上海：上海人民出版社，2013．

［78］张传玺．契约史买地券研究［M］．北京：中华书局，2008．

［79］张佩国．财产关系与乡村法秩序［M］．上海：学林出版社，2007．

［80］张佩国．地权·家户·村落［M］．上海：学林出版社，2007．

［81］张佩国．近代江南乡村地权的历史人类学研究［M］．上海：上海人民出版社，2002．

［82］张佩国，张文宏．林权、坟山与庙产［M］．北京：中国社会科学出版社，2014．

［83］张肖梅．贵州经济［M］．中国国民经济研究所，1939．

［84］赵华富．徽州宗族研究［M］．合肥：安徽大学出版社，2004．

［85］张鸣．乡村社会权力和文化结构的变迁（1903-1953）［M］．西安：陕西人民出版社，2008．

［86］张全海．世系谱牒与族群认同［M］．上海：世界图书上海出版公司，2010．

[87] 张应强．木材之流动：清代清水江下游地区的市场、权力与社会 [M]．北京：生活·读书·新知三联书店，2006．

[88] 张原．在文明与乡野之间：贵州屯堡礼俗生活与历史感的人类学考察 [M]．北京：民族出版社，2008．

[89] 张正明，孙丽萍，白雷．中国晋商研究史论 [M]．北京：人民出版社，2006．

[90] 张正明，张舒．晋商兴衰史 [M]．第3版．太原：山西经济出版社，2010．

[91] 章有义．明清徽州土地关系研究 [M]．北京：中国社会科学出版社，1984．

[92] 赵世瑜．小历史与大历史：区域社会史的理念、方法与实践 [M]．北京：生活·读书·新知三联书店，2006．

[93] 赵晓耕．身份与契约：中国传统民事法律形态 [M]．北京：中国人民大学出版社，2012．

[94] 赵彦昌．中国档案史研究史 [M]．上海：世界图书上海出版公司，2012．

[95] 郑培凯，陈国成．史迹 文献 历史：中外文化与历史记忆 [M]．桂林：广西师范大学出版社，2008．

[96] 郑振满．明清福建家族组织与社会变迁．长沙：湖南教育出版社，1992．

[97] 郑振满．乡族与国家：多元视野中的闽台传统社会 [M]．北京：生活·读书·新知三联书店，2009．

[98] 郑振满．碑铭研究：第2辑 [M]．北京：社会科学文献出版社，2014．

[99] 钟翀．北江盆地：宗族、聚落的形态与发生史研究 [M]．北京：商务印书馆，2011．

[100] 周大鸣．21世纪人类学 [M]．北京：民族出版社，2003．

[101] 周振鹤，游汝杰．方言与中国文化 [M]．上海：上海人民出版社，1986．

[102] 朱伟华，等．建构与生成．桂林：广西师范大学出版社，2008．

五、期刊论文

[1] 阿风．明清时期徽州妇女在土地买卖中的权利与地位 [J]．历史研究，

2000（1）.

[2] 岸本美绪, 张徽. 贵州山林契约文书与徽州山林契约文书比较研究[J]. 原生态民族文化学刊, 2014（2）.

[3] 柴荣. 中国古代先问亲邻制度考析[J]. 法学研究, 2007（4）.

[4] 陈珂. 上海道契所保存的历史记忆：以《上海道契》英册1-300号道契为例[J]. 史林, 2007（2）.

[5] 陈胜强. 中人对清代土地绝卖契约的影响及其借鉴意义[J]. 法学评论, 2010（3）.

[6] 陈瑛珣. 从清代台湾托孤契约文书探讨闽台女性财产权的变与不变[J]. 闽都文化研究, 2004（2）.

[7] 陈正书. 道契与道契档案之考察[J]. 近代史研究, 1997（3）.

[8] 陈正书. 简评上海道契档案的史料价值[J]. 史林, 1998（1）.

[9] 陈支平. 努力开拓民间文书研究的新局面[J]. 史学月刊, 2005（12）.

[10] 储小旵.《徽州千年契约文书》契名考校[J]. 安徽史学, 2009（3）.

[11] 杜成材. 论明初卫所设置对贵州建省的影响[J]. 理论与当代, 2011（7）.

[12] 范金民. "草议"与"议单"：清代江南田宅买卖文书的订立[J]. 历史研究, 2015（3）.

[13] 高学强. 试论中国古代契约中的担保制度[J]. 大连理工大学学报（社会科学版）, 2009（4）.

[14] 郭广辉. 清代民国年间成都乡村的田房产业交易：以《成都龙泉驿百年契约文书：1754—1949》为例[J]. 西华师范大学学报（哲学社会科学版）, 2015（3）.

[15] 江长宽, 吴冬. 长兴民间契约浅谈[J]. 浙江档案杂志, 2009（1）.

[16] 雷宏谦. 太行文书、太行文化与太行学：乔福锦教授访谈录[J]. 河北师范大学学报（哲学社会科学版）, 2014（4）.

[17] 李伯重. 从"夫妇并作"到"男耕女织"：明清江南农家妇女劳动问题探讨之一[J]. 中国经济史研究, 1996（3）.

[18] 李三谋. 清代四川盐井土地买卖契约简论[J]. 盐业史研究, 2001（1）.

[19] 李映. 清代川西农村土地占有变迁考察：《成都龙泉驿百年契约文书》中土地买卖研究[J]. 四川师范大学学报（社会科学版）, 2014（1）.

199

[20] 李祝环. 中国传统民事契约中的中人现象 [J]. 法学研究, 1997 (6).

[21] 梁凤荣. 论中国古代买卖契约中担保的形式与特色 [J]. 河南大学学报（社会科学版）, 2005 (4).

[22] 刘高勇, 屈奇. 论清代田宅契约订立中的第三方群体：功能及其意义 [J]. 西部法学评论, 2011 (3).

[23] 刘正刚, 杜云南. 清代珠三角契约文书反映的妇女地位研究 [J]. 中国社会经济史研究, 2013 (4).

[24] 卢增荣. 清代福建契约文书中的女性交易 [J]. 东南学术, 2000 (3).

[25] 鲁书月, 刘广瑞. 太行山文书入藏邯郸学院学术座谈会综述 [J]. 中国史研究动态, 2014 (4).

[26] 栾成显. 清水江土地文书考述：与徽州文书之比较 [J]. 中国史研究, 2015 (3).

[27] 罗康隆. 从清水江林地契约看林地利用与生态维护的关系 [J]. 林业经济, 2011 (2).

[28] 罗康隆. 明清两代贵州汉族移民特点的对比研究 [J]. 贵州社会科学, 1993 (3).

[29] 马国君, 李红香. 明清时期贵州卫所置废动因管窥 [J]. 贵州大学学报（社会科学版）, 2011 (2).

[30] 马学强. "民间执业 全以契券为凭"：从契约层面考察清代江南土地产权状况 [J]. 史林, 2001 (1).

[31] 马学强. 近代上海道契与明清江南土地契约文书之比较 [J]. 史林, 2002 (1).

[32] 倪毅. 浙江省博物馆藏遂安古文书 [J]. 收藏家, 2013 (6).

[33] 彭久松. 自贡盐业契约考释（连载九）[J]. 盐业史研究, 1989 (4).

[34] 彭久松. 自贡盐业契约考释（连载十）[J]. 盐业史研究, 1990 (1).

[35] 彭久松. 自贡盐业契约考释（连载一）[J]. 盐业史研究, 1986 (0).

[36] 彭久松. 自贡盐业契约考释 [J]. 盐业史研究, 1988 (1).

[37] 沈炳尧. 清代山阴、会稽、诸暨县房地产契约文书辑存 [J]. 中国经济史研究, 1998 (3).

[38] 孙继民. 古文书学视野下太行山文书的定位、特点和价值 [J]. 河北学刊, 2014 (6).

[39] 谭棣华, 赵令扬. 从广州爱育堂契约文书看清代珠江三角洲的土地关系 [J]. 中国社会经济史研究, 1987 (4).

[40] 唐智燕. 论近代民间不动产买卖契约文书的语言风格 [J]. 当代修辞学, 2012 (2).

[41] 唐智燕. 清水江文书疑难俗字例释（一）[J]. 原生态民族文化学刊, 2014 (3).

[42] 王日根, 卢增夫. 清代晋江店铺买卖契约文书的分析 [J]. 福建师范大学学报（哲学社会科学版）, 2005 (1).

[43] 王帅一. 明清时代的"中人"与契约秩序 [J]. 政法论坛, 2016 (2).

[44] 王田. 清代前期杂谷脑河流域的汉番山地交易：以半坡寨文书为中心 [J]. 兰州学刊, 2014 (5).

[45] 王雪梅. 自贡盐业契约中的中人现象初探 [J]. 西南民族大学学报（人文社科版）, 2009 (2).

[46] 王振忠. 清水江文书所见清、民国时期的风水先生：兼与徽州文书的比较 [J]. 贵州大学学报（社会科学版）, 2013 (6).

[47] 吴佩林.《南部档案》所见清代民间社会的"嫁卖生妻"[J]. 清史研究, 2010 (3).

[48] 吴佩林. 从实物出发：婚姻史研究的新路径与新取向：评《清代民间婚书研究》[J]. 妇女研究论丛, 2008 (2).

[49] 吴声军. 锦屏契约所体现林业综合经营实证及其文化解析 [J]. 原生态民族文化学刊, 2009 (4).

[50] 吴声军. 清水江林业契约之文化剖析 [J]. 原生态民族文化学刊, 2010 (3).

[51] 吴欣. 明清时期的"中人"及其法律作用与意义：以明清徽州地方契约为例 [J]. 法理学、法史学（人大复印）, 2005 (3).

[52] 冼剑民. 从契约文书看明清广东的土地问题 [J]. 历史档案, 2005 (3).

[53] 新生代茶籽化石沉积的秘密：普安与古茶树发源地 [J]. 茶世界, 2011 (9).

[54] 杨德春. 关于太行文书研究和保护的几个问题 [J]. 晋中学院学报, 2015 (1).

[55] 杨国桢. 清代闽北土地文书选编（一）[J]. 中国社会经济史研究,

1982 (1).

[56] 杨国桢. 清代闽北土地文书选编（二）[J]. 中国社会经济史研究, 1982 (2).

[57] 杨国桢. 清代闽北土地文书选辑（三）[J]. 中国社会经济史研究, 1982 (3).

[58] 杨淑红. 元代的保人担保：以黑水城所出民间借贷契约文书为中心[J]. 宁夏社会科学, 2013 (1).

[59] 张东一. 四川近现代井盐契约中土地资本化现象探究：以自贡井盐契约为视角[J]. 四川理工学院学报（社会科学版）, 2012 (6).

[60] 张启龙, 徐哲. 被动的主动：清末广州高第街妇女权利与地位研究：以契约文书为例[J]. 妇女研究论丛, 2015 (2).

[61] 张晓霞. 契约文书中的女性：以龙泉驿百年契约文书和清代巴县婚姻档案为中心[J]. 兰州学刊, 2014 (8).

[62] 张学君, 冉光荣. 清代富荣盐场经营契约辑录[J]. 中国历史博物馆馆刊, 1982 (4).

[63] 张学君, 冉光荣. 清代富荣盐场经营契约辑录（续）[J]. 中国历史博物馆馆刊, 1983 (5).

[64] 张研. 对清代徽州分家文书书写程式的考察与分析[J]. 清史研究, 2002 (4).

[65] 张应强. 从卦治《奕世永遵》石刻看清代中后期的清水江木材贸易[J]. 中国社会经济史研究, 2002 (3).

[66] 张应强. 清代契约文书中的家族及村落社会生活：贵州省锦屏县文斗寨个案初探[J]. 广西民族大学学报·哲学社会科学版, 2005 (5).

[67] 张应强. 清代西南商业发展与乡村社会：以清水江下游三门塘寨的研究为中心[J]. 中国社会经济史研究, 2004 (1).

[68] 周进, 李桃. 同姓中人在清代土地绝卖契约中的法律角色研究：从与卖方的关系探讨[J]. 贵州社会科学, 2009 (11).

[69] 周进. 清代土地绝卖契约中人的双向性居间功能[J]. 长江大学学报（社会科学版）, 2013 (5).

[70] 周进. 清代土地买卖契约中人现象研究[J]. 遵义师范学院学报, 2007 (4).

[71] 周绍泉. 徽州文书所见明末清初的粮长、里长和老人[J]. 中国史研究, 1998 (1).

[72] 周绍泉. 徽州文书与徽学 [J]. 历史研究, 2000 (1).

[73] 林建宇. 自贡盐业契约档案选辑（一）[J]. 盐业史研究, 1991 (1).

六、资料汇编

[1] 安顺市人民政府. 安顺市地名录. 1980.

[2] 安顺县人民政府. 安顺县地名录. 1980.

[3] 丁世良, 赵放. 中国地方志民俗资料汇编：西南卷 上. 北京：北京图书馆出版社, 1991.

[4] 贵州省图书馆. 贵州历代自然灾害年表 [M]. 贵阳：贵州人民出版社, 1982.

[5] 中华人民共和国土地改革法. 团结报社, 1950.

[6] 中共安顺市委员会. 跃进中的安顺市 [M]. 贵阳：贵州人民出版社, 1960.

[7] 中国科学院民族研究所贵州少数民族社会历史调查组, 中国科学院贵州分院民族研究所.《清实录》贵州资料辑要. 贵阳：贵州人民出版社, 1964.

七、地图

[1] 范增如. 明代安顺屯堡分布图. 1999.

[2] 贵州省地图集编辑办公室. 贵州省地图集. 1985.

[3] 谭其骧. 中国历史地图集：第 8 册：清时期. 北京：中国地图出版社, 1987.

八、家谱

[1] 周家寨《周家寨周氏族谱》, 戊寅年太簇月立。

[2] 雷屯《金氏家谱》, 1991 年重修。

[3] 雷屯《梅氏宗谱》, 民国岁次丁卯年合族重修, 安顺同德石印局代印。

[4] 吉昌屯《田氏家谱》, 1991 年修。

[5] 吉昌屯《胡氏家谱》, 2006 年修。

[6] 吉昌屯《汪氏宗谱》, 2002 年修。

九、学位论文

[1] 阿风. 徽州文书所见明清时代妇女的地位与权利 [D]. 北京：中国社会科学院研究生院, 2002.

［2］丁红玉.中国古代契约文书汇编研究［D］.沈阳：辽宁大学，2016.

［3］李增增.《南部档案》中的契约文书研究［D］.南充：西华师范大学，2015.

［4］刘楠楠.民间契约文书与日常生活［D］.沈阳：辽宁大学，2013.

［5］卢百可.屯堡人：起源、记忆、生存在中国的边疆［D］.北京：中央民族大学，2010.

［6］王帅一.明清时代的契约行为研究：以江南、华南的土地契约为中心［D］.北京：北京大学，2011.

附　　录

附录一　田野调查搜集的契约文书①

一、吉昌屯契约

1. 乾隆二十八年二月十二日田成全立杜绝科田文契（1763）

立杜绝科田文契人田成全，为因子兴龙出门数载不归，夫妇年老无靠食用难，只得将分内置明堂叔之田，弟兄分清，在分内名下。田大小贰块，地名坐落长箐门口路边，东至胞弟中庸田，南至坡，西至胞弟中云田，北至沟路，四至分明。随田科米仓升叁升贰合壹勺，情愿请凭中上门，出卖明与石镇北名下耕种为业，三面议定卖价纹银拾壹两，玖捌银拾壹两，共银贰拾贰两整。成全凭中亲手领明。费用系实银实契，二彼情愿，并无私债准价逼迫成交等情。自卖明之后，不许弟兄房族人等翻悔争论异言，随石处子孙永远耕种管业。如有弟兄异言，将契赴卖主自认套哄重咎。恐后人心不古，立卖契与石处子孙永远管业存照。

汪兴财原领料米乙（壹）升合壹勺在内所上

凭中　胡文正+　石峻+　石珩+　李廷栻（花押）
代笔　许廷桂（花押）

乾隆二十八年二月十二日立杜绝科田文契人田成全+

---

① 按照原契书写顺序录入文字，竖排改为横排，标题根据内容拟定，依时间先后排序。涉及田产数量、交易金额、立契日期等数字时，按照原契的书写录入繁体字或俗体字，其余均改为简体字。契约中书写难以辨识或因纸张损坏无法辨识的文字用"□"代替；依照上下文文意能判断的脱漏字、缺损字，补入"[ ]"中；明显书写错误的字，将正确的字补入"( )"中；契末签署，对应原契用符号"+、×、○、押"标识画押。部分赤契盖有满汉对照的官府印章，统一以"印'某某县印'"标注在立契日期之后，使用私章时用"(×××印)"标注于相应文字后；捺手印以"(指纹)"附于相应位置。

2. 乾隆五十九年三月初六日汪子高当陆地（1794）

立当陆地文契人汪子高，为因缺用，请凭中亲身上门，将祖父遗留分授分内自己名下地壹块，地名坐落大坡顶，情缘（愿）当与范永□名下耕种，原日三面议定当价玖成银陆钱整，子高当席领明应用，自出之后，有银赎取，无银仍随范姓永远耕种，汪姓房族人等不得□□论，如有此情，将纸赴公理论。恐后无凭，立当契为据。

系具范姓铜杆戬称

凭中代笔 汪为昭
乾隆五十九年三月初六日立

3. 嘉庆十二年四月十五日冯宗智宗纪出卖陆地（1807）

立卖明陆地文契人冯宗智宗纪弟兄二人，为因缺用，只得亲自上门，将大坡背后冈子地壹块，东至路，南至汪朝礼地，西至冯姓地，北至陆家地，四至分明，出卖与汪朝富名下耕种，即日得受卖价纹银贰两柒钱整。自卖之后，仍随汪处管业，冯姓房族人等不得异言。□□□□□□自任重咎。恐后无凭，立卖契一纸与江处□□□□□□永远为据。

凭中　汪子云+ 冯宗周○ 汪子德+ 冯永彦+ 冯永建○ 冯永从○ 汪朝贵+

代书　汪子盛

嘉庆十二年四月十五日立卖契人冯宗智○ 冯宗纪○

4. 嘉庆十八年九月初六日汪朝周卖房屋地基（1813）

立卖明房屋地基文契人汪朝周，为因移业置业，只得请凭中上门，将买明堂叔房贰间、东斯（廝）壹个，出卖与汪朝礼名下住坐。东抵徐家房，南抵胡家墙本族地基，西抵买主房，北至路，四至分明。即日得受卖价银纹玖各半壹拾陆两肆钱整。自卖之后，任随朝礼子孙永远住坐，卖主亲至人等，不得异言。如有异言，朝周一面承当。恐后人心不古，立契一纸永远存照。

凭中　汪朝相押 汪子盛（花押）汪子明+ 冯永俊（花押）汪朝选+

叔母汪邓氏+

代笔　胡凤鸣

嘉庆十八年九月初六日立卖契人汪朝周（花押）

5. 道光十四年三月初八日刘洪才立当陆地（1834）

立当约人刘洪才，为因乏用，亲身上门，将本名下长箐坡陆地壹段，出当与汪起能名下为业，即日得受苞谷六斗。其地限至秋成赎取，如过期不赎，任随汪姓耕安，刘姓不得异言。恐后无凭，立当契为据。如过期不赎至后赎取，任照本年五石壹斗赎取。

凭中　姚起源
代笔　陈光齐
道光十四年三月初八日立

6. 道光十七年八月二十四日范洪先卖陆地（1837）

立卖明陆地文契人范洪先，为因乏用，将祖父分授自己名下地壹块，坐落地名陡岩。上、下、右抵地，左抵汪处地，四至分明。亲身请凭中上门，出卖与朱士仁名下为业。卖日言定价银纹银捌钱整，范处领明应用。自卖之后，任随朱士仁管业。范处房族外姓人等不得前来异言。如有异言，系是范洪先一面承当。恐（空）口无凭，立卖契为据。

凭中　张桃+ 宋在金+ 赵上金+
道光十七年八月二十四日立卖契范洪先

7. 道光二十年七月二十九日汪起能、汪起厚同侄汪万国当陆地（1840）

立当明陆地文契人汪起能、厚仝侄汪万国，为因乏用，请凭中［上］门，将祖父方□□大坡顶小山凹弟兄叔侄本名下，为有□□□□不在内，概当与五戴□□范成鳌□名下，即日得□当价足色纹银贰拾伍两整，当主亲手领明。自当之后，汪姓有银赎取，无银任随王□□□□□永远用安管业，汪姓叔侄弟兄不得异言。如有此情，自干（甘）重咎。恐（空）口无凭，立当书一纸为据。

其戥系赵姓牙□戥子十两

汪姓牙骨戥十两少二钱

凭中　简宗寿 杨向仁 赵彦柄 陈见友 李子全 □瞎子 赵应□ 冯顺
依口代笔□□□
道光二十年七月二十九日

8. 道光二十一年王□清、范成鳌立欠约（1841）

立约人王□清、范成鳌，为因当到汪起能弟兄叔侄□□大坡顶小山凹□有□地□银□足色纹银□□银贰拾贰两整，其银限至道光二十一年□□十五日交清，不得短少，过期□□。过期除□两□交之外壹两贰钱，□范姓人等不得异言，立欠约为据。

9. 道光二十一年十一月二十二日汪朝德仝子老四卖地基东斯（1841）

立卖明地基东斯（厮），石墙周围□脚寸土拳石文契人汪朝德，仝子老四，父子为因移业置业，只得请凭中上门，将到祖父遗留分授自己名下地基、墙苑、东斯、周围□脚，东抵胡姓墙脚小横墙在内，南抵陈姓卖主二彼东斯，北抵卖主墙角，四至分明。凭中出卖与堂媳汪田氏名下。原日三百，议定卖价足色纹银肆两整，卖主朝德父子即日亲手领明应用。自卖之后，任凭随买主日后修造房屋，房水系滴墙外，房族异姓人等不得阻隔异言。恐（空）口无凭，立卖契乙（一）纸存照。

    凭中 陈思高+ 石建德+ 陈思正+ 汪重兴+ 汪重薛+ 汪廷明+

              代笔 陈杰（花押）

  道光二十一年十一月二十二日立卖契文契人汪朝德仝子老四+

10. 道光二十二年三月二十六日汪起能、汪起后当约（1842）

立出当山土文约人汪起伦、汪启后，今因无银使用，将自至之菜地名长情坟口地乙（壹）块，木公坟口一便在内。今亲凭中出当与杨正文名下耕种，三家面议当价足色纹银十两整。一手交清，领明白并吾（无）少欠。自当之后，任凭杨姓耕种，汪姓不得异言。恐（空）口无凭，当约为据。

实计当价足色纹银十两整

      凭中人 陈君汝 赵舜云 马谷德

      代笔人 徐正□ 简宗受

  道光二十二年三月二十六日立当约人汪起伦、汪起后

11. 道光二十三年四月初八日朱士仁同男朱子洪、朱子相父子三人卖陆地阴阳二地文契（1843）

立卖明陆地阴阳二地文契人朱士仁，同男朱子洪、朱子相父子三人，为因移业置业，将自己田、范二姓买明陆地，坐落地名陡岩山，大小肆块。上抵邹宅界，下抵朱姓界，左抵邹姓界，右抵朱宅界，四至分明。亲身请凭中上门出卖与汪起能名下为业。言（原）日三面议定卖价纹银三两柒钱零陆分整。即日亲手领明应用，银契两交，此系二彼情愿，并无逼迫等情。至卖之后，任随汪处子孙永远管业，朱处子侄不得前来异言，如有异言，朱处父子一面承当。恐（空）口无凭，立卖契为据。

    道光二十三年四月初八日朱士仁同男朱子洪、朱子相 立

>>> 附 录

凭中人 范口有〇 范口贵〇 田方洪+ 朱有礼+
朱子学+ 周上坤+ 赵思权+ 简中受+
代笔人 赵执兰

12. 道光三十年三月初八日汪起能立分管业字据（1850）

立分管业子据人汪起能，今凭众本族，揭掬分内得受（授）凹子地壹块，陈姓坟背后地壹块，岭冈（岗）上小园壹个，门口场子地壹块，又有口子地，口垠地上下肆块。起厚、万国情愿随凭中以口汪尚氏私自银拾两。以上之业系是汪起能子孙永远管业，日后起厚、万国不得口站翻，如有此情，自干（甘）重咎。恐后无凭，立分关为据。

半书：分关口口
凭中人 叔祖 汪朝得 汪朝相 冯士正
代书人 田登齐
道光三十年三月初八日立

13. 咸丰元年三月初六日彭士口立转当水田（1851）

立转当水田文约人彭士口，为因先年田登贵将岭岗上湾田乙（壹）块，抵当彭处。今彭姓持此田转当与汪起能名下耕种。即日凭中决定当价呈色银肆两整。自当之后，有银赎取，无银任随汪处永远耕种，田姓不得异言。恐后无凭，立字为据。

系贵平等称
凭中 冯士顺
代笔 石友山
咸丰元年三月初六日立

14. 咸丰元年十二月二十八日汪王佛会首马士先等立转当明水田（1851）

立转当明水田文契人汪王佛会首马士先、田洪贵、章学明、田洪彩，为因于（移）业至（置）业，请凭中上门，将与田登学父子当明大箐水田贰块、岭岗上水田贰块，贰共田肆块，凭中出当与汪起伦名下为业。言（原）日议定当价足色纹银拾两整。会首房知（支）人亲等，不得异言。恐（空）口无凭，立当字为据。

其戥系马士先铜杆戥拾两定
与田登学当契乙（一）纸续抵

209

　　　　　　　　　　凭中　汪廷炳
　　　　　　　　　　代字　田方相
　　　　　　　　咸丰元年拾贰月二十八日　立

15. 咸丰二年田登凤立卖科田文契（1852）

　　立卖明科田 田登凤，为因拖欠账目、受人逼迫无处出办，只得亲请凭中上门，将祖父遗留长箐门口科田乙（一）块，东抵田姓南西北俱抵沟，四至分明。随田科米仓升壹升玖合加增在内，情愿出卖与陈绕名下为业，原日三面议定，卖价足色纹银壹两三钱整，是日当席亲手领明，画字交清。自卖之后，任随陈姓永远管业，田姓房族大小人等日后不得妄生找补，争论异言。如有此情，卖主自认套哄骗害之咎。恐后人心不古，特立卖契一纸与陈处永远存照。

　　　　　　　　凭中　罗文祥+ 田辅廷+ 田登礼○ 田用廷+
　　　　　　　　　　　代笔　田登齐（花押）
　　　　　　　　咸丰二年正月十九日立卖契人田登凤○

16. 咸丰五年正月初六日朱氏媳姚氏立卖明陆地文契（1855）

　　立卖明陆地文契人胞叔母朱氏媳姚氏，为因乏用，无处可择，只得将到祖父置明湾地半块，转卖与胞侄汪起有名下为业，四至在明，老契凭中议定价纹银捌两陆钱整。胞母亲手领明应用，具（俱）是实银实契并无货物准折，自卖之后，任随胞侄永远管业，胞母不得异言，如有异言，赴公理论。恐（空）口无凭，立卖契一纸永远垂昭。

　　即日流过四字
　　永远管业

　　　　　　　　凭中　许万有× 许学林× 汪起云× 汪起冯×
　　　　　　　　咸丰五年正月初六日朱氏× 亲立
　　　　　　　　　　　汪起澜（花押）　笔

17. 同治元年二月十五日汪起有同子兴仁立当明陆地文契（1862）

　　立当明陆地文契人汪起有同子兴仁，为因缺用，亲身上门将祖父遗留自己名下弯地壹半偏坡在内，其界东抵汪云江，坐落地名马鞍山，请凭中出当与胡陈氏名下为业。原日议定当价足色纹银拾两整。汪姓父子亲手领明应用。自当之后，准定肆年取赎，无银任随胡姓永远管业。当地之日并无洋芋，日后汪姓取赎，准胡姓收割洋芋，汪姓不得异言，其有所当之地，恐抵会上账务不清。

汪起能愿将所有田地作保任胡姓□当填还起能不得异言。恐（空）后人心不古，特立当契一纸与胡姓为据。

其戥系贵平称

凭中　汪田书　田方和

依口代笔　陈汉翘

同治元年二月十五日立当契人汪起有仝子兴仁

18. 同治三年四月初一日田洪升当明科田（1864）

立当明科田文契人田洪升，为因乏用，请凭中上门将祖父遗留分授分内自己名下水田贰块，壹块坐落田家坟帮左半块，右壹块坐落长箐门口田壹块，凭中出当与汪起能名下为业，言（原）日一定当价足色纹银叁拾贰两整，洪升当席亲手领明应用。自当之后，洪升有银赎取，无银任起能子孙永远管业，洪升不得异言。恐（空）口无凭，立当字为据。

其戥系庙上大平骨戥称足

凭中　田荣　田洪　田方选

同治叁年四月初一日田方相　立

19. 同治三年七月初日欧朝廷讨约（1864）

立讨约人欧朝廷，今来讨到汪起伦名下长青（箐）大坡地乙（壹）副，二家面议定租苞谷壹石五斗，顶银贰两，秋收交粮不得短少，如有短少，将值银叩哲（扣折）。恐（空）口无凭，立讨约据。

同治三年七月初日立

凭中　简大才　田康

王玉执笔

20. 同治三年十一月十九日石秉藩立卖科田文契（1864）

立卖明科田文契人石秉藩，为因移业置业，亲请凭中［上］门，将祖父遗留科田壹块，坐落地名崩土凹，东抵陈姓田、南西俱抵田姓田、北抵沟，四至分明为界。随田科米壹升柒合壹勺，情愿上门出卖与汪起能名下为业，是日三面议定纹银拾两整。卖主亲手领明应用，并未拖欠分厘，此系二彼情愿。自卖之后，任随汪姓永远管业，石姓房族以及异姓人等，不得妄生异言。如有此情，石姓任套哄之咎。恐（空）口无凭，立卖契为据。

凭中　石为翀×　田荣×　石为瑛〇　汪起厚〇　田方选+　石秉信×　石为珂×

211

　　　　　　　　　　　　　　　代笔　胡焕章（花押）
同治三年十一月十九日　　石秉藩（押）　立卖（押）
　　　　　　　　　　　　　半书：□□□□□□□□
　　　　　　　　　　　　　　　　　印"普定县印"

21. 同治四年三月十二日冯法贵立卖明水田文契（1865）

　　立卖明水田文契人冯法贵、弟老［幺］，［为］因乏用，只得亲身请凭中上门，将父买明科田壹块，坐落地名小山，其田四至东抵买主田、南抵汪公会与汪姓田、西抵桂姓田、北抵沟，四至分明。请凭中出卖与田治基名下管业。原日三面议定卖价足色纹银贰拾两整，随田科米仓升贰升肆合，冯姓亲手当席领明应用。此系实银实契，并无货物准折，自卖之后，冯姓房族子侄人等不得前来争论异言，［如有此情］自任套哄之咎。凭（恐）后无凭，立卖契乙（一）纸存照。

　　凭中人 冯兴富×士位+士彬+朝富×兴永+兴武+兴仁×法林×兴盛+法德×
　　　　　　　　　　　　　　　　代字 冯兴让（花押）
　　同治四年三月十二日立卖契人冯法贵+　弟老幺+ 是实

22. 同治四年三月十二日冯法贵弟老幺立卖明科田文契（1865）

　　立卖明田文契人冯法贵、弟老幺，为因乏用，只得亲请凭中上门，将父买明科田壹块，坐落地名小山，其田四至，东抵买主田，南抵汪公会与汪姓田，西抵桂姓田，北抵沟，四至分明为界。请凭中出卖与田治基名下管业耕种。原日三面议定卖价，足色纹银叁两贰钱整，随田科米仓升贰升肆合伍勺加增在内，冯姓弟兄亲手当席领明应用，画字开清。此系实银实契，并无货物准折，亦非逼勒等情。自卖之后，任随田姓子孙永远耕种，冯姓亲族与异姓人等，不得前来争论异言。如有此情，卖主一面承耽（担）。凭（恐）后无凭，立卖契永远与田姓子孙为据。

　　半书：□□□□□□□□
　　凭中人 冯兴富×士位+士彬+朝富×兴永+兴武+兴仁×法林×兴盛×法德+
　　　　　　　　　　　　　　　　代字 石秉藩（花押）
　　同治四年三月十二日立卖契人冯法贵×　弟老幺+
　　　　　　　　　　　　　半书：□□□□□□□□

印"普定县印"①

23. 同治五年二月初十日周尚坤立借银约（1866）

　　立借银约周尚坤，为因无银使用，只得亲请凭中上门，借到汪起论名下纹银捌两整。周尚坤愿将与胡姓所卖之水田陆地壹股作抵。坐落地名石祚边，每年秋成上纳脚苞谷陆升、占谷壹石不得短少升合。如有短少，任随汪姓扯田耕种。恐（空）口无凭，立借约与汪起论子孙永远为据。

　　　　　　　　　　　　凭中　杨朝清　曾菥保
　　　　　　　　　　　　代字　赵金榜
　　　　　　　　　　　　同治五年二月初十日　立

24. 同治五年三月十四日田洪高、田洪陛立卖文契（1866）

　　立杜绝卖明科田文契人田洪高、田洪陛，为因屡次被贼所害，来□招踏家下手□□有银不使用，只得亲自请凭中上门。今将父在日买明科田壹块，坐落地名田家坟路下边，东至抵大路、南至抵汪姓田、西至抵王姓田、北至抵庙田，四至分明为业界。今凭中出卖与汪起能明下管业，言（原）日叁（三）面议定，卖价足色纹银伍拾肆两整，随科米仓升壹升加增载（在）内。即日买主将田价画字过付清白，卖主弟兄贰人当席亲手领明应用。自卖之后，凭买主永远管业，卖主亲族人等不得争论异言。如有此情，任汪起能将纸契赴公理论，洪高、[洪]陛不得幡（翻）悔套哄，如有幡（翻）悔，兄弟贰人自任重咎。恐后人心不古，特立卖契永远存照。

　　天理良心
　　即日添一字

　　　　　　　　　　　　凭中　田荣（花押）　胡本德（花押）
　　　　　　　　　　　　代字　胡金元（花押）
　　　　　　　　同治五年三月十四日立卖科田文契人天弘高胞弟田洪陛立

25. 同治七年二月廿二日冯陈氏立卖明科田文契（1868）

　　立卖明科田文契人[冯]门陈氏，为因[被]练所害，只得亲请凭中上门，愿将自买知田，坐落地名长箐口科田壹块，东抵田姓界、南抵坡、西抵冯

---

① "普定县印"钦印位置分别在田块数、科米数、纹银数、年月上。本契约与第21件白契所载田块坐落及四至完全一致，但赤契卖价明显低于白契，科米仓升数目高于白契。

姓界、北抵沟，四至分明。凭中出卖与汪起后名下为业，言（原）日三面议定，卖价纹银叁两陆钱五毫整。卖主亲手领明应用，自卖知（之）后，冯姓房族子侄人等不得前来异言。恐（空）口无凭，立卖契永远管业为据。

科米二升七合加增在内

即日添三字涂一字

同治七年二月廿（二十）二日冯陈氏立卖契
凭中　冯士陈+ 冯朝中+ 冯兴龙+ 冯门陈氏+　立
赵金榜笔（花押）

26. 同治七年冬月十五胡克衡立卖明水田陆地文契（1868）

　　立卖明水田陆地文契人胡克衡，为因空乏，只得将祖父遗留分授自己名下水田陆地壹股，坐落地名石柱边大田半块、路脚抵下乙（壹）块、陆地乙（壹）段，四至以古坎为界，请凭中出卖与胞弟胡焜名下为业。即日议定卖价玖捌银子叁两叁钱整。胡克衡当席领明□□应用，胡克并未短少分厘，自卖之后，任随胡克焜永远管业，克衡不得异言。恐（空）口无凭，立卖契为据。

凭中人　辜登胜+
代字人　胡克炘+
同治七年冬月十五　胡克衡卖契　实立

27. 同治十一年十二月二十一日陈龙文、灿文、永文、兴顺立卖明科田文契（1872）

　　立卖明科田文契人陈龙文、陈灿文、陈永文、陈兴顺，为因乏用，亲身请凭中上门，将祖父遗留长箐门口科田一块，东抵田姓，南、西、北俱抵沟，四至分明。凭中出卖与汪兴才明下为业，随田科米壹升玖合加增在内。卖价足色纹银壹拾贰两整，陈姓当席亲手领明，画字交清。自卖之后，任随汪姓永远管业，陈姓房族大小人等日后不得妄生找补，争论异言，如有此情，卖主自任套哄之咎。恐后人心不古，特立卖契一纸，与汪姓永远存照。

凭［中］　□兴□〇 □□学+ 汪兴杨（花押）
同治拾壹年十二月二十一日 陈学文 亲笔（花押）

28. 同治十一年十二月二十二日陈龙文、灿文、永文、兴顺立卖明科田文契（1872）

　　立卖明科田文契人陈龙文、灿文、永文、兴顺，为因乏用，只得亲身请凭中上门，将祖父遗留长箐口科田壹块，东抵田姓田，南、西、北俱抵沟，四至分明。凭中出卖与汪兴才名下为业，随田科米贰升壹合伍勺加增在内，卖价足色纹银陆两整，陈姓当席亲手领明应用，画字乙（一）并交清。自卖之后，任随汪姓永远管业，陈姓房族大小人等，日后不得妄生找补争论异言。如有此情，卖主自认套哄之咎。恐后人心不古，特立卖契壹纸，与汪姓永远存照。

      凭中　汪兴元○ 汪兴学+ 汪兴杨+
  同治拾壹年十二月二十二日　陈灿文亲笔（花押）　立
              印"普定县印"

29. 光绪四年八月初八日邹琪立卖明陆地文契（1878）

立卖明陆地文契人邹琪，为因乏用，清请凭中上门，将祖父遗留分受（授）自己名下陆地二块，地明大坡顶上。上抵汪姓界，下抵邹姓界，左抵买主界，右抵谷姓与汪姓界；又一块上抵汪姓界，下抵谷姓界，左抵汪姓界，右抵邹姓界，四至分明无紊。凭中出卖与汪兴才名下为业，［原］日三面议定卖价时世（市）银壹两陆分整。卖主亲手领明［应用］，并无少欠分厘。任随汪姓永远管业，邹姓房族子侄人等，不得异言。恐（空）口无凭，立卖契为据。

    凭［中］　　田云章+ □炳武+ □秉贵+ 汪兴刘+
      光绪四年八月初八日邹琪亲笔　立发

30. 光绪五年七月朱姓立收约（1879）

立［卖明］文契人朱姓□□□，年□□汪俊□，住边地一坨（丘），汪姓有银赎取，吾有当契，朱老二应情收魏□二两，让银一两，日后不得义（异）言。恐（空）口无凭，立收约为据。

              代笔 邬炳廷
             光绪五年七月□□□□

31. 光绪五年十月十三日胡克焜、胡德培叔侄立当水田陆地文契（1879）

立当明水田陆地文契人胡克焜、胡德培叔侄二人，为因乏用，请凭中上门。之田大小五块地壹段，坐落名石着边。言（原）日三面议定当价时世（市）银十两整。出当与汪兴才名下耕种，其与当十年之外，胡姓叔侄二人有银续起，无银任随汪兴才永远耕种，不得异言。恐（空）口无凭，立当水田陆地壹纸为据。

其余戤子系是贵平戤称

215

　　　　　　　　　　　　　　　凭中　胡德培　艾法臣
　　　　　　　　　　　　　　　代字　胡克焜
　　　　　　　　　　　　　　　光绪五年十月十三日立当纸壹张

32. 光绪五年十月二十三日陈香培立卖明山场阴阳陆地文契（1879）

　　立杜卖明山场阴阳陆地文契人陈香培，为因乏用，无处出辨（办），只得亲请凭中上门，将祖父置明陆地贰块，坐落地名领刚（岭岗）上，其地四至，东抵邹姓地，南抵汪姓地，西抵田姓地，北抵汪姓地，四至分明为界。请凭中出卖与陈永文名下为业，原日三面议定卖价时艮（银）陆两贰钱整。香培亲手领明应用，并无货物准折，亦非逼迫成交。自卖之后，任随永文子孙永远管业，陈香培房族子侄以及内外人等，不得前来妄生找补。如有此情，卖主一面存耽（承担）。恐（空）口无凭，立卖契永远存照。

　　　　凭中　陈泽培○　陈焕文⨀子　陈乐文⨀孙　汪兴学⨀发　陈燸问⨀达
　　　　　　　　　　　　　　　代笔　石维珍⨀忠
　　　　光绪五年十月二十三日立卖契人陈香培○

33. 光绪六年九月二十三日汪起厚同子兴刘、兴富立卖明水田文契（1880）

　　立卖明水田文契人汪起厚同子兴刘、兴富父子三人，为因乏用，无处出辨（办），只得亲请凭中上门，将自己治明水田壹块，坐落地名长菁（箐）口，东抵田姓田，南抵田姓田，西抵冯姓田，北抵沟，四至分明为界。亲（请）凭中出卖与汪兴才名下为业。言（原）日三面议定卖价九贰银肆拾贰元整。起厚当席亲手领明应用。随田科米贰升柒合加增在内，[自卖之]后，此系二比情愿，一（亦）非逼迫等情，并无货物准折，此系实银实［契］，□□不得前来争论异言，如有此情，将纸赴公理论。恐（空）口无凭，特立卖契为据。

　　此田系是起厚养老田。

　　　　　　　　　　　　　　　　　　　　　汪兴章笔⨀忠
　　　　凭中　汪士渊+　石秉贵+　田发廷+　冯兴盛+　汪兴学
　　　　光绪陆年九月二十三日卖契人　汪兴刘+　汪起厚+　汪兴富+　立

34. 光绪八年腊月初一日胡克焜立卖明水田阴阳二地文契（1882）

　　立卖明水田阴阳二地文契人胡克焜，为移业自业，只得请凭中上门，愿将祖父遗留名下分受（授），坐落地明石柱边田乙（一）块，路下乙（一）块，

216

小秧田乙（一）块，长田上头乙（一）块，水田乙（一）［块］，共肆块。小田上头一段，上抵赵姓垦（埂）子，下抵买主田，左抵赵姓田，右抵沟。又有大长地乙（壹）段，上抵胡姓①地，下抵沟，自头抵胡宅买主地，右抵沟，左赵抵姓地，四至分明为界。出卖与汪兴材名下，永远管业，原日三面议定卖价时世（市）银二十六两三钱整。买主当席过亲，卖主亲手领明应用。自卖之后，并无货物准折，一非逼迫，不得反悔套哄，胡姓不得争论异言，如有争论异言，将纸契赴公理论。恐后人心不古，立卖契永远存据。

老契十乐（张），日后反（翻）出系是故纸。

胡德培走到汪兴才家中，现卷化字㊞
凭中　艾发祥㊞
光绪八年腊月初一日　立卖契胡克焕亲笔㊞

35. 光绪九年七月初七日石致宜立换约（1883）

立换约人石致宜，今愿将祖父遗留分受（授）自己名下土壹坋，坐落地名铺田石柱边，东抵邬宅，南抵赵宅，西北亦俱赵宅，四至分明。请凭中出换与胡登礼山背后石关土壹坋，东抵陈宅，南抵坡顶，西抵胡宅。又坐基壹股，门首地基乙（壹）团，愿（原）树木亦（一）并在内。石致宜愿补胡姓银肆拾肆两整。此系二彼情愿，日后不得反悔，各管各业，如有反悔，任执字（纸）赴公，自干（甘）重咎。恐（空）口无凭，立换纸永远为据。

凭中　胡登贤×　黄治廷笔㊞
胡姓春菜任伊下三年为定，三年外，任石姓管理
光绪九年月七月初七日　　石致宜立○

36. 光绪九年八月初一日胡兴法立杜绝卖明水田陆地文契（1883）

立杜绝卖明水田陆地文契人胡兴法，为因乏用，只得亲身今请凭中上门，将祖父遗留分授自己名下，水田贰半块，陆地壹段，坐落地名石柱边。随田代粮五合，长田东南西北具（俱）抵买主地田，秧田壹块，东抵胡姓地，南西具（俱）抵买主地，北抵周姓地。上壹段地，胡姓地，下抵买主地，左抵赵姓地，右抵买主地，其田地分明为界。胡兴法情愿，出卖与汪兴财名下耕种管业。原日叁（三）面议定，卖价时市艮（银）子拾肆伍钱整。汪兴财今［请］凭中

---

① 原契中，此处"姓"字下涂"德培"二字。

当席田地艮（银）子过付清白，胡兴法亲于领明应用。自卖之后。任随汪兴财子孙永远管业，日后兴法不得反悔。如有此情，自干（甘）重咎。恐后人心不古，立出卖契为据。

其有阴阳二地乙（一）并在内。

        凭中人胡昆山㊞ 汪兴炯〇
        代字人 胡玲山亲笔立㊞
        光绪玖年八月初一日立卖契人胡兴法+

37. 光绪十一年九月二十六日汪起厚全（同）子兴刘、兴富父子三人立卖明科田文契（1885）

立卖明科田文契人汪起厚同子兴刘、兴富父子三人，为因乏用，无处出辨（办），只得亲请凭中上门，将自己置明水田贰块，坐落地名长箐门口上乙（壹）块，东抵田姓田，南西北既抵沟；下乙（壹）块，东南抵田姓田地，西抵冯姓田，北抵沟。贰块四至分明为界，随田科米仓升肆升□□（加增）在内。情愿上门出卖与汪兴才名下为业。原日义定卖价时世银拾两□□□。起厚当席亲手领明应用，此系实银实契，并无货物准折，亦非逼勒等情。自卖之后，任随兴才永远管业，起厚父子以及异姓人等不得前来争论异言。如有此情，自干（甘）重咎。恐后人心不古，特立卖契，[永远存]照。

    凭中 汪士渊+ 石秉贵〇 田发廷+ 冯兴盛+ 汪兴茶×
      代字 汪兴章㊞

光绪十一年九月二十六日卖契人汪起厚全（同）子兴刘+ 汪兴富〇立

38. 光绪十二年二月二十二日陈永立卖阴阳陆地文契（1886）

立卖明阴阳陆[地]文契人陈灿，为因乏用，只得亲请凭中上门，将本己名下陆地壹块，地又壹块，相连共贰块，坐落地名岭岗上；其地东抵陈姓地，南抵汪姓地，西抵田姓地，北抵卖主地，四至分明右垠为界。出卖与汪兴才名下为业，言（原）日议定时市艮（银）肆两三钱整。陈永文当席亲手领名应用。自卖之后，陈姓不得反悔议（异）言，房族人等不得前来争论异言，不得此情。如有此情，陈永文壹（一）面承耽（担）。恐□后人心不古，特立契，与汪姓子孙永远管业，一契永远承（存）照。

落五字同时批明

    凭中 张忠华〇 任锁成〇 汪兴刘㊞ 从香垱+ 从金玉㊞
      代笔 陈子备㊞ 陈□文发

光绪拾贰年二月二十二日立

39. 光绪十二年十月初六日周长生立卖明水田陆地文契（1886）

　　立卖明水田陆地文契人周长生，为因缺用，只得亲请凭中，将祖父遗留田四（厮）半块，地壹段，坐落地名石柱边，其田四至东抵沟，南抵汪姓田，西抵赵姓地，北抵汪姓田；其地四至东南［俱］抵汪姓地，西北［俱］抵朱姓地，其地四至分明地界。随田科米柒合伍勺。情愿上门出卖与汪兴才名下为业，原日议定，卖价时（市）银壹拾壹两整。周长生当席领明应用，酒水划字交清。自卖之后，任随汪姓永远管业，周姓房族以及异姓人等，不得前来妄生找补，争论异言。如有此情，自愿重咎。恐后人心不古，立卖契永远为据。

　　　　　　　　　　凭中　陈云×　周老五〇　赵金奎+
　　　　　　　　　　代字邬光廷（花押）
　　　　　　光绪十二年十月初六日卖契人周长生+立

40. 光绪十三年十月初八日张毓亮、张毓田弟兄二人立卖明陆地契（1887）

　　立卖明陆地文契人张毓亮、张毓田弟兄二人，为因乏用，只得将到祖父遗留之业，陆地乙（壹）股，座（坐）落地名张家大坡，阴阳二宅竹木水石一并在内。其有四至边界，东抵胡杨二姓界，南抵肖姓界，西抵朱姓界，北抵赵汪二姓界，脚踏手指，四至分明，毫无紊乱。亲请凭中上门，出卖与汪兴才名下管理业。原日议定卖价随市银伍拾玖两整。即日卖主当席亲手领银回家应用，并未托欠分厘。此系二比情愿，亦无逼勒等情，实银实契，并无货物准折。自卖之后，任承受汪姓永远管业耕种，张姓房族子侄与友异姓人等，不得前来望（妄）惟（为）生事，如有异言，自任套哄之罪。恐（空）口无凭，立出卖契永远为据。

　　其有张姓坟墓，各留二丈，不准汪姓耕种。
　　老契失遗未接，日后翻出打为故纸。

　　　　　凭中过银　冯太平+　张棋高+　张棋泽+　张棋友+　张棋富+　张棋+
　　　　　　　　　　张棋恒+　张棋能+　张银发+　张棋元+　张棋春+　张棋金+
　　　　　　　　　　姚小巳+　代笔
　　　　　　　　　　张毓亮、张毓田　立卖契
　　　　　　　　　　光绪拾三年十月初八日
　　　　　　　　　　凭中人　冯才荣×
　　　　　　　　　　代字人　姚子明㊞

41. 光绪十五年七月二十八日田治基立卖明科田文契（1889）

立卖明科田文契人田治基，为因移业置业，亲请凭中上门，将自己与冯姓买明小山科田乙（壹）块，东抵卖主田，南抵汪姓契、田姓田，西抵桂姓，北抵沟，四至分明为界。请凭中上门，情愿出卖与汪兴才名下为业，原日三面议定卖价时（市）银贰拾柒两整。随田科米仓升贰升肆合伍勺加增在内，田姓当席亲手领明应用，画字开清。此系实银实契，并无货物准折，亦非逼勒等情。自愿之后，任随汪姓永远耕种管业，田姓房族及异姓人等，不得前来争论异言，如有此情，自干（甘）重咎。恐后人心不古。特立卖契永远存照。

              凭中 冯财荣
              代字 田子明
      光绪十五年七月二十八日 田治基 立卖契

42. 光绪十八年二月十六日胡登礼、子祖送父子立出卖山土熟地荒地卖契（1892）

立出卖山土熟地荒地卖契人胡登礼、子祖送父子，情因无银使用，自愿请凭中上门，愿将受（授）分之业，地名石柱坎下，熟地荒地成壹幅，其界东抵范胡二姓坟墓贰丈为界，南抵路为界，西抵朱姓为界，北抵赵姓为界，四界踩踏分明，并无抽留摘出，自愿请凭中上门，将业出卖与汪兴才名下耕管为己业。凭中三家面议，正卖价时市纹银壹拾壹两零贰钱整。自卖之后任随汪姓刬阴阳二宅，开沟改水。胡姓卖主族中人不得别言称说。若有别言，卖主父子一面承任，其银汪姓凭中交胡姓，卖主父子入手领足，无得少欠分厘，卖契为据。

  卖契为凭，永远为据

          凭中人 邬迎祥 范兴发 同在
          依口代书 甘万仁笔
    光绪拾捌年贰月十六日立出卖熟地荒地卖契人胡登礼、子祖送立

43. 光绪十八年二月十七胡登礼、子祖送父子立出包抵当（1892）

立出包抵账当人胡登礼、子祖送，情因愿将石柱坎下地、土卖与汪兴才名下为业耕管。汪姓恐有当账不明，胡姓愿将铺田坐落房屋基园地土全股作抵，自卖之后，外边有人争论，言语长短，当账不明，胡姓父子愿将铺田房屋基园地全股任意汪姓安佃耕管，永远扶利。

              □□山田地纸契

凭中人　邬迎祥 范兴发　同在
依口代书 甘万仁笔
光绪拾捌年贰月十七立出抵账当人胡登礼 子胡祖送　立

44. 光绪十八年九月十三日冯朝福立卖明科田文契（1892）

立卖明科田文契人冯朝福，为因移置，只得亲请凭中上门，将祖父遗留自己名下科田一（壹）股，坐落地名小山偏岩脚，大小肆丘。其田四至，上壹块东抵汪姓田，南西俱抵冯姓田，北抵沟；下叁块东南［俱］抵冯田，西抵汪姓田，北抵沟，四至分明为界。随田科米仓升伍升捌合加增在内，当凭出卖与石秉贵名下为业。原日议定卖价，纹银柒拾伍两伍钱整。卖主当时亲手领明应用，并未下欠分厘，亦非逼勒等情，并无货物准折。自卖之后，任随石姓子孙永远管业，冯姓子孙房族异姓人等，不得前来争论异言。如有此情，自干（甘）重咎。恐后人心不古，立卖契永远承（存）照。

凭中 冯兴隆 冯士陈 陈煌文 冯兴旺 冯兴仪
代笔 冯兴云
光绪拾捌年玖月十三日立契人冯朝福　立

45. 光绪二十年十月二十八日石秉贵立卖明科田文契（1894）

立卖明科田文契人石秉贵，为因移业至（置）业，只得亲请凭中上门，愿将得买冯姓科田壹股，坐落地名小山偏岩脚，大小□丘。其田四至，上块东抵汪姓田，南西［俱］抵冯姓田，北抵沟；下叁块东南［俱］抵冯姓田，西抵汪姓田，北抵沟，四至分明为界。随田科米仓升伍升捌合加增在内。当凭出卖与汪兴才名下为业。原日议定卖价，九八银柒拾伍两伍钱整。秉贵当时亲手领明就（应）用，并无下欠分厘，亦非逼勒等情，并无货物准折。自卖之后，任随汪姓子孙永远管业，石姓子孙房族异姓人等，不得前来争论异言，如有此情，自干（甘）重咎。恐后人心不古，立卖契永远承（存）照。

凭中人　石秉云 石秉华 冯朝富
凭中代字人　姚荣城
光绪二十年十月二十八日石秉贵立

46. 光绪二十五年六月二十八日汪兴才立分关（1899）

立出分关字人汪兴才，为因所生三子长大成人，各自情愿分家。今凭亲族将田产一并均分。长子汪兴绳荣凭神拈阄，得受（授）银坑大地壹股，麻地壹股，关口地进园门壹块，抵坑右柱边壹段，斗岩山壹块，岩嫁地壹块，岭岗上关口田壹块，岭岗园壹个，大坡顶山壹块，小山背月火亮田壹块，限坑田壹块，相房贰间，除进门壹间底下为三家公所，门前中树地壹条。自分之后，不得翻悔移界展垠。如有此情，天理不容，神灵鉴察。恐（空）口无凭，立分关为据。

半书□□□

代字　汪仁莼

凭亲族　汪兴贤　汪兴富　汪兴刘　汪兴灿　石秉贵　冯才荣

光绪贰拾伍年六月二十八日　立

47. 光绪二十七年冬月初六日胡成昌立出分字（1901）

立出分字人胡成昌，为将祖父遗留田产地业，凭神拈阄，凭团甲、族长所分，成昌得授仡佬坟路上边中间田乙块，岩抵下地叁块，猫儿山田贰厢，下坎桥田乙（壹）块，门前东厮边菜地一厢，老豹河边田乙（壹）厢。其田除与玉昌名下接亲至迎亲日，成昌愿出银贰拾两以作费用，不得短少分厘，如有短少成昌不能得授此田。自分之后，弟兄不得反悔，争论异言。如有此情，神灵鉴察，祖宗不佑。恐后人心不古，立分关永远为据。

空地基正房贰间，达（搭）连厢房壹间，照面西边贰间。

茶园壹厢，树木在内，日后成昌起房，头远于金昌柱上。不得异言，立分关为据。

（半书）天地良心

又有冯家门楼大田，于老张三十四凭。

陈灯文、陈熠文、石维法、石维珍，上前分授换东边上半块，此系弟兄三人情愿，日后不得异言是（事）实。石理元批。

凭中　胡盈基　胡秉英　田玉　胡丕莁　胡盛基　胡荣九　胡永昌

代字　冯登山

光绪二十七年冬月初六日立

48. 光绪三十二年（十月十八日）汪少廷立卖明阴阳二地文契（1906）

立卖明阴阳二地文契人汪少廷，为因无银使用，只得将到祖父遗留分授自己名下，陆地壹块，坐落地明大坡顶，东南［俱］抵辜姓界，西抵本族界，北抵路界，四至分明为界。亲请凭中上门，出卖与汪纯有名下管业耕种。原日三面议定卖价玖伍银肆两叁钱整，卖主当席亲手领明应用，并未少欠分厘。自卖之后，任随汪姓子孙永远管理耕安。

恐后人心不古，特立卖契为据。

          凭中 汪纯发 汪纯贵

          代字 陈万洪

      光绪三十二年十月十八日 汪少廷 立

  立补卖明阴阳地文契人□□□□合同□□□名下原日得授□□□银肆两叁钱，□□□族［汪子纯］得授卖价［净银］叁两整，□□□清白，不得多［占］□□□耀廷领明应用，不得少欠分厘。□□□任随卖主耕安，永远管业。耀廷、少廷及房族人等，不得异言争论。如有异言，惟耀廷、少廷弟兄二人一［面承］耽（担）。恐（空）口无凭，立补卖字为据。

      凭房族 汪士炳 汪士顺 汪纯贵 汪兆□ 汪□□

        光绪三十二年六月十一日 汪耀廷 立

49. 光绪三十三年九月初九日汪耀廷立出保头字（1907）

  立出保头字人汪耀廷，今将公众陆地壹块，卖与汪纯美名下，恐有族中老幼前来争论异言，耀廷愿将自己买明陆地大园乙（壹）个作保，回后不得翻悔。如有此情，自任重咎。恐（空）口无凭，立字为据。

        凭中人 石钦明 张焕廷 田云□

           代笔 石庚寅

         光绪叁拾三年玖月初九日立

50. 宣统元年汪兴富立卖明房屋地基文契（1909）

  立卖明房屋地基文契人汪兴富，为因乏用，只得亲请凭中上门，将到自己名下所受（授）之业，厢房贰间，天井一共，初入□□有寸木土石一并在内，所卖以纯有名下为业。即日三面议定，卖价时市银计肆两叁钱陆分整。兴富当席领明应用，并未托欠分厘，亦非逼迫成交。自卖之后，任随纯有子孙永远［管］业，卖主房族子孙以及异姓人等，不得前来争论，亦未有反悔异言，二彼无有亢敖之心。恐（空）口无凭，立文契为据。

  添九字

            代字 萧爱臣

      ［宣统］元年七月二十六日［汪兴］富 立

          凭中 汪纯宝 冯运洪

51. 宣统元年冬月十五日石云五立当约（1909）

正当文约人，为因乏用，亲请凭中上门，愿将自己名下□□门口田壹块，出当与汪纯有名下永远耕种。言（原）日三面议定，时市银拾伍两伍钱整。石云五当席亲手领名（明）应用，并无下欠分厘。自当之后，准当三年，日后有银赎取，无银任随汪姓永远耕种。自当之后，不得异言。恐（空）口无凭，立字是实。

凭中　汪子清
代字　兴知　石云五
先同言（宣统元）年冬月十五日立

其戥系是省平

52. 宣统二年七月二十五日汪老三立卖明陆地文契（1910）

立卖明陆地文契人汪老三，为因乏用，只得亲请凭中上门，将到自己名下陆地乙（壹）块，坐落地名长箐小坡，上下左右俱抵本族界，四至分明，即日凭记三面议定，出卖与汪□祥名下为业。即日□受□价，银净叁两零八（捌）分整。卖主亲手□□。自卖之后，以及房族人等，不得前来异言，若有此情，系是卖主乙（一）面承耽（担）。恐后无凭，立卖契□□为据。

凭中　马庭智　马世昌
宣统贰年七月二十五日汪老三　立

53. 宣统二年腊月二十八日石维金立卖明柱料文契（1910）

立卖明柱料文契人石维金，为因父亲亡故，只得将得到祖父遗留名下，房屋土地关房叁间，寸木拳石壹（一）并在内，只得亲请凭中上门，出卖与汪纯有名下，玖八银拾六两整。维金亲手领银应用，自卖之后，凭随汪纯有管业，房族人等不得前来争论，如有此情，系是石维金一面承耽（担）。恐后无凭，立出卖房屋寸木拳石为据。

族长　石秉富
族长　石满贵
凭中　石维金　石平福　石荣光
代字　陈万洪
宣统贰年腊月二十八石维金立

54. 宣统三年六月二十六汪发祥立卖明阴阳陆地文契（1911）

立卖明阴阳陆地文契人汪发祥，为因无银使用，只得将到祖父遗留分授自己名下，陆地壹股，坐落地名大坡上，东抵汪姓，南西北俱抵本宅界，四至分明为界。亲请凭中上门，出卖与汪纯有名下，玖贰银肆两壹钱整。自卖之后，恁（任）随纯有子孙永远管业耕安。恐后不古，特立卖契为据。

代字　陈万洪

凭中　马士昌　汪纯贵

宣统三年六月二十六汪发祥　立

55. 宣统三年冬月三十日孙繁厚立卖明水田文契（1911）

立卖明水田文契人孙繁厚，为因乏用，无处出辨（办），只得将先年与马姓买明之田，大小叁块，坐落地名大塘，载粮叁合。东、南[俱]抵马姓田，西、北俱抵廖姓田，四至分明，并无紊乱。亲情（请）凭中上门，出卖与堂弟孙繁敬名下为业，是日三面议定卖价，银贰拾柒两伍钱整。其银买主即席交足，卖主亲手领明应用，并无拖欠分厘。自卖之后，任随买主永远管业，卖主子侄等人，不得前来异言。如有此情，卖主自认套哄之咎。恐后无凭，立卖契为据。

内添二字

凭中　胞弟 孙繁忠+　孙繁国+

孙秀廷㊙

代 孙俊廷（花押）

宣统三年冬月三十　孙繁厚+　立卖

56. 民国三年三月初八日冯李氏同子致先立卖明房屋地基墙垣文契（1914）

立卖明房屋地基墙垣文契人冯李氏同子致先，为遗（移）业置业，无处出办，只得亲请凭中上门，将祖父遗留得授自己名下，正房陆间，厢房壹间，粪池天井周围墙垣，穿风瓦盖门□户壁，寸木拳石亦（一）并在内。东抵陈姓地基，南抵汪姓界，西抵张姓山头，北抵陈姓墙脚，四至分明，毫无紊乱。先问亲族，无人合意，请凭中出卖与冯发仲、冯发元弟兄二人名下为业。原日三面议定卖价，玖伍银叁拾陆两零捌钱整。即日过付清白，母子当席亲手领明应用，并未拖欠分厘。酒水画字，亦（一）概交清。自卖之后，任随买主弟兄管业任坐，卖主亲友等不得妄生代补争论议言。如有此情，将纸赴公，自干（甘）重咎。恐（空）口无凭，立卖契永远存照。

其有老契未揭（接），有主只纸前来，卖主一面承耽（担），日后翻出打为故纸。

      凭中 冯上清+ 冯佑乡㊣ 冯重三+ 冯肇鑫+
         代字 冯焕文（花押）
  民国三年三月初八日 特立卖契冯李氏+ 仝子致先+ 立

57. 民国五年八月初九日汪纯瑜立当明水田文契（1916）

  立当明水田文契人汪纯瑜，为因置业，无处出办，只得请凭中上门，将祖父遗留本己名下，秧田乙（壹）厢，坐落地名崩土凹，当凭中出当与范德明名下为业。原日议定当价，玖呈叁两伍钱整。当主当席领银应用，并未下欠分厘。纯瑜转讨此田耕种，言定秋成上纳租谷伍斗，不得短少。如少，任随范姓扯田过手耕安，汪姓不得异言。恐（空）口无凭，特立抵当契为据。

          凭中 汪焕清
          代字 陈德明
        民国伍年八月初九 日 立

58. 民国九年八月十八日汪石氏同男云德母子二人立当明水田陆地文契（1920）

  立当明水田文契人汪石氏同男云德母子二人，为因乏用，亲情（请）凭中上门，愿将祖父遗留分授自己名下，水田叁块，陆地二块，坐落地名铺田。请凭中出当与石廷贵名下耕安，即日三面议定当价，大洋元花银贰拾肆元伍角整。当主当席亲手领明应用，并未托欠分毫。自当之后，准定三年取赎，汪姓无银赎取，任随石姓耕安，汪姓人不得异言。恐（空）口无凭，立当契乙（一）纸为据。

          凭中 石连成
          代字 汪纯荣
       民国九年八月十八日 立

59. 民国十一年冬月二十八日汪石氏立当明科田文契（1922）

  立当明科田文契人汪石氏，为因弟三子汪纯玉托（拖）欠账目，同男云德、孙保成、太孙商议，亲请凭中上门，愿将自己买明之业科田二块，坐落地名偏岩，上头四方田壹块，下头长田壹块，乙（一）共贰块，当凭证出当与范光廷名下耕种。原日议定当价实洋银捌拾八圆整。当主汪石氏同男［云德］汪纯玉领明应用，并未托（拖）欠角仙。自当之后，汪姓准定三年，有银前来取赎，无银恁（任）随范姓子孙耕种，汪姓房族人等不得异言。恐（空）口无凭，特立当约乙（一）纸为据。

            凭中 汪纯贵
            字 汪纯沈
         民国十一年冬月二十八日 立

60. 民国十一年腊月二十日汪石氏同男云德母子立当明科田文契（1922）

  立当明科田文契人汪石氏同男云德母子，为因乏用，亲请凭中上门，愿将本己分授名下科田二块，上壹块坐落地名长箐冲口边，下壹块坐落地名小山。上下分明，当凭证出当与冯仲山名下耕安。原日议定当价，实洋银柒拾八圆整。当主汪石氏母子亲手领明应用，未欠角仙。自当之后，汪姓准定三年，有银取赎，无银恁（任）随冯姓子孙耕安，汪姓人等不得异言。恐（空）口无凭，特立当契乙（一）纸为据。

            凭中 汪子清
            字 汪纯沈
     民国十一年腊月二十日汪石氏母子立

61. 民国十二年三月十二日汪纯玉立当明科田文契（1923）

  立当明科田文契人汪纯玉，为［因］乏用，与本族弟兄商议，愿将本己分授秧田乙（壹）厢，当凭证出当与汪石氏仝（同）男云德母子名下耕种。原日议定当价，大洋银正板壹拾陆圆整。当主领明应用，并未欠下仙星。自当之后，纯玉准定三年，有银取赎，无银任随云德母子耕种，纯玉不得异言。恐（空）口无凭，特立当契乙（一）纸为据。

            凭中 汪纯贵
            字 汪纯沈
      民国十二年三月十二日 纯玉 立

62. 民国十四年三月初八日汪纯玉立借银约字（1925）

  立借银约字人汪纯玉，为因需用，亲请凭中借到范光廷名下洋银拾元，四年无利，共算贰拾贰元整。借日言定不知远近相还，汪姓如有短少，愿将口岩大田贰块作抵业耕安，变卖偿还。恐（空）口无凭，立借银字为据。

            凭中 汪纯贵
            代字 徐中云
        民国拾四年三月初八日借

63. 民国十六年三月□□日沈朝元、沈朝进两弟兄立卖明陆地文契（1927）

立卖明陆地文契人沈朝元、沈朝造两弟兄，到本已，经见本族商议坐的厢房楼上贰间，楼下壹间，坐落地名中街黄牛□边□子地东边，下半破北边上贰块，背阴坡台子地壹块，坟面前□熟地，一并在内。亲请凭中上门，出当与□士江名下耕安。原日三面议定，当价光洋壹佰元整。朝元弟兄亲手领明应用，并未托（拖）欠分厘。自当之后，准定□年取赎，取赎之日，照张兑价。此系二比情愿，亦非逼□等情，□□□□将□□□□□一纸永远执掌为照。

       凭中 陈如堂 沈廷胡 沈廷利
       证人 沈朝友 沈朝觐 陈□琳
       胞叔 沈华堂 沈大才
       代字 陈云飞
  民国十六年三月□□日沈朝元、沈朝进 立当契

64. 民国二十一年田明先立当科田文契（1932）

立当科田文契人田明先，因缺应用，只得将父亲所当汪姓之科田壹块，分种自己名下壹（一）半，坐落地名长箐门口，转当汪荣昌名下为业，原日三面议定当价，银中洋伍拾伍元整。田明先当席亲手领明应用，并未下欠角仙。自当之后，准定秋收之后，汪姓与汪荣昌取赎，不得田姓相干。恐（空）口无凭，特立当字为据。

       凭中 田治 汪兴武 石盖凡
       代笔 许仲义
    民国贰拾壹年三月十八日 田明先 立

65. 民国二十三年腊月十五日汪仲安立卖明陆地文契（1934）

立卖明陆地文契人汪仲安，为因乏用，只得亲请凭中上门，将祖父遗留自己明陆地乙（壹）股，坐明地明（名）大坡上，房屋则边竹园乙（壹）过，小地乙（壹）块，荒续乙（一）并在内，请凭中出卖与汪云臣名下。言（原）日三面议定卖价，大洋八（捌）元、小洋柒元整。其于四至，东抵路，南抵汪姓地，西抵汪姓地，北抵汪姓祥脚，四至分明为界。酒水化字一并交清。卖主亲手领明应用，并未下欠仙角。至卖之后，任随汪姓子孙永远管业，汪姓房族人等不得争论异言。如有此情，自干（甘）重咎。恐（空）口无凭，立出卖契永远存照。

       凭中 汪纯主 汪海山

笔　汪云昌
民国廿三年腊月十五日 汪仲安　立

66. 民国二十□立出字据

　　立出永无后□字据沈朝元，为因乏［用］□□□□□三□□□□□借□□□□□家族□□□□□□人将老三所分□□□□□□宽全安葬超度□□□□□□拾五元，将因事□□□□□□取回以得耕种，再将□□□□□房壹间半□□□□□老三修理住坐□□□□□□赎送房□□□□□□不得异言。□□□□□□兄相处，如□□□□□□和好，□□□□□□

凭中（房族）沈大□ 沈大才
代字　□玉梁
民国二十□年沈朝元 立

67. 民国二十四年十月十八日田应富立当明陆地文契（1935）

　　立当明陆地文契人田应富，因移业自（置）业，请凭中上门问到，将自己自（置）业之地，坐落地名长箐地半箱（厢），出当与汪树先耕种。自当之后，三面议定票南小服叁拾玖元整，当主当席亲手领明应用，并未拖欠角仙。自当之后，准定五年取赎，无银任随汪姓耕种。其田姓房族人等，不得前来争论异言，特立当字是实。

　　后批若字维与当取□□虽此低准伍（五）年来取□不知远近

凭中　杨云奎
笔　亲手立
民国二十四年十月十八日　立

68. 民国二十六年四月初二日孙小祭祀立卖明水田文契（1937）

　　立卖明水田文契人孙小祭祀，为移业置业，只得将到昔年买明三业水田叁块，坐落地名月亮地大路脚，东抵大路，南抵李姓田，西抵马姓田，北抵本族田，四至分明无紊。经凭族证上门，出卖与孙文林名下为业，是日三面议定卖价小板花银捌拾圆整。其银当席交足，亲手领明应用，并未拖欠角仙。二比情愿。并无逼迫等情，亦无货物准折。此系实银实契，与明价足。自卖之后，任随买主子孙永远管业。孙姓本族以及异姓人等，不得前来妄言争论。如有此情，系众族一面承耽（担）。恐（空）口无凭，立卖契一纸为据。

凭族证人　孙文蔚［孙文］熙 志香 志士 志书 志忠

(孙文) 德　笔
民国二十六年四月初二日　孙小祭祀立　卖

69. 民国二十九年七月十六日杨云奎同侄祥林立卖明水田陆地文契（1940）

立出卖明水田陆地文契人杨云奎同侄祥林叔侄二人，为因乏用，只得将到祖父遗留之业，水田陆地乙（壹）股，坐落地名大坡脚。上抵黄姓，下抵胡姓界，左抵张姓界，右抵黄姓界，四至分明。亲请凭中上门，出卖与汪树先名下为业，言（原）日三面议定价值法币洋陆拾玖元整。卖主当席领明应用，并未拖欠角仙，亦非逼勒等情。自卖之后，任随汪姓子孙永远管业，杨姓子侄房族以及异姓人等，不得前来争论。如有此情，系卖主一面承耽（担）。恐后无凭，特立卖字永远存照。

民国二十九年七月十六日　杨立奎 侄祥林 同立
后批老契未接，日后翻出作为废纸。

凭中　汪仲臣
代字　邹俊民

70. 民国二十九年冬月初十日孙树生立当祖父字（1940）

立当祖父字人孙树生，青（亲）情凭中上门，问倒孙沱□氏名下，借倒子羊（洋）壹百元，将倒小山脚水田乙（壹）块作当资，杨干□维，进不德失少。

凭中□云□
民国二十九年冬月初十日立
代字□□□□□

71. 民国三十年后六月二十二日汪仲臣立卖明陆地文契（1941）

立卖陆地文契人汪仲臣，为因乏用，只得亲请凭中上门，愿将祖父遗留分授本（己）名下陆地壹股，座（坐）落地名冲冲头下。其地东抵汪姓界，南抵本族界，西抵卖主界，北抵本族界，四至分明为界。凭中上门出卖与堂弟汪其伦名下为业，原日三面衣（议）定卖价，法币洋贰佰玖拾元整。卖主当席领明应用，买主并未下欠角仙，实洋实契，并无货物准折，与非逼迫等情。此系情愿，自卖之后，卖主房族子侄人等不得翻悔争论义（异）言。如有此情，系是仲臣壹（一）面承耽（担），买主子孙永远管业，不得异言。恐（空）口无凭，特立真字一纸为据。

　　　　　　　　　　代字人　石绍书
　　　　　　　凭中人　汪炳恒　汪仲元　汪云华
　　　　　民国叁拾年后六月二十二日　　汪仲臣 立卖

72. 民国三十年九月三十日杨云奎同侄乔林立卖明阴阳陆地文契（1941）

　　立卖明阴阳陆地文契人杨云奎，同侄（乔）林，[为]因无银应用，只得将到本己名下分受（授）之业，坐落地名后园大地壹股，东抵邹姓界，南抵赵姓界，西抵田姓界，北抵田姓界，四至分明。其有坟□□，傅离壹丈五尺。亲请凭中上门，出卖与汪树先名下为业，言（原）日三面议定卖价法洋陆拾贰元整。是日亲手领明应用，并无托欠（拖）角仙，自卖之后，地内树木、阴阳陆地，任随买主子孙永远管业，卖主房族以及异姓人等，不得前来争论。如有此情，系是卖主壹（一）面承耽（担）。恐（空）口无凭，立卖字壹张，永远为据。

　　　　　　　　　　　　凭中　汪仲言
　　　　　　　　　　　　代笔　邹权斌
　　　　民国叁拾年玖月叁拾日 杨云奎　同侄乔林　立卖

73. 收条

　　今收到

　　汪树先还来汪云德所当大坡上之地贰块，当价□□□□□元□□，折租贰拾伍元。收清此据。

　　其老契贰张，接出□字，一张未接，特给此条为凭。

　　　　　　　　　　三十一元十二　胡金阶（印章）

74. 民国三十一年腊月初五汪仲元立卖明房屋地基文契（1942）

　　立卖明房屋地基文契人汪仲元，为因需用，将到祖父遗留分受（授）之业，大房一间，胞兄仲臣、胞弟仲元二人均分。后一押分惟仲臣得受（授），前面一押受（授）惟仲元出卖与堂兄名下汪树先为业管理。言（原）日议定时价法币纸洋壹仟伍佰零伍元整，卖主当席领明应用，并少欠角仙，二比心干（甘）意愿，亦非逼迫等情。此系实银实契，并无货物准折。汪姓房族以及异姓人等，不得前来争论。如有此情，系是卖主一面承耽（担）。不以买主相干，恐（空）口无凭，立卖契永远为据。其于后批，走路二家公其出入，房内神明与树先弟兄二人占天一半，占地一半。上抵青天，下抵黄泉，右抵胞兄，左抵堂叔，下抵天井。

永远管业

    凭中 汪仲仙+ 汪炳清+ 汪炳恒+ 汪国明+ 汪仲良+

    代字 贾昆山㊥

    民国叁拾壹年腊月初五日汪仲元立卖

75. 民国三十一年汪仲元立出分关字（1942）

民国叁拾壹年□□□□□

立出分关字人汪仲元，为因弟兄争论，今天凭族长均分受（授）大□前□头半押，牛粜（圈）半过，楼上抵中柱，□□柱。弟兄二人并无番（翻）悔□情。若有番（翻）悔，是凭族长。

天理良心，子孙发达，万代富贵

二人并无异言，恐（空）口无凭，立出分关字为据。

76. 民国三十二年三月二十二日汪纯德立当明水田文契（1943）

  立当明水田文契人汪纯德，为因需用，将到祖父遗留分受（授）之业，水田壹块，坐落地名石柱边，言（原）日议论亲请凭中上门，出当与汪树先名下，时价法币纸洋壹仟贰佰元整。当主当席领明应[用]，并未少欠角仙，二人心干（甘）意愿，亦非逼迫等情。自愿当之后，准定三年赎起，无银任随树先耕安。实当实起，并未实当九续之理。恐（空）口无凭，立当契为据。

        族长 汪炳全

        凭中 杨云奎

        代字 贾昆山

    民国叁拾贰年三月二十二日汪纯德立当

77. 民国三十二年腊月初二日陈昌寿立当明水田文契（1943）

  立当明水田文契人陈寿昌，为因需用，只得亲请凭中上门，将到本己名下石柱坡，水田壹股，大小共拾贰块。东抵路，南抵娄姓，西抵杨姓，北抵赵姓，四至分明有界。出当与汪石氏名下。当日言（原）定当价市用券洋贰万叁仟元整。准定乙□□月取续，当与云田，现运出租谷贰石肆□至明□□取续之时，仍扣去贰石□并载粮叁亩捌分合粮额□角乙（一）。恐（空）口无凭，立字为据。

        凭中 何云先 杨云奎

陈寿昌亲笔

中华民国三十二年腊月初二日陈寿昌立

78. 民国三十三年六月初二日胡臣昌胡玉昌弟兄二人立分关（1944）

立出分关字人胡臣昌、胡玉昌弟兄二人，皆以忠孝传家，诗书维世，遗泽孔长，乃以培忠厚植阴功，皇天眷顾生吾弟兄，诚甚盛也。历居数十余年，同心同德，以成大富家业，人口繁盛。诚所谓积善之家必有余庆，然以枝繁叶茂派别远流。弟兄相约家族到居，将所置之业其田产之肥瘠，山场陆地之宽窄，房屋之高下，园圃之左右，均匀品搭，凭神阄拈，勿得厚此薄比（彼）等情。自分之后，各照分关管业，神其佑之，祖其佑之。则螽斯衍庆，长发其祥，万代富贵矣。

谨将胡臣昌得授之业目录于后

计开吴家地秧田一块，水田二块，金伦屯水田二块，湾山干田一块，长河湾水田一块，白泥水田一块，猴儿山关口地一块，并山场陆地大小三块。斗岩山偏坡地一段并地脚一条，冯家门东边大田半块，和尚庵庙下边地一股。

其田之赋税照所分授之业上纳至国，计之军粮，弟兄二人平均缴解，勿得借故争执，此据。

老豹河小滥田一块。

其有和尚庵下边三块，胡臣昌管业，大箐坡陆地以作祀事，其有家财合住，或十年八年三二股所分。

毛而山将大沟边田乙（一）块，掉胡少华田乙（一）箱（厢）。

其有正房一间，日后二家作如堂屋，外边新起房子，法林有衰住一间，若移不成，正房为法林管业。

其有堂屋为臣昌所管，不与他们相干。

（半书）子孙发达，万代富贵

凭中 家族 胡炳奎 胡云周 胡季昌 胡庆先 胡伯轩 胡俊中 许西臣

胡雨周　草

后批胡庆先笔

民国三十三年六月初二日　　立

233

79. 1951年8月吉昌村公函①

平坝三区天龙镇负责同志

兹有我村汪树先之田土，出租与你村郑炳先耕种，其土种子一升半，年产六斗，租额二斗。该汪树先在我村系是中农，请你村协同办理。以［阶］级友谊为荷。

此致

敬礼

安顺七区鸡场屯行政村

村长□□

主席□□□

公元一九五一年八月二十日

此因是保留不动的你村原主之冲田，继续租接也可，贰□回耕也可。请称心如意。

天龙村　主席

村长　□□屯

80. 1955年2月12日田克洪立卖明地基字

立卖明地基字人田克洪，为因无艮（银）使用，只得亲请凭中上门，将祖父遗留名下地基二间，天井半个，坐落地名汪家园。其（地）基四字，东抵路，南抵是天井抵路，西抵汪姓，北抵汪姓田，四字分明为界。其拾的墙在内，请凭中出卖与汪治祥名下为业。言（原）日三面议定卖价，新人民币洋贰拾陆元伍角整，卖主当席亲手领明应用，并未下欠角仙。自卖之后，任随买主子孙永远管业。日后房族人等［不得］前来争论异言，如有此情，卖主一面承耽（担），恐（空）口无凭，立□□为据。

此据：日后众□□问题，□照纸管业，若有发生意见，将大箐坡田一块［包］抵。田亮州、廷贵艮（银）还清，接契纸无校（效）。

凭证凭中人　汪其元+ 汪仲才+ 郑云奎+ 田兴洲+

代笔　陈仁安发

公元一九五五年二月十二日　田亮洲全（同）唐氏立

---

①　内有五行批注漫漶不清。

81. 1956年农历六月初六日石汝龙弟兄二人立卖明阴阳陆地据

立卖明阴阳陆地据人石汝龙弟兄二人，今将本己名下阴地壹幅，坐落地名大园头，今凭证出卖与胡冯氏名下安葬。即日议定卖价，人民币壹拾玖元捌角正（整）。其地安葬规定，左右离坟壹丈，双方并无异言。恐后无凭，特立壹（一）纸为证。

再批：胡姓安葬后，子孙发达，百事大吉。

当日解字三个

子孙发达 永远管业

凭证 石进才（押）冯盛才+ 胡绍臣㊗
胡臣先（押）雷庆昌㊗ 胡隆盛㊗
代笔 田兴华㊗
公元一九五六年农历六月初六日 石汝龙 弟兄立

82. 1956年徐建周立卖明陆地房屋字据

立卖明阴阳陆地字据人徐建周，住安顺。今将本已名下阴地壹幅，坐落地名罗家张园。今凭证出卖与吉昌屯胡冯氏名下，安葬坟墓。即日今凭证议定地价人民币叁拾叁元叁角叁分正（整）。当日亲手领洋应用，并未欠下角仙。其地安葬地□穴，前后左右穿心叁丈。双方并无弄□对于徐姓房族子侄人等，不得争论异言，如有此情，建周一面承耽（担），胡姓葬后，子孙永远万世其昌，恐（空）口无凭，特立卖阴地壹幅为证。

即日涂四字不要，添一字解壹（一）字

凭中人 张树先（押）雷庆昌（花押㊗）李良才+ 胡秀章㊗
李贞龙（押）冯德□㊗ 马超祥（押）白□于+
代笔 田兴华㊗
公元一九五六年农历六月初八日徐建周+ 立

83. 1967年4月14日胡冯氏立出分关字（胡俊美）

立出分关字人胡冯氏，将房屋正房贰间，厢房楼壹间，过道楼壹间，牛圈贰个，分给弟兄二人，胡俊美正房前半间，占地不占天，相房楼壹间，过道楼壹间，西北边牛圈壹个，堂屋同供香火。今凭家族凭神拈阄，自分之后，其各管其业，弟兄二人不得争论反悔等情。恐后无凭，持立分关为据。子孙发达，万代富贵。

亲族 胡隆盛 胡俊刚 胡亮明 胡兴 胡旺
冯志圣 石进才

公元一九六七年四月十四日　立

84. 1967年4月14日胡冯氏立出分关字（胡俊友）

立出分关字人胡冯氏，将正房贰间，相房楼壹间，过道楼壹间，牛桊（圈）二个，分给弟兄二人。今凭家族凭神拈阄，胡俊友分得正房后半间□□□□前半间，占天不占地，壹屋楼上壹间地，堂屋同借香火，南边牛圈壹个，高圈壹个。自分之后，各管其业，弟兄二人不得争论反悔等情，恐后无凭，持立分关为据。子孙发达，万代富贵。

家族　胡隆盛　胡俊刚　胡亮明　胡兴　胡旺　冯志贤　石进才

公元一九六七年四月十四日　立

85. 1976年胡冯氏立出分关字

立出分关字人胡冯氏，今将祖父遗留老房壹所，新建房屋壹所，经凭家族和亲属上前，未分前规定，老房补给新房贰佰元，弟兄二人同意当凭神拈阄，分给弟兄二人。胡俊美拈分老房壹所，胡俊友分新房壹所。俊友因弟兄情意，当昔提出少补现金伍拾元，实补现金壹佰伍拾元。原日当昔补现金分为两年付清。关于新建新房所余的方子木料水［泥］等，全部归新房所有使用。关于新建新房所借外面的现金和木料，归老房胡俊美负责赏（偿）还。自分之后，弟兄二人各管其业，双方妇女不得反复□情。恐（空）口无凭，持立分关字为据。

备注说明：楼上格子排列板，归新房代（带）走；楼梯和盆子归各人使用。

凭证人亲属　冯志贤　马启禄　冯建松　冯建美　冯建文

家族　胡隆圣　胡日圣　胡俊刚　胡俊文　胡俊章　胡俊勇

执笔　胡国圣

公元一九七六年古历十月二十二　立

86. 1983年古历正月初八日胡俊荣立卖明地基字

立卖明地基字人文契人胡俊荣，今将祖父遗留分授自己名下，门前园地基壹堂和厕所壹个，其地四至，东抵集体小□堰坝，南抵胡□为界。经凭家族和亲属调和□□。胡俊荣同意方圆，今将地基壹堂和厕所壹个调剂给胡俊友、胡俊于、胡俊祥等三户，作为走路。堰坝现今作为典卖□田，三面义定价款叁佰伍拾壹元，其中胡俊友占优先，胡俊友拿出金额壹佰伍拾元，胡俊于金额壹佰叁拾陆元，胡俊祥伍拾陆元，胡俊荣当席领明应用，并未下欠角仙。自卖之后，胡俊荣不得反覆□情，外人不得前来争论□情，恐后如有此情，系胡俊荣壹

(一) 面承担异言。恐后无凭，特立当纸一字为据。

凭证人　亲属冯建明　冯建芳　胡林□

家族　胡志奎　胡俊兴　胡俊美　胡俊清　胡俊勇　胡永盛

代笔人　胡旺盛

公元一九捌叁年古历正月初八日　立

(二) 吉昌屯年代不详的契约

1. 石维金立卖明柱料文契

立卖明柱料文契人石维金，为因父亲亡故，只得将得到祖父遗留明（名）下地基，土地关房叁间，房屋寸木拳石壹（一）并在内，只得亲请凭中上门，出卖与汪纯有名下，玖捌银拾陆两整。维金亲手领银应用，自卖之后，恁（任）随汪纯有管业，房族人等不得前来争论。如有此情，系是石维金一面承耽（担），恐后无凭，立出卖房屋寸木拳石为据。

族长　石满贵（押）石维金（押）

2. 汪国泰仝（同）弟玉泰立卖田契

[立□明文] 契人汪国泰仝（同）弟玉泰，为因家下钱少使无处出办，情愿青（请）身上卖众人 [名] 下，其田坐落地名岩底下，田大小贰块，卖东至陈□□底，南至底□□，[西] 至□，[北] 至沟，四至分明。凭中出卖与青房众人名下，原日三面议定 [价] 纹银乙（壹）拾伍两整。弟兄亲手领回应用，自卖之后，随田科米叁升八合五勺。[恐（空）口] 无 [凭]，立卖约存据。

立约人　汪国泰　汪太泰

凭中人　汪子祥+ 汪子贵+ 汪子朝+ 汪世明+ 汪士奇+ 汪子顺+

汪子□+ 汪子孝+ 汪子法+ 汪子美+

子顺种田一股，士奇种田一股

代书人　汪子龙+

□年二月　初乙日

3. 卖契

□□□□□□人张姓众□□□□□□为因先父出卖张家大地与汪姓为业，□□□□□种□处雄祖贾贰丈，后因汪云德葬其父亲越界贰丈，张姓向汪姓理论□□□□□，□□□□□□拾□□□□□□如祭祀仍旧承让□□□□□□即日□处栽石为界，日后以界为凭□耕种等情。如有此情

□□□□。[空口]无凭，立字为据。

          凭中 邹元勋

          张起廷 亲笔

4. 汪□□立借据

立契人汪□□□，因祖母去世□□□地一□安葬。今堂兄云德怕弟反悔，当凭亲戚本族，□□□明愿将洋银四元整，亦弟兄三人应用，亦（以）免后患。弟兄愿除阴地横顺二丈，由恐弟兄不复（服），有众本族老幼□□为凭。恐（空）口无凭，特立一纸为据。

          凭中 汪纯郑 □兴福

          代字 汪炳奎

          □□□六月□

（三）雷屯契约

1. 乾隆三十五年四月初二日陈文达、陈文光立卖契科田文契（1770）

立卖科田文契人陈文达、陈文光，为因乏用，无处出办，将自置名下石矿坡田壹分，大小三块，东南俱抵路，西抵上坟田，北抵地碉口；坝中间田壹块，东南西[北]俱抵肖家田，四至分明，共田肆块。随田科米壹升，请凭中上门出卖与丁处名下为业。原日三面议时价纹银拾玖两整，亲手领明并无短欠情弊。自卖之后，任随丁处永远管业安佃耕种。陈处房族子侄不得借端争竞，妄生议论。如有借端争竞情无自任将田套哄之□。今恐忍（人）心难凭，立卖契永远存照。

永远管业

          凭兄 陈文绅 陈文灿

    凭中人 王奉明 杨名 董文美 严正 石登桂 施登云 金士首

    乾隆三十五年四月初二日立卖契人陈文达、陈文光 亲笔

2. 同治二年三月初八日雷沛年立当粮田文契（1863）

立当粮田文契人雷沛年，为因正用，亲请凭中上门，今将祖父遗留分授自己名下，坐落地名下坝大埂子脚下粮田叁块，随载屯粮伍斗，凭中出当与堂兄雷有年名下耕种，[原]三面议定当价足色纹银拾伍两整，雷沛年当席亲手领名（明）应用。自当之后，任随雷有年永远子孙照应，沛年亲支人等不得争论。如情此与有沛年壹（一）面承担。恐（空）口（无凭）凭无，立当契永远为据。

面天一字

凭中　雷永年+

代字　雷富年㊞

同治二年三月初八日 雷沛年　立

3. 同治四年五月廿六日雷盛年立当粮田文契（1865）

　　立当粮田文契人雷盛年，为因祖母亡故丧葬无所出办，将养膳的粮田贰块，随代屯粮伍斗，坐落地名下坝，即头岩，出当与雷有年名下耕种，即日三面议定当价足色纹银玖两整，雷盛年当席亲手领明应用。自之后任随雷有年永远耕种，内外亲支人等不得争论。如有此情，当主雷有年一面承担。恐（空）口无凭，立当约为永远为据。

凭中　雷云年+

代笔　雷富年㊞

同治四年五月廿六日　立

4. 同治五年三月十七日雷邓氏立杜卖明阴阳陆地文契（1866）

　　立杜卖明阴阳陆地文契人雷邓氏，为因丈夫出门五年分厘未带，安家子母日食难度，凭中上门将祖父遗留分授本己名下陆地壹股，坐落地名刷布地，出卖与雷克昌名下管业。当日三面议定时价足色纹银贰两整，［雷］邓氏亲手领明。自卖之后，任克昌永远管业，房族内外人等不得争论。恐（空）口无凭，立卖约为据。四至俱载老契。

酒水画字清

邓鳌山笔㊞

凭中　雷有年+

同治五年三月十七日　立卖契雷邓氏〇

5. 光绪五年腊月十五日雷泽显立杜卖明陆地文契（1879）

　　立杜卖明陆地文契人雷泽显，为因乏用，请凭中将祖父留遗分授本［己］名下后园菜地乙（壹）团，上下左右俱抵本宅，茶叶在内，凭中出卖与堂兄名雷克昌名下耕种为业，是日三面言定卖价时银乙（壹）两肆钱整，弟泽显领明应用，并未下欠分。自卖之后，任兄永远管业耕种，弟房中人等不得争论，如有争论，自有卖主乙（一）面承担。恐（空）口无凭，立契为据。

永远管业

239

代字　雷泽显亲笔㊞

凭中　雷泽高+

光绪五年腊月十五日　立

6. 光绪七年六月初一日雷雨年等立杜卖明坐基文契（1881）

立杜卖明坐基文契人雷雨年同侄凤雨、相雨、兴雨等，为因先人所丢地基壹股，坐落小巷子顶上，正房三间，厢房壹间，天井门楼，周围墙垣寸木拳石一并在内，上抵买主地，下抵吴姓墙，左抵凤雨地，右抵张姓地，四至分明。亲请凭中上门出卖与雷克昌名下修理住坐。即日面议时价玖贰银壹拾两零五钱整，雨年等亲手领明。此项银两以作祭祀费用。自卖之后，任随克昌永远管业，雷雨年亲支人等不得争论。如有此情，雨年一面承担。恐后无凭，立卖契为据。

酒水画字清

永远管业

凭中　雷云阶㊞

雷春林+

光绪七年六月初一日立卖契人雷雨年、凤雨+、兴雨+、相雨+　亲笔（花押）　立

7. 光绪七年冬月二十九日雷富忠立绝卖山场陆地文契（1881）

立绝卖明山场陆地文契人雷富忠，为因乏用，亲自请凭中上门，将自己名下陆地山场壹股，坐落地名小硐门口，上抵顶全姓下抵雷姓，左右俱抵雷姓，四至分明为界，凭中出卖与雷福康名下为业，即日议定时价市银叁两玖钱整。当席亲手领明应用。自卖之后，任随福康子孙永远管业，富忠内外人等不得争论。如有［此］情系卖主一面承当。恐（空）口无凭，立卖契永远为据。

凭中　雷有□　雷有用□　雷有产□　□□

代字　李秀山+

光绪七年冬月二十九日　立卖据

永远管业

8. 光绪十三年六月廿八日雷克昌立出分关字契（1887）

立出分关字人雷克昌，为因祖父遗留大坡关地壹厢与弟克福□□雷克昌分得挡头半厢，树林分得上半股，此系二比心干（甘）。日后不得翻悔，外凭族长领得老狗山脚克福秧田壹股，榜上科田半块，高硚老丁田半块，大坡关当出去公众之

地，树系克昌管领，其粮丁随田上纳。日后兄克昌领得之后，弟克福与子孙不得妄言横争，此是心干（甘）。恐后无凭，当族立领字分字为据。

代笔　雷则选
凭族长　雷思亲、克忠
光绪十三年六月廿（二十）八日　立

（半书）分关□执

9. 光绪十四年正月廿三日雷刘氏等立杜卖明菜地文契（1888）

立杜卖明菜地文契人雷刘氏，同男余庆，为因正用，将祖父遗留分受（授）名下菜园壹团，坐落地名后头园，上下左俱抵本宅，右抵路，四至分明。请凭中上门出卖与雷克昌名下为业。即日三面言定时价银卖银壹两玖钱整。雷刘氏母子当席领明应用，并未下欠分厘。自卖之后，任雷克昌子孙永远管业，卖主房中人等不得争论，如有争论，有买主承担。恐（空）口无凭，立卖契是实。

酒水画字清白

笔　雷泽选㊉
凭中　雷相雨+、雷凤雨+、雷瑞廷
［光］绪十四年正月廿三日雷刘氏+　男余庆+　立

10. 光绪十四年二月十六日雷克昌立出分关字契（1888）

立出分关字人雷克昌，与全发春合买菜地壹相，二人凭人占分。克昌分得路边头上壹团，除路壹条与发春所走，其买契系克昌名下所买，日后雷姓掌管老契，不与老契为凭，各照分关管业。此系二比（彼），不得妄言争论多少，恐（空）口无凭，立分关为据。

永远管业

笔　雷泽选
凭中　雷克勤
（半书）光绪十四年二月十六日　立

11. 光绪二十年三月初六日陈泰荣等立卖明瓦楼同房屋地基文契（1894）

立卖明瓦楼同房屋地基文契人陈泰荣、陈文发、陈文洪三人，为因乏用，今请［凭中上门］，得授大路边瓦房贰间，地基贰间，周围石墙树木片瓦拳石一并在内，东抵陈姓地，南抵陈姓地，北抵牛路，西抵卖主房屋，四至分明［为界］，□地三段，东抵大路，南抵岩，北抵白岩脚，西抵牛路，四至分明。今请凭中证出卖与吴建义［名下］为业。三面议定时价净板银［贰］拾贰两［整］，［陈］姓亲手领明应用。自卖之后，任随吴姓自坐安佃，陈姓房族人等不得异言争论。此系实银实契，并无货物准拆（折）逼迫等情。今因人心不古，立卖契为据。

酒水画字清白

永远管业

凭中人 陈文汝+ 吴兴发+
凭中人 陈起有+ 陈泰洪+ 吴根辞+
代笔人陈文□
光绪二十年三月初六日立卖契人陈泰荣+ 陈文发+ 陈洪+

12. 光绪甲午年八月初五日雷顺雨立出收约（1894）

立出收约人雷顺雨，为因收到雷克昌账目名下净银四两捌钱整，其银本利已慨（概）收清。自收之后，借约未接，日后恐人心不古，立约为据。

代字　张济生
光绪甲午年八月初五日雷顺雨　立

13. 光绪二十三年三月初五日全二房众族长立卖明科田文契（1897）

立卖明科田文契人全二房众族长，为因正用，亲请凭中上门问到雷至清名下，今将祭祀科田壹块，坐落地名关凹门口，随代科米壹合。东南北［俱］抵雷姓界，西抵路，尖角塘壹个在内，四至分明。凭中出卖与雷至清名下为业，即日三面议定时价九成银壹拾叁两整。众族亲手领明应用。至（自）卖之后，任随雷姓子孙永远管业，全姓房族内外人等不得异言争论，如有此系等情，系卖主一面承担。恐（空）口无凭，特立字为据。酒水画字清白。

解两字

永远管业

代字　全璨璋发
凭中　全毛妹+

众族长　全文彬+、全发春+、全浩祥+、全仲甫富、全毓刘+、全有林+、全有能+、全文炳×

光绪贰拾叁年 叁月初五日　立

14.［光绪］庚子年三月初十雷克福立杜卖明陆地茶叶树木文契（1900）

立杜卖明陆地茶叶树木文契人雷克福，为因正用，请凭中上门出卖与胞侄雷至清名［下］，其地坐落地名大坡关，地半厢，上有山长平有树林，东南西北俱抵买主界，四至分明。即日三面言定，价银壹两三钱整，即日当席领明，并未下欠。自卖之后，任侄子孙永远管业。恐（空）口无凭，故立卖约日（是）实。

酒水画字清白
永远管业

代字　雷泽选㊞

凭中　雷克顺○、雷克忠＋

［光绪］庚子年三月初十日克福＋　立

15.［光绪］辛丑年二月初六雷记先立卖明阴阳陆地文契（1901）

立卖明阴阳陆地文契人雷记先，为因乏用，亲请凭中上门，愿将祖父遗留分授本己名下之业，坐落地名小林头阴地壹穴，出卖与雷人模名下安葬，其有阴穿心二丈。即日三面议定法洋叁拾捌元正。记先当席领明应用，并未下欠角仙。自卖之后，房族内外人等不得争论。如有此情，系卖主一面承耽（担）。恐后无凭，特立卖契为据。

子孙发达

凭中代字雷庆昌㊞㊝㊞㊝

［光绪］辛丑年二月初六日 雷记先（雷记先印）　立

16.光绪二十九年九月二十三日雷先应同弟先光立卖明地基字（1903）

立卖明地基字人雷先应同［弟］先光，为因乏用，愿将祖父遗留分授本己地基正房壹间、厢房壹间共贰间，坐落地名小巷子，东抵雷姓界，南抵熊姓界，西抵雷姓［界］，北抵巷□朝天井过道一共出入，水路照古，所尿该地基石岩墙堰一并在内，亲自□□□□为业，即日双方议定时用币壹拾伍元正（整）。先应、先光亲手领银，并未拖欠角分。自卖之后，任随人模子孙永远管业，先应先光内外人等不得异言争论，如有此情，系卖主一面承担。恐（空）口无凭，特立卖字□为据。

代笔 雷会昌　庆

□□□三年（癸卯）□九月二十三日 雷先应（指纹）

雷先光（指纹）

243

17. 光绪三十一年六月二十五日刘文林立杜卖明山场陆地文契（1905）

  立杜卖明山场陆地文契人刘文林，为因乏用，亲请凭中，愿将本己名下所置之业陆地壹股，坐落地名平顶坡，上抵坡顶，下抵沈张二姓界，左抵全姓界，右抵卖主水沟，四至分明为界。即日三面议定时价玖玖纹银陆拾柒两整，凭中出卖与雷志清名下为业。卖日当席亲手领明应用，至（自）卖之后，任随雷姓子孙永远管业，刘姓房族内外人等不得异言争论，如有此情，系是卖主一面承担，不得异言，恐（空）口无凭，立卖字为据。

  酒水画字清

  永远管业

        凭中　刘元清△　全国发+　全国相+

        代字　全镜清⑱

        光绪三十一年六月二十五日　　刘文林+　　立

18. 民国乙卯年七月初十日雷廷科立卖明科田文契（1915）

  立卖明科田文契人雷廷科，为因正用，亲请凭中上门，将祖父遗留分授本己名下水田壹块，坐落地名小河底下田坝中间，东南西北俱抵本宅，四至分明。请凭中出卖与雷恒昌名下为业，即日三面议定，时市法银贰拾陆圆整。卖主当席亲手领明应用，自卖之后任随买主子孙永远管业，卖主房族内外人等不得异言争论，如有此情，系是卖主一面承耽（担）。恐（空）口无凭，特立卖契为据。

  永远管业

        凭中 雷姚氏+ 雷清云⑱

        代字 雷世卿

        民国乙卯年七月初十日　　立

19. 民国乙卯年腊月初八日雷马氏同男焕廷立卖明科田文契（1915）

  立卖明科田文契人雷马氏同男雷焕廷，为因正用，亲请凭中上门，将祖父遗留分授自己名下田乙（一）扮（分），大小五块，坐落地名长山脚，上抵朱姓界，下抵大老埂，左抵买主界，右抵朱姓界，四至分明，随载科米叁合，凭中出卖与雷泽中名下为业，即日三面言定，时价大板洋银壹佰壹拾叁元，焕廷当席亲手领明应用，并未下欠仙角。自卖之后，房族内外人等不得异言争论。如有此情系卖主乙（一）面承耽（担）。恐后人心不古，特立卖字为据。

  酒水画字清

  永远管业

雷泽林字㋛㋛㋛㋛

凭中雷清云押

雷泽□㋛

雷余氏㋛

民国乙卯年腊月初八日雷马氏全男焕廷+ 立

20. 民国七年十月雷志清立投房契（1918）①

立投房契人雷志清，为因祖父遗留雷屯房屋三间，名下住坐，四至照古凭，委员协同团甲，勘明估价银壹拾捌两正（整），自税草房契据之后，子孙管理住坐。恐后无凭，特立房契为据。

凭 委员、团甲雷同甫、雷熊光、全燦（灿）章

代字　张字诚

中华民国七年十月	中人 全灿章	卖主	立契年月	原契几张	应纳税额	买价	四至 东至均	四至 南至照	四至 西至原	四至 北至契	面积	坐落	不动产种类	买主姓名
			民国七年九月廿八日	一张	银壹元陆角贰仙	银十八两	东至均	南至照	西至原	北至契	三间		房	雷至清

民国七年九月廿八日　立

印"安顺县印""安顺县公署捡验员图记"

21. 民国辛酉年十月十八日雷寿昌、雷繁昌、雷恒昌、雷邦昌弟兄四人立出分关字（1921）

---

① 此契约粘贴有《新买契》一张，骑缝印"安顺县印"。

245

立出分关字人雷寿昌、雷繁昌、雷恒昌、雷邦昌弟兄四人，一则以父□为尊，一则以天伦为重，经凭族长将祖父遗留田产地业品搭匀称，凭神拈阄，恒昌拈得老狗山脚下边大秧田壹块，竹园上边秧田壹块，四步坎路上下长田贰块，石泽园田壹块，团地田壹块，山场在内，大地塘田左半块，小田壹块，顶上茶叶地壹箱（厢），小䃎门口田壹块，官凹门前田壹块，山场小地在内，后园地下边壹团，上边壹段，茶叶照界。右边老房正房贰间半，堂屋楼过道楼满在朝门过道天井系是二比公重。自分之后，毋得翻悔越界混争。如有此情，天理不容。恐后人心不古，特立分关，永远为据。

　　永远发达

凭中 族长泽润 泽中 泽顺
至鉴 至富
代字人 泽文
民国辛酉年十月十八日　立

（半书）分关 富贵久久

22. 民国十三年冬月十六日全文昌立杜卖明科田文契（1924）

　　立杜卖明科田文契人全文昌，为因正用，亲请凭中上门，将祖父遗留分授本己名下科田贰块，坐落地名白沟园，东抵雷姓界，南抵黄姓界，西抵大路，北抵全姓界，四至分明，随载县属科米陆合，凭中证出卖与雷至清名下为业。即日三面议定时价正板大洋银肆拾圆零贰毫整，卖主全文昌当席亲手领明应用。自卖之后，恁（任）随买主雷至清子孙永远管业，卖主房族内外人等，不得异言争论，如有此情，系卖主一面承担，此系实银实契，并非逼勒成交、货物准折等情，恐（空）口无凭，特立卖契永远存照为据。

　　酒水画字清白
　　永远管业

凭中说合　全云仙+、雷紫光㊞、胞弟全文臣+
代笔　雷同甫㊞ 达
民国拾叁年冬月十六日　立卖契人全文昌+

23. 民国十四年七月十七日雷其芳立卖明阴阳陆地茶叶树林文契（1925）

　　立卖明阴阳陆地茶叶树林文契人雷其芳，为因正用，亲请凭中上门将祖父遗留本己名下陆地贰相（厢）坐落地名关凹门口上场，上至坡顶抵全姓坟茔界，左右俱抵雷姓界，下抵买主界。四至分明，凭中证出卖与雷恒昌名下为业。即日三面议定，时价正板大洋银肆拾叁圆整。卖主雷其芳当席亲手领明应用。自卖之后，任随买主子孙永远管业，卖主房族内外人等不得异言争论。如有此情系卖主一面承耽（担）。此系心甘意愿，实银实契，并无货物准折逼勒成交等情。恐（空）口无凭，特立卖契一纸永远管业为据。

酒水画字清白

永远管业

凭中 全云先㊡

男雷少芳㊡

代笔 雷同甫㊡

民国拾肆年七月十七日 卖契人雷其芳　立

24. 民国丙寅年七月廿一日雷至盛立出包约（1926）

立出包约字人雷至盛，为因族中兄长雷至清乙丑年借到至盛名下大洋银伍元整，今将田契壹（一）张作抵，至盛在路途施于契据，恐日后有人捻得，有翻悔之意，至盛愿将小硐门口田壹块包与至清名下耕安，不得异言。恐（空）口无凭，特立包约字为据。

代字　全得襄

［民国］丙寅年七月廿一日

雷至盛收清

民国丙寅年七月廿一日雷至盛 立+

25. 民国拾陆年腊月十八日雷贵昌立卖明科田文契（1927）

立卖明科田文契人雷贵昌，为因正用，亲请凭中上门，将祖父遗留分授本己名下科田壹块，坐落地名榛子山，东南［俱］抵路，西抵黄姓界，北抵本宅，四至分明，随载科米壹升，凭中出卖与雷志（至）清名下为业，即日三面议定时价正板花银肆拾壹元整，贵昌亲手领明应用，至（自）卖之后，任随至清子孙永远管业，房族内外人等不得异言争论。如有此情，系卖主一面承担。恐（空）口无凭，特立卖契一纸为据。

酒水画字清白

永远管业

凭中　刘元成○、雷龙昌+、母亲雷姜氏+

代字　全德襄㊡

民国拾陆年腊月十八日　雷贵昌×　立

26. 民国己巳年十月二十日路罗氏立杜卖明地文契（1929）

立杜卖明地文契人路罗氏，为因正用，亲请凭中上门问到。今将祖父遗留分授自己名下阴杨（阳）棂（陆）地贰团，座（坐）落地名后园，东抵路，南抵买祖（主）界，西抵张姓祥，北抵路，四至分明。凭中出卖与雷赵氏名下为业，三面议定价中洋银肆元伍角整。路罗氏当席亲手领明应用，内外房族人等不得争论，如有此情，系卖主乙（一）面承担，不得异言。恐（空）口无凭，立卖契永远为据。

吉添二字
永远管业

凭中　桂亮青（花押）
代字　向日煋（花押）
民国己巳年十月二十日　路罗氏×立

27. 民国二十年八月十五日雷至张立杜卖明陆地文契（1931）

立杜卖明陆地文契人雷至张，为因正用，亲请凭中上门，将祖父遗留本己名下陆地壹块，坐落地名大坡关，东南西北俱抵本宅，四至分明，茶叶树木一并在内。请凭中出卖与雷赵氏名下为业，即日三面议定时价大洋银伍元整，至张亲手领明应用，自卖之后，任随［雷］赵氏子孙永远管业，卖主房族内外人等不得争论，如有此情，系是卖主一面承担。恐（空）口无凭，特立卖契为据。

酒水画字清白
永远管业

凭中代字雷鸣洲㊟
民国二十年八月十五日雷至张○　立

28. 民国辛未年腊月廿五日朱治安立杜卖明阴阳陆地文契（1931）

立杜卖明阴阳陆地文契人朱治安、朱得安，为因正用，亲请凭中上门问到，今将祖父遗留授与自己名下地壹块，坐落地名上偷（头）后园，东南西北［俱］抵雷姓界，茶叶树木一并在内，四至分明。凭中出卖与雷赵氏为业，三面议定价大洋银叁圆整，卖主当席亲手领明应用。自卖之日，恁（任）随买主子孙永远管业，卖主内外房中亲族人等不得争论，如有争论，系卖主一面承担，不得异言。此矣。空口无凭，立卖契永远为据。酒水画字清白。

永远管业

　　　　　　　　　　　　代字　向日葵（花押）
　　　　　　　　　凭中　朱起财（花押）、朱张氏（花押）、朱王氏×
　　　　　　　　　民国辛未年腊月廿五日　朱治安+、朱得安+　立

29. 民国二十三年十月初六日雷泽坤立杜卖明科田文契（1934）

　　立杜卖明科田文契人雷泽坤，为因正用，亲请凭中上门，今将祖父遗留分授本己名下田壹块，坐落地名大白岩脚沟边大四方田壹块，接连小长田壹块，东抵本族田界，南抵沟，西抵本族田界，北抵路界，随代科粮乙（壹）勺。四至分明，凭中出卖与族侄孙雷恒昌名下为业。即日当面议定时价大洋壹佰贰拾捌元整。当席亲手领明应用，并未下欠角仙。自卖之后，房族内外人等不得异言争论。如有此情，卖主一面承耽（担）。此是实银实契，并无逼迫等情，不得异言，恐（空）口无凭，立字为据。

　　酒水画字清白
　　永远管业

　　　　　　　　　　　　凭中代字雷泽干押
　　　　　　　　　　　民国贰拾叁年拾月初六日　雷泽坤+ 立

30. 民国二十五年八月十九日雷陈氏同男长贵立卖明科田文契（1936）

　　立卖明科田文契人雷陈氏同男□□□为因正用，□□□□田乙（壹）块，□□□□家屯科粮乙（壹）□□□□高桥□□□□，南抵雷姓，□□□□抵路，北抵雷姓界，四至分明，请凭中出卖与沈亮成名下为业。即日三面议定时价小洋正板二十乙（壹）元整。雷陈氏同男长贵母子亲手领明应用。自卖之后，并无拖欠角仙，房族内外人等不得异言争论。如有此情，系卖主一面承耽（担）。恐（空）口无凭，立卖契永远为据。

　　酒水画字清白
　　永远管业

　　　　　　　　　　　　凭中　沈子荣
　　　　　　　　　　　[代]字雷□□人
　　　　　　　　　　　叔雷盛兴○、雷盛启+
　　　　　　　　　民国二十五年八月十九日雷陈氏全（同）男长贵+　立

31. 民国二十五年冬月十六日雷至张立卖明科田文契（1936）

立卖明科田文契人雷至张，为因正用，亲请凭中上门，今将祖父遗留分授本己名下之业水田壹块坐落地名高桥，东南［俱］抵本宅界，西北［俱］抵路为界，四至分明，随代科米壹勺随田上纳，请凭中上门出卖与雷恒昌名下为业，即日三面议定时价大洋贰拾伍元整。卖主当席亲手领明应用，并未拖欠角仙。自卖之后，任随买主子孙永远管业，房族内外人等不得异言争论。如有此情，系是卖主一面承耽（担）。恐后无凭，特立卖契永远为据。

酒水画字清白

永远管业

代字　雷明昌㊙

原合人　雷至泉+

凭中　雷庆昌㊙㊙㊙

民国贰拾伍年冬月十六日　雷至张押　立

32. 民国二十八年五月初二日雷赵氏立遗嘱分关字契（1939）

立遗嘱分关字人雷赵氏，为因年迈，将祖父遗留本己所置之业，凭族长将房屋田地平匀（均）品搭，长子明昌得授下坝河水田贰块、曾子山干田壹块、老狗山秧田壹块、平顶坡阴地左边平匀（均）半股、大坡关阴地一股，右边正房壹间堂屋右箱（厢）房、牛圈公共，左箱（厢）房地基公共。自分之后，弟兄各照分关管业，日后不得翻悔等情。恐后人心不古，凭众族长立分关永远存照。

除老狗山秧田作养膳，日后送老归山各管各业，每年□租谷壹石伍斗。

再有平顶坡陆地平匀（均）右边半股、后园菜地、油砟（榨）房背后一块、房背后一块在批，右箱（厢）房楼明昌多任孝布银拾贰元，与后归明昌管业，牛圈弟兄公共，日后左箱（厢）房归玉昌一人修理，牛圈弟兄二人公共修理，弟兄各管各业。

永远管业

凭族长　雷仁昌、铸昌、泽干、至张、至干、至春笔

（半字）天理良心

民国贰十八年五月初二日雷赵氏　立

33. 民国二十八年七月二十二日沈亮臣立卖明水田文契（1939）

立卖明水田文契人沈亮臣，为因正用，亲请凭中，愿将祖父遗留分授本己

名下所置之业水田壹块，坐落地名高桥路边长田乙（壹）块，东南抵雷姓，西抵路，北抵买主，四至分明。其田随代□□田亩四分。亲请凭中出卖与雷恒昌名下为业。即日三面议定时价银八十三元伍□□整。沈姓当席亲手领明应用，并无托（拖）欠角仙。自卖之后，任随卖主子孙永远管业，卖主房族内外人等不得异言争论。如有此情，系卖主一面承耽（担）。恐（空）口无凭，不得异言，特立卖契为据。

子孙发达

凭中人 沈张氏㊟
沈树臣㊟
鲍国凡㊟
代字人 沈少臣㊟

民国贰拾捌年七月二十二日　沈亮臣　立

34. 民国二十九年八月十日安顺地方法院民事判决（1940）

贵州安顺地方法院民事判决廿九年度易字第176号

原　告 雷荣昌 年五十二岁，住猛邦

　　　 雷永隆 年三十五岁，住同上

　　　 雷少荣 年五十岁，住同上

　　　 雷尚隆 年四十岁，住同上

　　　 雷奎隆 年二十八岁，住同上

　　　 雷细法 年三十八岁，住同上

被　告 雷乔法 年五十岁，住雷家屯

右当事人间迁坟事件，本院判决如左〇//

主文

原告之诉驳回〇//

诉讼费用由原告负担〇//

事实

原告声明求判令被告迁坟，其陈述略称"民等与被告系同族，被告系远支，民等有祖坟地一处，坐落雷家屯仲家山，被告无件，契据年久散失，去年冬月被告偷葬其母于民等祖坟地，他应迁移等语"提出绘图乙（一）纸，世系表乙（一）件为证〇//

被告声明求为驳回原告之诉之判决，其答弁略称"原告所称坟地系我众公共祖茔，民母死后民无钱买地就，就葬在此地，何能迁让等语"。

理由

本件原告主张被告葬埋其母之地为原告所有，被告无件。被告则以系雷姓共有，为防御两造提出之绘图，固不足证明该地所有权之归属，惟查原告提出之世系表，原告均非成华公、春魁公之后，而两造所是认之，本院调查图内系争之坟在成华公、春魁公坟暮（墓）之间，春魁公之旁葬有原告所称与原告系远支，雷泽峻如果该地被告无件，何以成华公、春魁公之后人不出，而告争何以原告以泽峻之坟葬埋多年不能说话之空言，对于泽峻之坟舍弃诉迁被告此项防御不为无据，被告葬埋其母于该地尚无不合，原告之诉求不能认为有理由。〇//

据上论结本件原告之诉为无理由，应予驳回，并依民事诉讼法第八十五条第一项前段判决如主文〇//

中华民国二十九年八月六日

贵州安顺地方法院民庭

推事高季侯

右判决正本业经核对与原本无异，如有不服判决应于送达判决后二十日内向本院提出上诉书状。

书记官"林毓汉印"

中华民国二十九年八月十日

35. 民国二十九年八月证明（1940）

证明

具证明雷泽干、雷至春、雷至刘、雷仁昌等，年不一岁，均住二区二联保雷声镇，为要事担延不能分身，特此证明，恳恩核判事缘。民等族人雷荣昌与雷明章，为众家山坟山地点争执，双方互讼到庭，据理由众家山地点系幺房全房所有，并未封山埋葬，何云荣昌等所有？且伊等毫无确据，概系妄争。民雷泽干、雷至春等已候案二次，未蒙问及。现值复审，本应到庭，无如李营长扎于民宅，民泽干、至春代购军谷，至刘、仁昌代以谷整米，不能分身，又民雷明卅、雷荣星等多人于邹主任、戴鑫全任内业已传问，民等均答覆，本属幺房全房所有，非那家所有，幺房子孙均可埋葬等语。此次如不有军人拟想到庭参加证明，既不能到用，特证明，恳祈。钧长早日核判，免拖讼累，为此谨呈。

院长陈

具证明 雷泽干（私章）、雷至春（私章）、雷至刘（指纹）、雷仁昌（指

纹）、雷明卅（私章）、雷青云（指纹）、雷荣星（私章）、雷人杰（私章）、雷至动（私章）

中华民国二十九年八月　立

36. 民国卅年一月二十三日贵州高等法院民事判决（1941）

贵州高等法院民事判决二十九年度上字第一〇八六号

上诉人雷荣昌　住安顺猛邦

　　　雷永隆　住同前

　　　雷少荣　住同前

　　　雷尚隆　住同前

　　　雷奎隆　住同前

　　　雷细法　住同前

诉讼代理人　项鹏 律师

被上诉人　　雷乔法 住安顺雷家屯

右当事人间请求迁坟事件，上诉人等对于中华民国二十九年八月六日，安顺地方法院第一审判决提起上诉本院判决如左

主文

上诉驳回（谢名溢）

第二审诉讼费用由上诉人等平均负担（谢名溢）

事实

上诉人等及其代理人声明，求为废弃原判，另命被上诉人迁坟，被上诉人声明求为驳回上诉，两造关于事实之陈述，核据原判所犯载者无异，兹引用之。

理由

本件被上诉人主张诉争坟地，为雷姓合族所共有，已经举出雷泽铨到场，供证相符，并出具证明书在卷，自难谓为无据，从而被上诉人将其母安葬该地，即不容上诉人等任意干涉。上诉人等固以讼争坟地，为伊等一支所独有，被上诉人并无持分□□争辩，但徒托空言迄未据呈交丝毫佐证以为证明，究未便予以采信，至谓被上诉人安葬其母之坟，系在成华公、春魁公坟墓之间，成华公、春魁公均为上诉人等之祖先，一节勿论，被上诉人对之尚有争执，退一步言就令属实，然坟墓所有权与坟地所有权原非不可分离，亦未便藉（籍）此遽指讼争，坟地为伊等一支所独有，原判认被上诉人安葬其母于该地，并无不合。将上诉人等请求迁坟之诉谕知驳回，洵非无见，上诉意旨不得谓为有理由。

据上，论结本件上诉为无理回应。依民事诉讼法第四百四十六条第一项、第七十八条、第八十五条第一项判决如主文。

中华民国卅（三十）年一月二十三日

贵州高等法院民事庭　印"贵州高等法院□□□□印"

审判长推事陈吉垾

推事曾庆贤

推事黄昭赐

右判决正本业经核对，与原本无异

书记官（"谢名溢"）

中华民国卅年　月　日

37. 民国三十年冬月十五日雷祝氏立卖明水田文契（1941）

立卖明水田文契人雷祝氏，为因正用，亲请凭中上门，今将祖父遗留分授本己名下波落井后板田壹块，北抵长山下路脚，东南［俱］抵沟，西抵买主为界，四至分明，此田随代田亩壹亩贰分，凭中人出卖与雷恒昌名下为业，即日三面议定时价市银洋陆佰壹拾元整，［雷］祝氏当席亲手领明应用，并未拖欠角仙。自卖之后，房族内外人等不得异言争论，如有此情，［雷］祝氏一面承耽（担）。恐（空）口无凭，立卖字为据。

酒水画字清白

永远管业

凭中　雷庆昌㊣

雷应芳+

雷余昌+

代字　雷众乾笔+

民国叁拾年冬月十五日雷祝氏　立

38. 民国三十四年六月十三日张永昌立卖明房屋地基文契（1945）

立卖明房屋地基文契人张永昌，为因应（令）用，今将祖父遗留分授本己名下，座（坐）落地名麻园头，左边正房乙（壹）间、堂屋半间、左边厢房地基乙（一）并再（在）内，东抵雷姓墙，南抵雷姓路，西抵雷姓后廊，北抵本宅，四至分明，天井乙（一）半、过道公众出入，任随雷姓建修。过道楼周围墙垣寸木拳石乙（一）并再（在）内，滴水出水系是照古，亲请凭中上门出卖与雷明章住座。即日三面议定价目法币贰拾乙（壹）万贰仟元整。

卖主当席领名（明）应用，至（自）卖之后，任随买主永远管业，卖主房族内外人等不得异言争论，如有此情，系是卖主乙（一）面承担，空口无凭，特立卖契为据。

其有左边山头船（橡）皮房垣照出雷姓路贰尺伍寸

酒水画字清

凭中　全臣明+、雷鸣州押、胞兄张万昌+

老契卷连未接

天理良心

民国叁拾肆年六月十三日张永昌亲笔+　立

39. 民国三十四年八月十五日雷镜寰等叔侄四人立卖明陆地文契（1945）

立卖明陆地文契人雷镜寰、雷华昌、雷纪昌、雷乃昌叔侄四人，为因需用，亲请凭中上门，愿将祖父遗留本己名下地壹块，坐落地名麻山大路坎脚，东抵雷姓界，南抵雷姓界，西抵大路，北抵雷姓界，四至分明，凭中出卖与雷恒昌名下为业。即日三面议定法币伍万元整。镜寰叔侄四人当席领明应用，并未拖欠角仙。自卖之后，镜寰房族内外人等不得异言争论。如有此情，系镜寰一面承耽（担）。恐后无凭，特立卖契为据。

子孙发达

雷华昌　+
雷纪昌㊞
雷乃昌㊞
雷镜寰㊞

民国叁拾肆年八月十五日　　立

40. 民国三十四年八月初八日雷华昌立卖明科田文契（1945）

立卖明科田文契人雷华昌，为因正用，亲请凭中上门，今将祖父遗留分授本己名下田贰块，坐落地名小河抵下桥桥边田壹块，东抵路，南抵沟，西抵本宅，北抵路，又尖角田壹块，新龙潭口上，东南［俱］抵本宅，西抵河，北抵本宅，四至分明，随代田亩五分，凭中出卖与雷恒昌名下为业。即日三面议定时价法币大洋伍万元整。当席亲手领明应用，并未下欠角仙。自卖之后，恁（任）随买主子孙永远管业，房族内外人等不得异言争论，如有此情，系是卖主一面承耽（担），恐（空）口无凭，立卖字永远为据。

酒水画字清老契相连未揭

永远管业

　　　　　　　　　　　　　　　凭中 雷仲清+
　　　　　　　　　　　　　　　代字 雷乃昌+
　　　　　　　　　　　　　　　　　 雷企昌+
　　　　　　　　　　　　　　　　　 雷纪昌+
　　　　　　　　　　民国卅四年八月初八日　雷华昌+　立

41. 民国三十四年十月廿六日朱炳臣立出永无后患字契（1945）

　　立出永无后患字人朱炳臣，因本己无力抚养，将弟（第）三子接与雷明章名下为子，日后成人听使听教，不得借故转回。因明章名下无子，将三子过门承顶宗枝（支），以不得招呼悔（辱）骂逐回等情，当如亲生。老三长大成人，炳臣不得妄转养老情事，其有老三伤风咳病，不得借故生端，在天安命。炳臣不得翻悔情事。恐后无凭，特立永无后患字为据。日后明章生有三子，二子一子平分，老三长大成人，著私自外出，田地房屋不得享受。

　　　　　　　　　　　　　　　凭证　雷尚氏、雷余氏
　　　　　　　　　　　　　　　代字　雷至春
　　　　　　　　　　民国三十四年十月廿六日朱炳臣+　立

42. 民国卅五年正月廿日赵炳成等立卖明水田文契（1946）①

　　立卖明水田文契人兄弟赵炳成、赵炳清，为因需用，亲请凭中上门，今将祖父遗留［分］授余水田壹坽（分）大小三块，坐落地名下填河边，东抵雷姓、南抵财神会田界，西抵河，北抵易姓、雷姓，四至分明为界，载粮叁亩。经凭中卖与雷明昌名下为业，即日三面议定市用法洋陆万壹仟元整。买（卖）主当席亲手领明应用，并未托（拖）欠角仙。自卖之后，恁（任）随雷姓子孙永远管业，赵姓房族不得前来争论，如有此情，系卖主一面承担。恐（空）口无凭，特立卖契永远为据。

　　　　　　　　　　　　　　　凭中　赵何仙+
　　　　　　　　　　　　　　　代字　赵惠周㊞、赵雷氏（墨指纹）
　　　　　　　　　　民国卅五年正月廿日　赵炳成+、赵炳清○　立

―――――――――
　①　契纸背面顶端写有"永远管业"四字。

43. [公元]一九五一年七月廿四日赵雷氏立具结字契

立具结字人赵雷氏，为因与家兄雷鸣章结有小女一人，着（待）以后扶待二老，说此以后不得为打骂，必定放出慈善心肠好好宽待，毫无威迫之理。如有此理，愿受当地农会合理合法处理，甘愿领罪。特以此字为据。

（外批十八岁以后由本人）（自主婚配）

具结人 赵雷氏（指纹）

保人 赵薛氏（指纹）

[公元]一九五一年七月廿（二十）四日

44. [公元]一九五三年契约廿五日雷成荣立杜卖明阴阳陆地文契

立杜卖明阴阳陆地文契人雷成荣，为因动用，亲请凭中上门问到，今将自己名下所置至之业菜地贰团，坐落地名上头园，东抵全姓，南抵雷姓，西抵雷姓坟院，北抵雷姓抵路，茶叶树木壹（一）并在内，请凭中出卖与雷明章名下耕种，三面议定价目人民币叁万伍仟圆整，卖主当席亲手领明应用，至（自）卖之后，恁（任）随买主永远管业，房族内外人等不得争论，如有此情，系卖主壹（一）面承担，不得异言。恐后无凭，特立卖契壹（一）纸为据。

酒水画字清白

凭中 雷治先

代字 全荣堂

[公元]一九五三年契约廿五日 雷成荣 立

粘贴《贵州省安顺县人民政府印发买契本契》一张，印"安顺县人民政府印"，骑缝"安云买字第肆贰叁号"

45. 公元一九五五年三月廿八日全德襄立杜卖明阴地文契

立杜卖明阴地文契人全德襄，为因正用，亲请凭中上门将祖父遗留分授本己名下阴地壹穴，坐落地名小林头，东南西北俱抵本宅，前后左右宜坟五尺为界，四至分明。随山点穴，请凭中出卖与雷恒昌名下女厝。即日三面议定时价人民币伍拾捌元整。卖主亲手领明应用。自卖之后，任随雷姓阴造阳修子孙管理，全姓房族人等不得异言争论。如有此情，系是卖主一面承耽（担）。恐

收契纸工本费　元

贵州省安顺县人民政府印发买契本契						
受让人	姓名	雷明章				
	住址					
产业种类	陆地					
面积	亩分厘毫					
常年产量						
房屋间数						
坐落	上头菌（园）					
四至	详买契					
出让人	姓名	雷成荣				
	住址					
立契日期	一九五三年七月廿（二十）五日					
买价	三五、〇〇〇元					
契税税率	百分之六					
应纳契税	二千一百元					
收据字号	契（54）六字第〇〇二号					
附记						

县长李秀峰

公元一九五四年九月十三日发给受让人执照

执存人税投交联此

（空）口无凭，立卖契一纸为据。

[解] 一字

子孙发达

凭证人 全秀昌（全秀昌印）

全德襄亲笔（全得襄印）

公元一九五五年三月廿八日 全德襄（全得襄印）立

46. ［公元］一九八四年正月十三日雷仁仙立卖房屋地基文契

立卖房屋地基文契人雷仁仙，因居住时家屯无法管理，将本人祖上遗产麻院头与兄弟雷仁智口房屋地基二分之一，经大队和亲属代表上前协商，议定价叁佰元正（整），出卖给雷仁智。本人当席伶（领）清，分毫不欠。后由兄弟雷仁智永远管业。老母亲由兄弟奉养安埋等事。为避免经（今）后空口无凭互相争议，特立此据为证。

永远管理

出卖人　雷仁智

雷屯大队干部　雷益昌、全成义（印"安顺县云峰人民公社雷屯生产大队管理委员会"）

亲属代表　全成宠（指纹）、全顺州（指纹）

代笔人　黄仕英

一九八四年正月十三日　立

47. 公元一九九四年正月全圣凤立分管房屋地基文契

立分管房屋地基文契人全圣凤，今膝下所生三子，为适应社会发展，各自奋发，特亲请家门长辈将正房三间、马圈房间半，平均三分搭配折价柒仟伍佰元，绿布园地基一块折价壹仟伍佰元，共计玖仟元，兄弟三人平均。经当面协商一致同意：长兄祖珍分管绿布园地基（为调路起建优先搭给曾子山地一块，以后属本人应分地的亩分）。自分之日，惟望兄弟和睦，互相尊重，共同赡养母亲、祖母，敬其德，尽其责，此乃千古流芳（自分之日，原祖启与祖珍的经济找补，由祖宏管业房屋，兄弟俩互不找补）。于一九九八年底祖珍进驻绿布园新房，各自子孙永远管业。实属家族之幸，尔等之福。恐（空）口无凭，特［立］此契为据。

立分管人　全圣凤

在证　全圣孝、全圣国、全永告、熊金兵

（半书）［万代流芳］

代笔　全圣信

公元一九九四年正月　立

48. 公元一九九四年阴历二月初十全祖珍等立调地基契约

　　立调地基人全祖珍、全圣士，为因发展生产、互助互利，双方亲请凭中协商，全圣士愿将座落绿布园地一块调给全祖珍建房之用，全祖珍并将曾子山地一块（丈比丈）给予耕种，两地四至：绿布园东抵金圣呈，南抵雷先信，西抵全祖珍，北抵雷华弟；曾子山四至照古，长缺待比再定。为弥补两地肥瘦之差，全祖珍愿补偿金圣士现金币捌佰陆拾元。自调之日，任凭各自子孙永远管业，外人不得异言，天理永恒，双方富贵，光耀千秋。恐（空）口无凭，特立此契为据。补偿现金全圣士当席领明应用，全祖珍未欠分文，当即生效。

　　一式二分（份）　酒水画字清
　　　　立契人　全圣士（指纹）、全祖珍（指纹）　　代笔　全圣信（指纹）
　　　　凭中　雷日贵（指纹）　　在证　周音机（指纹）、黄士进（指纹）
　　　　　　　　　　　　　　公元一九九四年阴历二月初十　　立

49. 公元一九九四年古历腊月十一日雷先信等立调换路契约

　　立调换路契约，立契人雷先信、朱胜荣、雷先忠，为使大家方便建房，换互使用路径方便，经几方上前共同协定更好地和睦共处，决定将原调换之路让予全祖珍共同使用，唐湾地名绿步园为补偿原地改路的一点损失费用，即日议定价由全祖珍补人民币叁佰元正（整）。由雷先信、朱胜荣、雷先忠叁人当面领明应用，分文不欠。即日起全祖珍就能共同使用，但不准堆放一切阻碍大家交通运输［之物］。当日起雷先信、朱胜荣、雷先忠及家属外姓人等不的（得）争异（议），如有争异（议），由立契人负责一切。空口无凭，特立此契为证。酒水画字清。

　　　　立契人　雷先信（指纹）、朱胜荣（指纹）、雷先忠（指纹）
　　　　　　　　代笔人　雷日贵（指纹）
　　　　　　　　证明人　雷成清（指纹）、邹音机（指纹）
　　　　　　　　　　公元一九九四年古历腊月十一日立

50. 公元一九九六年四月十二日雷先忠立杜佐换路契约

　　立杜佐换路契约，立契人雷先忠，为方便全德宽建房走路正用，由全德宽亲请调解人上门，由雷先忠房屋面前调一条路给全德宽，大路路面宽伍尺伍寸，东抵雷先忠，西抵黄仕英地基，北抵全德宽，四字（至）分明，即日议定由全德宽在他自己后厢房拟一间牛圈作为补偿，雷先忠地基内空，长壹丈捌尺，宽捌尺，壹个桶高，离岸柒尺伍寸高，屋面用水泥打好线绞，交付雷先忠使用。东抵全姓，南抵雷姓，西北[俱]抵全德宽，四字（至）分明，即日生效。雷先忠、全德宽两家子孙永不准反悔，家族外姓人等无权干涉。如果那一方有争议，那方负完全责任。空口无凭，特立此契为证。走牛圈大路公共使用，靠全德宽牛圈中间墙公共所有，调给全德宽路。如今后有人需要，只能同全德宽调，雷先忠只有公共出入，无权过问。即日加字贰个。

  永远管理

立契人　雷先忠（指纹）
调解人　雷先启（指纹）、全成付（指纹）
执笔人　雷日贵（指纹）
证明人　熊金成（指纹）、雷成清（指纹）、雷人模（指纹）
熊金玉（指纹）、雷成孝（指纹）、严才芬（指纹）
金成福（指纹）、雷成秀（指纹）
公元一九九六年四月十二日　立

51. 公元二〇〇五年九月五日全德宽立订卖房字

  契约

  立订卖房字人：全德宽，经中人说合，双方同意，全德宽愿将自己名下的房屋：正房三间，后面的天井、猪圈，房前面的天井，卖与雷人智名下，其房屋座（坐）落在菜园头。东抵全姓的地，南抵雷先信、雷先忠，西抵老埂（留六尺大路），北抵全友法，留一尺二寸滴水沟，上抵天，下抵地，四至分明。经双方家族人等上前当堂议定房价银人民币柒万肆仟捌佰元整。当席付清并无拖欠。自立契之日起，此房屋由雷人智名下子孙后代永远管理。全德宽名下子孙以及家族外人不得异言，如有异言，由全德宽一面承担。恐（空）口无凭，立纸契为证。

  子孙发达，万代富贵

  天理良心

中人　吴奎龙（指纹）　　卖主全德宽（指纹）、汪琼（指纹）
在场人　全圣达（指纹）　　买主雷人智（指纹）
全成良（指纹）、全圣孝、全圣国（指纹）、任友昌（指纹）
代笔　黄世诚
公元二〇〇五年九月五日

52. 立卖明科田文契

立卖明科田文契人雷纪昌,为因需用,亲请凭中上门,今将祖父遗留分授本己名下科田贰块,坐落地名长山脚,东抵雷姓、南抵本宅、西抵朱姓、北抵雷姓,四至分明为界,请凭中出卖与雷恒昌名下为业,即日三面议定时价市用法币洋陆万元整。卖主当席亲手领明应用,并未拖欠角仙。自卖之后,任随买主子孙永远管业,卖主房族内外人等不得异言争论,如有此情,系是卖主一面承耽(担)。恐(空)口无凭,立卖契永远为据是实。

即日添字乙(一)个

子孙发达

凭中　雷至财〇
凭族中　雷镜远〇、华昌+、乃昌〇
代字　全茂昌㊣

53. 土地房产所有证

半书：黔安六雷地字第柒拾陆号

贵州省安顺县土地房产所有证黔安陆雷地字第柒捌陆号

第六区雷屯乡(镇)雷屯村居民雷恒昌

依据中国人民政治协商会议共同纲领第一十七条"保护居民已得土地所有权"暨中华人民共和国土地改革法第三十条"土地改革完成后由人民政府发给土地所有证"之规定,确定本户全家本人所有土地共计可耕地　段(垱)　亩　分　厘　毫,非耕地　段(垱)　亩　分　厘　毫,房产共计瓦房　间、茅房　间、地基　段(垱)　亩　分　厘　毫,均作为本户全家本人私有产业。任何人不得侵犯。特给此证。

县长 李秀峰

54. 张永昌立卖明房屋地基文契

立卖明房屋地基文契人张永昌,为因应用,今将祖父遗留分授本己名下座(坐)落地明(名)井园□左边正房乙(壹)间、堂屋半间,左边厢房地基乙(壹)并在内,其有厢房后廊墙以照正房排摄园(圆)柱为界,厢房后廊水滴归路上,天井半个,朝门过道公众出入,东抵雷姓墙,南抵姓雷姓路,西抵雷姓后廊,北抵本宅,四至分明为介(界),天井半个朝门过道公共出入①,恳

---

① 原契中此12字用三角形符号框选。

（任）随雷姓建修过道楼周围墙垣寸木拳石在内，滴水出水系是照右，亲请凭中上门出卖与雷明□名下住座，即日三面议定时价法币贰拾［伍］万贰仟元整，卖主当席领明应用，自卖［之后］，恁（任）随雷姓子孙永远管业，卖主房族内外人等不得异言争论，为有此情，系卖主乙（一）面承担。恐（空）口无凭，特立卖契纸为据。

左边正房山头传（椽）皮盖出房垣<u>本宅</u>①雷姓路

贰尺五寸即日清笔批

酒水画字清白

凭中雷明□、全臣□、胞兄张范□

老契迁（牵）连未揭

55. 学生请假登记簿

姓名

请假事由

起讫日期　自 月 日 午 时起至 月 日 午 时止

时数或日数

核准人

销假日期

备注

二月五日教师车费去1800 来900 挑伕200

谢冠英取壹仟　　全家英

56. 便笺

雷张氏 属龙 1916年3月27　子时

　筛妹 属龙 1952年4月4　戌时

姜春贤 属蛇 1953年12月22　子时

　红妹 属虎 1974年7月13　申时

　老二 属龙 1976年冬月29　戌时

---

① 原契中此二字用三角形符号框选。

（四）田野调查搜集的契约图片（部分）

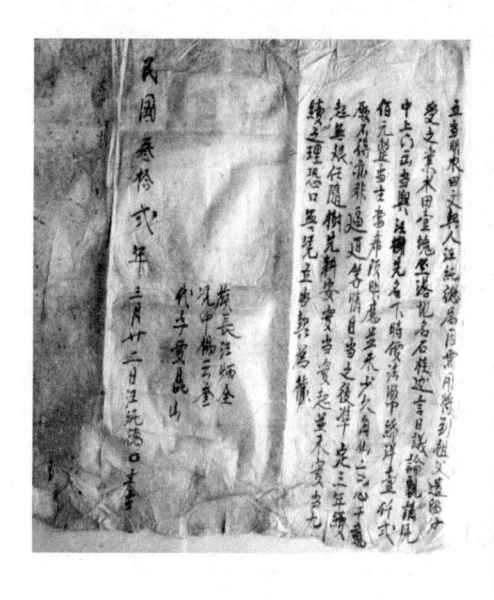

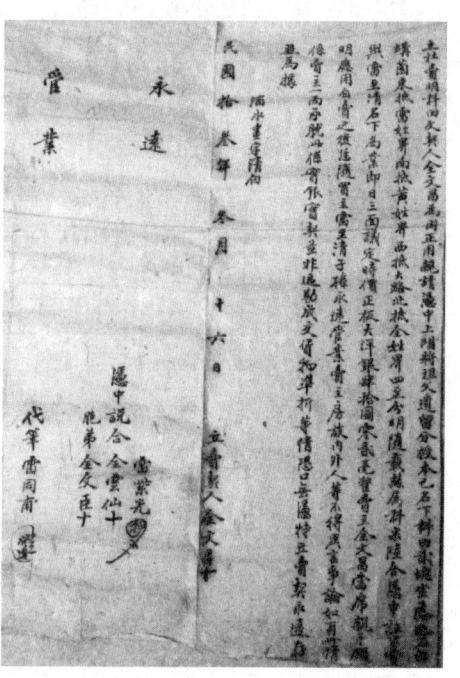

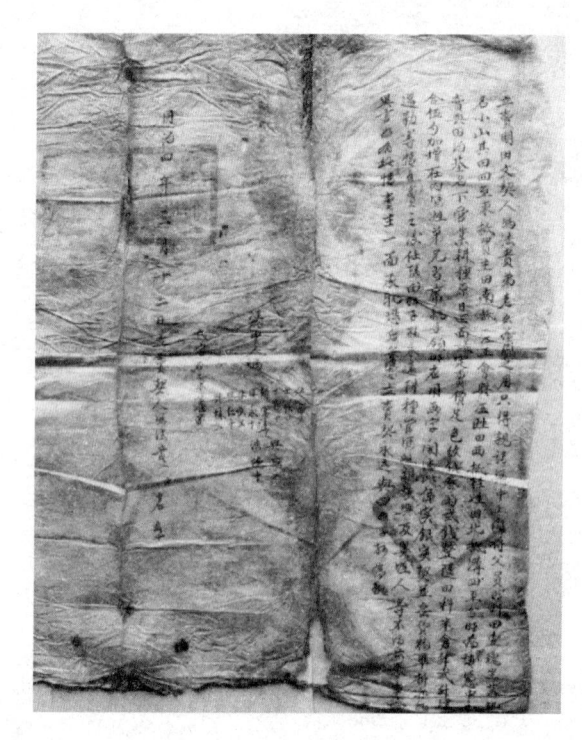

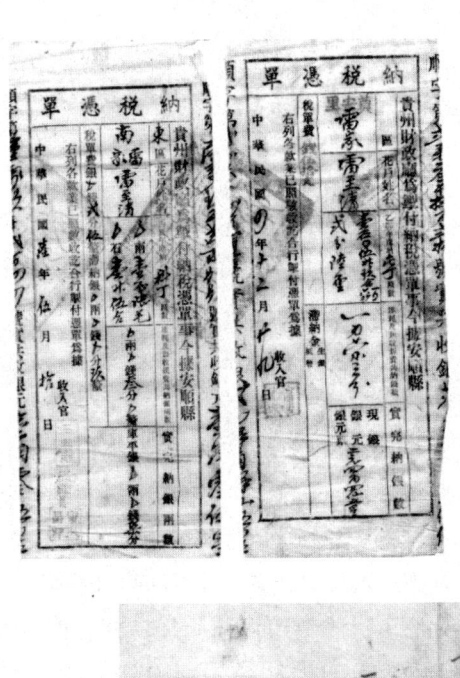

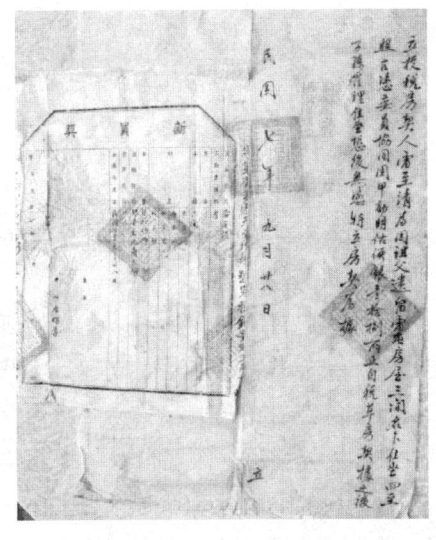

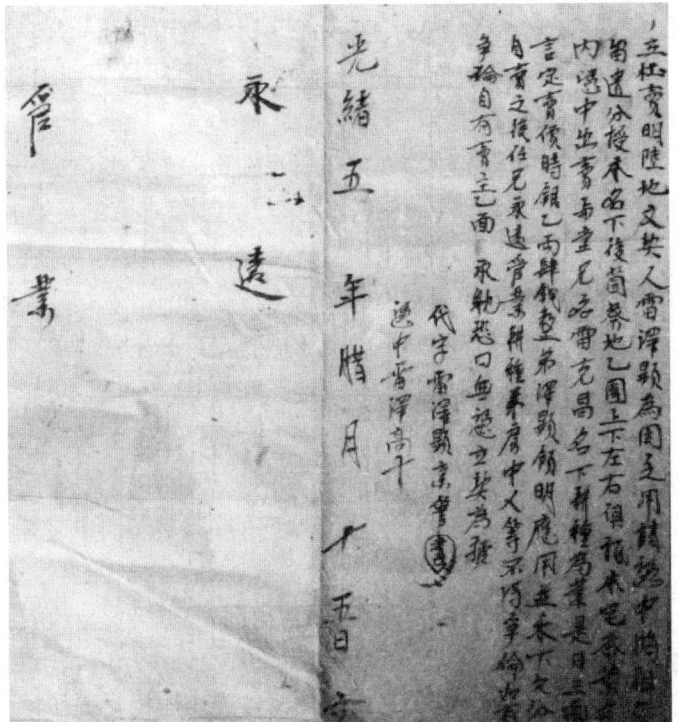

附 录

附录二　屯堡契约文书语词研究

本文以大屯契约为研究对象，论述了屯堡契约在套语使用上的特点，并通过统计522份大屯契约的各要件中语词出现的频次，探讨了大屯契约所反映的屯堡社会状况。

第一，起首语与契约性质类型的研究。大屯契约的起首语"立"字，是立契人契约精神的表示，是对立契人本身的约束，所立的契约只有一份，交由当事另一方保存。在同一起交易中，为慎重起见，当事双方可以各自找代笔人立契并互相交换字据，表明自身的契约精神和责任，值得注意的是两份契约并不是照抄照搬的。因此100年前的契约和今天的合同并不完全相同。一般而言，起首语中的动词表明了土地交易的性质类型，如与"出卖"相对的"收买"在契约起首语中并未见到，这说明大屯契约乃至明清契约强调的是卖方或收益方的责任和契约精神，买方或出资方据此来保障自身的权益。因此公法未及之处，明清契约所保障的是买方的权益。

第二，顶契、卖契和当契中涉及的田土存在租佃关系的研究。在晚清和民国初年的房地交易中最常见的有典、当、卖等。而顶契在大屯契约中数量较多，尚未引起学界关注，因此值得探讨。本文通过统计"安佃"一词在顶契、卖契和当契中的使用情况，着重探讨了大屯契约中顶契中的田土交易本质上是"田面权"转让的性质，并探讨了卖契中的"卖田骨契"其实是"田底权"的买卖关系。也就是说，"卖田骨契"（田底权买卖）和顶契（田面权买卖）都是基于对存在租佃关系的田土进行交易的契约类型，因此"卖田骨契"不同于一般的买卖契约，其交易的田土往往是要上纳田赋的。契约在"叙物语"或"收价语"或"加批语"中都有所提及，这就说明了这些买卖契约中交易的田土的租佃关系。

第三，根据大屯契约中的科田、水田和陆地等三类买卖契约中有关田赋的内容，本文梳理得出只有陆地契约中没有提及田赋，在43份提及田赋的科田和水田买卖的契约中，发现两份田赋数额相同、订立时间仅相差两年的契约，交易田土其实是同一块，但是价格相差84倍，可见民国三十五年（1946）到民国三十七年（1948）间货币的通货膨胀达84倍之多。然后列表统计了买卖契约中27份卖科田契约、37份卖水田契约和84份陆地买卖契约中交易田土的时间、田赋与价格、面积的详情，为进一步结合各时期社会生活和经济状况研究各参数之间的关系提供参考。

第四，在统计522份大屯契约中立契人所立的契约数量的基础上发现，丁舜俞在13年间立了11份契约，另有4份契约与他有关。这15份契约显示了立契人逐渐走向没落的过程，其间用尽了各种变现的办法，先是向外姓人卖田地、借银，然后是向母亲、胞弟借银、卖田地。1948年的一起诉讼成了压死骆驼的最后一根稻草。1949年腊月立的最后一份卖契（"丁学坤25"）中，他把房子卖给了胞弟，换来了3斗谷子。这反映了当时真实的社会状况，对世人有一定的警示意义。

关于立契人的身份研究，本文还论述了大屯契约中存在僧人立契和妇女立契的情况。首先是根据两份立契人的姓名——"圆慧""园慧"相近但不同，纠正了后一份契约中的误校问题，然后根据字迹清晰的契约补校了字迹不清的契约。又根据两份契约中都出现的姓名"丁治星"的两种不同身份，先是凭中后是买受人，进而发现"丁治星"是另一份卖契的立契人，因此建立了三份契约的相关性，据此认为"丁治星"是为了买圆慧大师的庙田而立的卖契。

统计发现，女性作为立契人的数量在光绪年间至民国时期有较大幅度增加。从女性立契人的姓氏来看，丁姓和李姓最多，其次是徐姓。女性在分关契约中的身份非常重要。道光年间的第一份女性立契人所立契约是分关契约，大屯契约中仅有3份分关契约，均发生在契约订立较频繁的时代。

第五，论述了其他要件的套语使用情况。首先，从因由语统计得出522份大屯契约中除去省略为因语的契约及字迹不清的契约，有271份契约的为因语是"乏用"，71份契约的为因语是"需用"，24份契约的为因语是"移置"。其次，从叙物语统计得出有261份契约交易的内容是祖产。再次，根据叙物语中的数量词使用特点，发现当时的书面语和现代汉语语序不同，并非数词+量词+名词的结构，而是名词+数量词。另外文章还发现大屯契约中因由语中提及的原因大多不指明具体事由，注明的具体事由一般与立契人所为无关，多是出于孝道或是不可抗力之考量。通过叙物语中的地名和坐落研究，文章发现科田和庙田往往不是集中在一处的，只有几处的田土性质都是陆地或是水田。本部分最后论述了顶契、卖契和当契中的"安佃"标示了田土的租佃关系，并指出了"永远管业"类四字短语是吉祥语。文章最后记录了笔者在校勘大屯契约文书的过程中发现的错别字和误校情况。

一、绪论

近年来，安顺屯堡地区发现了数目不小的民间契约文书。2008年，孙兆霞教授在安顺东部吉昌村发现480余份屯堡契约文书。① 2020年，贵州省屯堡文化研究中心吕燕平教授在安顺西郊大屯村发现契约文书679件。②

（一）研究背景

安顺地处云贵高原，位于黔中腹地，扼滇黔要冲。自明代建城以来一直是兵家必争之地，清顺治年间设置云贵总督，半年驻安顺，半年驻曲靖，其重要地位由此可见一斑。今安顺城为古普定卫城之所在，素有"黔之腹、滇之喉"之称。据（乾隆）《大清一统志》卷三百九十二记载：

"安顺府，建置沿革：《禹贡》梁州荒裔，汉牂牁郡地。晋为兴古郡，（《晋书·地理志》兴古郡，蜀置，统县十一）。梁以后入于蛮。唐为罗甸国地。宋为普里部（曹学佺《名胜志》罗鬼仡佬可剿苗所居，号普里部）。元时内附置普定府，隶云南省。至元中，改为罗甸宣慰司（《元史·地理志》普里部归附后，改普定府。乌鲁司请创罗甸宣慰司，隶湖南省。至元二十七年罢之，仍以其地隶云南。乌罗斯，旧作斡罗思，今改正）。大德七年改普定路，属曲靖宣慰司。明洪武十四年，仍置普定府，十五年又析置安顺州属焉（明《统志》元置习安州。洪武十六年改曰安顺州，属普定府）。十八年府废，以州属普定卫，隶四川（《通志》明洪武十四年，复置普定府，领州三，长官司六，属四川布政司。寻增置普定卫。十八年府废，以州司附于卫，仍属四川）。正统三年，改隶贵州。万历中，升安顺州为军民府（《通志》万历三十年，改安顺州为安顺军民府）。本朝为安顺府，雍正五年以普安州及普安、安南二县，改属南笼府。今领州二、县三、土司五。"

从安顺府的建置沿革可见，明代之前安顺附近居住的主要是彝族（罗鬼）和仡佬族等少数民族。今大屯村，即明清时期的大屯关：

《万历贵州通志》卷六记载："大屯关，城西十五里"（p526）；

《嘉靖贵州通志》卷四记载："大屯关，卫西十五里"（p506）；

《乾隆贵州通志》卷六记载："大屯关，在城西十里"（p394）；

据（宣统）《贵州全省地舆图说》卷中记载："大屯，城西十七里，《方舆纪要》云属四③十五里，旧为戍守处"（p256）；

又据（咸丰）《安顺府志》卷四记载："大屯关，在治西南十七里，东界普

---

① 孙兆霞，等. 吉昌契约文书汇编[M]. 北京：社会科学文献出版社，2010：7.
② 吕燕平. 大屯契约文书汇编[M]. 贵阳：孔学堂书局，2020：4.
③ 有误，本字为"西"。其出处为（清）顾祖禹撰《读史方舆纪要130卷》卷一百二十三，清稿本。原文为"大屯关在衛西十五里旧皆为戍守处"，因此应为"西"字。

定傅旗屯、南接颜旗屯、西界普定上头铺、北界普定杨家塘,距杨家桥四里,即普定右九九右十屯"(p243);

《民国贵州通志》170卷记载:"大屯关,在普定卫西十五里"(p1059)。

今从西水关至大屯村的距离约8公里,由此可见,大屯村明清时期即大屯关。另据(咸丰)《安顺府志》卷十三记载:"大屯关,通志云在城西十里,《方舆纪要》云在普定卫西十五里,旧为戍守处。今在城西南十七里,古道所经。"(p651)可见,今天的大屯村,明清时期一直是戍守之地,处于交通要道上。

目前已发现的屯堡契约,以手写为主,历史跨度较长,材料真实具体,细致而深刻地反映了晚清以来黔中汉族农村日常生活中发生的契约关系。就其订立的时间而言,上起乾隆中期,下至1980年代初,这就保留了清至民国乃至新中国成立后民间契约的原始面貌。当时人们在日常生活中书写了大量的"契"或"约"的书面材料,范围涉及生活的方方面面,所谓"官有公法,民有私约",凡是公法未及的地方,就会有民间契约被用来记录民间私约。大屯契约即属于社会生活类、土地类契约文书,反映了民间百态和文化习俗。以田契为中心,包括旱地、水田、园地、阴地、宅基地等买卖契约。按照契约建立的权利义务关系类型,可以分为买卖契约、租佃契约、典当契约、雇佣契约、借贷契约、身份契约。

据统计,《大屯契约文书汇编》中收录的520份契约(概况见表1和图1)中,买卖契约322份,占比最多(见表1、图2);各朝各代契约中,清光绪年间和民国时期的契约数量最多;从各朝各代契约文书的历史跨度(见表2和图3)而言,研究发现清代至民国的契约处于整体上升趋势,新中国成立后契约数量锐减。

表1 大屯契约概览

时期	买卖	典当	顶约	分关	其他	总计
乾隆	4	0	2	1	2	9
嘉庆	8	0	2	0	0	10
道光	25	2	6	5	1	39
咸丰	11	2	3	0	0	16
同治	24	2	5	7	5	43
光绪	79	12	35	4	3	133

续表

时期	买卖	典当	顶约	分关	其他	总计
宣统	14	0	3	0	0	17
民国	150	20	15	15	37	237
当代	7	2	0	3	4	16
合计	322	40	71	35	52	520

表2　大屯契约各朝各代年平均数

时期	契约总计	契约跨年数	年平均数
乾隆	9	58	0.2
嘉庆	10	22	0.5
道光	39	30	1.3
咸丰	16	10	1.6
同治	43	14	3.1
光绪	133	33	4.0
宣统	17	3	5.7
民国	237	38	6.2
当代	16	13	1.2

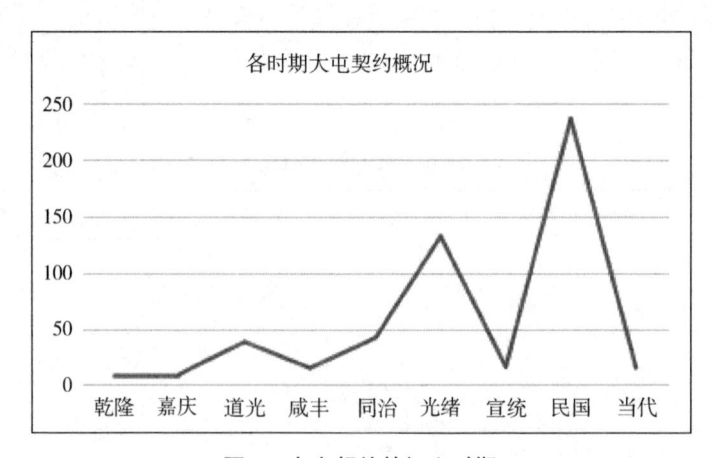

图1　大屯契约的订立时期

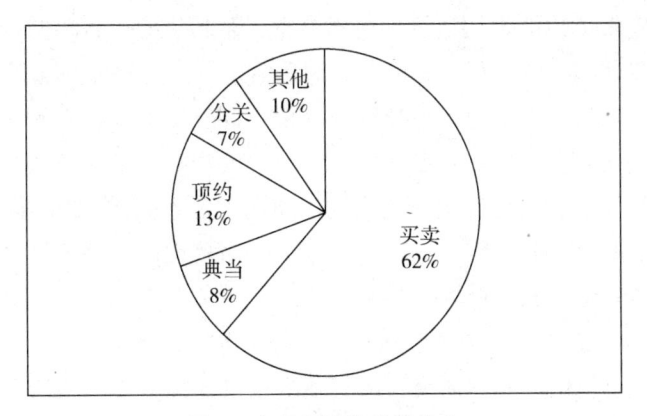

图 2　大屯契约的类型分布

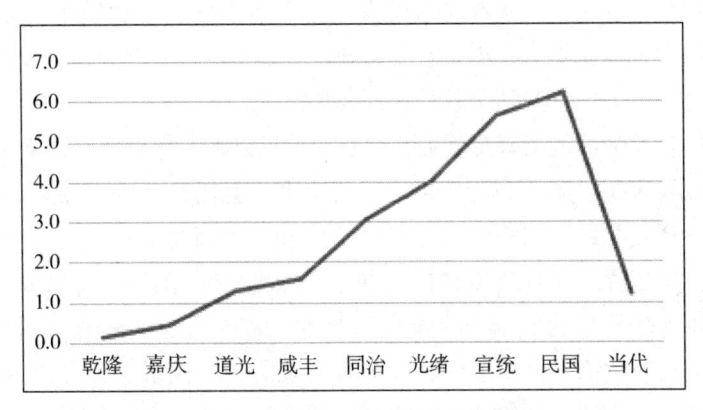

图 3　各朝代大屯契约年平均数

（二）研究现状

目前已经发现的三大民间文献集群分别是敦煌文书、徽州文书、清水江文书，均是写本文献的重要组成部分，有较高的语言文字价值。有关民间写本文献的语词研究，主要体现在俗语和套语研究方面。作为近年新发现的民间写本文献之一，屯堡契约同样有着一定的语言文字研究价值，但目前研究成果不多。

有不少学者对吉昌屯契约做了一定研究。2014 年，唐智燕认为，吉昌民间析产分关契约文书相对于近代民间交易类契约文书来说，语言较为繁复生动，常用对偶、用典等修辞格，而且，其语言具有较为浓厚的抒情色彩。2021 年，王阳探讨了吉昌屯堡契约文书汇编过程中的讹字及其成因。[①]

---

① 王阳. 契约文书讹字初探：以《吉昌契约文书汇编》为例 [J]. 青海师范大学学报（社会科学版），2021，43（02）：140-145.

目前对屯堡契约的语词研究，尚不多见，尤其是关于吉昌契约的研究，大多将它视为贵州契约的一种。2017年，周菡怡在《云贵川契约文书词语考释》①一文中同样把吉昌契约视为贵州契约的一种，将云贵川各省契约文书中的词语分为"契约行为相关""交易用品相关"和"人物类"三大类加以考释。2020年，姚权贵比较了云贵地区契约文书词汇使用上的不同。② 2019年，卢庆全在《贵州契约文书词汇研究》③一书中考察了贵州省境内的8种契约（其中包括清水江文书和吉昌文书），归纳了"到达"类、"任凭"类、"愿意"类、"理论"类、"使用"类、"四至"类和"永远"类等7组同义词语。

关于贵州省境内的契约研究，已有不少成果，大多集中在清水江文书研究方面。2020年，郑文慧在《清水江文书契约套语研究》④一文中指出，少数民族写就的汉语写本——清水江文书的常见套语类型分别是性质类、原因类、范围类、交割类、承担类、意愿类和署名画押类等7种，并结合契约文书的类型，如买卖、分关等契约，归纳了常见套语及其特点。

就中国古代契约的书写形式而言，自唐五代以来，伴随着契约文书"样文"的出现，以及宋元时期的刊刻传播，契约文书的套语句式的运用渐趋频繁，尤其是社会生活类契约文书大量使用了套语句式。所谓套语句式，是指相同或相近结构、固定位置上字词反复使用的句子。⑤就契约的结构而言，2015年，冯学伟还指出，一份契约的结构应包括起首语、率同语、因由语、叙物语、凭中语、收价语、任凭语、声明语、负责语、结束语、加批语、吉祥语等12部分；其中起首语、因由语、叙物语、凭中语、收价语、任凭语、负责语、结束语是必要要件，率同语、声明语、加批语、吉祥语是可选择要件。

就契约各要件的具体内容而言，1997年，李祝环指出："中国传统社会民间契约主要有立契当事人的确认、成契理由的认定、标的物的界定、立约双方权利与义务的保障、第三方'中人'的参与、承诺与交割的认证、立契时间与时效的标注等7个要件。"⑥王毓铨则总结为21项：卖产人籍贯、姓名、土地来源及性质、土地面积、坐落、土地名称、编号、面积及税额、四至、佃人及租额、

---

① 周菡怡. 云贵川契约文书词语考释［D］. 西安：陕西师范大学，2017.
② 姚权贵. 清代云南、贵州契约文书词汇比较初探［J］. 语言历史论丛，2020（02）：183-195，7.
③ 卢庆全. 贵州契约文书词汇研究［M］. 北京：中国社会科学出版社，2019：8.
④ 郑文慧. 清水江文书契约套语研究［D］. 贵阳：贵州师范大学，2020.
⑤ 黑维强，贺雪梅. 论唐五代以来契约文书套语句式的语言文字研究价值及相关问题［J］. 敦煌学辑刊，2018（03）：34-53.
⑥ 李祝环. 中国传统民事契约中的中人现象［J］. 法学研究，1997（06）：136-141.

卖产原因、买主姓名、价格、交付、瑕疵保证、立契时间、立契人、中人、收银方式、罚则、画押等。①

2008年，唐红林在《中国传统民事契约格式研究》②中指出：西周至宋元是传统社会契约格式初创到定型的阶段。明清时期，契约文书的格式由契首、正文和尾部三部分组成，契约的构成要件表现出固定化和同一化特征。其中"契首"部分包括批式、立契人、成契理由、中人等4个要素；"正文"包括标的物、对价及交付方式、权利义务、契约效力担保等4个要素；"尾部"包括立契时间、上手契交付和当事人签名画押等3个要素，共计11个要素。

2015年，冯学伟指出："明清契约是我国古代契约发展的最后形式，经过时间的洗礼，集历代契约格式、结构演进的精华于一身，在形式上相当统一，朴素的近于贫瘠但又遍布机巧，彰显着实用的理性光辉，可谓精巧的俗中见雅、雅中藏俗。"大屯契约作为明清契约的一部分，在结构上也具备精巧的特点。2020年，郑文慧在《清水江文书契约套语研究》一文中指出，清水江文书的常见套语类型分别是性质类、原因类、范围类、交割类、承担类、意愿类和署名画押类等7种。尽管各家对契约的结构论述不一，但就大屯契约的形式而言，本研究主要采用2015年冯学伟和2020年郑文慧的分类，结合套语的位置及其功能类型，讨论各类土地契约中使用的固定词语。

考虑到契约文书非出自一人之手，遣词方面存在个体差异，而且目前已经出版的汉语词典多未收录，上述契约语词研究，给后来的研究者扫清了阅读方面的障碍。但是正如2020年郑文慧所说的，这些文书"浸染诸多方言俚语"，而已有研究则"只草草地从共时角度进行描写，没有从历时的角度来进行分析"。纵观语言学界对三大民间写本文献的研究成果，集中体现在俗字、别字的研究方面，进而考察汉语方言的历史。因此，除整体归纳了各种契约文书在各类常见套语类型中的用词外，仍有必要立足于各地契约文书的自身特点，结合其方言特点做历时研究。2020年，姚权贵的《清水江文书所见300年前锦屏方言的语音特点》在归纳清水江文书中的别字现象的基础上，探讨了300年前锦屏方言的语音特点。③

事实上，通过文书中的异文别字现象考察汉语方言的历时语音面貌，在学

---

① 王毓铨.中国经济通史：明代经济卷：上[M].北京：经济日报出版社，2000：175-177.
② 唐红林.中国传统民事契约格式研究[D].上海：华东政法大学，2008.
③ 姚权贵.清水江文书所见300年前锦屏方言的语音特点[J].贵州民族研究，2020，41(05)：132-138.

界并不少见。2005年，黎新第在《辽代石刻别字异文所见辽代汉语语音》①中指出，别字异文的选择原则和处理方式，大体遵从了邵荣芬先生在1963年发表的《敦煌俗文学中的别字异文和唐五代西北方音》②一文。1963年，邵荣芬在"引论"中指出，敦煌俗文学抄本中有很多别字，同种作品的不同抄本之间又有很多异文。这些别字和异文对于研究唐五代西北方音的价值，不亚于古籍中的假借字和异文对研究上古音的价值。罗常培先生曾经根据敦煌《千字文》等几种写本和《唐蕃会盟碑》里的汉藏对音及《开蒙要训》写本里的汉字注音著《唐五代西北方音》一书，揭橥了八世纪到十世纪西北方音的概貌，对汉语语音史的研究做出了重要的贡献。由此可见异文别字现象对汉语语音史研究的重要价值。以此观诸契约文书，亦如是。同一种契约在结构上大体相同，却因代笔人的文化水平低而出现很多别字，也存在因代笔人书写习惯差异而产生的异文，考虑到异文、别字往往是由于代笔人的同音代替而造成的，因此这些异文、别字在代笔人方音中是同音字。同音代替是确定它们可以用来观察语音现象的唯一前提。

2018年，黑维强指出："别字异文是研究语音历史的珍贵材料，具有很高的方音研究价值。"③董同龢先生在《汉语音韵学》中也指出："经传中的异文与假借字，搜集整理的功夫还没有完成，从来只有一些零星的征引。汉儒的读若声训等，有关训诂的可以视同假借；纯粹声音的注释也足以参考，不过有时会发生时代的问题。"

1963年，邵荣芬指出，究竟这些异文、别字是同音还是音近呢？要解决这个问题，他调查了现代人所写的别字，根据这个调查发现，只有2.7%的别字是音近而误，其中大多数集中在异调互代上，因此，邵先生指出，别字的资料不宜于拿来作为观察声调改变的根据，除非另有办法来排除这种不可靠性。换句话说，如果方言调查的结果支持了别字的声调相同，那么别字的资料是可以用来观察声调的，除此之外，别字资料不能说明声调的问题。邵先生还指出，在利用别字、异文的材料观察韵尾的时候需要特别谨慎，有可能在方音中不是同音字。这就需要方言调查的证据了。总的来说，音误的别字、异文基本上是同音代替；形误、意义两通和形声偏旁相同等情况不属于音误的例子，因此可以予以排除。

---

① 黎新第. 辽代石刻别字异文所见辽代汉语语音 [J]. 语言科学, 2005（04）: 41-53.
② 邵荣芬. 敦煌俗文学中的别字异文和唐五代西北方音 [J]. 中国语文, 1963（03）: 193-217.
③ 黑维强. 土默特契约文书所见200年前内蒙古晋语语音的几个特点 [J]. 中国语文, 2018（05）: 627-636, 640.

最后，邵荣芬指出，异文、别字所反映的音变特点不可能是"并时同地"的音变特点，这就提出了"同时性"资料的问题。日本学者太田辰夫先生认为，所谓"同时性"资料，指的是某种资料的内容和它的外形（即文字）是同一时期产生的甲骨、金石、木简等，还有作者的手稿这一类。[①] 2011 年，黑维强在论及古代契约文书的词汇价值时指出，就历代契约文书词汇使用现象进行专题研究，可以为汉语词汇史专题研究提供一个新角度。因为以特定文体的历代文献进行词汇的历时研究的方法和成果还极为少见，所以进行这样的汉语词汇专题研究是有意义的探索与实践。2011 年，黑维强认为，现在所见到的历史文献的书写时间就是文书中说到的那个历史上的具体时间，对于契约文书来说，就是历史上某种契约关系确定的那一天。目前所见屯堡契约文书绝大多数都有明确的立契时间，并且具备完整的契约要件。因此，从手书文献的时代来说，它也属于"同时性"资料，非常适合用作语言研究的材料。

由此可见，契约文书中所标注的时间、地点，较好地避开了敦煌俗文学不反映"并时同地"的音变特点之问题，因此，同一地点的契约文书的研究对汉语方音特点的研究是很重要的。

综上所述，目前已经发现的屯堡契约，与其他传世文献相比，具有真实性、地域性、家族性、民族性、同时性、口语化等特点，为学界提供了大量第一手珍贵资料。这些手书的契约文书出自多人之手，在遣词造句方面灵活性强，浸染诸多方言俚语，给后人理解造成一定难度。对屯堡契约文书的语词进行研究，可以考察当时安顺屯堡地区人民的语言使用状况，也能够从宏观上探究近代安顺民间手书文献的词汇发展情况。

二、起首语研究

起首语的结构，一般是"立……人"+姓名，以此来确定立契人和契约的性质类型，如"立出卖明陆地人吴大章""立杜绝卖明秧田文契人徐士龙""立卖明陆地人李建章"之类，是买卖契约的起首语；"立顶明庙田文契人丁贵星"是顶契的起首语；"立当明水田文契人丁朝喜"是典当契约的起首语；"立分关父丁朝槐""立分关人丁汝开"是分关契约的起首语；"立借银约人陈树先"是借贷契约的起首语；大屯契约中还发现了换契，起首语如"立换明水田文契人丁汝贤"，另有身份契约，起首语如"立出抱约人丁河星""立出退婚人夏红先"。

[①] （日）太田辰夫. 中国语历史文法［M］. 蒋绍愚，徐昌华，译. 北京：北京大学出版社，1987：407.

一般而言，起首语中的动词表明了交易的性质类型。另外，为保证双方遵守契约内容，起首语常常在动词之前注明"杜（绝）""明""永远""永无后患"等字眼。

（一）立（杜绝/永远/无有后患）

大屯契约的起首语与明清契约大多数地区契约相同，首字为"立"。2015年，冯学伟认为，"人无信不立"，首字"立"体现了立契人的契约精神。如：两份内容相同、立契人为交易双方的换契"丁学坤13"和"丁学坤14"记载了同胞兄弟丁舜俞和丁汝贤换田的契约精神（见例），起首语分别为"立换明水田文契人丁汝贤"和"立换明水田文契人丁舜俞"，其后又因为水田上的树木存在争议而在3年后立了一份卖树木契（丁学坤20），胞弟丁汝贤向胞兄丁舜俞付了"国币陆仟元整"。这就印证了古语所说"亲兄弟明算账"之传统。此外，从"丁学坤13"和"丁学坤14"的立契人可以看出，立契人所立的契约，是对自身的约束，而不是像今天的合同、协议一样，交易双方拿的是同一份合同，上面有当事双方的签字画押。这也说明了契约与今天的合同有所不同，"丁学坤13"和"丁学坤14"就同一起交易各自立了字据，表明自己是遵守契约的。

由此可见，大屯契约的起首语"立"字，是立契人契约精神的表示，是对立契人本身的约束；所立的契约只有一份，交由当事另一方保存；在同一起交易中，为慎重起见，当事双方可以各自找代笔人立契并互相交换字据，表明自身的契约精神和责任，值得注意的是两份契约并不是照抄照搬的。因此100年前的契约和今天的合同并不完全相同。

【例】（丁学坤13）民国三十二年古历九月二十二日丁汝贤换水田文契（1943）

立换明水田文契人丁汝贤，今将祖父遗留之业，座（坐）落邵家大园过水田壹块。东、南俱抵沟，西、北［俱］抵徐姓界，四至分明。凭亲族说和（合），得换胞兄舜俞大弯（湾）田半截，东抵丁姓田，西、南俱抵沟，北抵本己半截，四至分明。凭中证说和（合），补胞兄市用法币壹万陆仟伍佰元正（整）。胞兄舜俞亲手领明应用，此系实补实换，心甘情愿，并无货物准折，亦非逼迫等情。自换之后任随胞兄耕安，房族子侄以及异姓人等，不得异言争论，如有此情，为本己乙（一）面承耽（担）。今恐人心不古，特立此换契永远为据。

民国三十二年古历九月二十二日换契人丁汝贤立

【例】（丁学坤14）民国三十二年古历九月二十二日丁舜俞换水田文契（1943）

　　立换明水田文契人丁舜俞，为因乏用，今将祖父遗留扮（分）授本己之业，坐落云南坡水田壹块。东抵丁姓田，西、南俱抵沟，北抵胞弟田，四字（至）分明。曾经亲族说好（合），换胞弟水田壹块，坐落邵家大园过水田壹块，西、北俱抵徐姓田，东、南俱抵沟，四字（至）分明。经凭证评论，胞弟汝贤愿补胞兄舜俞市用国币壹万陆仟伍佰元正（整）。胞兄舜俞亲手领明应用，并无货物准折，亦非逼迫等情。二彼心干（甘）情愿，自换之后，任随汝贤永远耕安，舜俞房族以及异姓人等不得异言争论，如有此情，有（由）舜俞一面承耽（担）。恐人心不古，特立换字为据。

民国三十二年古历九月二十二日丁舜俞立换

【例】（丁学坤20）民国三十五年古历二月二十二日丁舜俞卖树木文契（1946）

　　立出字人丁舜俞，为因换田，与弟丁汝贤垦（埂）上树木未换，今弟汝贤情愿出国币陆仟元整，买此垦（埂）上全部树木。其艮（银）亲手领明应用，二比心干（甘）情愿，其中不虚即出字是实。

凭中：丁汇川　李新武
民国三十五年古历二月二十日丁舜俞立卖亲笔

（二）（出）卖/顶/当/借（明）永

　　起首语"立"字之后，动词"卖"字之前有"出"字。据统计，大屯契约中有35份用了"出"字，其中有18份用"出卖"二字，其余17份有"出顶""出（分关）字""出（收/抱）约""出（承认）字"。与"出卖"相对的，如"收买"在契约起首语中并未见到，这说明大屯契约乃至明清契约强调的是卖方或收益方的责任和契约精神，买方或出资方据此来保障自身的权益。因此公法未及之处，明清契约所保障的是买方的权益。

　　起首语"立"字之后常常是动词，揭示了交易的性质，如买卖、借贷或是顶当。据契约的起首语可以判断契约的性质类型，本文统计了共计504份大屯契约的起首语，进而判断其性质类型（见表3）。在504份大屯契约中，买卖契约共计326份，占比65%（见图4），数量最多；其次是顶契，共计81份，占比16%；之后依次是典当契约、分关契约、其他契约，合计97份，占比19%。关于契约的类型，王志强在《试析晚清至民初房地交易契约的概念》[1]中指出，在晚清和民国初年的房地交易中最常见的有典、当、卖等。而顶契在大屯契约中数量较多，尚未引起学界关注，因此值得探讨。

"顶"字，根据白维国主编《近代汉语词典》，意为"转让或取得店铺房屋的经营权或租赁权"[2]。例如，明《醒世恒言》卷二十："不想左间壁一个大布店，情愿连店连房出脱与人，……张权贪他现成，忍贵顶了这店，开张起来。"再例如，《型世言》三七回："（吕达）就将店顶与人，收拾了些盘缠，就起身到镇安县来。"可见"顶"即转租的意思，与转卖不同的是，转的不是所有权。2017 年，赵思渊在《歙县田面权买卖契约形式的演变（1650—1949 年）》[3]一文中指出，清代徽州文书之歙县契约中出现"顶首""顶头"类交易用语，其本意是佃户之间耕种权利的顶让，"顶首"即押租，所谓"顶"即"转佃"。

表3　大屯契约起首语及其类别统计一览

起首语	数量	类别
立（出）分关（约/字）	32	分关契约
立出/杜（绝）/永远/转卖（明）	323	买卖契约
立出（永）无（有）后患字	3	买卖契约
立（加/转）当明水田/粮田/科田/陆地/房屋/瓦房/园地文契	35	典当契约
立顶明官田/道俸田/坛会田/坐基/（永右九/十）粮田/（狮子山）庙田/水田文契	81	顶契
立（永远掉）换约/明水田文契	8	其他契约
立借艮（银）约	8	其他契约
立拼明水田文契	6	其他契约
立出抱约/收约/退婚	4	其他契约
立讨/除陆地文约	2	其他契约

---

[1] 王志强. 试析晚清至民初房地交易契约的概念：民事习惯地区性差异的初步研究[J]. 北大法律评论, 2001（01）：46-81.

[2] 白维国. 近代汉语词典[M]. 上海：上海教育出版社, 2015：391.

[3] 赵思渊. 歙县田面权买卖契约形式的演变（1650—1949 年）[J]. 清华大学学报（哲学社会科学版）, 2017, 32（06）：67-76, 195.

续表

起首语	数量	类别
立央求字人	1	其他契约
立出包承字	1	其他契约
合计	504	

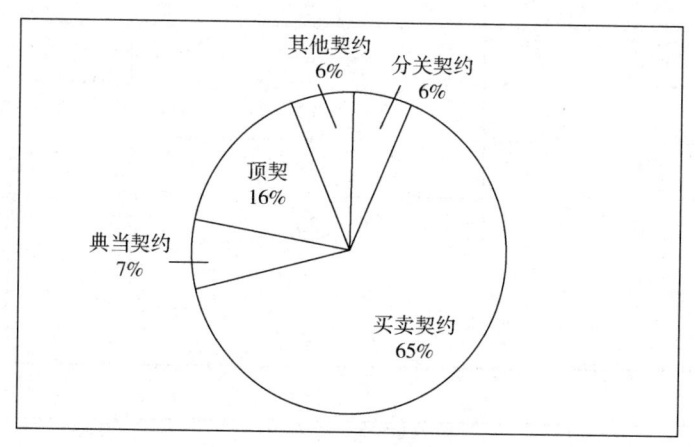

图 4　大屯契约的类型

至于顶契各时期数量的变化（见图5），大屯契约中的顶契共计81份，光绪年间顶契数量较高，多达35份，将近同期当契数量（12份）的3倍；民国时期顶契（15份）少于同期当契的数量（20份）。由此可见，光绪年间的大屯村民更倾向于通过田面权的转让折现，典当折现的方式则较少。事实上，清代各时期顶契数量都超过了典当契约（见表4和图6）。

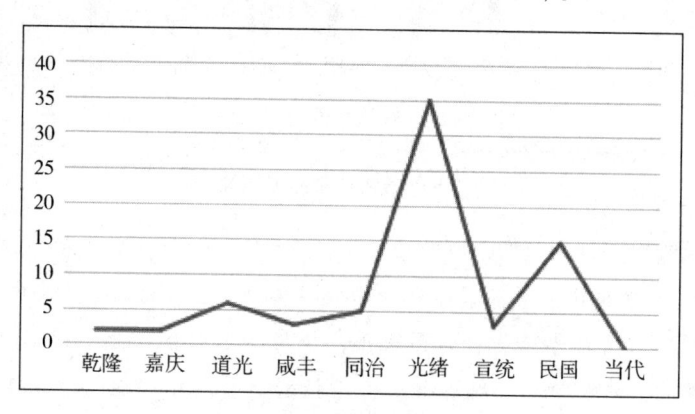

图 5　顶契各时期数量分布

表4 各朝各代顶契和当契比较

时期	典当	顶约
乾隆	0	2
嘉庆	0	2
道光	2	6
咸丰	2	3
同治	2	5
光绪	12	35
宣统	0	3
民国	20	15
当代	2	0
合计	40	71

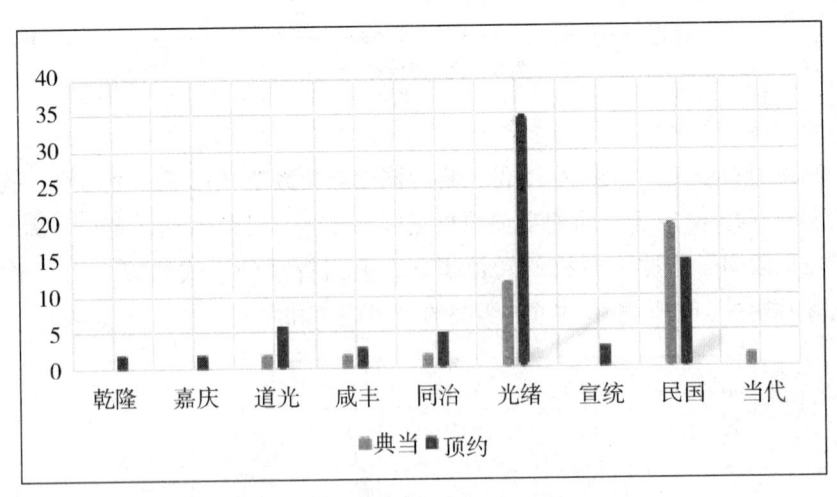

图6 各朝各代顶契和当契比较

大屯契约中的顶契，如下例所述：

【例】（吴祖和01）民国三十八年六月二十一日李云先顶庙田文契（1949）

立顶明庙田文契李云先，为因乏用，今将本己所置之业水田乙（壹）块，坐落大菌背后，东抵沟，南抵谷姓界，西抵刘姓界，北抵姚、徐二姓界，四至分明。其田每年秋成上纳狮子山庙租陆斗，亲请凭中证上门，出顶与徐云身名下为业。是日三面议定，实价云南中洋壹佰叁拾元正（整），即日顶主亲手领明应用，实银实契，二比情愿，并无货物准折，事（亦）非逼迫等情。自顶之后，任随徐姓永远安佃，顶主子孙有力不能相续，无力不能找补，其有房族与（以）及异姓人等不能异言争论，如有此情，有（由）顶主乙（一）面承觥（担）。恐后人心不古，特立顶纸一张为据。

酒水画字清白，管业证、老契揭（皆）交。

中华民国三十八年六月二十一日李云先押立顶

可以发现，民国年间李云先将庙田以云南中洋壹佰叁拾元整的价格出顶给徐云舟后，买方每年要交租6斗谷，这属于田面权买卖。大屯契约71张顶契都是田面权买卖之例。所谓田面权买卖，是指将田面权按照一定价格完全转让，契约中不包含有关利息的约定，有时具有回赎约定的交易形式。①

有学者研究认为，明清之际土地市场发生了重要变化，田赋征收以土地为最主要依据，其土地所有权因租佃关系而形成了田底所有权（田底权，也叫"田骨"）和田面经营权（田面权，也叫"田皮"）的分离。由此可见"顶契"体现的是"田面权"买卖关系。至于所有权的买卖，一般认为是在卖契中体现的，那么，田底权买卖关系是否是卖契中体现的买卖关系呢？田底权买卖契约，在明代又称"卖田骨契"，是指保有原有土地租佃关系的出卖田地所有权契约。因此与买卖契约有所不同。

顶契中的起首语常常在"顶明"后加"永"字，如"立顶明粮田永右九文契""立顶明永右九粮田文契""立顶明永右十粮田文契"；也有不加"永"字的，如"立顶明右九粮田文契""立顶明坐基文契"等。大屯契约中有9份顶契在"右九/十"的前面加永字的。"右九/十"是当时行政区划的地名，"永"表示的是立契人的理想状态。

（三）水田/科田/陆地/秧田/粮田/房屋地基

据统计，大屯契约中卖科田契约有27份（详情见表5），卖水田契约37份（详情见表6），陆地买卖契约84份（详情见表7）。从表中可以看到科田契约和水田契约中分别有22、21份（共计43份）提及田赋，陆地契约中则没有提及田赋。

---

① 赵思渊. 歙县田面权买卖契约形式的演变（1650—1949年）[J]. 清华大学学报（哲学社会科学版），2017，32（06）：67-76，195.

据"徐起江 38""徐起江 39"载,其题名分别为《民国三十五年(1946)丁少武卖水田文契》《民国三十七年(1948)舒仲翔卖水田文契》,从田赋多少上看,两份文契中的田赋完全一样,再看契约内容,可以发现两份文契交易的是同一块田土。"徐起江 38"中丁少武因为缺钱将坐落中沟的水田(折合田亩 2.2 亩)卖给了舒仲翔,"徐起江 39"因为移置又将水田卖给了徐振贤,前后两年时间之差,卖家从国币 76 万元增加到了 6500 万元,可见当时国币通货膨胀达85 倍。

【例】(徐起江 38)民国三十五年八月初二日丁少武卖水田文契(1949)

立卖明水田文契人丁少武,为因乏用,愿将祖父遗留分授本己名下之水田,大小贰块,坐落大屯关中沟。安租三石伍斗,折合田欧(亩)贰欧(亩)贰分,东抵郭、李二姓田界,南抵郭姓田界,西抵河沟,北抵郭、李二姓田界,埂上树乙(一)并在内,四至分明。亲请凭中上门,出卖与舒仲翔名下永远管业,卖日三面言定,时价国币柒拾陆万元整,即□应用,实银实契,并无货物准折,亦非逼迫等情。自卖之后,任随买主永远耕安管理,卖主房族弟兄子侄以及异姓人等不得异言争论,若有此情,卖主自任套哄之咎,乙(一)力承耽(担)。恐(空)口无凭,特立卖契乙(一)张为据。

民国三十五年八月初二日丁少武立卖

【例】(徐起江 39)民国三十七年五月二十五日舒仲翔卖水田文契(1948)

立卖明水田文契人舒仲翔,为因移业置业,今将本己所置之水田壹份,大小贰块,坐落大屯关中沟安租三石伍斗,折合田欧(亩)贰欧(亩)贰分,东抵郭、李二姓田界,南抵郭姓田界,西抵河沟,北抵郭、李二姓田界,梗(埂)上树木乙(一)并在内,四至分明。亲请凭中上门,出卖与徐振贤名下为业,是日三面议定,得售同价陆仟伍佰万元正(整),即日卖主亲手领明,实银实契,并无货物准折,于(亦)非逼迫等情。自卖之后,任随买主永远耕安管理,卖主即(及)房族异姓人等不得异言争论,若有此情,卖主愿负完全责任。恐(空)口无凭,特立卖契壹(一)纸为据。

民国三十七年五月二十五日立

表 5　大屯契约科田买卖契约详情

序号	年份	吕编号	题名	田赋	价格
1	1872	齐少莹 6	同治十一年丁玉星卖科田文契	升捌合，丁银如公田上纳	玖捌银柒两肆钱
2	1914	齐少莹 19	民国三年丁玉星卖科田文契	壹升捌合	银柒两肆钱整
3	1913	丁乃红 4	民国二年向刘氏夫妻卖科田文契（连体契）		银拾捌两整
4	1888	李秀财 1	光绪十四年丁富星卖科田文契	壹合	市银叁拾陆两壹钱
5	1879	徐起江 3	光绪五年刘瑞卖科田陆地文契		市银陆两整
6	1914	徐起江 24	民国三年徐星卖科田文契	叁升	柒拾贰两
7	1925	徐起江 28	民国十四年潘陈氏卖科田文契	贰升	大洋银壹佰贰拾元零陆角整
8	1912	徐起江 41	民国元年丁穆星卖科田文契	随田上纳两右力科粮三升	玖捌银壹佰柒拾贰两整
9	1936	丁学坤 11	民国二十五年丁舜俞卖科田文契		云南小洋壹佰柒拾元整
10	1918	李光彬 41	民国七年徐光荣卖科田文契	贰合，条银随粮上纳	九成无矸（钎）砂净银叁拾捌两整
11	1839	李光达 2	道光十九年赵氏卖科田文契	载种叁升，随料科米叁合	玖柒银壹拾捌两整
12	1910	李光达 12	宣统二年李应佰卖科田文契	秋米壹升	玖纹艮（银）叁拾柒两贰钱
13	1933	李光达 16	民国二十二年李春台卖科田文契	载科粮贰升	大洋壹佰伍拾元整
14	1907	陈勇 3	光绪三十三年李毓珍卖科田文契	伍合	玖玖银叁拾柒两
15	1937	陈勇 8	民国二十六年李光明卖科田文契		大洋壹佰伍拾贰元
16	1770	徐忠义 1	乾隆三十五年陈文卖科田文契	科米壹升	纹银壹拾贰两整
17	1910	徐忠义 53	宣统二年齐国骏卖科田文契	壹升四合	玖柒纹银肆拾两

续表

序号	年份	吕编号	题名	田赋	价格
18	1913	徐忠义 54	民国二年齐林献卖科田文契	三（叁）升肆合	九九净银陆两整
19	1877	丁学栋 6	光绪三年李永昌卖科田文契	壹升	九呈（成）银壹拾壹两整
20	1913	丁学栋 19	民国二年蒋登松卖科田文契	三（叁）升	玖九[银]陆两整
21	1928	丁乃营 10	民国十七年王国盛卖科田文契	一（壹）升	云南小洋
22	1933	李光达 16	民国二十二年春合卖科田文契	伍升	大洋贰佰捌拾元正
23	1809	丁学正 1	嘉庆十四年齐鸣凤卖科田文契	壹斗，摊丁银在内	纹银玖拾陆两整
24	1818	丁学正 3	嘉庆二十三年丁洪道卖科田文契	载种三（叁）斗，随田科粮壹斗	纹银壹佰柒拾两整
25	1840	丁学正 8	道光二十年胡起明卖科田文契		艮（银）七十（柒拾）两整
26	1872	丁学正 35	同治十一年李吴氏卖科田文契	随田科粮贰升八（捌）合	九八银三（叁）拾两三（叁）分整
27	1904	丁乃能 13	光绪三十年丁福长卖科田文契	[随]田上纳右九科田粮陆合	银九文（纹）（肆）两九（玖）钱整 银伍拾四

表 6 大屯契约水田买卖契约详情

序号	年份	吕编号	自编号	题名	田赋	价格
1	1938	齐少壹 21	30	民国二十七年丁日有卖水田文契	三（叁）合	大洋陆拾元正（整）

续表

序号	年份	旧编号	自编号	题名	田赋	价格
2	1917	丁乃红6	42	民国六年齐克昌卖水田文契	其田并世地敬,并无良丁	无仟(钎)砂银三(叁)拾陆两整
3	1891	李秀财2	55	光绪十七年杨先卖水田文契		市银贰拾贰两壹钱整
4		徐起江1	63	光绪□□年丁朝喜卖水田文契		无仟(钎)砂九(玖)两
5	1911	徐起江17	79	宣统三年吴以文卖水田文契	贰升,随契上纳丁人公田	九(玖)捌银拾三(叁)两零捌钱整
6	1925	徐起江27	84	民国十四年刘学周卖水田文契	乙升伍合	正板花艰(银)壹百九(玖)拾伍[元]整
7	1946	徐起江38	100	民国三十五年丁少武卖水田文契	安租三(叁)石伍斗,折合田欧(亩)贰分	国币柒拾陆万元整
8	1948	徐起江39	101	民国三十七年舒仲翔卖水田文契	安租三(叁)石伍斗,折合田欧(亩)贰分	陆仟伍佰万元正
9	1950	李秀亮4	108	1950年齐兴模卖水田文		人民币贰拾万零捌仟元正(整)
10	1946	周邦珍10	121	民国三十五年周炳奎卖水田文契		洋市用法洋壹拾陆万零壹仟贰佰元整
11	1905	丁学坤6	137	光绪三十一年丁祥妹卖水田文契	科米三(叁)升,丁银如狮子山上丁	九九净银八十八两整
12	1944	丁学坤16	147	民国三十三年丁舜俞卖水田文契		市用法币三(叁)万捌仟元整

续表

序号	年份	吕编号	自编号	题名	田赋	价格
13	1953	丁学坤 29	159	1953年柳崇新卖水田文契	存产量石贰斗	人民币三（叁）拾万零伍仟元正（整）
14	1947	万友玉 17	214	民国三十六年李顺安卖礼水田文契	随田上纳田赋乙（一）苗	市用法币壹拾三（叁）万陆仟元整
15	1756	李光彬 1	218	乾隆二十一年刘崇礼卖水田文契	载种贰斗伍升，约租贰石捌斗，随田科粮陆升伍合。	纹银伍拾肆两整
16	1924	李光彬 19	236	民国十三年李毓贵卖水田文契		正银三（叁）佰贰拾伍元整
17	1950	燕小国 3	262	1950年邵金氏卖水田文契	任随田斗租乙（一）石年上纳卖主		正洋柒拾圆整
18	1941	陈勇 10	290	民国三十年徐佐国卖水田文契		市用法币洋贰千（仟）圆（佰）圆正[整]
19	1949	赵德忠 13	305	民国三十八年卢有楷卖水田文契	贰块田三（叁）苗三（叁）分，又壹块田陆分，田赋照管业照上纳	大洋壹佰零捌圆正
20	1953	徐忠义 70	374	1953年丁少荣卖水田文契	产量三（叁）石壹斗		人民币柒拾万元正[整]
21	1884	卢德志 5	378	光绪十年张正元卖水田文契		市银四（肆）两八（捌）钱八（捌）分整
22	1908	丁学栋 14	394	光绪三十四年周其昌卖水田文契	随田科米贰升，人西右九上纳，丁银有狮山公田完解	市九银伍两九（玖）分整
23	1909	丁学栋 15	395	宣统元年黄茂先卖水田文契		九文银玖（纹）白底价银玖拾壹两整

续表

序号	年份	吕编号	自编号	题名	田赋	价格
24	1909	丁学栋 15	396	宣统元年黄茂先卖水田文契	随田科米贰升，人西右九上纳，丁银归狮子山公田完解	九九净银玖拾贰两整
25	1923	丁学栋 31	411	民国十二年顾秋伯卖水田文契	载西右十科粮壹斗	正洋银捌拾伍圆正（整）
26	1924	丁学栋 33	413	民国十三年颜耀堂卖水田文契	随田载西右九科米肆升，丁银人狮子山公田上纳。	正板花银伍百玖拾元整
27	1862	丁学正 24	465	同治元年丁维兴卖水田文契		纹银三两三钱整
28	1863	丁学正 26	467	同治二年丁佑星卖水田文契	随田科米乙（壹）勺上纳县仓	时价九（玖）玖银壹拾捌两捌钱整
29	1877	丁学正 39	480	光绪三年李吴氏卖水田文契	载科粮壹升，丁银人狮子山上纳	玖贰无镰（钎）砂银贰两整
30	1878	丁学正 40	481	光绪四年得杨卖水田文契	科粮五（伍）合	价市银拾肆两五（伍）钱整
31	1895	丁学正 44	485	光绪二十一年候大兴卖水田文契		玖九（玖）银拾一（壹）两零一（壹）钱整
32	1910	丁学正 47	488	宣统二年候光国卖水田文契		玖九（玖）银贰拾壹两二（贰）钱整
33	1910	丁学正 48	489	宣统二年候光祖卖水田文契		玖九（玖）银两五（伍）钱整
34	1946	丁乃能 20	512	民国三十五年封韩氏卖水田文契	参三（叁）苗口分田	市用国币陆万零拾陆仟元整
35	1948	丁乃能 22	514	民国三十七年丁学仁卖水田文契		市用国币壹仟口

287

续表

序号	年份	吕编号	自编号	题名	田赋	价格
36	1943	禾洋 7	521	民国三十二年丁吴大章卖水田文契	随田纳田赋三分	市用法币壹千乙（壹）佰元
37	1947	王文义 11	522	民国三十六年丁少槐卖水田文契		市用法币壹佰伍拾贰万元整

表 7 大屯契约陆地买卖契约详情

序号	年份	吕编号	自编号	题名	坐落	价格/田赋
1	1920	胡华珍 1	1	民国九年吴大章卖陆地文契	大沟	洋银十二元五角
2	1924	胡华珍 2	2	民国十三年李兴武卖陆地文契	大沟	正丁银肆拾三（叁）圆整
3	1931	胡华珍 3	3	民国二十年李建章卖陆地文契		正洋柒元三（叁）角整
4	1924	吴祖和 2	9	民国十三年李建藏卖陆地文契	陶家关山后地坝（坝）	银小洋贰拾壹元整
5	1890	齐少芸 10	19	光绪十六年丁灿星卖陆地文契	黄土坡	市无镰（钎）口银贰两五（伍）钱整
6	1933	胡榜强 2	34	民国二十二年刘恩定卖陆地文契		中洋银三（叁）拾贰圆整
7	1933	丁乃红 11	47	民国二十二年丁日发卖陆地文契	遭天洞下边	市用中洋陆拾陆元圆（整）
8	1943	李秀财 4	57	民国三十二年徐云昌卖陆地文契	吴家园	市用洋法币壹仟壹佰圆整
9	1948	李秀财 6	59	民国三十七年王良臣卖陆地文契	吴家园	市用时价贰佰贰拾万圆正（整）
10	1899	徐起江 11	73	光绪二十五年徐天明卖陆地文契	园子一块	随银六[两]整
11	1900	徐起江 12	74	光绪二十六年徐天明卖陆地文契	吴家园	九二银九钱整
12	1900	徐起江 12	75	光绪二十六年徐天明卖陆地文契	腊口口脚	九九银柒两捌钱整

续表

序号	年份	目编号	自编号	题名	坐落	价格/田赋
13		徐起江 21	83	民国口年丁口口卖陆地文契	大坝园下边	正洋拾元零伍角整
14	1917	丁日明 2	110	民国六年丁汝林卖陆地文契	山后	九五银伍两整
15	1939	徐世华 1	125	民国二十八年夏云先卖陆地文契	陶家夹	大洋陆拾圆正（整）
16	1948	徐世华 3	127	民国三十七年李齐氏卖陆地文契	荷叶大地	洋金圆券陆拾捌圆正（整）
17		丁学坤 2	133	咸丰口口口郑正统卖陆地文契	毛栗坡	值九九银三（叁）两三（叁）钱捌分
18	1948	丁学坤 22	153	民国三十七年丁舜俞卖陆地文契	板凳山	市用金元券壹佰零捌圆整
19	1924	周发友 2	163	民国十三年周新之卖陆地文契	杨家塘炖脚	正洋肆拾肆圆整
20	1890	丁乃江 4	170	光绪十六年丁景云卖陆地文契	搞榔山	时市无仟（钎）砂银九两六钱整
21	1883	丁乃江 5	171	光绪九年丁篇星卖陆地文契	吴家园	艮（银）壹两捌钱整
22	1884	丁乃江 6	172	光绪十年丁明贵卖陆地文契	沙子坡	市银拾二（贰）两伍分整
23	1892	丁乃江 8	174	光绪十八年丁朝喜卖陆地文契	麻山坡脚	玖（九）银三两六分整
24	1905	丁乃江 15	181	光绪三十一年丁焕星卖陆地文契	麻山坡脚	玖九（玖）银贰两零八（捌）钱整
25	1891	不详 3	189	光绪十七年吴月思卖陆地文契	塘房贝（背）后	市银无饼无砂银壹拾壹两零三（叁）钱[整]
26	1921	王文义 8	194	民国十年丁汝清卖陆地文契	高家苑	正洋花银三拾（十）一圆整
27	1913	李光彬 11	228	民国二年侯光祖卖陆地文契	水井坡脚下边	玖（九）银四两整
28	1916	李光彬 13	230	民国五年张文顺卖陆地阴二宅文契	拷扒山	九九银柒（七）两整

续表

序号	年份	吕编号	自编号	题名	坐落	价格/田赋
29	1932	李光彬 40	257	民国二十一年李毓文卖陆地文契	大石岩	时价大洋陆元三（叁）角整
30	1893	李光达 8	271	光绪十九年张维富卖陆地文契	大沟底下	玖九（玖）无钞（砂）银伍两陆钱整
31	1912	李光达 13	276	民国元年吴海廷卖陆地文契	大沟	银九二银拾（十）二两七钱整
32	1865	赵德忠 2	294	同治四年万土兴卖陆地文契	沙子坡	纹银玖（九）八无砂银三两三钱整
33	1945	赵德忠 12	304	民国三十四年丁少华卖陆地文契	麻山	法币银陆万伍千（仟）圆整
34	1864	徐忠义 15	320	同治三年胡上顺卖陆地文契	石灰窑（窑）	九八银壹两九（玖）钱伍分整
35	1867	徐忠义 18	323	同治六年王占春卖陆地文契	拷揪山脚	玖九（玖）水银贰两壹钱整
36		徐忠义 24	329	光绪口四年丁玉星卖陆地文契	拷揪山	市无钎砂（钎砂）银陆两伍（伍）钱整
37	1885	徐忠义 29	334	光绪十一年徐天星卖陆地文契	大坝园	银无钟无轩[银]柒两三（叁）钱整
38	1885	徐忠义 31	336	光绪十一年徐杨兴卖陆地文契	徐家坡	银壹两三（叁）钱整
39	1892	徐忠义 36	341	光绪十八年李徐刘氏卖陆地文契	天坝园	吹丝银拾贰两壹钱整
40	1895	徐忠义 40	345	光绪二十一年徐天禄卖陆地文契	徐家坡坎	纹银壹两六（陆）钱整
41	1903	徐忠义 47	352	光绪二十九年徐国清卖陆地文契	拷拂山脚	九九银伍（伍）两贰钱整
42	1909	徐忠义 52	357	宣统元年徐国兴卖陆地文契	徐姓包包脚	九九银三两（六）钱整
43	1916	徐忠义 56	361	民国五年徐天禄卖陆地文契	砂子坡	随市银肆两捌分整
44	1921	徐忠义 60	364	民国十年徐国清卖陆地文契	杨家塘、徐姓包包脚	九九银拾三（叁）伍（两），后补正牌花银陆圆
45	1922	徐忠义 61	365	民国十一年徐国兴卖陆地文契	杨家塘、徐姓包包脚	正板花银九圆整

续表

序号	年份	吕编号	自编号	题名	坐落	价格/田赋
46	1922	徐忠义62	366	民国十一年杨有成卖陆地文契	大关口贝(背)后	时市价银贰元壹角整
47	1924	徐忠义64	368	民国十三年胡登福卖陆地文契	沙子坡	时价银正洋贰拾元零陆伍角整
48	1949	徐忠义69	373	民国三十八年徐佐元卖陆地文契	石炭(灰)窑	时市价正洋小银贰拾贰圆整
49	1884	卢德志4	377	光绪十年丁瑞廷卖陆地文契	求雨山	卖价时市无钎砂银三两五钱整
50	1887	卢德志6	379	光绪十三年周考姝卖陆地文契	沙口口	无沙银壹两整
51	1899	丁学栋9	389	光绪二十五年丁贵卖陆地文契	包包上	时市价银壹两捌钱五(伍)分整
52	1901	丁学栋11	391	光绪二十七年丁古卖陆地文契	小麻山陆地	价置(值)玖九(玖)银拾伍两一(壹)钱整
53	1912	丁学栋18	398	民国元年李应元卖陆地文契	马道子	玖七(柒)银壹拾陆两陆钱整
54	1921	丁学栋26	406	民国十年丁汝雨卖陆地文契	麻山脚	时价正洋花银拾元零陆元整
55	1921	丁学栋29	409	民国十年徐崇森卖陆地文契	麻山坡脚	时价正板花银五(伍)角整
56	1942	丁学栋30	410	民国三十一年吴永邦卖陆地文契	大坝园	时市地价市用法币伍佰三(叁)拾元整
57	1926	丁学栋34	414	民国十五年丁云成卖陆地阴阳文契		时价花银十七元整
58		丁乃营1	425	道光口四年徐周忠卖陆地文契	高佳(家)燕(院)	卖价纹银三两口口整
59	1835	丁乃营2	426	道光十五年徐杨氏卖陆地文契	丁家坟地二相(厢)	驾(价)文(纹)艮(银)三(叁)两贰钱整
60	1842	丁乃营3	427	道光二十二年王如喻卖陆地文契	陆家园地二段	吉(即)日言定卖价银四(肆)分整

291

续表

序号	年份	吕编号	自编号	题名	坐落	价格/田赋
61	1870	丁乃营 5	429	同治九年王国琳卖陆地文契	野鸡山	卖价银壹两肆钱整
62	1881	丁乃营 6	430	光绪七年丁占元卖陆地文契	大梆山坡（坡）脚	时价市银拾柒两整
63	1839	丁学正 6	447	道光十九年左应彩卖陆地文契	大口口	卖价银二两三分整
64	1839	丁学正 7	448	道光十九年左应海卖陆地文契	大坝	卖价银壹两（肆）分整
65	1844	丁学正 10	451	道光二十四年吴起荣卖陆地文契	吴家园	得授时价纹银柒两整
66	1845	丁学正 11	452	道光二十五年吴上润卖陆地文契	塘房后边	时价银壹两（伍）钱整
67	1845	丁学正 12	453	道光二十五年徐顾氏卖陆地文契	山后	卖价银一两口口整
68	1850	丁学正 15	456	道光三十年丁朝相卖陆地文契	山后	卖价时价银贰两贰钱伍（伍）分整
69	1855	丁学正 17	458	咸丰五年丁王长卖陆地文契	石灰瑶（窑）	价银壹两捌钱整
70	1856	丁学正 18	459	咸丰六年丁有元卖陆地文契	丁家园	时价银壹两肆钱贰分整
71	1856	丁学正 19	460	咸丰六年周炳卖陆地文契	陶家关下边	领明价银伍两整
72	1857	丁学正 20	461	咸丰七年丁阑卖陆地文契	白牧下边	时价银三两伍钱,纹九各一半整
73	1859	丁学正 22	463	咸丰九年左春芳卖陆地文契	沙子坡	时价时价银拾两整
74	1860	丁学正 23	464	咸丰十年万登科卖陆地文契	花园子	时价银玖九（玖）银壹两陆整
75	1862	丁学正 25	466	同治元年赵中美卖陆地文契	坐落地名拐扒山	卖价银伍两三（叁）钱正（整）
76	1868	丁学正 32	473	同治七年左应彩卖陆地文契		时价谁（随）市市银柒两零一钱整
77	1884	丁学正 41	482	光绪十年王明春卖陆地文契		

续表

序号	年份	吕编号	自编号	题名	坐落	价格/田赋
78	1930	丁学正 52	493	民国十九年徐崇森卖陆地文契	狮子山楷后	正小洋贰拾肆元整
79	1810	丁乃能 2	495	嘉庆十五年丁洪德卖陆地文契		卖价纹银陆两整
80	1826	丁乃能 4	497	道光六年徐湘卖科田陆地文契	丁家圳	时价纹银捌
81	1827	不详 1	515	道光七年周芝梅卖陆地文契	石灰碣	价值纹银五钱五分
82	1891	不详 3	517	光绪十七年吴月恩卖月恩卖陆地文契	塘房贝（背）后	市银无饼无砂银贰拾壹两零三（叁） 钱整
83	1891	不详 3	518	光绪十七年吴月恩卖陆地文契	狮子脚大水井	实价九九纹银拾两
84	1916	不详 6	520	民国五年曾炳口卖陆地文契	山后	九文（纹）价七两整

表 8 大屯契约中 43 份提及田赋的文契一览

序号	年份	吕编号	自编号	题名	田赋（升）	价格	面积
1	1872	齐少莹 6	15	同治十一年丁玉星卖科田文契		7.4 两	
2	1914	齐少莹 19	28	民国三年丁玉星卖科田文契	1.8	7.4 两	
3	1879	徐起江 3	65	光绪五年刘瑞瑞卖科田陆地文契	0.1	6 两	
4	1914	徐起江 24	86	民国三年丁修星卖科田文契	3	7.2 两	
5	1925	徐起江 28	90	民国十四年潘陈氏卖科田文契	2	120.6 元大洋	
6	1912	徐起江 41	103	民国元年丁修星卖科田文契	3	72 两 98 银	
7	1918	李光彬 41	258	民国七年徐光荣卖科田文契	0.2	38 两九成银	
8	1839	李光达 2	265	道光十九年赵氏卖科田文契	3	18 两 97 银	

续表

序号	年份	吕编号	自编号	题名	田赋（升）	价格	面积
9	1910	李光达12	275	宣统二年李应佰卖科田文契	1.3	37.2两	
10	1933	李光达16	279	民国二十二年李春台卖科田文契	2	150元大洋	
11	1907	陈勇3	283	光绪三十三年李毓珍卖科田文契	0.5	35两99银	
12	1770	徐忠义1	306	乾隆三十五年陈文光卖科田文契	1	19两	
13	1910	徐忠义53	358	宣统二年齐国骏卖科田文契	1.4	45两99银	
14	1913	徐忠义54	359	民国二年齐林献卖科田文契	3.4	6两99银	
15	1877	丁学栋6	386	光绪三年李永昌卖科田文契	1	11两90银	
16	1913	丁学栋19	399	民国二年蒋登松卖科田文契	3	6两90银	
17	1933	李光达16	436	民国二十二年李春台卖科田文契	5	280元大洋	
18	1809	丁学正1	442	嘉庆十四年齐鸣凤卖科田文契	10	16两纹银	
19	1818	丁学正3	444	嘉庆二十三年丁洪道卖科田文契	40	179两纹银	
20	1872	丁学正35	476	同治十一年吴氏卖科田文契	2.8	30.3两98银	
21	1904	丁乃能13	506	光绪三十年丁福长卖科田文契	0.6	54.9两99纹银	
22	1938	齐少芸21	30	民国二十七年丁日有卖水田文契	0.3	65元大洋	
23	1917	丁乃红6	42	民国六年齐兌昌卖水田文契		36两无铅(轩)砂银	
24	1911	徐起江17	79	宣统三年吴以文卖水田文契	2	13.8两98银	
25	1925	徐起江27	84	民国十四年刘学周卖水田文契	1.5	195两正板花银	
26	1946	徐起江38	100	民国三十五年丁少武卖水田文契	350	76万元国币	
27	1948	徐起江39	101	民国三十七年舒仲翔卖水田文契	350	6500万元国币	2.2亩

续表

序号	年份	吕编号	自编号	题名	田赋（升）	价格	面积
28	1905	丁学坤6	137	光绪三十一年丁祥栋卖水田文契	3	88两99银	
29	1953	丁学坤29	159	1953年柳崇新卖水田文契	120	30.5万人民币	
30	1947	万友玉17	214	民国三十六年顺安李卖水田文契		13.6万法币	1亩
31	1756	李光彬1	218	乾隆二十一年刘宗礼卖水田文契	6.5	54两纹银	
32	1950	燕小囡3	262	1950年部金氏卖水田文契	100	70元正洋	
33	1949	赵德忠13	305	民国三十八年卢有楼卖水田文契		108元大洋	3.9亩
34	1953	徐忠义70	374	1953年丁少荣卖水田文契	310	70万元人民币	
35	1909	丁学栋15	395	宣统元年黄茂先卖水田文契	2	91两9纹银	
36	1909	丁学栋15	396	宣统元年黄茂先卖水田文契	2	92两99银	
37	1923	丁学栋31	411	民国十二年顾秋伯卖水田文契	10	85元正洋银	
38	1924	丁学栋33	413	民国十三年颜耀堂卖水田文契	4	590正板花银	
39	1863	丁学正26	467	同治二年丁佑星卖水田文契	0.01	11.8两99银	
40	1877	丁学正39	480	光绪三年吴氏卖水田文契	1	2两92银	
41	1878	丁学正40	481	光绪四年李得扬卖水田文契	0.5	4.5万国币	
42	1946	丁乃能20	512	民国三十五年封韩氏卖水田文契		60.6万国币	3亩
43	1943	不详7	521	民国三十二年丁日光卖水田文契		1100法币	

由上表还可以得出提及田赋的 43 份文契中的田土价格、田赋和面积（见表8）。根据 1 石 = 10 斗 = 100 升 = 1000 合 = 10000 勺的计量单位，表 8 中以升为单位列出田赋的数量。表 8 中也列出了价格，因为各时期货币单位不同，因此必须以时价作参考。值得注意的是，"齐少芸 6"和"齐少芸 19"的交易价格一样，立契人也一样，买卖内容也一样。可见这两份文契是同一笔交易，虽然前后相差 42 年，但交易双方是一样的，不同之处在于"齐少芸 19"是一份官契，"齐少芸 6"则被称为"原契"或者"老契"。"老契"，或称上手契，在大屯契约中该词很常见，522 份契约中出现"老契"二字的达 121 份之多。

【例】（齐少芸 6）同治十一年三月初八日丁玉星卖科田文契（1872）

立卖明科田文契人兄丁玉星，为因需用，今将本己名下田□□，坐落白坟，大小二块，东、北俱抵沟，南抵李宅田，西抵本宅田，四至[分明]。□□□升捌合，丁银如公田上纳，请凭中上门，出卖与弟丁智星名下管业。是日三面言定，卖价九八银柒两肆钱整，其银兄领明应用，实银实契，并无货物准折，此系二比情愿，自卖之后，任随弟永远管业，兄不得异言。恐（空）口无凭，立卖契为据。

同治十一年三月初八日立卖契丁玉星

【例】（齐少芸 19）民国三年四月二十六日丁玉星卖科田文契（1914）

官契小字

贵州国税厅筹备处为颁发印契，以资信守事

立卖明科田文契人丁玉星，今将祖遗之业坐落白坟，东、北俱抵沟，南抵李宅田，西抵本宅田，四至分明。出卖与丁智星为业，载粮壹升捌合，价银柒两肆钱整，亲手领明。余详原契。

民国三年四月二十六日给

（四）立契人身份研究

1. 大屯契约立契人概况

统计买卖双方当事人信息记载清楚明白的 522 份契约的立契人姓氏（见表 9），可见丁姓立契人最多（见图 7），大屯契约中的立契人大多订立 3 份左右的契约，订立 5 份契约的立契人已不多见（见表 10）。订立契约最多的立契人是丁舜俞，在民国二十五年（1936）到民国三十八年（1949）这 13 年间订立了 11 份契约（见表 11），其中典当契 2 份，买卖契约 5 份，借贷契约 3 份，还有 1 份换契。其次是丁顺星（6 份，见表 12）和徐振贤（6 份）。

据丁舜俞订立的 11 份契约及 4 份与之相关文书（详情见表 13），可见丁学坤完整地保存了丁舜俞的所有契约，以及与丁舜俞相关的 1 份换契和 3 份法院文书。其中换契"丁学坤 13"与"丁学坤 14"所载事项是同一事，立契人是换田双方，他们各找代笔立换契，由此可见，立契人立契的本意是表明自己的契约精神，约束的也是立契人本身的行为。

另外，根据这 3 份法院文书所载，民国三十七年（1948）农历八月初十，丁舜益（俞）①，48 岁，与其胞弟丁益（逸）凡，在与王敬贤发生口角之争以后，由于王敬贤的幼子夭折而卷入诉讼当中，民国三十八年（1949）二月法院判丁氏兄弟无罪。上述 11 份契约之一"丁学坤 13"中表明，民国三十三年（1944）丁舜俞立借银契时，其胞弟丁逸凡是承担和凭中，这说明丁氏兄弟并无嫌隙。1949 年诉讼结束后，丁舜俞的生活境况已经是青黄不接了，先是将房屋卖给胞弟丁汝贤，后是抵押地基给胞弟有息借谷子。从大屯契约中可以看到丁舜俞曾做过代笔人，这说明他受过教育。让人唏嘘不已的是，他竟在 36 岁至 48 岁之间时常当、卖田地和树，以及有息借银、借谷，走上了穷途末路，此间的交易数目不可谓不大，仅国币就合计六万五千余元，另有法币、金元等等。从丁舜俞的这 15 份契约中，看到了一个人在 13 年间的没落，其背后也是他的家境的没落过程，其间用尽了各种变现的办法，先是跟外姓人卖田地、借银，然后是向母亲、胞弟借银、卖田地。1948 年的一起诉讼成了压死骆驼的最后一根稻草。1949 年腊月立的最后一份卖契（"丁学坤 25"）中，他把房子卖给了胞弟，换来了 3 斗谷子。反映了当时真实的社会状况，对世人有一定的警示意义。

表 9　大屯契约立契人姓氏分布一览表

姓氏	份数	姓氏	份数	姓氏	份数	姓氏	份数
丁姓	166	吴姓	20	万姓	12	杨姓	6
李姓	98	齐姓	18	赵姓	8	张姓	5
徐姓	72	王姓	17	陈姓	6	左姓	5
周姓	23	胡姓	13	侯姓	6	其他	47

---

① 法院文书提及丁舜益，"益"是"俞"的同音别字，此外，丁逸凡和丁益凡是同一个人。

立契人的姓氏分布

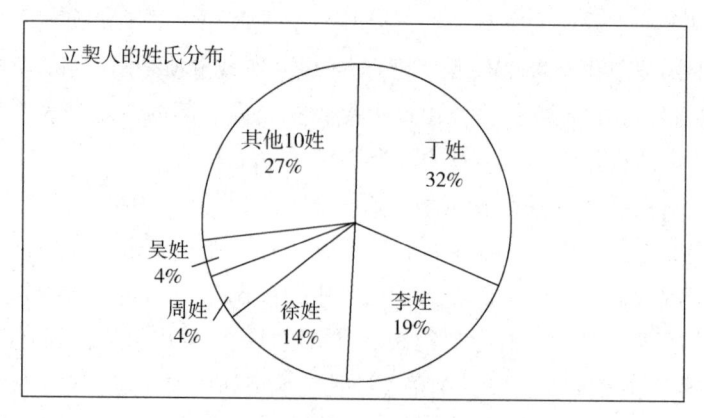

- 丁姓 32%
- 其他10姓 27%
- 李姓 19%
- 徐姓 14%
- 周姓 4%
- 吴姓 4%

图7 大屯契约立契人姓氏分布

表10 大屯契约立契人订立份数一览表

姓名	份数	姓名	份数	姓名	份数	姓名	份数
丁舜俞	11	徐崇森	5	李春台	3	徐国贵	3
丁顺星	6	徐天喜	5	李锦荣	3	徐天成	3
徐振贤	6	丁朝喜	4	李杨先	3	徐天明	3
丁轸星	5	徐国安	4	李毓文	3	丁朝云	2
李建章	5	徐国清	4	吴月恩	3	徐天禄	2

表11 丁舜俞订立契约题名一览表

民国二十五年丁舜俞卖科田文契（1936）	民国三十四年丁舜俞借银文契（1945）
民国三十一年丁舜俞当水田文契（1942）	民国三十五年丁舜俞卖树木文契（1946）
民国三十二年丁舜俞换水田文契（1943）	民国三十七年丁舜俞卖陆地文契（1948）
民国三十三年丁舜俞借银文契（1944）	民国三十八年丁舜俞卖房屋文契（1949）
民国三十三年丁舜俞卖水田文契（1944）	民国三十八年丁舜俞借谷子文契（1949）
民国三十四年丁舜俞当辣子地文契（1946）	

表12 丁顺星订立契约题名一览表

题名	时间	题名	时间
光绪十一年丁顺星卖地基文契	1885	光绪二十四年丁顺星卖牛圈墙苑文契	1898
光绪十三年丁顺星顶永右九粮田文契	1887	光绪二十八年丁顺星当水田文契	1902
光绪十九年丁顺星顶庙地文契	1893	光绪二十八年丁顺星顶南田文契	1902

表13 丁舜俞订立的11份契约及其他相关契约详情

序号	编号	题名	坐落/抵押	交易金额	交易人
1	丁学坤11	民国二十五年（1936）丁舜俞卖科田文契	大屯关小门楼浪厂坡	云南小洋壹佰柒拾元整	柳太爷惠希
2	丁学坤12	民国三十一年（1942）丁舜俞当水田文契	云南坡	肆仟元整	安顺西城小街韩荣轩老太爷名下
3	丁学坤14	民国三十二年（1943）丁舜俞换水田文契	云南坡换邵家大园过水田	市用国币壹万陆仟伍佰元正（整）	胞弟丁汝贤
4	丁学坤15	民国三十三年（1944）丁舜俞借银文契	情愿将板凳山苞谷地壹份作抵	市用国币贰仟伍佰元整。言定每月每元行利壹角	丁学文
5	丁学坤16	民国三十三年（1944）丁舜俞卖水田文契	云南坡	银市用法币三万捌仟元整	胞弟丁汝贤
6	丁学坤17	民国三十四年（1945）丁舜俞借银文契	将房屋作抵	贰万元整	母亲
7	丁学坤19	民国三十四年（1945）丁舜俞当辣子地文契	坐落吴家园	国币玖仟元整	胞弟丁汝贤
8	丁学坤20	民国三十五年（1946）丁舜俞卖树木文契	买此垦（埂）上全部树木	国币陆仟元整	胞弟丁汝贤
9	丁学坤22	民国三十七年（1948）丁舜俞卖陆地文契	板凳山	市用金元券壹佰零捌元整	胞弟丁逸凡
10	丁学坤25	民国三十八年（1949）丁舜俞卖房屋文契	房屋、神坎半截	谷子三（叁）斗整	胞弟丁汝贤
11	丁学坤26	民国三十八年（1949）丁舜俞借谷子文契	将厢房地基贰间作抵	谷子贰斗，每斗行利伍升	胞弟丁汝贤

续表

序号	编号	题名	坐落/抵押	交易金额	交易人
12	丁学坤 13	民国三十二年（1943）丁汝贤换水田文契			
13	丁学坤 23	民国三十七年（1946）王敬贤等被起诉书			
14	丁学坤 27	民国三十八年（1949）丁益凡刑事判决			
15	丁学坤 32	具辩诉人丁益凡			

2. 僧人立契

【例】（李光彬7）立卖明□□□□文契人□□□□□园慧，□□□□□军需亏欠，管业闹还以免□□累赘，□□协商，众□□□□子山庙田壹块，坐落□□水井，东抵沟，南抵李姓田，西、北俱抵李姓田，□□□□□粮贰升八合，丁银系狮子山上纳，今凭周锐、齐松亭乡（相）约李善昌，出卖与李培昌、李植昌名下。言（原）定价银十三两三分整，卖银凭众领取，不得短少。□卖之后，任买主耕种管业，不得异言，如有异言，众□承耽（担）。恐（空）口无凭，立卖□为据。

凭中　李法昌 徐天成 丁光廷 徐大兴 周永昌 李永昌 丁□智 徐应春 丁玉星 丁□亮 周□昌 丁□品 丁治星 李□杨 吴子才 胡起雄 王起高 杨云妹 赵老二 吴惠妹

同治十年七月初五日园慧立

【例】（丁乃能6）同治十年圆慧卖庙产科田文契（1871）

立卖明庙产科田文契人住持僧圆慧，为屡年军需亏空，变业还清，以免遗累，管是公同众议将狮子山庙田壹坋（块），大小三块，贰块坐落牛路边，东抵李姓田，南抵沟，西、北抵沟；壹块坐落小水井，东抵大沟，南抵李姓田，西抵刘姓田，北抵庙田，四至分明，载粮壹升贰合，丁银系狮子山上纳，今凭乡约李善昌并众姓等，出卖与丁治星名下，即日三面言定，价银肆两柒钱伍分整，其银凭众对明，不得短少，自卖之后，任随买主管业，不得异言，如有此情，众姓承耽（担），恐（空）口无凭，立卖契为据。

牛路边水秧田一块卖与刘姓小秧田

凭中　徐天成　周永昌　李德昌　李永昌　徐大兴　丁朝治　徐光春　丁玉星　丁朝光　李培昌　周其昌　李得杨　吴子才　胡起雄　王应高　杨春妹　赵应开　万成妹

同治十年□月十八日住持僧圆慧立

相比之下，"李光彬7"有多处破损无法识别之处，而"丁乃能6"更清晰，可以发现两份契约用词很接近，可以借此补足第一份契约中残缺的地方。因此，校后如下：

立卖明庙产科田文契人住持僧圆慧，为屡年军需亏欠，变业开还以免遗累，□□协商，众□□□□子山庙田壹块，坐落□□水井，……今凭周锐、齐松亭、乡约李善昌，出卖与李培昌、李植昌名下。

对照两份契约可见，住持僧的名字是"圆"，而非"园"。值得注意的是断句之误。乡约李善昌，断句应在"乡"之前，另，此处不是相约的意思。从两份契约还可以看出，凭中人数多达20人，第一份卖契中的凭中"丁治星"在住持僧圆慧同一年立的第二份卖契中是买受人，同年腊月丁治星是另一份卖契（丁乃能07）的立契人。据此，可以认为契约"丁乃能6"和"丁乃能7"有较强的相关性。

【例】（丁乃能7）同治十年丁治星卖科田文契（1871）

立卖明科田文约人丁治星，为因需用，今将祖父遗留科田壹纷（份），大小三块，式块坐落牛路边，东抵李姓田，南、西、北俱抵沟，壹块坐落小水井，东抵大沟，南、北俱抵白田，西抵刘姓田，四至分明，载粮壹升，今［请］凭中上门，出卖与丁徐氏名下管业，即日三面言定，卖价银三两贰钱整，其应亲手领明应用，不得短少，自卖之后，任随买主永远管业，不得异言，恐（空）口无凭，立卖字为据。

牛路边卖与刘姓专粮五谷

酒水画字清白

永远管业

代字：丁炳荣

凭中：徐大兴　丁朝芝　周云昌

同治十年腊月□□日丁治星

从"丁乃能7"可以看到，丁治星卖田的原因是"需用"，而不是"乏用"，因此，可以认为是为了买庙田之需。

3. 女性立契人研究

据统计，大屯契约中共有 39 份为女性立契人。从契约类型看，买卖契约 28 份，顶契 3 份，分关契约 3 份，借银约 2 份，其他契约 3 份（见图 8）；从立契时间看（见图 9），民国期间最多，从民国二年（1913）到民国三十七年（1948）这 35 年间，多达 22 份，其次是光绪年间，有 9 份。由此可见，女性作为立契人的契约数量在光绪年间至民国时期有较大幅度增加。从女性立契人的姓氏来看（见图 10），丁姓和李姓最多，其次是徐姓。

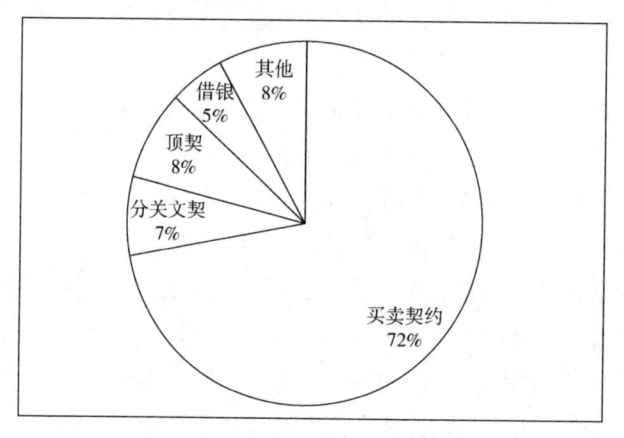

图 8　大屯契约女性立契人的契约类型

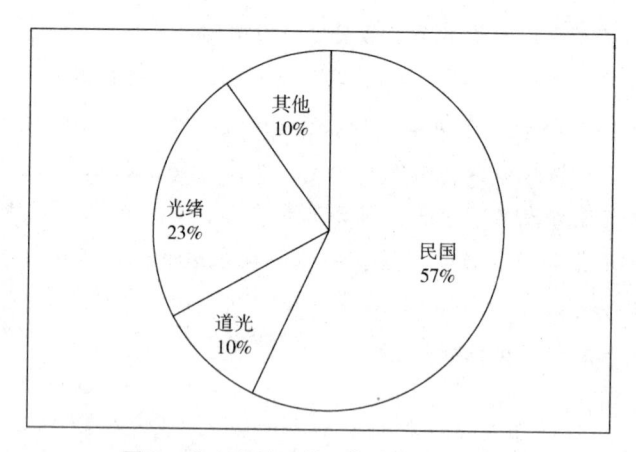

图 9　大屯契约女性立契人的立契时间

道光年间的第一份女性立契人所立契约（徐忠义 9）是分关契约，大屯契约仅有 3 份女性立契人所立的分关契约，它们分别发生在道光五年（1825）、光绪三年（1877，徐起江 2）和民国十一年（1922，丁乃红 9），可见在契约订立较频繁的时代，女性立契人订立的分关契约都是必不可少的，因此女性在分关契约中的身份非常重要。究其根源，是明代在法典《大明律》中沿袭了唐代法

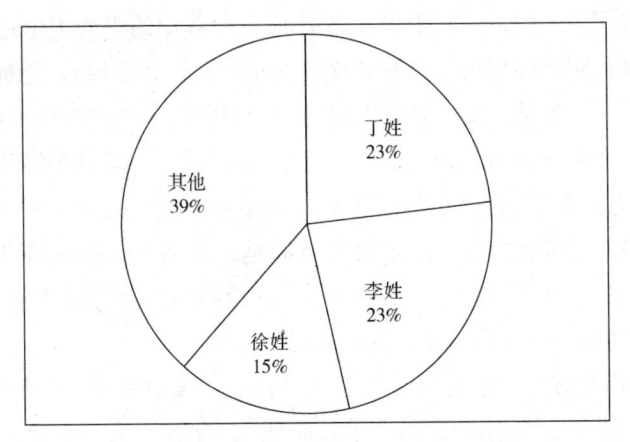

图 10　大屯契约女性立契人的姓氏分布

律的限制性规定,即"凡祖父母、父母在,而子孙别立户籍,分异财产者,杖一百"。大屯村民在分关问题上严格遵循了这一传统,统计发现 32 份分关文书中立契人的身份(见图 11),年迈的父亲立分关契约的有 18 份,母亲立分关契约的有 3 份,父母不在的情况下叔侄和兄弟立分关契约的分别有 3 份和 6 份,唯一一家提及父母二人的 2 份契约(齐少芸 7 和 9)中,其情况也是"母邵氏先年亡故"。

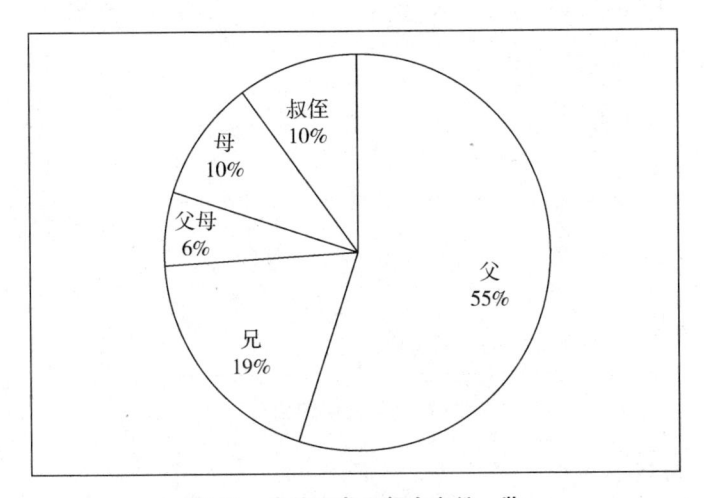

图 11　分关文书立契人身份一览

三、其他要件套语研究

(一) 因由语

(今) 为因乏用/需用/缺用/应用/移置、为用,无处出办

303

为因，即因为。因由语一般紧接起首语，大屯契约中的因由语中提及的原因大多不明确指明具体事由，有的只说"为用"（齐少芸12）。总的来说，大体上有乏用、需用、移置之别，只有少数契约注明事由，如"屡年军需亏空""葬父亏空，帐（账）项无处出辩（办）""兄殡在堂""母亲年高需要棺椁内殓""祖故""身老无着"，可见此类注明的具体事由一般与立契人所为无关，多是出于孝道或是不可抗力之考量。值得注意的是，分关契约的为因语有"生长成人""年老力衰""所生三子俱已婚配成人"，抱约的为因语有"无有子息""长子生病"，这两类契约的为因语与其他不同。

"乏用"即没有可用之资，一些契约用的是"无银使用""无银贸易"，可视之为乏用的注脚。"需用"，如"丁乃能7"中丁治星卖科田是为了买圆慧大师出售的庙田之需，为因语使用的就是"需用"二字。

据统计，522份大屯契约中除去省略为因语的契约及字迹不清的情况，有271份契约的为因语是"乏用"，71份的为因语是"需用"，24份是"移置"（见图12）。

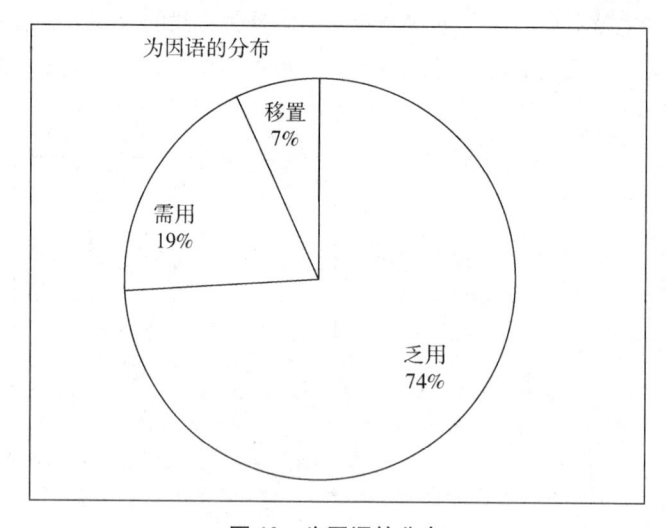

图12 为因语的分布

（二）叙物语

大屯契约的叙物语包括：一、一般以"今"引出交易田土等的来源，如"祖父遗留（分授本己名下）"，据统计共有261份契约交易的内容是祖产。二、具体说明田土的性质和数量，如"地壹段""水田一份""厢房三间"等。三、坐落+地点/地名，大屯契约中有8份契约在坐落后面加上"地名/明"二字，如"地名挎扒山""地明（名）小麻山"。四、田赋租约（顶契和部分卖契）。五、四至,以"四至分明"作为叙物语的结束。

【例】(丁学坤11)民国二十五年丁舜俞卖科田文契

今将祖父遗留扮(分)授自己名下之业,坐落大屯关小门楼浪厂坡,不不田壹块。东抵万姓界,西、南、北俱抵沟,脚踏手指,四字(至)分明。

【例】(李光彬9)光绪十一年李方氏顶道俸田文契

今将叔公置明□田乙(壹)份,大小贰坼(块),坐落地名郭家坟,载粮肆斗壹升伍合,丁银随粮上纳。其田系由丁姓田过水,不得堵塞,东抵沟,南抵徐姓田,西抵大路,北抵丁姓田,四至分明。

【例】(丁学坤12)民国三十一年丁舜俞当水田文契(1942)

将祖父遗留得授,坐落云南坡,东抵丁姓田,西、南俱抵水沟,北抵丁姓田。又贰块坐落锅抵塘,大小湾田贰块,东抵徐姓田,南抵沟,西抵牛路,北抵本族,粮丁姓自纳。三面议定,三年对期,四字(至)分明。

在契约的所有要件中,"叙物语"所包含的内容最为繁多。从上述几例可以看到,卖契的叙物语相对简单些,顶契往往要加上田赋租约,当契则因为交易物不止一件或是利息等内容而有所增加。有鉴于此,对大屯契约叙物语的研究非常重要,可以借此管窥大屯当时田土的面貌。

1. 叙物语的互校研究

从写本校勘角度而言,叙物语多存在字迹模糊和断句不清之处。大屯村周边田土地名都是约定俗成的,因此可以通过整理大屯村同一地名而为字迹和断句不清的地方提供证据。

(1)"将祖父遗留分授本己名下水田乙(壹)块,座(坐)落大水井田边,小地在内。"(齐少芸21)

其中"座(坐)落……"断句有误,校为"座(坐)落大水井,田边小地在内"。坐落的地点是"大水井","田边"二字应与"大水井"断开。

(2)"今将本己名下□子地壹段,坐落吴家园。东抵丁姓界,南抵买主[丁姓],西抵买主[丁姓],北抵丁姓界,四至分明。亲请凭中上门,出卖与丁轸星名下管业耕安。"(丁学坤9"民国十九年丁甫臣卖□子地文契")

"[立当明辣子地文契人丁舜俞,为因乏用,]今将祖父遗留分授自己名下地壹段,坐落吴家园。东、北、西俱抵丁姓界,南抵当主[丁姓]界,四至分明。"(丁学坤19"民国三十四年丁舜俞当辣子地文契")

"丁学坤9"中有异体字,难以识别其本字,根据"丁学坤19",可以发现同是坐落"吴家园",四至均是丁姓界,因此判断异体字的本字为"辣"。对照两份契约,可以知道民国十九年(1930)丁甫臣把辣子地卖给丁轸星,民国三

305

十四年（1945）丁舜俞又把同一份辣子地——祖产（"祖父遗留分授自己名下"）——当给了胞弟，由此可见丁舜俞与丁轸星是祖孙关系。

（3）"今将自己本名下陆地一坋（份），坐落沙□□。东抵赵姓界，南抵李姓地，西抵丁姓界，北抵吴姓地，四至分明。"（卢德志6）坐落地点只有"沙"字。据统计，大屯契约中"沙子坡"出现了5次：

"坐落沙子坡。东低（抵）胡宅，南、西［俱］抵本（赵）宅，北抵胡宅，四至分明。"（丁学正25）

"座（坐）落沙子坡，东抵路，南抵丁姓，西抵吴姓，北抵丁姓"（丁乃江6）

"坐落沙子坡。东抵牛路，南抵□地，西抵卖主□界，北抵本（万）宅、谭宅地界，四至分明。"（赵德忠2）

"坐落沙子坡，大小贰块。其地一地（块），东抵赵、万二姓界，南抵路，西抵路，北抵徐姓界。又一块东抵赵姓界，南抵徐姓界，西抵徐姓界，北抵周姓界，四至分明。"（徐忠义64）

"坐落沙子坡阴阳二宅，认（任）随丁姓开挖。东抵本（胡）宅，南抵庙田，西抵胡宅地，北抵赵、吴二姓地界，四至分明。"（丁学正21）

可以看到，"卢德志6"在四至中提到的"赵姓界，南抵李姓地，西抵丁姓界，北抵吴姓地"，与从4处坐落沙子坡的叙物语中提到的各姓宅或界或田是一致的，因此可以认为"卢德志6"中的坐落地也是"沙子坡"。

上述三例可以看到，地名研究需要和四至的内容对照来看，不仅有利于确定异体字的本字，更有助于进一步明确大屯村的社会关系和地理面貌。

2. 叙物语中的大屯地名研究

如上所述，叙物语中出现了大量大屯地名，对其地名的研究，一方面可以了解大屯周边的地理面貌，另一方面可以探究屯堡人在地名中的使用习惯。

田土性质与地名的关系研究包括某一地名上的田土是否性质大体相同，其二是某种性质的田土在大屯的分布如何。据统计，同一地名上田土性质大体相同的主要有6处（见表14），可见"板桥湾"和"琵琶田"主要是"粮田"，"沙子坡"和"麻山坡脚"主要是陆地，"邵田坝"主要是水田，大、小门楼以房屋地基和房屋买卖为主。另大屯契约中共有10份契约标明永右九粮田主要位于"琵琶田（沟边）"和"官田"两处。值得注意的是，这些田土性质不包含大屯契约中多次出现的"科田"和"庙田"，这说明大屯的"科田"和"庙田"都不是集中位于某一处的。

大屯契约中多次出现的地名有"大沟""吴家园""大门楼""浪厂坡"①"滥坝"等,与其相关的契约中交易的田土性质类型有水田、科田、庙田、粮田等,同一个地名之上有多种田土性质(见表15)。如"白坟""吴家园""花红园"等处都有多达4种田土性质。除此之外,科田主要分布在"浪厂坡""吴家园""白坟""滥坝"等处;庙田主要分布在"大园背后""白坟"等处;水田主要分布在"浪厂坡""大沟""吴家园""郭家坟"等处;陆地主要分布在"大沟""毛栗坡"等处。

表14 大屯契约中6处田土性质大体相同的地名一览

序号	地名	田土性质	份数
1	邵田坝	水田	3
2	沙子坡	陆地	5
3	琵琶田	粮田	5
4	麻山坡脚	陆地	4
5	板桥湾	粮田	4
6	大门楼	地基、房屋	10

表15 大屯契约中的地名及其田土性质相关的契约份数一览

序号	地名	田土性质	份数	田土性质	份数	田土性质	份数	田土性质	份数
1	浪厂坡	水田	7	科田	3				
2	大沟	水田	6	陆地	2	粮田	1		
3	吴家园	水田	5	陆地	2	辣子地	2	科田	1
4	郭家坟	粮田	2	水田	1	道俸田	1		
5	白坟	科田	1	庙田	2	陆地	1	粮田	1
6	花红园	秧田	4	粮田	1	陆地	1	水田	2
7	小街	地基	2	园子	2	房屋	1		
8	毛栗坡	水田	1	陆地	1				
9	大园背后	庙田	2	粮田	1	水田	1		
10	滥坝	坛会田	1	科田	2				

---

① 据大屯契约,有"大屯关小门楼浪厂坡",因此可知"浪厂坡"位于小门楼。

续表

序号	地名	田土性质	份数	田土性质	份数	田土性质	份数	田土性质	份数
11	马道子	水田	2	陆地	1				
12	官田	粮田	3	水田	2				
13	小门楼	草房	1						
14	大水井	水田	2						

3. 涉及田租套语研究

关于顶契中出顶方是否纳田租的问题，研究发现，无论是在叙物语、收价语或者加批语中提及纳田租，都表明了买方的纳田租责任。以下逐一论述。

（1）乾隆年间的顶契一般在收价语部分提及。

【例】载种三升，随田屯粮伍升，其有大小差役，门户随粮办理。（丁学栋2）

（2）嘉庆年间的顶契一般在收价语部分提及。

【例】随田载屯粮壹斗，丁银、夫役在内，载种四升。凭中上门，出顶与堂叔洪训名下耕种。是日三面议定，顶价纹银贰拾叁两整，亲手领明应用，并无花利准折，亦无贪饕逼勒等情。（丁学正2）

叙物语提及，说明赋税责任在买方，收价语提及没有花利。"花利"，白维国主编《近代汉语词典》释为"收益，利息"①。因此，该契约在收价语中说明出顶人除了顶价之外并没有其他收益。

（3）道光年间的顶契在两部分都有提及。

【例】随田租谷肆斗陆升，埂上蜡树一并在内，请凭中证上门，出顶与堂侄丁朝纪名下耕种。是日三面言定，顶［时］价九二银捌两壹钱整，其银亲手领明应用，自顶之后，契明价足，实银实契，任随堂侄永远耕种纳租。（齐少芸5）

叙物语中说明田赋，可见道光年间的田赋只有粮赋，没有他项赋税。收价语中说明由买方纳租。可见道光年间的顶契已经相对完备，在收价语中讲明了顶契双方的责任。

值得注意的是，道光年间的顶契也有正文不提税赋的，但在加批语中提及。

【例】（丁学正13）立顶明粮田文契人杨法祥，为因乏用，今将祖父遗留分

---

① 白维国. 近代汉语词典［M］. 上海：上海教育出版社，2015：805.

受（授）本［己］名下粮田乙（壹）块，坐落大坡脚。东抵牛路，西抵赵姓，南抵杨姓，北抵坡脚，四至分明。请凭中证上门，出顶与丁朝云名下耕种为业。是日三面议定，得授时价九三银陆两壹钱整，其银法祥亲手领［明］应用。自顶之后，契明价足，实银实契，任随朝云永远耕种管业，杨姓房族人等不得异言争论。恐（空）口无凭，立顶契永远为据。

立契日内天（添）二字

其田系有三升屯粮，在坡脚长田乙（一）块上纳

酒水画字在外

道光二十九年二月初八日立顶粮田文契人杨法祥

上述顶契（丁学正13）有两行小字，属于加批语，其中一行说明文内添字情况，另一行小字则说明粮赋情况。道光年间的这两份顶契的订立时间都是道光二十九年（1849），可以说明此时的田赋只有粮赋了。至于为何在加批语提及粮赋，究竟是代笔人习惯不同，还是顶契双方关系不同，对比杨法祥在同一天立的另一份顶契（丁学正14），可以发现代笔人都是"王如凡"，但是"丁学正14"中的粮赋并没有出现在加批语中，而是在正文中。

【例】（丁学正14）立顶明庙田文契人杨法祥同侄光全、孙元妹，为因乏用，今将祖父遗留分受（授）本［己］名下庙田贰块，坐落杨家荡。东、西、北三至俱抵沟，南抵万姓田，四至分明。随田上纳庙祖（租）乙（壹）石。请凭中证上门，出顶与丁朝云名下耕种为业。是日三面议定，得授时价九三银壹拾伍两整，其银叔侄亲手领明应用，自顶之后，契明价足，实银实契，任随朝云永远耕种管业，杨姓房族人等不得异言争论。恐［后］无凭，立顶契永远为据。

道光二十九年二月初八日

也就是说，道光年间同一年订立的三份顶契——"齐少芸5""丁学正13""丁学正14"，只有"丁学正13"把赋税放在加批语中，而且后两份契约出于同一个代笔人和出顶人，因此不会是代笔人习惯不同造成的。对比这3份顶契的粮赋数量，其不同之处在于，"丁学正13"出顶的是粮田，纳粮3升，"丁学正14"出顶的是庙田，纳粮1石；"齐少芸5"出顶的也是庙田，纳粮4斗6升。可以发现小字加批语中出现的粮赋数量较小，这体现了契约的精要之处，不那么重要的内容使用了小字"加批语"。

（4）咸丰年间的顶契，虽然在收价语中提及上纳租谷，但无主语，而且前句主语是出顶方，是否说明此契是出顶方交租呢？从顶契的发展过程看，并没有这一先例，因此可以认为此契仍然是买方交租。

【例】（丁学坤3）咸丰八年三月二十六日徐应柱顶庙田文契（1858）

立顶明狮子山庙田文契人徐应柱，为因乏用，今将祖父所置庙［田］乙（壹）块，坐落基门口。请凭中上门，出顶与丁朝槐名下管业耕种。三面议定，价艮（银）肆两二钱整，徐姓亲手应用，每年上纳①租谷二斗，至（自）顶之后，徐处不得异言。恐（空）口无凭，立顶字为据。

咸丰八年三月二十六日

（5）光绪年间的顶契，在叙物语部分提及交租数额。

【例】（周邦珍3）立顶明庙田文契人周志兴，为因遗（移）业置业，今将本自己所置明庙田壹块，坐落寨基上。北抵沟，东抵齐姓界，南抵丁姓界，西抵徐姓界，狮子山庙租□□，四至分明。今［请］凭中上门，出顶周富兴名下耕种管业，即日言定时九九价银贰拾两零□□□整。顶日志兴亲手收明应用，此系实银实契二彼情愿，并［无］货物准折，亦无逼迫等情。自顶之后，任随周富兴永远耕安，志兴［子］侄及异姓人等不得异言争论，如有此情，志兴一面承耽（担）。［恐（空）口无］凭，立顶契为据。

垦（埂）上［树木］一并在内。

光绪二十年

综上所述，顶契与卖契最大的不同，即有无租约的问题，顶契中大多是在叙物语部分提及租约，也有在收价语部分提及以示强调之意，也有在加批语中提及（这种情况的田租数额一般较小）。

（三）叙物语之后各要件研究

1. 概述

根据冯学伟的观点，叙物语之后各类套语的结构次序主要是凭中语+收价语+任凭语+负责语+结束语。王恺豫②认为，凭中语大概率置于叙物语下，所以示为中保说合，负连带责任；收价语表示价银在立契时，已经全数收足，或仅收到若干；任凭语表示与产断绝关系者为多，凡债的契约与物的契约，通常置于文契之后段；负责语一面表示无纠纷，一面表示有意外时，立据人切实负责，其位置则在段末。

就大屯契约而言，其套语主要是：一、凭中语，一般为"今请凭中（证）上门，出当/顶/卖与丁汝开名下（耕种/住坐）管业/为业"。二、收价语，一般

---

① 上纳，意为"向官府交纳"。参见：白维国. 近代汉语词典［M］. 上海：上海教育出版社，2015：1891.
② 王恺豫编著. 大众契约程式［M］. 上海：上海大众书店，1936：8-30.

为"(是日)三面言(议定),(卖/时)价/(市)银+价格,其银亲手接明应用,并无货物准折,亦无逼迫等情。系二比情愿,此[系]实银实契"。三、任凭语,如"自卖之后,任随文彪永远管业,房族人等不得异言"。四、负责语,如"如有异言,系卖主一面承当"。五、结束语,如"恐(空)口无凭,特立卖契为据"。

总体而言,这几种要件的用词相差无几,目前相关研究已经比较全面,在理解上并无大碍,值得探究的主要是:任凭语中的"安佃"一词,以及"永远管业"的套语结构。

2. 任凭语中的"安佃"一词

(1) 顶契任凭语中的"安佃"一词

任凭语的结构一般是"自……之后,任随……耕种耕安"。大多数顶契中除在起首语使用"顶"字外,任凭语一般并没有差异,只有"李光彬31"《民国二十三年(1934)李建章顶庙田文契》中的任凭语标志了顶契的租佃关系特点。卖契和顶契大多使用"耕种管业""管业耕安"等类词语,"李光彬31"使用的则是"管理安佃",其中"佃"字表明转让的是使用权,而不是所有权。另有"吴祖和1",用的是"永远安佃","王文义1"用的是"永远管业安佃"。

【例】自顶之后,任随秀廷管理安佃,建章房族子侄以及异姓人等,不得异言争论,如有此情,自任套哄之咎。恐(空)口无凭,特立顶契为据。(李光彬31)

【例】自顶之后,任随徐姓永远安佃,顶主子孙有力不能相续,无力不能找补。(吴祖和1)

【例】随田上纳屯粮永石九粮壹升,……自顶之后,任随金姓管业安佃……恐(空)口无凭,立顶契永远管业安佃为据。(王文义1)

(2) 卖田骨契中的任凭语

2018年,徐嘉露指出,在明代"卖田骨契"(即田底权契)与一般的买卖契约内容基本相同,不同之处在于:"卖田骨契"一般都会载明原租多少,"卖与某名下收租管业";而买卖契约是"卖与某人永远自行管业"或"卖与某某名下永远为业",显示的是土地田宅的所有权利的转移,而"卖田骨契"卖出的则是对土地田宅的收益权,"卖田骨契"都会在契中显示租额的情况。[①] 对照大屯契约,也找到了唯一一份用套语"收租管业"的"卖田骨契":

[①] 徐嘉露. 明代民间契约习惯研究[D]. 郑州:郑州大学, 2018.

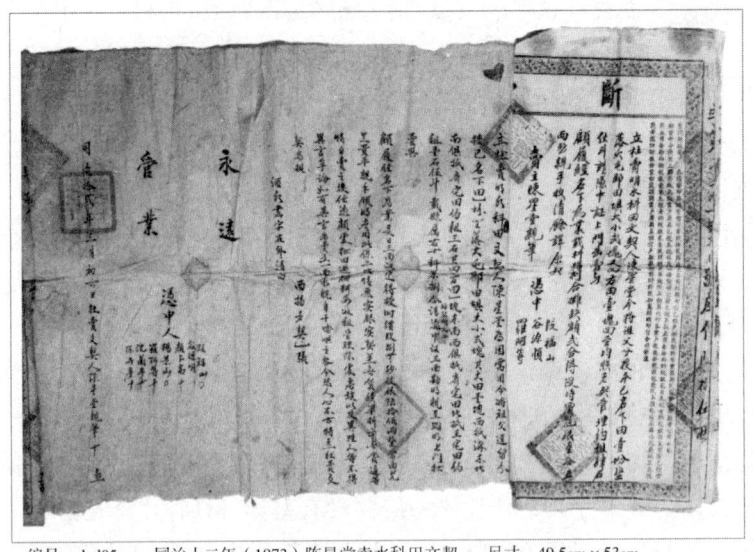

编号：dxd05　　同治十二年（1873）陈星堂卖水科田文契　　尺寸：49.5cm×53cm

图 13　大屯契约中的任凭语展示

【例】（丁学栋5）同治十二年三月初六日陈星堂卖水科田文契（1873）

【老契】

立杜卖明水科田文契人陈星堂，为因需用，今将祖父遗留分授［本］己名下田壹份，坐落大屯邵田坝，大小贰块。其大田壹块，西抵沟，东、北、南俱抵齐宅田，约租三石。其四方田一块，东、南、西俱抵齐宅田，北抵王宅田，约租壹石伍斗，载县属右十科米捌合，摊缺额贰合。请凭中证三面勘明，亲至（自）踏明上门，杜卖与顾履经名下为业。是日三面议定，得授时价玖捌无砂纹银陆拾伍两整，当面兑足，贵平亲手领明应用，此系二比情愿，实银实契，并无货债准折，亦无贪逼等情。自卖之后，任凭顾处将田过佃耕安收租管理，陈处房族以及异姓人等不得异言争论，如有异言，为卖主一面承耽（担），自干（甘）套哄之咎。今恐人心不古，立杜卖文契为据。

面揭老契一张

酒水画字在外清白

永远管业

　　　　　　　　　　　同治十二年三月初六日杜卖文契人陈星堂亲笔立

【官契】

立杜卖明水科田文契人陈星堂，为因需用，今将祖父遗留分授［本］己名下田壹份，坐落大屯邵田坝，大小贰块。又四方田一块，四至均照老契管理约租肆石伍斗，请凭中证上门，杜卖与顾履经名下为业。载科粮捌合，摊缺额贰合。得授时价□银陆拾伍两整，亲手收清，余详原契。

卖主陈星堂亲笔

"丁学栋5"是一份官契和老契相接、保存完整的"卖田骨契"。我们发现"卖田骨契"除了使用"收租管业"套语外，大屯契约中还有一些卖契在任凭语中表明"安佃"二字，如"徐起江3"和"徐起江4"，根据顶契与"卖田骨契"在租佃关系上的特点，所谓"卖田骨契"，即田底权买卖契约，是指保有原有土地租佃关系的出卖田地所有权契约。由此可以判断这两份卖契所交易的土地存在租佃关系。

【例】（徐起江3）光绪五年七月七日刘瑞卖科田陆地文契（1879）

【官契】

立出卖明科田陆地文契人刘瑞，为因乏用，今将自置田地，坐落卜气歌，四□□□，老契随田科米壹合。凭中证出卖与田壹份大小公五块［于］徐大恩名下为业，是日三面言定，卖价市银陆两整。自卖之后，任随徐姓耕种安佃永远管业，刘姓不得异言，此系实银实契，并无货物准折，亦无逼迫等情。恐（空）口无凭，立契为据。

内除大树壹根，界内树木在内

光绪五年七月十七日

【例】（徐起江04）光绪六年五月初八日刘国瑞卖水田陆地文契（1880）

立卖明水田陆地文契［人］刘国瑞，为因乏用，今将本己所置之田壹块，坐落卜气歌。东抵沟，南、北［俱］抵沟，西抵路，四至分明。随田科米壹合，系如右九上纳，今请凭中出卖与徐大恩名下为业。是日三面议定，时价随市无镰（钎）沙（砂）银贰两壹钱整，刘姓亲手领明应用，实银实契，此系二比情愿，自卖之后，任随徐姓安佃管理，刘姓房族子侄不得异言争论。恐（空）口无凭，立卖契永远为据。

光绪六年五月初八日立卖契刘国瑞

据统计，大屯契约中出现"安佃"一词的卖契共15份（见表16）。根据契约正文有无关于租约的说明，我们认为"胡华珍6""赵德忠11"和"丁学栋43"这三份房屋地基买卖的文契，既没有提到租约，也不属于田土交易，因此不是卖田骨契的范畴；另有"徐世华1""丁学坤2""丁学正18"和"户主不详6"这四份陆地买卖文契，没有提及租约，因此无法确定是否存在租佃关系，所以不能确定是否属于卖田骨契。因此大屯契约中，根据卖契中的套语"安佃"一词以及文内是否提及田租的情况，可以确定有8份"卖田骨契"——即田底权的买卖。就其订立的时间而言，从乾隆三十五年（1770）至民国年间都存在这种田土交易。其中光绪年间有3起，此间"李应贵"分别在光绪三年（1877）和三十三年（1907）发生了两笔田底权交易，交易价格合计九九银46两。

表16 买卖契约中的任凭语"安佃"类

序号	编号	题名	叙物语	收价语	任凭语/凭中语	备注
1	胡华珍6	民国三十七年（1948）李锦荣卖房屋文契		言定金圆券叁佰陆拾圆	任随李姓住坐安佃	无租
2	徐起江3	光绪五年（1879）刘瑞卖科田陆地文契	老契随田科米壹合	市银陆两整	自卖之后，任随徐姓耕种安佃永远管业。	
3	徐起江4	光绪六年（1880）刘国瑞卖水田陆地文契	随田科米壹合，系如右九上纳	时价随市无鎌沙（钎砂）银贰两壹钱整	自卖之后，任随徐姓安佃管理。	
4	徐世华1	民国二十八年（1939）夏云先卖陆地文契		大洋陆拾圆正（整）	自卖之后，任随[买]主耕安佃种。	无租
5	丁学坤2	咸丰□□年郑正统卖陆地文契		值九九银三两三钱捌（八）分	今请凭中亲至（自）上门，卖与表兄丁国雄名下管业安佃。	无租
6	陈勇3	光绪三十三年（1907）李毓珍卖科田文契	随田西右九粮伍合	时价九九银三拾伍两整	今请凭中证上门，出卖与李应贵名下耕种安佃管理。	
7	赵德忠11	民国五年（1916）赵应儒卖房屋地基文契		时市九文（纹）水银陆两整	任随买主管业安佃	无租
8	徐忠义1	乾隆三十五年（1770）陈文光卖科田文契	随田科米壹升	时价纹银拾玖两整	任随丁处永远管业安佃耕种	

314

续表

序号	编号	题名	叙物语	收价语	任凭语/凭中语	备注
9	丁学栋4	同治九年（1870）李保山卖科田文契	随田科米四升，丁银系是狮子山公田上纳，	玖九纹银三拾捌两整	出卖与黄攀桂名下管业安佃……自卖之后，任随黄姓开挖耕种安佃阴阳二宅。	
10	丁学栋6	光绪三年（1877）李永昌卖科田文契	载明右九科粮壹升，丁银系如狮子山上纳	时价九呈（成）银壹拾壹两整	自卖之后，任随侄耕种安佃。	
11	丁学栋43	民国三十四年（1945）丁日生卖房屋墙石文契	/	时价市用法币肆拾伍万式（肆）千元正	任随胞弟子孙永远住坐安佃	无租
12	丁乃营8	民国十三年（1924）方少宾卖科田文契	载系居西右九科米四升，丁银入狮子山公田上纳	得受（授）时价生洋肆佰圆整	自卖之后，任随丁姓管业安佃耕种。	
13	丁学正18	咸丰六年（1856）丁有元卖陆地文契		价银壹两捌钱整	出卖与丁朝赢名下管业安佃	无租
14	丁学正28	光绪三年（1877）李吴氏卖水田文契	随田科米壹升，丁［银］随粮上纳	时价九九银陆拾柒两整，	今请凭中证上门，出卖与丁景星名下耕种安佃。	
15	户主不详6	民国五年（1916）曾炳口卖陆地文契		是日三面议定九文（纹）价七两整	自卖之后，任随丁姓子孙永远管业安佃。	无租

论述至此，试图回答另一个问题，大屯契约中多达326份买卖契约中，没有使用套语"安佃"的，是否存在类似的"卖田骨契"？也就是说，如果将卖契中提到田租的土地交易都视为田底权交易，那么大屯契约中的田底权交易不

315

止 8 份。

相比之下，田面权交易契约有 80 份，田底权交易契约仅有 8 份，可见大屯契约中，田面权交易发生得更频繁些。有学者研究认为，在徽州文书中，田面权更容易在土地市场中交易。总而言之，如前所述，顶契在各朝各代都比当契多，也比"卖田骨契"数量多，田面权交易的市场更活跃。

(3) 当契中的"安佃"一词

此外，发现当契中也存在同样使用套语"安佃"的情况。

【例】(胡华珍 5) 立当明瓦房文契人李锦荣，为因今将本己名下厢房二贰间，坐落大门数（楼）。东抵丁姓，南抵李姓界，西抵李姓，北抵丁姓界，四至分明。亲自上门出当与李云奎名下为业居住，是日三面议定，市用国币柒万元正（整），即日当主亲手领明应用。至（自）当之后，任随云奎住坐安佃，房主不得异言争论，如有争论，此情有（由）房主一面承耽（担），其房不及远近归赎相还。恐（空）口无凭，立当字为据。

后面圆（园）□在内。

民国三十五年古历八月二十八日李锦荣立

3. 永远管理、永远管业/耕种/住坐、长发其祥

大屯契约在形式上有一个特点，据统计，买卖双方当事人信息记载清楚明白的 522 份契约中，有 400 份契约都用了"永远管业"四字，一般用较大字体写在左上方空白处，位于每一张契约的结束语之后，加批语的后面，代字人等内容的上方，署名落款的右方（见图 14）。如分关契约有"长发其祥""子孙发达""百子千孙"；买卖契约有"永远管业"。值得探讨的是，这些四字短语是加批语还是其他套语？笔者认为是吉祥语。

2015 年，冯学伟指出，加批语是契约中最为灵活、生动的部分，作为"兜底条款"，可以补契约之纰漏，使契约内容更加完备。吉祥语是在契约做完之后，依据地方习惯或行业特点加上的一种惯用语，用来表达当事人对未来生产、生活的美好祝愿或期待。这些字往往写得很大，几乎占据了一张契纸所有剩余的空白部分，使在契后添字作伪非常不易，具有防伪的功能。

由此可见，"永远管业"虽然有兜底条款的意思，但与它同一个位置出现的其他四字短语，如"子孙发达"等很明显是表明了当事人的美好祝愿。同时，这些四字短语符合"防伪"功能的特点，都比契约正文的字体大很多，占据了契纸剩余的所有空白部分。因此"永远管业"等四字短语属于吉祥语。

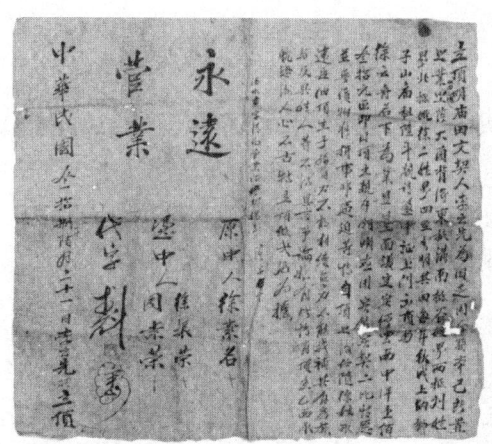

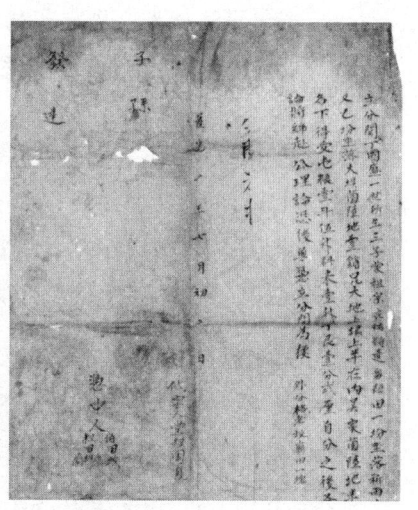

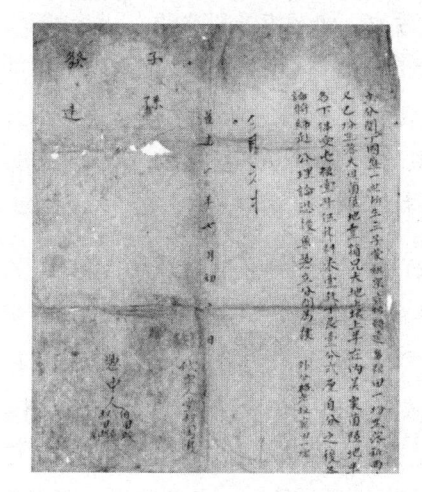

图 14　大屯契约的吉祥语展示

四、大屯契约文书校记

（一）错别字

从校勘的角度而言，整理者因原文字迹不清等而出现错误，如下所述。

1. 拳

【例】寸木举石、门窗户壁一并在内，经凭中证出卖与李毓林名下为业。

校：寸木拳石。

2. 褐

【例】老契［系］是连契，未褐与堂弟，系是瑞廷执掌。(刘学珍1)

校："褐"误，校为"揭"。"揭"是"揭"的异体字。

证：酒水画字清白，管业证、老契揭交。（吴祖和1）

3. 续

【例】自顶之后，任随徐姓永远安佃，顶主子孙有力不能相继，无力不能找补。（吴祖和1）

校："继"误，校为"续"，疑为"赎"字的同音代字。

按：据明人佘自强在《治谱》卷四记载：

> 田土一事，有因疆界争者，有因买卖争者，有因推收争者，有因价值争者，有因回赎争者，俱不可不为之处。如疆界不明，但查原丈亏口，令中人邻佑处分，又不明，则亲往看之。径自委官，未免多事。如系争买，一尽本家，二尽业主，三尽近邻。如本家业主近邻必欲减价，则听其别卖，粮米不明，则查□首粮数，及当日原丈亏口。又恐有豪强飞诡，小民懦弱，田尽卖而米尚存者，价值多寡，则问之民风土俗，证之中证交单。至应赎与否，则有原契原中在。如原契已改，原中已故，但验之笔迹。若卖主力不能赎，又赴告者，多是意在加添，假名回赎耳，须是斟酌。加添之例，固不可开，亏折之事，亦不谓无。审处而详问其风俗可也。①

佘自强，字健吾，明万历二十年（1592）中进士。他的《治谱》是官箴书，内容繁多，供初任的州县官员以及为官多年的高官阅读。明清时期官箴书大量涌现，《道光重庆府志》称"仕者奉为律令"②。可见《治谱》一书内容的可信度颇高。书中在《词讼门·田土》部分告诫官员道，田土有关的诉讼之争中，有因回赎而起的，……根据原契原中判断是否应该回赎，假如原中人已故，原契有改动，在核实笔迹真伪的情况下，发现卖主无力回赎却多次赴告，其实是想借回赎之名义加添卖价。

《治谱》中的"回赎"与"吴祖和1"文契中载"子孙有力不能相续，无力不能找补"的语境相同，都是有关田土的契约用词。另据大屯契约载：

【例】自顶之后，任随胞叔子孙管业耕安，卖主有力不得归续，无力不得找补。（丁学坤4）

【例】此系二彼情愿，自卖之后，随堂侄、堂弟永远耕安，方氏有力不得归赎，无力不得找补。（李光彬9），

---

① 佘自强. 治谱：卷四：词讼门：田土 [M]. 明崇祯十二年胡璇刻本.
② 周毅. 《治谱》官箴思想研究 [D]. 北京：中国政法大学，2015.

其中"归续"与"归赎"同义，因此，"续"是"赎"的别字。田土契有买卖和典当之别，上述几例均为"买卖"类契约，因此注明不得回赎。大屯契约中的典当契，同样涉及回赎的问题。

【例】十当十续，三年之外银到续起，银到归续。（李光彬 18）

【例】对月归续。（丁学正 43）

【例】外对期赎取，倘若过期，心想承处一年的全租，至银色当照纸交接，系是银兑足，十当十赎，亦不得十当九赎之理。……照契归赎。（丁学正 51）

【例】期到归赎。（徐起江 37）

【例】准当四年来续。（徐起江 40）

4. 代字人：吴耀光（齐少芸 02）

校：吴耀先。

5. 立出永无后患人丁国顺、全男老七，为因将狮子山庙田一块，坐落白坟。（齐少芸 3）

校："全"误，校为"仝"，"同"之异体。

6. 南抵毛石半边，上抵坛头。（齐少芸 8）

校：上抵埋头。

7. 屯科粮平上上田租平上。……代字人：丁次乡。（齐少芸 9）

校：屯科粮平上，庙租平上。……代字人：丁次卿。

8. 东抵李、丁两姓界，南抵李姓界。（齐少芸 16）

校：删去"两"字，原文中无此字。

9. 出卖与丁智星为业，载粮壹升捌合，值银柒两肆钱整，亲手领明。（齐少芸 19）

校："值银"之"值"误，校为"价"。

10. "立卖明水田文契人丁日有，今因移置，将祖父遗留分授本己名下水田乙（壹）块，座（坐）落大水井田边，小地在内。"（齐少芸 21）

校："座（坐）落……"断句有误，校为"座（坐）落大水井，田边小地在内"。

11. "日有所分得受后半间，坐房牛倦（圈）各半间，神火（龛）背后堂屋共冢应用。"（齐少芸 22）

校："共冢"之"冢"误，校为"众"。

12. 仝，即同

"民国三十三年古历二月十八日丁日进弟兄二人合立"（齐少芸 22）

校："合立"之"合"误，校为"仝"，"同"之异体。

（二）误校札记

王阳认为，契约文书词汇误校分为两种情况：不明异形词和不明同义词。①

1. 请中证上门，出卖与李肇先名下归赎（属）永远管业。（李光彬 1）

校：归赎为正字，"属"为误校。

2. 自顶之后，任随周富兴永远耕安，志兴［子］侄与及异姓人等不得异言争论。（周邦珍 3）

校："与"是"以"的别字。

3. 时价正板花银壹百九拾伍［元］整，……实银实契……并无货物准折……卖主乙（一）面承耽（担）……酒水代字清白。（徐起江 27）

校：（1）原文"艮"为"银"的别字，校为"花艮（银）""实艮（银）"；

（2）原文"会"是"无"的别字，校为"会（无）"；

（3）原文"代"是"化"的别字，校为"代（化）"。

4. 今凭周锐、齐松亭乡（相）约李善昌，出卖与李培昌、李植昌名下。（李光彬 7）

校：（1）此处为断句之误，校为"今凭周锐、齐松亭、乡约李善昌"，断句在乡之前。

（2）"乡（相）"为误校，校为"乡"。

五、结语

本文从初步的统计和校勘入手，整理屯堡契约中各要素所反映的套语使用情况，并试图还原屯堡契约订立时期的社会状况和地理面貌，偶有所得总是令人欣喜。我国的写本学在语言文字方面已有许多研究成果。就校勘而言，如何利用契约中的套语展开互校，对大屯契约有较大的作用，也是本课题进一步深入开展的基本工作。由于时间和精力所限，本文作为大屯契约语言与社会研究的初步阶段性成果，还有许多值得探讨的地方，如异文别字现象及其所反映的语音特点，是下一步研究值得关注的内容。

六、参考文献

（一）专著

[1] 曾林. 古代汉语词典：全新版［M］. 成都：四川辞书出版社，2011.

---

① 王阳. 契约文书误校原因探析——以《贵州文斗寨苗族契约法律文书汇编》为例［J］. 宁波大学学报（人文科学版），2020，33（05）：69-75，103.

［2］冯学伟．明清契约的结构、功能及意义［M］．北京：法律出版社，2015．

［3］卢庆全，任明．贵州契约文书词汇研究［M］．北京：中国社会科学出版社，2019．

［4］吕燕平．大屯契约文书汇编［M］．贵阳：孔学堂书局，2020．

［5］孙兆霞，等．吉昌契约文书汇编［M］．北京：社会科学文献出版社，2010．

［6］王帅一．明月清风：明清时代的人、契约与国家［M］．北京：社会科学文献出版社，2018．

［7］王重民，袁同礼．美国国会图书馆藏中国善本书录：上［M］．桂林：广西师范大学出版社，2014．

［8］武新立．明清稀见史籍叙录［M］．南京：金陵书画社，1983．

［9］许少峰．近代汉语大词典：上［M］．北京：中华书局，2008．

（二）期刊论文：

［1］岸本美绪，张微．贵州山林契约文书与徽州山林契约文书比较研究［J］．原生态民族文化学刊，2014，6（02）：71-79．

［2］白化文．敦煌遗书中的类书简述［J］．中国典籍与文化，1999（04）：50-59．

［3］车锡伦．清及近现代吴方言区民间宣卷和宝卷概况［J］．温州师范学院学报（哲学社会科学版），2003（03）：46-52．

［4］储小旵，张丽．宋元以来契约文书俗字在大型字典编纂中的价值［J］．中国文字研究，2014，19（01）：135-143．

［5］储小旵，周小凤．徽州契约文书语词例释［J］．安庆师范学院学报（社会科学版），2011，30（09）：24-29．

［6］储小旵，张丽．契约文书俗字考五则［J］．汉语史学报，2013（00）：295-300．

［7］丁建茗．贵州文斗寨契约文书未识字考辨七则［J］．黄山学院学报，2019，21（01）：62-64．

［8］董丛林．民间文献、地方文献的界定与利用［J］．河北学刊，2018，38（04）：63-67．

［9］董志翘．敦煌社会经济文书词汇语法札记［J］．古汉语研究，2009（01）：62-69．

［10］范瑞凰．民间文献与西南民族史研究［J］．怀化学院学报，2008，27

(12): 1-3.

[11] 高岩. 《贵州清水江流域明清土司契约文书》札记五则 [J]. 原生态民族文化学刊, 2020, 12 (01): 21-27.

[12] 郜同麟. 敦煌文献语词与汉语史研究 [J]. 敦煌学辑刊, 2012 (04): 84-89.

[13] 郭洪丹. 20 世纪 90 年代以来敦煌俗字研究综述 [J]. 西南交通大学学报（社会科学版）, 2010, 11 (02): 50-54.

[14] 郭在贻, 张涌泉, 黄征. 敦煌变文整理校勘中的几个问题 [J]. 古汉语研究, 1988 (01): 70-79.

[15] 郝春文. 关于敦煌写本斋文的几个问题 [J]. 首都师范大学学报（社会科学版）, 1996 (02): 64-71.

[16] 郝茂. 论唐代敦煌写本中的俗字 [J]. 新疆师范大学学报（哲学社会科学版）, 1996 (01): 35-44.

[17] 黑维强, 贺雪梅. 论唐五代以来契约文书套语句式的语言文字研究价值及相关问题 [J]. 敦煌学辑刊, 2018 (03): 34-53.

[18] 黑维强, 唐永健. 契约文书中的"分数"类词义考辨 [J]. 中国文字研究, 2015 (02): 173-183.

[19] 黑维强. 论古代契约文书的文献特点及词汇研究价值 [J]. 合肥师范学院学报, 2011, 29 (05): 6-10.

[20] 黑维强. 吐鲁番出土文书词语例释（二）[J]. 敦煌学辑刊, 2005 (02): 184-193.

[21] 黑文婷. 契约文书"二比"类词语释义 [J]. 甘肃高师学报, 2012, 17 (06): 28-30.

[22] 黄大祥. 敦煌社会经济文献词语例释 [J]. 西华大学学报（哲学社会科学版）, 2009, 28 (05): 49-51.

[23] 黄征. 敦煌写本整理应遵循的原则 [J]. 敦煌研究, 1993 (02): 101-108.

[24] 姜明. 贵州岑巩契约文书的类型、特点和学术价值 [J]. 原生态民族文化学刊, 2014, 6 (02): 35-43.

[25] 龙宇晓. 清水江文书研究的基本思路、研究方法及创新点 [J]. 原生态民族文化学刊, 2012, 4 (03): 32-34.

[26] 卢庆全. 贵州契约文书"到达"类词语探究 [J]. 哈尔滨学院学报, 2019, 40 (09): 96-99.

[27] 卢庆全. 贵州契约文书"理论"类词语探究 [J]. 智库时代, 2018 (31): 131-132.

[28] 卢庆全. 贵州契约文书"任凭"类词语研究 [J]. 原生态民族文化学刊, 2018, 10 (03): 37-42.

[29] 卢庆全. 贵州契约文书"愿意"类词语研究 [J]. 安庆师范大学学报 (社会科学版), 2019, 38 (05): 23-27, 34.

[30] 卢庆全. 贵州契约文书词汇研究与整理本之校勘 [J]. 新疆大学学报 (哲学·人文社会科学版), 2019, 47 (02): 150-156.

[31] 卢庆全. 贵州契约文书词语例释11则 [J]. 大连大学学报, 2019, 40 (02): 65-71.

[32] 卢庆全. 贵州契约文书词语训释十二则 [J]. 安康学院学报, 2018, 30 (03): 57-60.

[33] 卢庆全. 贵州契约文书疑难词语例释 [J]. 新疆大学学报 (哲学·人文社会科学版), 2018, 46 (01): 133-138.

[34] 落合俊典, 方广锠. 写本一切经的资料价值 [J]. 世界宗教研究, 2000 (02): 126-131.

[35] 马国君, 王紫玥. 贵州清水江流域林业契约文书整理和研究综述 [J]. 古今农业, 2019 (04): 109-120, 108.

[36] 孟学华. 贵州毛南族地区清朝民国时期土地契约文书的调查与研究 [J]. 贵州民族研究, 2014, 35 (01): 149-153.

[37] 瞿冕良. 略论古籍善本的公文纸印、抄本 [J]. 山东图书馆季刊, 1992 (02): 49-55, 19.

[38] 史光辉. 19世纪黔北方音研究: 以《遵义府志·俗语》为中心 [J]. 语言研究, 2021, 41 (03): 1-6.

[39] 史光辉. 从词汇比较看明清以来黔北方言的变迁 [J]. 语言研究, 2020, 40 (03): 1-8.

[40] 谭洪沛. 数十万贵州清代林业契约文书将有新家 [J]. 中国林业, 2010 (03): 28.

[41] 唐智燕. 《贵州苗族林业契约文书汇编》误释俗字补正: 兼论俗字研究对于民间写本文契开发利用的重要性 [J]. 原生态民族文化学刊, 2013, 5 (04): 36-40.

[42] 唐智燕. 俗字研究与民间文献整理: 以《吉昌契约文书汇编》为例 [J]. 汉语史研究集刊, 2012 (00): 382-399.

[43] 藤枝晃, 白文. 中国北朝写本的三个分期［J］. 敦煌研究, 1990 (02): 46-55, 127-130.

[44] 王启涛. 量词加词尾不晚于唐代［J］. 中国语文, 2003 (05): 460-461.

[45] 王阳, 吴盼.《贵州文斗寨苗族契约法律文书汇编》录文失误成因探析［J］. 温州大学学报（社会科学版）, 2020, 33 (02): 88-96.

[46] 王阳.《贵州文斗寨苗族契约法律文书汇编》录文献疑［J］. 古籍整理研究学刊, 2020 (05): 67-73.

[47] 王阳. 契约文书误校原因探析：以《贵州文斗寨苗族契约法律文书汇编》为例［J］. 宁波大学学报（人文科学版）, 2020, 33 (05): 69-75, 103.

[48] 王阳. 契约文书校勘失误成因探析：以《贵州文斗寨苗族契约法律文书汇编》为例［J］. 学术探索, 2019 (05): 106-111.

[49] 王振忠. 徽州社会文化史探微：新发现的16—20世纪民间档案文书研究［J］. 复旦学报（社会科学版）, 2021, 63 (05): 198.

[50] 吴才茂. 贵州天柱苗、侗族契约文书的发现、特点及其价值［J］. 兰台世界, 2013 (10): 142-143.

[51] 肖亚丽. 清水江文书词语释义十一则［J］. 原生态民族文化学刊, 2020, 12 (02): 18-24.

[52] 杨培娜, 申斌. 走向民间历史文献学：20世纪民间文献搜集整理方法的演进历程［J］. 中山大学学报（社会科学版）, 2014, 54 (05): 71-80.

[53] 杨庭硕."百苗图"贵州现存抄本述评［J］. 贵州民族研究, 2001 (04): 79-85.

[54] 姚权贵. 清代云南、贵州契约文书词汇比较初探［J］. 语言历史论丛, 2020 (02): 183-195, 7.

[55] 姚权贵. 清水江文书俗字丛考［J］. 安庆师范大学学报（社会科学版）, 2019, 38 (01): 8-11.

[56] 姚权贵. 清水江文书所见300年前锦屏方言的语音特点［J］. 贵州民族研究, 2020, 41 (05): 132-138.

[57] 叶贵良. 敦煌社邑文书词语选释［J］. 敦煌研究, 2004 (05): 79-84.

[58] 于正安. 敦煌历文俗字类型研究［J］. 许昌学院学报, 2013, 32 (06): 76-78.

[59] 张蕾. 21世纪以来研究敦煌俗字的硕士论文综述［J］. 辽东学院学报

（社会科学版），2016，18（04）：82-85.

[60] 张民权，田迪.《蒙古字韵》编撰与校勘情况 [J]. 中国语言学报，2016（00）：205-214.

[61] 张新杰. 清水江文书整理的语言学分类标准探究 [J]. 原生态民族文化学刊，2016，8（03）：50-53.

[62] 张应强. 方法与路径：清水江文书整理研究的实践与反思 [J]. 贵州大学学报（社会科学版），2018，36（01）：36-41.

[63] 张永莉. 吐鲁番契约文书词语例释 [D]. 西安：陕西师范大学，2012.

[64] 张涌泉. 从语言文字的角度看敦煌文献的价值 [J]. 中国社会科学，2001（02）：155-165，207-208.

[65] 张涌泉. 敦煌文书类化字研究 [J]. 敦煌研究，1995（04）：71-79.

[66] 张涌泉. 敦煌文献的写本特征 [J]. 敦煌学辑刊，2010（01）：1-10.

[67] 张涌泉. 敦煌写本断代研究 [J]. 中国典籍与文化，2010（04）：61-69.

[68] 张涌泉. 试论敦煌写本类书的校勘价值：以《励忠节抄》为例 [J]. 敦煌研究，2003（02）：69-73，110.

[69] 张涌泉. 试论审辨敦煌写本俗字的方法 [J]. 敦煌研究，1994（02）：146-155.

[70] 张涌泉. 新见敦煌变文写本叙录 [J]. 文学遗产，2015（05）：130-152.

[71] 张涌泉. 研究敦煌俗字应注意的几个问题 [J]. 杭州师范学院学报，1995（04）：49-55.

[72] 郑阿财. 论敦煌俗字与写本学之关系 [J]. 敦煌研究，2006（06）：162-167，231.

[73] 郑炳林. 敦煌本《张淮深变文》研究 [J]. 西北民族研究，1994（01）：142-155.

[74] 周荣. 财政与僧政：从民间赋役文书看明初佛教政策 [J]. 清华大学学报（哲学社会科学版），2021，36（05）：95-106+209-210.

（三）学位论文：

[1] 池景玉. 宋元以来契约文书"田地"类词语研究 [D]. 西安：陕西师范大学，2019.

[2] 唐红林. 中国传统民事契约格式研究 [D]. 上海：华东政法大

[3] 董火民. 中国古代抄书研究 [D]. 济南：山东大学, 2011.

[4] 黑文婷. 古代契约文书中的价值、价钱类词语演变研究 [D]. 西安：陕西师范大学, 2013.

[5] 黑学静. 宋元以来契约文书量词研究 [D]. 西安：陕西师范大学, 2018.

[6] 黄天艺. 福建民间契约文书名量词研究 [D]. 湘潭：湘潭大学, 2016.

[7] 刘道胜. 明清徽州宗族关系文书研究 [D]. 合肥：安徽大学, 2006.

[8] 陆娟娟. 吐鲁番出土文书俗字研究 [D]. 乌鲁木齐：新疆师范大学, 2005.

[9] 陆娟娟. 吐鲁番出土文书语言研究 [D]. 杭州：浙江大学, 2009.

[10] 史淑琴. 敦煌汉藏对音材料音系研究 [D]. 兰州：兰州大学, 2013.

[11] 孙美玲. 敦煌契约文书和道真契约文书俗字研究 [D]. 南京：南京师范大学, 2018.

[12] 谭映月. 清水江文书编纂研究 [D]. 昆明：云南大学, 2017.

[13] 王跃. 古代契约文书中"自称"类词语历时演变研究 [D]. 西安：陕西师范大学, 2015.

[14] 韦岩实. 乾嘉时期《徽州文书》量词研究 [D]. 桂林：广西师范大学, 2013.

[15] 杨同军. 敦煌变文的语音系统 [D]. 兰州：西北师范大学, 2003.

[16] 叶贵良. 敦煌道经词汇研究 [D]. 杭州：浙江大学, 2005.

[17] 于正安. 敦煌历文词汇研究 [D]. 天津：南开大学, 2012.

[18] 张静. 古代契约文书中"买""卖"类词语历时演变研究 [D]. 西安：陕西师范大学, 2017.

[19] 张炜琼. 近代汉语四字格研究：以《近代汉语词典》为中心 [D]. 漳州：闽南师范大学, 2020.

[20] 张小艳. 敦煌书仪语言研究 [D]. 杭州：浙江大学, 2004.

[21] 郑文慧. 清水江文书契约套语研究 [D]. 贵州：贵州师范大学, 2020.

[22] 周菡怡. 云贵川契约文书词语考释 [D]. 陕西：陕西师范大学, 2017.

附录三 祭祀汪公祝辞[①]

忠烈汪王祝文

田景昌　　年78岁抄写

一九九三年岁次"癸酉"

忠烈汪王简历

忠烈汪王，汪公讳华，原籍安徽省，徽州府休宁县梅子街，于隋朝大业丙午年正月十八日子时赋付生，及长值隋炀帝无道，连连灾荒，民不聊生，怨声载道，叛乱频仍。汪公度其形势，率部归唐。公志勇兼备，用精兵八百，分部屯堡，以少胜多，击溃叛逆，救屯堡人民于水深火热之中，屯堡百姓尤感恩德，铭记在心。汪公治军谨严，秋毫无犯，有功于国，屡受朝廷封赠，曾被封为兵部上道，忠武将军，忠志侯，忠佑侯，官至徽州府主，政绩颢著，朝廷朝见于帝都长安，赐御晏于五凤楼。公身材魁伟，满面红光，五绺长鬏（髭），相貌堂堂，具有将相之才。后殁于陕西，享年六十有四，朝廷封为越国公，忠烈汪王，并应徽州人民所请，将其遗体葬于安徽歙县，源立庙享祀，延至明朝。我吉昌祖先，由江南一带迁□黔地，遵行传统，在每春节正月十八汪公圣诞之□举行纪念，至今六百多年矣。汪公圣诞日又值□□春节，为我屯欢度风调雨顺国泰民安之隆□□佳节日，象征着吉祥如意，万民欢欣！

吉昌屯十八迎春小组
一九九三年正月十八

（一）维

中华人民共和国，公元一九某某年，岁次某某年月，建某某朔日，某某祭日，某弟子等，谨以香帛、酒醴、三牲不腆之仪，致祭

[①] 根据吉昌屯祭祀汪公仪式的习俗，祭文在仪式中进行焚烧。此祭文由吉昌屯石汝益提供，系其在红纸上的誊写本。

大唐敕封，越国公忠烈汪王，遵神位前，而祝以文曰：
维
王功载有唐一代
泽沛祖国万年
当千象摄徽州民歌善政
今兹泽流黔地世荷神庥
威肃一镇成为一镇福星
恩被万家真是万家生福
载德难忘
报恩莫自
当此阳春烟景，恭逢圣诞良长
春风送暖，日月增辉
欢迎圣驾□□之周原
仰祝天威肃畇畇之夏甸
欢声匝地
箫鼓宣天
花炮惊人
钲鍠聒耳□□俊，聒音嘈杂，俊人厌烦郭耳
陇上之郭，麦禾俊秀
郊外之草木亦香
龙旗飘荡，招来甘雨和风
凤盖飞扬，驱除魑魅魍魉
驱水火盗贼，瘟疫而悉尽
佑士农工商，老幼而咸安　　　弟子等
敬竭人诚
虔伸三祝　　　伏愿
天颜有喜
圣寿无疆
家家白叟承恩
户户黄童歌惠　　　　　弟子等
不胜欢欣之至
谨祝

以闻

（二）维

中华人民共和国，公元一九某某年，岁次某某年月，建某某朔日，某某祭日，某某率众等，谨以香帛、酒醴、三牲不腆之仪，敢昭告于

大唐敕封越国公，忠烈汪王，遵神位前，而祝以文曰：

      维

王 精忠贯目

    大义参天

    金陵肇业

    英铭垂于紫诰

越国业基

伟略著于丹书

挽凤阁之倾颓

灵为招而神为应

洒滴涗池之血泪

性至正而情至真

封以公封以王

唐代之宠庞锡甚厚

祝乃圣祝乃神

祖国之戴德靡深

仰天威仪于咫尺

崇祀自古皆然

凛赫濯之声灵

庙貌于今为烈   弟子等

虔诚有日

对越无仪

祭于清珍

祭于刚鬣

祀神以实不以文

（麓于）荐以翰音

享圣曰明而日旦   弟子等

戴德难忘
虔伸三祝　　　　　　伏愿
天颜有喜
圣寿无疆
洪恩随春风而浩荡
厚泽共膏雨而涵濡
积善福盈遐迩共仰威仪
久荷栽培上下共沾庇荫
读书者人人皆有学校而勤奋
耕种者户户尽歌而丰盈　　　　弟子等

不胜欢欣之至
谨祝
　　以闻

(三) 维
中华人民共和国，公元一九某某年，岁次某某年月，建某某朔日，某某祭日，某某弟子等，谨以香帛、酒醴、三牲不腆之仪
敢昭告于
大唐敕封越国公，忠烈汪王，遵神位前，而祝以文曰：　　　　维
　　王　生逢自（至）德
　　长自新安
　　　　龙准崇眉
　　　　方颐广颡
　　　　胆气全而勇侠备
　　　　髭髯美而颖慧多
　　　　摄刺史以镇一方悉从众志
　　　　用精兵而备八百分部诸屯
　　　　抗睦相安而后歙史有崇封之心
　　　　婺饶悉奠以还宣守寓清降之意
　　　　应募而兵部上道
　　　　振旅而忠武将军

功垂凤阁乃武乃文
　　泪洒涗池至情至性
　　族才迈众同姓越异姓之荣为左相焉为右相
　　嗣续超群难兄比难弟之贵忠惠侯也忠祐侯
　　乌聊有衬
　　登源立庙
　　生于隋而宦于唐，唐代之宠封屡易
　　既超前而且超后，后世之爱戴弥固
扬赫面秉丹心忠尽群推徽州主
赐黄金赐杂采荣华共仰越国公
殁落长安

奄歺歙县
英济王焉且增显荣之号
玉凤楼前气象翼翼绵绵
万德寺中至声灵赫赫濯濯
兹值正月十八日恭逢圣诞良辰　　弟子等
虔迎于西郊位镇于东方
旌旗耀彩
鼓乐喧天
欢欣鼓舞万姓之声歌载道
焚香秉烛世民之乐惠无疆　　　　弟子等
敬竭一诚
虔伸三祝　　　　　伏愿
仁风与和风并播
化雨合甘雨同施
灵爽有凭遐尔爱戴神恩普被方隅咸钦
瞻仰者同增福寿庆祝者共享荣华
诵诗读书共翼名荣社会
市内行商尤沾庇荫
廛中居贾更荷栽培
家家白叟承恩

331

户户黄童歌惠
远思至德之朝留盛德而居安顺
遥慕新安之境庆咸安而荷太平
众等不胜欢欣之致
谨祝
　　以闻

（四）维
中华人民共和国，公元某某，岁次某某月，建某某朔日，某某祭日，某某率众等，谨以香帛、酒醴、茶食、三牲不腆之仪，敢昭告于
大唐敕封越国公，忠烈汪王，遵神位前，以文曰：
维
王
精忠贯义
勇陵虔灵
朝存节函
百日蒸赏
凛天地之正气
成乾坤之大功
封以功封以王
唐代勋名不朽
正神正气民国祝典
常增正气陵云如江河之地
灵普照同日月经天神有感
必应无恩不亲
烈于唐代敕封不视灵
如江黔地犹虚虔诚
叩祷不意
异障有庆麟趾之祥
玉燕之穗江北螽期之美
荷神德之介福荣华
意应江北祀而孔明
以诚有感
百福骈□

普被仁恩圣神万寿无疆
佑吐子孙寿永康宁
如松如柏锡高万姓祯祥
福禄无盖无庥
则沾恩于不朽矣　　　　弟子等
不胜欢欣之至
谨祝
　　以闻

（五）维

公元一九某某年，岁次某某月，建某某朔日，某某祭日，某某众等，谨以香帛、酒醴、三牲、茶食不腆之仪，敢昭告于

大唐敕封越国公，忠烈汪王，遵神位前，以文曰：
惟公忠贞
大义参天
爱民如子
家国平安
忠君重利　　威仪凛然
正直无私　　千古共瞻
应募而兵部上道治国严谨
振旅而忠武将军黎庶安康
泪洒浼池英范长存
徽州府主圣恩共瞻
扬赫面秉丹心徽州万民齐拥戴
赐黄金以杂采昌乡万姓仰慈颜
君既为神神之最灵
公当为圣福国佑民
五凤楼前气象赫赫生辉
万德寺中生灵欣欣向荣　　　　惟公
受八方之敬仰香客信女络绎不绝
蒙神灵之感应扬威显赫祈求必应
千百载保我庶民稼穑丰稔
亿万世护我乡里财旺人兴　　　　惟公
正直聪明洁净仁慈

无幽不同有感必应

德配天地万民敬仰仪容

恩泽梓里万姓齐沾灵验　　弟子等

虔诚祝祷重荐馨香

钟鼓歌舞惟神垂光

佑我稼穑惠我儿郎

雨顺风调万民安康

国富民强

治国安邦

万炮齐鸣祝愿圣寿无疆　　众等

不胜欢欣之至

　谨祝

　　　以闻

（六）维

中华人民共和国，公元某某年，岁次某某月，建某某朔日，某某祭日，某某弟子等，谨以香帛、酒醴、茶食、三牲不腆之仪，敢昭告于

大唐敕封越国公，忠烈汪王，遵神位前，而祝以文曰：

维公忠贞

大义参天

爱民如子

家国平安

忠君重礼　　威仪凛然

正直无私　　千古共瞻

生于清代　　仕子皇唐龙准庞眉方颐广颡

胆气豪而勇侠备

髭髯美而颖慧多

应募而兵部上道治军谨严

振旅而忠武将军勇烈超群

泪酒（洒）浣池英范长存

镇摄（震慑）徽州爱民如子

统领六郡政绩昭彰

万民乐业黎庶安康

凤楼救火遂成赫面耀日月

云郎著节终使草木□馨香

封以公封以侯皇恩浩荡

赐黄金赐杂彩荣宠皇唐

殁落长安宛歹歆县

唐代追封越国追谥

封公封侯乃圣乃神

唐代追封越国追谥

赫赫濯灵福国佑民

违礼以还香火绵绵

受八方敬仰香客仕女络绎不绝

发神灵之慈悲，扬威显圣祈求必应

千百载保我黎庶稼穑丰稔

亿万世护我乡里财旺人兴

辉灵中感服猛禁暴

云彩常驻

共瞻尊严　　惟公

正直聪明

浩靖慈仁

无幽不通

有感必应

德配天地

恩泽梓里　　众等

虔诚祝祷荐以香烛鼓乐祝祷惟神垂范

惠我仕民惠我儿郎风调雨顺耕稼具旺□书攀

登商旅安康　　众等

不胜欢欣之至

谨祝

　　　以闻

祭忠烈汪王

言赞

大哉汪王功冠皇唐浼池

大哉汪王辅佑皇唐徽州显业越国声扬

凤楼救火赤面辉煌乌聊山下万古流芳

乃圣乃神乃武乃文丹心不昧忠武将军
涚池洒泪凤阁垂勋云郎山顶日月照临
赫赫厥声濯濯厥灵荣封宠锡杂彩黄金
威灵感应恺泽如春以享以祀庙貌常兴
大哉汪王功冠皇唐安全六郡显应万方
忠义并著身家皆忘云郎山顶草木亦香
昔为忠尽今做福神慈祥恺惠正直聪明
去邪荣正福国佑民遐迩爱戴濯声濯灵
其泽极厚其仁极深朗芳皎日霭似阳春
伟业丰功今古传闻介尔景福荫庇四邻
伟哉汪王 智仁勇忠 徽州越国 显爵荣封
扶危济困 善政流风 凤阁奇绩 万古攸崇
忠可贯日 义足参天 功垂凤阁 德沛江南
名况竹帛 气壮山河 伟业封功 万古流佳
既仁且勇 乃圣乃神 文谟武烈 丕振声灵
安全六郡 泽厚涤仁 云郎山顶 庙貌常兴
大哉汪王 皇唐肇封 涚池著节 凤阁垂功
利民济物 万国笙镛 神流宇宙 凛凛英风
如日如云 如雷如霆 丹心不昧 福国佑民
浩然正气 千载常兴 黔疆永镇 祀典犹新
忠缙唐代 泽被祖国 以享以祀 保佑命之
笾豆敬嘉 慎尔威仪 仁人志士 景仰无期
大哉汪王 功冠皇唐 涚池亮节 凤阁名扬
救民水火 钟鼓笙簧 日月增辉 亘（更）当垂祥
红裳闪烁 威仪端详 忠缙唐代 恩遍万世
凛凛正气 郎郎（朗朗）神光 昌乡乡享祀 龙凤呈祥
圣躬永泰 国富民强 蒸蒸罩罩 宝素飘扬
虔诚祭奠 香烛辉煌 鉴察荣宠 景仰无疆　　止

华诞庙堂彩云飘
汪王承兴下九霄
宝盖金冠千重影
笙歌珠佩万里箫

笑脸绽开人潮涌
玉案香烛山海肴
享罢忠魂归天府
焰火不眠映天骄

石汝鑫
2008 年题

后 记

离开上海桂林路100号的菁菁校园,又来到瀑乡安顺,至今已整整六年了。回望来时路,感慨良多。九年前的初春时节,承蒙恩师钱杭教授错爱,开启了我问学的新征途。感谢历史地理研究中心的尹玲玲教授、钟翀教授、吴俊范教授,历史系的唐力行、周育民等教授。老师们的教导至今犹在耳畔回响,所传授的知识和智慧,总能给我沙漠中遇见绿洲的感觉。课后,岳钦韬、陈杰、周晓冀、张勇华师兄、杨茜师姐、陈涛、范晓君、阳水根、郭墨寒、鲁旭、李明明、孟祥科、孙昌麒麟、何仁刚、熊耀坤、王书婷、尤亚男等同学们之间的讨论,总能给我启发。子夜和清晨醒来,看到的总是室友张志云看书做笔记的场景,警醒我珍惜学习机会。现在想来,学思湖畔的宁静时光弥足珍贵。

论文从选题、谋篇布局,乃至文字表达和田野调查,无不浸透着钱师的心血。师母在生活中的关心,难以忘怀。在我毕业四年之后,钱师冒着严寒酷暑,不顾山高路远水长,两度入黔耳提面命,教育学生要以学长们为楷模,督促学生务必以学问为本。恩师的教诲,没齿难忘!

要感谢硕士时幸遇的老师们。龙先琼教授和师母,多年来一直关心着我的成长。杨庭硕、罗康隆、李汉林、暨爱民、彭永庆、田红、伍孝成、杨成等教授,无不关注着我的进步。在这里要真诚地道一声感谢。

田野调查期间,得到了贵州民族大学孙兆霞教授,安顺学院吴羽、孟凡松、董绍伟、石恪、吕燕平、张定贵等教授的帮助。周辉陪同我翻山越岭进村入户寻觅契约文书,进行访谈,并整理契约及访谈资料。屯堡村寨的田应宽、汪汝龙、胡俊友、胡维东、全德腾、雷文沛、雷仁智、全承林等寨老,无私地将契约、族谱等资料借给我查阅,并耐心解答我的疑问。谨致以诚挚的谢意。

写作过程中,参考了前人的研究成果与观点,再次表达敬意与谢忱。感谢论文评审和答辩的老师们。由于学识有限,加之写作和修改的仓促,书中一定存在不少问题与错误,我将诚心地接受各位的批评指教。

感谢安顺学院提供出版资助，感谢光明日报出版社王佳琪女士的帮助与宽容。

最后，感谢妻子的照顾，感谢父母的养育之恩。

杜成材

2023年2月28日于顺理楼319室